**The
Destiny
of
Civilization**

문명의 운명

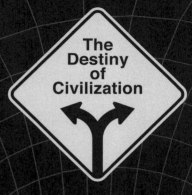

The
Destiny
of
Civilization

문명의 운명

금융자본주의인가 산업자본주의인가

마이클 허드슨 Michael Hudson | 조행복 옮김

아카넷

세계 경제를 위협하는 금융의 작동 원리

이 책은 2020년 10월 세계화의 정치경제학과 미국 달러 외교에서 벗어나려는 중국과 러시아 등 여러 나라의 논리에 관한 일련의 강의로 시작되었다. 전구대학교全球大學校가 남남논단南南論壇, South-South Dialogue 과정의 일부로 이 강의를 후원했다. 라우킨치劉健芝가 이끈 토론에 에러버스 웡Erebus Wong과 추이 시트Tsui Sit, 퉁이 코 Tung-yi Kho가 참여했다. 모두 홍콩 링난대학교嶺南大學校 문화연구계 교수이거나 관련 인사다. 오스트레일리아의 애슐리 데이먼Ashley Dayman도 참여하여 나의 강의에 관해 함께 토론했고 또 교정에 큰 도움을 주었다. 베이징 녹지생태기술센터와 아시아학자대안실천교류로부터도 지원을 받았다.

토론은 곧 오늘날의 금융자본주의와 19세기 고전경제학자들이 설명한 산업자본주의 간의 차이에 집중되었다. 산업자본주의와 고전파 정치경제학의 역사적 과제는 세습 지주 계급과 약탈적인 고리대금으로부터 경제를 해방하는 것이었다. 19세기 말부터 제1차 세계대전 발발 때까지 그 과정은 순조롭게 이어진 것 같았다. 그러

나 100년 전 '근대적'인 것으로의 발전이 이루어지는 대신 지대 수
취자rentier 계급이 재차 득세했다. 고전경제학의 '자유시장' 개념은
경제적 지대에서 해방된 시장을 뜻했지만, 그들의 신자유주의 이
데올로기는 이를 지대 수취자 계급이 자유롭게 지대를 뽑아내고
지배권을 획득하는 시장으로 되돌려놓았다. 그들의 이데올로기는
고전파 정치경제학과 대조적으로 지대 수취자에게 일방적으로 유
리한 세제와 사영화私營化*, 금융화, 규제 완화를 장려했다.**

　미국의 외교 정책은 신자유주의적인 지대 수취자의 계획을 세
계 전역으로 확산시키며, 그곳에서 얻은 이익은 주로 월스트리트와
런던, 프랑크푸르트, 파리 증권거래소, 기타 금융 중심지로 돌아간

• 공공성의 이익을 나타내는 공영公營의 반대 의미이므로 민民영화가 아닌 사私영화로 옮긴다.

•• 이 책에서 가장 깊이 논의되었던 번역어는 rent와 rentier였다. 저자가 본문에서 설명하듯이
rent는 프랑스어 rente에서 온 것으로, 노동을 비롯하여 생산에 직접 투입된 사업비의 결과물이 아
니라 재산을 통해 얻는 수익을 말한다. 경우에 따라 지대나 임대료, 채권 이자, 주식 배당금, 독점
사업 투자에서 발생하는 금융소득 등 다양하게 쓰인다. rentier는 바로 그러한 수익을 추구하고 획
득하는 자로, 프랑스 혁명 전 구체제에서 지대와 국채 이자를 수입원으로 삼는 귀족과 부르주아를
지칭하는 용어로 널리 쓰이기 시작했다.
이 두 단어를 '렌트'와 '랑티에'로 번역하는 것이 이해하기에 편하다고 생각했다. 영어로도 rent가
협의의 의미로 '지대'로 쓰이지만 다른 의미와 병치될 때에는 land rent로 의미를 한정한다. 이것이
영어에서는 어색하지 않지만 우리말로 '토지 지대'는 사실상 동어 반복이다. 그러나 rent가 이미 국
내 경제학계에서 '지대'로 옮겨지고 있고 '렌트'가 가독성을 떨어뜨린다는 편집부의 의견을 수용했
다. '지대'라는 용어가 이미 그 정도 사회성을 획득했다면 의미의 확장이 자연스럽게 받아들여지리
라 생각한다. economic rent와 rent-seeking 용어는 각각 '경제적 지대'와 '지대 추구'로 옮겼다.
rentier는 책의 핵심 개념으로, 저자가 일일이 이탤릭체로 쓰는데다가 영어에서도 외래어로 프랑
스어 발음대로 '랑티에'로 읽는다. 또한 저자가 rentier에 여러 수식어를 덧붙이므로 '랑티에'로 읽
는 편이 이해하기에 더 편하다. rentier가 포함된 대표적인 용어는 rentier capitalism인데 한 경제학
서적에서는 이를 '불로소득 자본주의'로 옮겼다. 핵심적인 의미가 '불로소득'이지만 이 책에서는
저자가 '랑티에'와 '불로소득'을 나란히 붙여 쓰는 경우가 있다. 저자는 '소득'의 의미를 엄밀하게
규정하고 rent를 그 개념에서 배제하고 있기 때문에 rentier를 우리말 '지대 소득자'가 다 담아내기
어렵다. 하지만 이 또한 가독성을 우려한 편집부의 걱정이 심하여 계속 고집하기 어려웠다.
어쨌거나 용어와 개념을 우리말로 옮기는 것이 옳다고는 생각한다. rent를 '지대'로 옮기기로 했으
니 그 낱말을 쓰는 것이 좋을 듯하다. 요컨대 협의와 광의의 개념을 구분하지 않고 rent는 '지대'로,
rentier는 '지대 수취자'로 옮겼다.

다. 그러한 정책이 오늘날의 세계적 균열의 핵심에 있다. 그로 인한 금융화와 부채 디플레이션은 양극화를 초래하며, 그 자체로 산업적 번영의 확산과는 완전히 상반된다.

신자유주의 이데올로기의 주된 수혜자는 '파이어 부문FIRE sector'• 이다. 그 부문의 토대는 금융과 부동산의 공생이다. 그 부문이 뽑아가는 지대는 석유 산업과 광업이 뽑아내는 천연자원의 지대와 공기업의 사영화로 생기는 독점 지대와 더불어 제1차 세계대전 이후 산업자본주의의 힘을 압도한 금융자본주의의 주된 동력이 되었다. 부동산담보대출이 수행하는 중요한 역할은 대체로 토지와 주택의 소유가 (신용대출로) 민주화한 결과다. 자가 보유는 지대로 살아가는 세습 부재 지주 계급의 땅과 주택의 임차를 대체했다. 그러나 지대는 담보대출을 주 수입원으로 하는 은행에 여전히 지불되고 있다.

1980년대에 급격한 국면 전환이 이루어졌다. 당시 미국의 로널드 레이건 대통령과 영국의 마거릿 대처 총리가 공기업의 사영화와 기업의 고위험 채권 발행, 자산 가격 인플레이션으로 '부를 창출(자본소득capital gain)'한다는 지배적인 금융 전략으로 일종의 혁명을 일으킨 것이다. 2000년이 되면 이 전략은 투자은행과 상업은행의 합병, 고위험 담보대출, 상업은행 사기(금융 사기), 금융과 보험의 파생상품 투기, 파이어 부문에 의한 광범위한 정부 '규제기구 장악 regulatory capture'••을 낳았다.

이러한 변화에 대응하여 미국은 금융의 수단으로써, '자산 박탈 asset stripping'***을 통한 경제의 탈산업화(기업의 수입을 새로운 자본 투자에 투입하지 않고 자사주 매입과 배당에 쓰는 것)로써, 출혈경쟁에서 승리하기 위한 노동과 생산의 역외 이전으로써 수익을 내려 한다. 미국의 금융화 정책은 경제 작동 방식에서 무엇을 피해야 할지 명백한 교훈을 준다.

강의 전체에서 이 주제를 거듭 되풀이해도 용서하기 바란다. 나의 목적은 오늘날의 금융화한 지대 추구 경제의 공통분모를 강조하고 양극화를 초래하는 금융의 작동 원리가 어떻게 보편적으로 확산되었고 미국과 유럽은 물론 중국까지도 위협하게 되었는지 보여주는 것이다.

*** 자금 사정이 좋지 못한 회사를 인수하여 회사의 장래를 고려하지 않은 채 그 자산을 매각하여 이익을 남기는 행위.

차례

PART 01 경제적 양극화는 어떻게 작동하는가

PART 02 지대 수취자의 반혁명

PART 03 대안은 있다

부와 경제는 어디로 가는가

국내총생산GDP과 국민총소득GNI은 대체로 경제적 생산과 소득이 기하급수적인 속도로 무한히 성장함으로써 기존 추세가 지속되리라고 추정된다. 그러나 경제적 현실에서 기하급수적이고 영속적인 성장은 단 하나뿐이었다. 복리로 늘어나는 부채다. 재정상 필요한 자금은 경제의 지불 능력과 무관하게 수학적 원리에 따라 늘어난다. '실질적인' 경제 성장은 생산자와 소비자 사이에서 순환하는 소득이 부채의 간접비로 빠져나가면서 점차 축소된다.

이것이 바로 부채 디플레이션이다. 부채와 저축이 그 밑바탕이 되는 경제보다 더 빠르게 성장하는 경향은 노동과 산업에 내핍을 강요하고 부(부동산, 주식, 채권)의 분배를 소득 분배보다 훨씬 더 심하게 양극화한다.

오늘날 신자유주의 경제학의 임무는 공적 규제와 누진세에 대한 반대를 합리화할 이데올로기적인 변명을 꾸며내는 것이다. 이는 얼핏 보면 최소 정부라는 자유지상주의 이데올로기 같지만 실상은 점점 강력해지는 금융 세력의 정부 장악으로 드러난다. 본질적으로 반민주적인 상위 1퍼센트의 권력 장악이 그 결과다.

경제 양극화 문제를 축소시키는
신자유주의 이데올로기

정통 신자유주의 이데올로기의 목적은 약탈적인 지대 착취를 막을 수 있을 만큼 강력한 정부의 공적 규제를 막는 데 있다. 마치 중요한 문제가 임대 부문이 초래하는 부채 비용과 지대 비용이 아닌 것처럼 말이다. 오늘날 국민총소득과 국내총생산 통계는 파이어 부문과 토지와 천연자원, 독점 사업, 은행업의 경제적 지대 추출을 최소한으로 줄여야 할 간접비가 아니라 생산적인 것이라고 설명한다.

신자유주의 이데올로기는 경제가 자동적으로 안정적인 균형을 이루어 부와 소득이 자연스럽게 국내에서는 물론 국제적으로도 더욱 공정하고 평등하게 분배되는 경향을 보인다고 추정하며, 따라서 정부가 개입하여 경제의 그러한 작동을 대신 떠맡을 필요가 없다고 본다. 정부가 한 발 비켜나 자유시장에 '간섭'하지 말아야 한다는 주장을 뒷받침하려면 이러한 허구가 반드시 필요하다. 그러나 현실은 어떠한가? 신자유주의의 '자유시장'과 '자유무역'은 부와 소득을 채권자와 여타 지대 수취자의 손에 집중시킨다. 그 결과로 국내 및 국제적으로 경제를 양극화한다.

양극화의 동력인
부의 중독

모든 이론이 범할 수 있는 가장 치명적인 오류는 변화의 방향을 잘못 잡는 것이다. 오늘날의 주류 경제학이 저지르는 실수가 바로 그

것이다. 경제학의 소비자 선택이라는 개념은 소비자가 음식을 충분히 섭취하면 차후 한 숟가락의 음식을 더 먹을 때마다 만족감('효용')은 줄어든다는 진부한 견해를 바탕으로 한계효용체감을 가정한다. 그러므로 '수요'는 공급이 늘어남에 따라 하락할 것으로 생각된다.

교묘한 솜씨가 개입하여 마치 부의 획득은 오로지 소비재를 구매하기 위한 것인 양 음식을 비롯한 소비재를 부의 대용물로 쓴다. 그 함의는 이렇다. 최고 부자들은 자신들의 부에 물리게 되고 더 간절한 '굶주린' 신출내기들이 돈을 더 많이 벌어 따라잡도록 애쓰게 놔둔다는 것이다.

그러나 플라톤과 아리스토텔레스를 비롯한 대부분의 고대 그리스 철학자와 시인, 작가는 부가 중독성이 있음을, 채권자의 요구는 사회적 균형을 무너뜨린다는 것을 깨달았다. 그들이 보기에 사람은 돈이 많을수록 더 많이 갖고 싶은 욕구에 쉽게 굴복한다. 돈과 권력은 쉽게 물리는 바나나와 같지 않다. 일단 중독되면 언제까지나 만족할 줄 모른다. 부의 중독은 오만하게도 정부를 통제하고 이를 이용해 탐욕을 키우며 서민과 채무자, 임차인에 대해 주인 행세를 하는 데 경제력을 이용하는 결과를 초래한다. 요컨대 이것이 바로 고대 그리스와 로마, 현대의 과두지배 체제의 역사다.

'금욕' 이자 이론에 따르면 최고 부자들은 탐욕스럽지 않다. 오히려 그들은 참을성 있게 소비를 삼가고 생산적인 희생을 통해(또는 그것에 돈을 투자하여) 부를 창출한다. 이자 수취는 경제 성장을 돕는 생산적인 역할을 한다고 설명된다. 그러나 오늘날 대출은 대부분 생산적인 목적에 쓰이지 않으며(역사적으로 보아도 그렇다), 부의 대부분은 열심히 일해 얻은 것이 아니라 물려받은 지위와 자산에 따라오는 지대 수취자의 특권으로 얻은 것이다(소비하지 않는 것이 부의 열쇠라면, 굶주리는 사람들이 최고의 부자일 것이다).

주류 이론은 또한 대다수 부유하지 못한 사람들에게는 선택 범위가 제한되어 있다는 사실을 무시한다. 주류 이론에 따르면 소비자는 당장에 소비하든 미래를 위해 저축하든 지출을 선택할 수 있다. 저축해서 이자를 버는 것은 소비를 삼간 데에 대한 보상으로 여겨진다. 이자가 상속이나 특권으로 획득한 일종의 경제적 지대라는 점은 인정되지 않는다. 빚을 진 가난한 사람들이 지불하는 이자(또는 지대)가 기본적인 욕구를 충족하기 위한 생존 조건이라는 점도 인정되지 않는다. "돈인가 목숨인가"라는 양자택일의 선택은 실제로 주거와 교육, 보건, 긴급한 상황 등 소비자의 지출 대부분을 설명해준다.

불평등의 구조적 원인을 무시하는 한계효용이론과 중도파 정치

특정한 경제적, 정치적 환경에서 발생하는 작은 변화들을 들여다보는 한계효용이론은 재산관계와 부채관계의 이동 방향이 아니라 단기적 관점에서 소득과 소비자 지출, 투자에 초점을 맞춘다. 한계효용이론은 부의 중독과 약탈적 대여, 복리 이자라는 개념이 없기 때문에, 공적 통제와 균형이 없으면 부유한 엘리트층이 그 힘을 사용하여 지대 수취자가 아닌 자들을 가난하게 만들어 경제가 양극화될 것이라는 점을 인정하지 않는다.

한계효용이론처럼 중도파 정치도 현재 상태와 기득권에 도전하지 않고 해결할 수 있는 문제만 인정한다. 중도파 정치는 경제가 아무리 심하게 양극화되더라도 인간의 삶은 체계적인 제도 변화 없이 지속될 수 있다고 가정한다. 이러한 수동적 태도는 불균형이 심화함에 따라 경제가 양극화하는 경향을 대체로 무시한다. 그 불균형은 주로 금융적인 성격을 띤 것으로, 파이어 부문의 부채 급증이 주된 원인이다. 중도파 정치의 경제관은 마치 자동적인 안정 장치들이 있어서 조만간 삶이 정상적인 성장 궤도로 돌아오리라고 추정하는 것 같다. 그러나 점점 더 많은 사람이 더 많은 빚을 지고 소수가 부를 독점하는 상황에서 아주 작은 변화로는 경제의 양극화를 막을 수 없다.

중도파 정치는 모든 부채를 상환할 수 있고 상환해야 한다고 가정하기 때문에, 금융 부문이 경제에 빚을 떠안기고 이어 채무를 이행하지 못한 자들의 집과 사업체를 빼앗아 경제를 독점하는 것을 방해할 개혁에 반대한다. 부채를 떠안은 도시와 국가가 부채 디플레이션과 경제적 양극화의 결과로 세수가 줄어들고 재정 적자에 빠지면 듣는 말이 있다. 공공 지출을 삭감하고 공공 재산과 기간시설 운영권을 임대하거나 매각하라는 것이다. 그로 인해 나타나는 효과는 금융 부문 권력의 확대다.

'자유무역 제국주의'와 미국에 집중된 '금융자본 제국주의'

1969년 나는 뉴욕의 뉴 스쿨New School for Social Research에서 경제학을 공부하는 대학원생들에게 무역과 개발, 외채에 관한 이론을 가르쳤다.[1] 처음부터 나는 심각한 문제를 발견했다. 일반적인 교재에 나오는 주류 무역 이론을 가르치는 것은 비현실적이었다. 반대로 무역과 투자가 실제로 어떻게 이루어지는지 가르친다면, 이는 교재에 나오는 모델들이 이제껏 가르쳤고 지금도 가르치는 내용과 정반대의 이야기를 하게 될 것이다. 출처는 분명하지 않지만 미국의 어느 선교사에 관한 이야기는 그 문제를 명확하게 보여준다. 선교사는 글을 읽고 쓸 줄 모른다고 조롱당하자 이렇게 대답했다. "당신이 아는 것이 많지 않은데, 내가 많이 안들 무슨 의미가 있겠나?"

주류 이론은 생산함수가 수확체감의 법칙을 따른다고 가정한다. 그러나 실제로는 공업과 농업, 상업의 기술 발전 덕분에 수익이 늘어난다. 그러한 인식은 19세기 미국학파 정치경제학의 요체였으며, 조지프 슘페터가 말한 '창조적 파괴'라는 혁신의 핵심이었다. 회사들은 신기술을 이용하여 비용을 낮추고 그로써 기존 생산자들보다 낮은 가격에 제품을 판매할 수 있다는 것이다. 그러한 혁신은 오늘날 중국 경제의 성장을 이끈 원리 중 하나다.

보호 관세와 생산 보조금, 이와 관련된 정부의 지원이 없다면 많은 나라가 공업과 농업을 발전시키지도, 기술 현대화 투자를 통한 필수품의 자급을 이루지도 못할 것이다. 따라서 그들은 선도국들이 지배하는 무역과 신용에 계속 의존할 것이다. 만일 중국이 주류 정통 경제 이론을 따랐다면, 그들의 공업과 농업은 '시장의 힘'에 내맡겨졌을 것이다. 기존의 생산성 격차가 지속되었을 것이라는 뜻이다. '시장'은 중국의 교역 의존도를 높이고, 미국 은행들과 국제기구의 달러 의존도를 높였을 것이다. 미국과 다른 채권국들은 모든 나라가 스스로 자국의 공업과 농업에 필요한 자금을 마련하여 자급자족하는 대신 이러한 정책을 따르기를 원한다.

현실을 말하자면 이렇다. 규모수익이 증가하고 채권국의 힘이 커져 선도국들이 이익을 보면서, 국제적인 생산성 격차와 소득 격차는 더욱 벌어진다. 선도국들이 유리해지면서 그 반대편에서는 생산성 향상에서 뒤처진 경제들이 위축된다. 자유무역 이론은 그렇게 확대되는 격차와 그로 인한 무역과 금융의 의존 상태를 가장 효율적인 경제개발 정책이라고 정당화하는 평계일 뿐이다. 신자유주의의 자유무역 이데올로기는 19세기와 20세기에 영국과 미국, 독일이 어떻게 산업화를 이루고 자국 산업을 보호하여 세계적인 선도 국가가 되었는지 설명하지 않고 '만약'의 세계를 가정한다. 낮은 가격의 외국 상품을 구매하여 얻은 수익, 이른바 '자유무역에서 얻은 수익'은 실제로는 임금 격차와 생산성 격차에 기인한 무역 의존도를 나타낸다.

미국이 때로 폭력이 동반된 적극적인 외교 정책으로 타국에 부채와 무역 의존을 밀어붙이는 것이 오늘날 신냉전의 본질이다. "제너럴 모터스에 좋은 것이 미국에 좋은 것이다." 찰리 윌슨Charley Erwin Wilson•의 이 유명한 발언은 이렇게 바뀌었다. "월스트리트에 좋은 것이 미국에 좋은 것이다." 이것이 공격적인 미국의 외교 정책과 결합하면 이렇게 된다. "미국에 좋은 것이 세상에 좋은 것이다." 삼단논법은 분명한 논리적 결론을 내놓는다. "월스트리트에 좋은 것이 세상에 좋은 것이다."

• 1941년 제너럴 모터스 회장이 되었고 아이젠하워 정부 때 1953년부터 1957년까지 미국 국방부 장관을 지냈다.

지대 추구 경제를 벗어나기 위한 개혁의 필요성

사회 체제는 독립적으로 행동하는 개인과 다르다. 사회 체제를 바꾸려면 소소한 변화뿐 아니라 체계적이고 전면적인 개혁이 필요하다. 경제를 지대 추구에서 해방하려면 부채 상각, 경제적 지대에 과세하는 세제 개혁, 독점 기업의 지대 추구를 막는 공공 기간시설 투자가 필요하다. 이러한 소유관계의 변화가 세월이 흘러도 안정성을 유지하려면 반드시 체계적이어야 하고 화폐 제도 개혁과 법률 개혁으로 보완해야 한다. 그러한 체계적 변화들은 서로 조화로워야 한다. 각각 다른 때에 따로 도입되어서는 안 된다. 그래야만 실질적인 '혁명적' 개혁을 이행할 수 있다.

주류 경제학은 이 지점에서 손을 놓고 구조적 요인은 '외인外因'이라고, 다시 말해 한계주의 모델의 영역을 넘어선다고 말한다. 난해한 수학의 허울을 쓰고 대중으로 하여금 그 불합리함을 보지 못하게 하는 이 모델은, 현실 세계의 부채와 재산의 작동 원리를 설명하지 않으려고 편협한 시각을 강요한다. 양극화 동력의 작동을 인정하지 않는 이 모델은 여러 가지 공공 정책 개혁이 필수적이라는 인식을 방해한다.

한 국가의 경제적 발전 경로는 미리 정해진 것이 아니라 적극적인 정책 결정을 따라가기 마련이다. 그렇기 때문에 고전경제학자들은 자신들의 학문을 정치경제학이라고 불렀다. 정치적 맥락은 개혁가들뿐 아니라 그들의 적인 지대 수취자에 의해서도 만들어진다. 구조적 개혁에는 반드시 기득권 세력의 반격이 따라오기 때문이다. 미국 재무부 채권 본위제에 따라 달러가 세계의 주요 통화로 쓰이는 국제적 영역에서, 미국은 무역에 의존하는 국가들과 달리 채무국들이 양극화와 착취의 성격이 덜한 외교를 수행하려는 시도를 가로막는다. '색깔 혁명color revolution'이나 정권 교체로써 개혁가들을 위협하는 미국의 정책은 독재정권과 과두지배 체제를 세워 이들을 보호했고, 신자유주의적 워싱턴 합의Washington Consensus[•]를 지지하는 한 '자유세계 민주주의'와 '규칙에 입각한 국제 질서rules-based international order'의 일원이라고 칭찬했다.

달러 본위제와 그 배후의 금융자본주의 동력을 거부하려면 경제적 지대의 사유화와 약탈적 금융을 피할 수 있는 대안적 경제를 조직해야 한다. 근로소득(임금과 이윤)과 불로소득(경제적 지대) 사이의 차이점 인식이 출발점이 될 것이다. 또한 금융자본주의가 어떻게 산업자본주의를 지배했는지도 알아야 한다. 미국의 금융자본주의는 전 세계로 뻗어나가려 한다. 금융화한 미국 경제가 이끄는 오늘날의 신냉전은 지대 수취자 기반의 금융자본주의를 전 세계에 강요하려는 싸움이다. 그러려면 미국은 외국의 경제 개혁을 막아야 한다.

1장에서는 지대 추구 세력으로부터 경제를 해방한다는 19세기 산업자본주의의 목표와 이 개혁 일정이 제1차 세계대전 종료 후에 실현되지 못하고 사회주의 대신 금융자본주의가 출현한 과정을 설명한다. 2장은 금융자본주의가 고전경제학과 자유시장 개념을 뒷받침하는 도덕철학을 어떻게 뒤집었는지 설명한다. 그 결과로 오늘

• 워싱턴에 자리 잡은 국제통화기금과 세계은행, 미국 재무부가 위기에 봉착한 개발도상국들에 권고한 표준적인 경제 정책 처방. 영국인 경제학자 존 윌리엄슨이 1989년에 처음 쓴 용어로, 무역과 투자의 개방과 시장의 힘 확대 같은 자유시장 촉진 정책을 담고 있다.

날의 주류 경제 이데올로기는 금융자본의 경제적, 정치적 지배를 종식시키는 대신에 지대 수취자를 보호하고 있다. 3장은 이러한 반혁명이 어떻게 국제화하여 세계적 금융 과두지배 체제를 확립했는지 추적한다. 지구의 대부분을 부채와 무역 의존에 빠뜨리는 것이 그 과두집단의 사업 계획에 들어 있다.

오늘날에 작동하고 있는 힘을 설명하기 위해 4장은 불로소득 이자 특혜의 결과라는 고전적인 경제적 지대 개념을 고찰한다. 5장은 봉건제 소멸 이후 유럽을 지배한 지주귀족이 어떻게 오늘날의 금융 과두집단으로 변신했는지를 설명한다. 그들의 소득과 부의 토대는 여전히 지대다. 지대를 낳는 자산은 이자를 납부해야 하는 부채로 유지된다. 결과적으로 지대는 끝없이 이어지는 이자 지불로 바뀌었다.

6장은 이러한 동력을 국제적인 배경 속에서 살핀다. 자유무역은 정부가 관세와 여타 조치로써 산업을 지원하고 노동자의 지위와 복지를 향상시키는 것에 반대한다. 7장은 정부가 사회적, 환경적 파괴로부터 경제를 보호하지 못하게 방해하려는 최악의 시도를 설명한다. 8장은 안정을 해치고 양극화를 초래하는 이 경제적 동력이 어떻게 정치화했는지 검토하면서 개혁 입법을 단행하려는 민주주의 정치가 경제 민주주의 창출 움직임을 방해하는 정당 정치의 반대에 부딪친 과정을 기술한다.

9장은 지대 수취자 집단이 민주주의 체제에서 어떻게 정부를 장악하여 통제력을 공고히 했는지 상세히 설명한다. 그런 일은 과두집단인 두 정당이 권력을 독점하는 미국에서 가장 완벽한 형태로 나타났다. 10장은 미국이 외교 정책을 통해 다른 나라들에게 그들의 중앙은행에 예치된 자금을 미국 재무부에 융자하게 하는 데 어느 정도로 성공을 거두었는지 설명한다. 그로써 미국은 국제수지 적자와 재정 적자의 주된 원인인 해외 주둔 군대의 비용을 마련한다. 11장은 미국 신자유주의자들의 조언이 어떻게 구소련의 탈산업화를 초래했는지, 신자유주의 이데올로기의 목적이 어떻게 공기업과 공익사업을 지대를 낳는 금융수단으로 바꿔놓았는지 고찰한다.

세상은 이런 길을 따를 필요가 없다. 12장은 고전적인 가치 개념과 지대 개념을 검토한다. 애초에 고전경제학자들이 그러한 개념을 확립한 의도는 19세기와 20세기 초에 산업자본주의가 발전하는 것처럼 보였던 혼합경제에서 정책 입안자들이 조세 제도와 규제 체계를 만들어 불로소득을 최소화할 수 있게 하려는 것이었다. 결론부인 13장은 금융화한 경제, 사영화한 경제가 왜 경제 성장과 대다수 주민의 번영과 양립할 수 없는지를 간략하게 이야기한다. 그리고 산업자본주의의 경제 계획과 사회주의로 갈 것 같았던 그 발전 방향을, 1980년대 이후에 나타나 추진력을 얻어 상위 1퍼센트가 경제 성장의 과실을 독점하게 하고 나머지의 상위 5퍼센트가 치어리더이자 봉사자로서의 역할을 수행할 소소한 기회를 부여받는 금융자본주의와 대비시킨다.

근본적이고 전면적인 개혁만이 서구 세계의 양극화 추세와 의존관계를 역전시킬 수 있다. 그러므로 오늘날의 신냉전은 세계 발전의 향후 진로를 결정하고 로마 제국이 걸었던 경제적, 인구학적 붕괴의 길을 피하는 데에 결정적으로 중요하다.

PART
01

경제적 양극화는
어떻게 작동하는가

CHAPTER 01

왜 억만장자는
끊임없이 등장하는데
낙수효과는 없는가

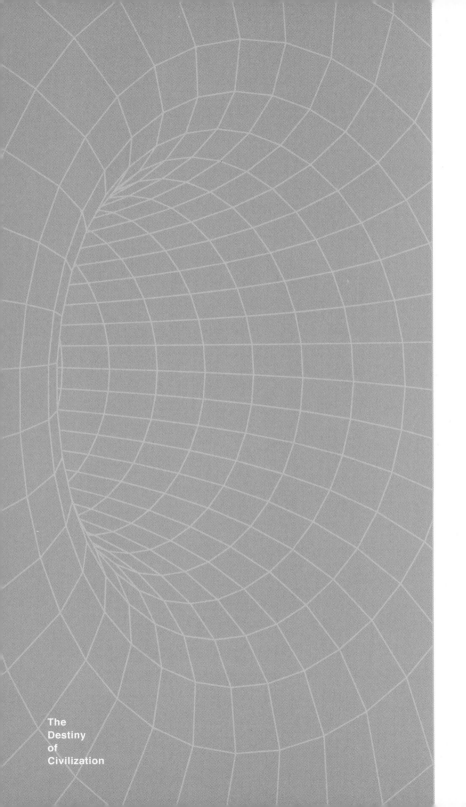

The
Destiny
of
Civilization

경제 이론이라면 모름지기 특정 계급이나 국민의 입장을 드러내기 마련이다. 그러므로 경제학은 본질적으로 정치적이다. 그 용어와 기본적 개념은 경제가 어떻게 움직이는지를 표현하기 위한 것이요, 따라서 어떤 정책을 지지할지를 결정하기 위한 것이다.

지난 200년간 지주나 은행가, 독점 기업이 얻는 수입을 재화나 용역을 생산하여 얻은 '소득'이라고 부를 것인지, 아니면 실질적인 노동이나 본질적 가치를 제공하지 않고 얻는 불로소득이라는 의미에서 '경제적 지대'로 부를 것인지가 쟁점이 되었다. 가치 없는 '공허한' 가격이라는 개념은 19세기에 발전한 고전경제학의 본질이었다. 그 개념을 정립한 자들은 세관稅官을 제외하면 그 누구에게든 경제적 지대의 지불을 최소화하려 했다.

그러나 19세기가 끝날 무렵 지주와 독점 기업의 변호인들은 경제적 지대 따위는 없다고 주장했다. 고전경제학 이후에 등장한 이 이론은 지배적인 경제 이데올로기가 되었고, 경제의 성장과 축소를 측정한다는 국민총소득과 국내총생산 통계 작성의 권한을 획득했다. 실증적인 과학적 측정이라고 주장된 것은 최상위 부자들이 경제 성장에 기여하는가 아니면 기생적으로 살아가는가의 고도로 정치적인 문제와 관련이 있음이 드러난다. 어떻게 지대 수취자 계급은 실질적인 산출을 내놓지 못하면서 경제의 가격 수준(생계비와 사업비)을 높일 뿐인 금융 소득과 부동산 소득, 독점 소득으로 점점 더 부유해지고 있는가?

오늘날 주류 학계는 지대 수취자 계급이 장악하고 있다. 이 현대의 학파가 19세기 고전경제학자들이 개진한 기본적인 가정, 논리, 특히 가치와 가격, 지대에 관한 이론에 완전히 반대하여 나온 반응이라는 것은 금방 드러나지 않는다. 고전경제학의 목적은 봉건제 이후 지대 수취자 계급의 침투력을 제한하여 산업자본주의를 촉진하는 것이었다. 애덤 스미스, 데이비드 리카도, 존 스튜어트 밀, 심지어 카를 마르크스까지도 경제학을 분과학문으로 확립한 창시자로 일컬어지지만, 정확히 말하자면 그들의 공통된 목적이 오늘날의 금융화한 자본주의를 괴롭히는 지대 추구와 금융 문제를 예방하는 것이었기 때문에 그 기본적인 개념들이 오늘날 부정된다는 사실은 인정되지 않고 있다.

오늘날 고전경제학자들은 경제학의 원천으로 찬사를 받고 있다. 하지만 지대 수취자의 비판자라는 그들의 정체성을 생각하면 경제사상사가 대학의 교과 과정에서 빠진 이유를 이해할 수 있다. "오른눈이 죄를 짓게 하거든 그 눈을 빼어 던져버려라.•" 그리고 경제적으로 공짜 점심을 제공받는 지대 수취자 계급에게 실질적인 가치를 생산하지 못한다는 평가보다 더 모욕적인 것은 없다. 그러한 생각은 자연스럽게 경제적 지대에 과세하여 그것을 없애고 자연독점natural monopoly••과 기본적인 기간시설, 그리고 특히 은행과 화폐 공급을 공공 영역에 두는 고전경제학의 정책으로 이어지기

• 〈마태오〉 5:29(공동번역).

때문이다.

고전경제학의 정책을 산업자본주의의 반대자만 지지한 것은 아니다. 적어도 산업이 금융화되기 이전에는 산업가 계급도 그러한 정책을 지지했다. 오늘날에는 놀랍게 생각될 수도 있지만, 고전적인 정치경제학은 지금이라면 사회주의라고 부를 수 있는 것, 실제로 널리 사회주의라고 부른 것을 향해 나아가는 듯했다. 정치경제학과 사회주의의 핵심적인 요소가 초기 산업자본주의의 논리를 반영했기 때문이다. 그 논리는 지대에 과세하여 지주 계급의 특권을 없애고 사업 비용을 낮출 것을 옹호했다. 자연독점에 대한 공공 기간시설 투자는 산업경제의 경쟁력 제고를 약속했다.

그러므로 산업자본주의는 강한 국가를, 다시 말해 고용주가 임금노동자에게 지불하여 부담해야 할 생계비를 포함하여 사업에 필요한 비용을 최소화하고 더불어 보조도 하는 국가를 환영했다. 19세기 말이 되면 이 논리에 따라 대다수 경제 저술가, 특히 세습 지주와 그들과 연결된 부동산과 금융 세력의 정치적 지배를 종식시키고 있는 민주적인 개혁의 역할이 증대하고 있음을 고려할 때, 어떤 형태로든 사회주의가 출현할 것이라고 예상했다. 기독교 사회주의와 리카도식 사회주의(지대와 기타 특권적 소득에 대한 과세), 마르크스주의 사회주의, 심지어 자유지상주의적인 아나키스트 사회주의도 있었다.

•• 초기 비용이 많이 들고 규모의 경제에 속하여 잠재적 경쟁자의 신규 진입이 어려운 분야. 자연독점 회사는 특정 산업이나 지리적 영역에서 서비스를 독점적으로 제공한다.

금융 부문을 억제하는
혼합경제가 필요한 이유

영국은 18세기에 중상주의로써 산업의 지배력을 획득했다. 자국 산업을 보호했고, 식민지의 자체적인 공산품 제조를 제한했으며, 파운드화를 기축통화로 삼아 식민지의 화폐, 신용, 은행의 제도를 통제했다. 마찬가지로 미국도 1865년 남북전쟁이 끝난 후 보호관세를 도입했다. 그 덕분에, 그리고 제조업자를 지원하기 위해 구축한 방대한 공공 기간시설 체계 덕분에, 미국의 산업은 제1차 세계대전 발발까지 영국의 산업을 따라잡을 수 있었다.

당시 각국의 정부가 움켜쥐고 있어야 할 가장 중요한 부문은 은행과 신용, 그리고 기타 기본적인 서비스였다. 중국은 은행과 신용을 공공 소유로 했고 공교육과 공중보건, 교통, 통신을 필두로 광범위한 경제적 기반시설을 구축하여 산업을 지원했다. 그러나 중국의 학생들은 미국과 영국 등 서구의 대학교에서 경제학 수업을 들으면서 그러한 길은 성공에 이르지 못할 것이라고, 적어도 주류 경제학 이론은 그 길이 효과적인 이유를 설명할 수 없다고 배웠다.

교과서의 이론에 따르면, 중국은 성공적인 사례가 될 수 없었다. 비교우위의 원리는 중국이 농업국가로 남았다면 더 나았을 것이라고 가르친다. 공업과 농업의 근대화를 지원하려는 정부의 계획은 자유시장을 '낭비하고 침해'하는 왜곡이기 때문이다.

이러한 신자유주의 논리에 필연적으로 따라오는 한 가지 결론은 미국이 1980년 이후의 금융화와 사영화의 결과로 훨씬 더 부유해졌다는 것이다. 그러나 이 정책은 주택과 주식, 채권의 시장 가격을 급격하게 올려놓았다. 이러한 형태의 재산과 유가증권은 실제의 생산수단이 아니라 소득과 산출에 대한 지대 수취자의 청구권이다. 전형적인 미국 내 가정은 임금이 얼마나 오르든 그것을 전부 주택비(임차료나 담보대출 할부상환금)와 기타 부채에 따르는 이자와 금융비용, 위약금, 그리고 사영私營 의료보험과 교육비에 써야만 한다. 바로 그렇기 때문에 금융화한 부가 경제의 피라미드 최상층에 집중되고 나머지 90퍼센트는 더 깊은 부채의 늪에 빠지는 것이다.

금융자본주의의 '성공담'은 지난 40년간 미국 경제를 빚더미에 올려놓고 사람들의 생활수준을 정체시킴으로써 달성한 것이다. 융자로 학비를 마련하여 공부하는 방식이 출현하면서 학생과 많은 부모는 빚을 떠안았고, 주택 가격의 상승 때문에 집을 마련하여 가정을 꾸미려는 새로운 구매자는 부채에 허덕이게 되었다.

이러한 지대 수취자의 역학 관계의 결과로, 서구 경제는 자기 교정 능력이 있는 자동적 안정장치의 작동에 따라 주기적으로 나타날 것이라고 추정된 '경기 하강'에 들어가지 않는다. 1945년 이후 서구의 번영은 금융적으로 극한에 도달했다. 소득을 이자와 임차료에 쏟아 붓느라 경제는 현재의 침체에서 벗어날 수 없다.

신자유주의 경제학은 금융화가 어째서 미국의 탈산업화를 초래하고 경제의 기술생산성을 떨어뜨려 '탈산업사회 경제'로 변모시켰는지 설명할 수 없다. 공식 통계는 이를 쇠퇴가 아니라 경제 성장이라고 말한다. 미국의 투자은행인 골드만삭스 최고경영자였던 로이드 블랭크페인Lloyd Craig Blankfein은 자기 회사의 협력자들이 미국에서 최고로 생산적인 사람들이라고 주장했다. 그들이 가장 많은 연봉과 상여금을 받는다는 사실이 이를 보여준다는 것이다. 그리고 국민소득생산계정NIPA, National Income and Product Accounts은 이들의 소득을 '금융 서비스'를 제공한다는 이유로 국내총생산에 추가한다.

작업가설은 이렇다. 생산성은 공장을 짓고 노동자를 고용하여 공산품을 제조해서 얻은 것이든, 부동산을 매입하여 임대료를 받은 것이든, 한 사람이 올린 소득으로만 측정한다는 것이다. 앞서 언급한 골드만삭스가 부정행위로 수십억 달러의 벌금을 내야 할 정도로 규모가 컸던 금융 사기는 말할 필요도 없다. 이와 연관된 법률 비용도 당연히 국내총생산 계산에 '법률 서비스'로 추가된다.

미국 경제는 빚에 허덕이고 있다. 블랭크페인이 자기 회사의 파트너들을 매우 놀라울 정도로 생산적이고 부유하게 만들고 있다고 떠벌이고 있는 그 금융화로 여전히 절뚝거린다. 그에게는 '생산적'과 '부유한'의 두 척도는 의당 함께 가기 마련인 모양이다. 《포브스Forbes》가 선정한 미국(그리고 전 세계)의 500대 부자에 오른 자들은 산업의 수장이 아니라 부동산 재벌과 독점자다. 이들이 (공공에 손해를 끼치며 기생적으로) 돈을 번 방법에 관해서 널리 비난이 일고 있다. 고대에 사람들이 고리대금과 영리를 위한 발명에 느꼈던 것, 그리고 19세기에 산업을 지지한 경제학자들이 '유한계급'의 전형으로 여긴 지주들에게 느꼈던 것과 유사한 감정이다. 그러나 초기의 이런 비판에 밑바탕이 되었던 가치와 가격, 경제적 지대 개념이 지금은 사라졌다.

지대 수입은 불로소득으로 경제적 양극화를 초래한다

우리에게 필요한 것은 중국을 비롯한 여러 나라가 미국과 유럽을 양극화와 내핍으로 괴롭히는 문제들을 어떻게 피할 수 있는지 설명해주는 경제 이론이다. 그러한 이론은 미국 경제가 대체로 노동과 산업의 부채 디플레이션이 두드러진 만성적 경기 침체를 겪고 있는데 반해 중국은 왜 그렇게 번영하는지를 설명해줄 것이다. 경기 침체는 금융자본주의의 주된 작동 원리다. 금융자본주의는 마르크스와 여타 고전경제학자들이 19세기에 연구한 산업자본주의와는 전혀 다르다.

모든 경제는 분명히 금융 제도가 필요하다. 오늘날 사람들이 집을 구입하기 위해서는 신용대출이 필요한데, 문제는 미국식 금융 질병을 어떻게 하면 잘 피할 수 있느냐는 것이다. 미국에서는 사영은행의 대출이 주택 가격을 부풀리고 새로운 구매자들에게 원리금 상환으로 더 많은 돈을 지불하게 하며, 기업의 재무관리 책임자는 수익을 자사주 매입과 배당금에 써서 주가를 끌어올린다. 그럼으로써 경제와 사회 전체를 부유하게 하는 것이 아니라 주로 상위 1퍼센트만 부자로 만든다.

금융자본주의의 두드러진 특징은 생산과 소비, 산업의 이윤, 임금의 '실물' 경제가 아니라 소득과 부의 금융화다. 이는 파이어 부문에 돈을 갖다 바치느라 개인과 기업의 소득이 "밀려난" 결과로서 내핍을 강요한다. 이 현상은 부채 디플레이션과 지대 디플레이션이 합쳐진 결과다.

이 문제를 설명하는 것이 고전파 정치경제학의 일이었다. 지주의 사회 지배를 어떻게 막을 것인가? 은행과 채권자가 경제의 나머지 부문을 희생시키며 부유해지는 것을 어떻게 막을 것인가? 기능장애를 겪고 있는 오늘날의 경제 제도를 이해하려면 그것이 어떻게 영국의 정치경제학이 발전시킨 산업자본주의의 논리에서 벗어났는지, 결국 어떻게 그 논리를 뒤집고 새로운 금융의 운동 법칙으로 대체했는지 들여다볼 필요가 있다.

　부와 소득이 점점 더 불평등해지고 동시에 경제는 침체하는 이유를 설명하기 위해서는, 부의 획득 방식을 이해해야 한다. 오늘날의 새로운 거부들은 어떻게 부자가 되었나? 그들의 금융자산과 부동산은 왜 국민총소득보다, 특히 90퍼센트의 소득보다 훨씬 더 빨리 증가하나?

　비교하자면, 부의 크기는 경상소득●과 국내총생산보다 훨씬 더 크며, 훨씬 더 불평등하게 분배된다. 오늘날의 부는 심하게 금융화하여 부와 부채가 함께 간다. 대부분의 부는, 즉 상위 1퍼센트의 재산은 대차대조표의 대변에 그것에 상응하는 부채를 갖는다. 그 부채는 대부분 99퍼센트가 1퍼센트에게 진 빚이다. 달리 말하자면 상위 1퍼센트는 1980년 즈음부터 나머지 99퍼센트를 빚에 묶어두었기에 그렇게 큰 부자가 되었다.

끊임없이 억만장자가 출현해도 낙수효과는 없다

사람들이 '실물' 경제라고 생각하는 것, 즉 노동자가 임금으로 구매하는 상품과 서비스를 생산하는 공장은 '실물' 경제의 핵심 '밖에서' 창출된 복잡한 소유권 법률의 그물에 쌓여 있다. 이 권리들을 앞서서 이끄는 것은 토지 소유권과 독점 특허권(실제 생산비와 무관하게

● current income의 역어로 선택한 단어로, 저자는 자산소득을 여기에 포함시키지 않는다.

정상적인 수준을 크게 웃도는 이윤이 발생하도록 가격을 책정할 수 있게한다), 기타 공식적인 특혜. 그리고 신용을 창출하고 정부의 지원을 받을 은행의 권리가 이를 마무리한다.

이러한 권리는 경제적 지대를 청구할 기회를 만든다. 그 지대란 순전히 특혜에서 나오는 수입으로 정의된다. 노동이나 자재 비용이 들지 않으며, 경제적으로 필수적이거나 생산적인 역할을 하지 않아도 된다. 채권 이자와 임대료나 이자 수입은 지대 수취자의 노동이 아닌 타인의 노동이 지불한 소득이다.

오늘날 미국에서 갓 성인이 된 사람들은 대부분 채무자로서 사회에 첫 발을 내딛는다. 학자금 융자라는 짐을 진 채(취직의 선행 조건이다) 노동시장에 들어가며, 곧 집을 장만해 가정을 꾸리려면 갚는 데 평생이 걸리는 주택 융자금을 떠맡아야 한다. 운 좋은 소수는 이 채무 노예의 운명에서 자유롭다. 이 운 좋은 소수는 대부분(그들 스스로는 그 지위를 '능력주의'라고 부르기를 좋아한다) 지대 수취자 계급의 일원으로서 신탁 자금과 본가를 물려받는다. 이 계급은 채권자이자 지주로서 국민 대다수를 빚에 묶어두는 과두집단이 된다. 이들은 엄청나게 많은 주식과 채권을 소유하며 금융 권력을 이용하여 사회의 기본적 서비스를 공급하는 자연독점의 소유권을 가져온다. 동시에 금융화한 정치 체제를 지배한다. 그 체제에서 정치인과 판사는 실제로 민주적으로 선출되는 것이 아니라 (정치자금) 기부자 계급에 의해 임명된다.

국민소득통계와 경제 이론이 현실을 반영하고 있다면 많은 서구의 금융화한 경제가 고통받는 이유를 설명해줄 수 있을 것이다. 새로운 억만장자들이 끊임없이 배출되는데도 왜 더 많은 사람은 내핍 생활을 해야 하는가? 왜 소득은 '낙수효과'를 내지 못하고 경제 피라미드의 최상층으로 빨려 들어가는가? 현실을 반영하는 경제 이론은 우리가 살고 있는 세상의 무엇이 잘못되었으며, 왜 많은 사람이 대체로 더 부유해지지 않고 더 가난해지는지 설명해줄 수 있을 것이다. 그럼으로써 이 상황을 역전시킬 수 있다는 사실도 보여줄 것이다.

사람들이 이러한 역전의 필요성을 이해하지 못하는 이유는 바로 '경제학'이라는 학문의 교과 과정이 오늘날의 가장 큰 특징을 다루지 않는 데 있다. 경제적 지대라는 개념을 '외부' 요인이라며 배제한 것이 가장 나쁘다. 앞서 언급했지만 경제적 지대는 정치적, 법률적 특혜에서, 공적 규제와 과세의 해체에서 생기는 불로소득이다.

오늘날의 주류 경제학 모델은 이러한 논의를 봉쇄한다. 금융을 신용, 즉 자원을 할당하는 경제의 지배적 계획자가 아니라 실물을 덮어 가리는 가면veil(화폐)으로, 일종의 계산 수단으로 취급하기 때문이다. 부와 저축, 부채의 경제학, 다시 말해 부동산과 은행, 주식, 채권의 경제학은 파이어 부문에 집중되어 있다. 이 부문이 오늘날의 금융화한 경제를 지배한다.

리카도와 그 시대 학자들의 고전경제학은 산업국가 영국이 경쟁국들보다 낮은 가격에 상품을 판매하고 세계 패권을 차지할 수 있도록, 실로 세계적인 산업 독점 국가가 될 수 있도록 더 큰 경쟁력을 갖추게 하려면 어떻게 해야 하는지에 초점을 맞추었다. 1815~1825년 사이에 임금 수준을 결정하는 주된 변수는 식량 가격이었다. 그래서 산업가들은 가장 저렴한 시장에서 식량을 구입하려 했다. 인구가 조밀한 영국보다 저렴한 가격의 토지가 널려 있는 미국이나 라틴아메리카 같은 농업국에서 말이다. 영국의 강력한 지주 계급은 곡물 가격을 높은 수준에서 유지하고자, 다시 말해서 지대를 보호하고자 곡물법을 요구했다. 이러한 상황에서 산업자본주의는 자유무역을 기치로 내걸고 영국의 농업 보호무역주의에 맞서 싸웠다.

19세기 말과 20세기 초의 산업경제학자들은 국가가 토지와 공공시설, 신용 창출의 특권을 지닌 은행, 학교와 도로, 보건, 교통통신 같은 기본적인 기간시설 등 자연독점의 서비스를 무상이나 국가 보조금으로 제공해야 한다고 설명했다. 이들은 지주 제도와 파이어 부문이 사유재산권과 독점적 지대 추출로써 대중의 생계비와 기업의 사업비를 늘린다고 보았다. 산업자본주의는 이 비용을 최소한으로 줄여 산업 생산자들이 지대 부담이 더 심한 경제의 경쟁자들보다 더 낮은 가격에 제품을 판매할 수 있게 하려 했다. 세계 시장에서의 승리는 지대 수취자 수입과 지주 제도, 독점 기업, 약탈적 금융에서 경제를 가장 잘 해방한 나라들이 가져갈 것이었다.

산업은 실제로 필수적인 생산비(즉 가치)의 수준으로 국내 가격 구조를 낮추어 지배력을 획득하는데, 오늘날의 금융자본주의는 그 길을 가지 않고 정반대의 길을 취한다. 사모펀드의 전략은 신용으로 회사를 구매하여 자기배당을 위해 그 자산을 매각하고 회사에 (신규 차입을 포함한) 거짓 비용을 떠안긴다. 이러한 자산 박탈 과정은 마치 회사와 무관한 외적 요인이 아니라 자연스럽고 필수적인 요소인 듯이 산업경제 안에 확립되어 있다.

미국 경제는 탈산업화 과정에 있다. 임금과 산업의 이윤은 점점 더 큰 몫이 이자와 금융 비용, 보험료, 사유화한 재산의 지대 형태로 금융 부문 및 그와 연결된 보험과 부동산 부문에 지불된다. 1980년대 지대를 추구하는 자들의 대대적인 '공유지 습격' 이래로 가장 기본적인 공공 서비스를 운영하는 주체가 독점적인 사영 기업으로 바뀌었다. 도로는 유료로 전환되었고, 공중보건은 사영 보험으로 넘어갔다. 인터넷, 케이블 방송, 전기, 상수도, 기타 자연독점의 공공 기간시설을 사들인 사람들은 이를 독점 사업으로 여기고 생산비는 전혀 고려하지 않은 채 시장이 견딜 수 있을 때까지 요금을 청구한다.

고전파 정치경제학의 핵심
가치, 가격, 지대

고전경제학자들은 경제적 지대를 가격에서 (정상적인 이윤을 포함한) 필수 생산비를 초과하는 부분으로 정의하고 이를 분리하여 다루고자 가격 이론과 가치 이론을 개진했다. 경제적 지대를 불로소득으로 따로 떼어놓으면, 금융상의 지대는 물론 지대와 독점 지대를 피할 기반이 마련된다. 그러나 오늘날 서구 경제의 부는 대부분 그러한 지대가 발생하는 부문에 집중되어 있으며, 새로운 억만장자의 대다수는 지대 수취자에서 등장하고 개인 재산에 대한 면세를 얻어낸다. 지대와 독점 지대, 금융상의 지대라는 개념은 임금 소득과 이윤, 세입이 파이어 부문에서 서로 공생하는 지주, 은행과 기타 채권자, 보험 회사와 독점 기업으로 빠져나가는 과정을 분석할 토대가 된다.

자유시장이라는 고전경제학의 관념은 경제적 지대로부터 자유롭다는 것이지 지주와 독점자, 채권자가 생산비를 고려하지 않고 원하는 만큼 지대를 부과할 자유가 있다는 것이 아니다. 되풀이하자면 19세기 고전경제학은 본질적으로 가치와 가격, 지대의 이론으로 지대를 가격에서 사회적으로 필수적인 생산비를 초과하는 부분으로 규정한다. 이러한 관념에 따르면 지대는 최소화할 일이지 최대화할 일이 아니었다.

경제학에 대한 이러한 고전적 접근방식은 대학교 교과 과정에서 거의 삭제되었다. 작금의 현상은 너무도 부당하다. 경제학자들과 국민소득통계의 형식이 부가 얼마나 기생적이고 약탈적인 방식으로 획득되는지 실상을 폭로한다면, 많은 나라의 국민들은 변화를 요구할 것이다. 오늘날 억만장자들이 대중적으로 유명인사가 되면서 부는 대체로 찬미의 대상이지만, 그것은 사실상 생산 과정의 일부가 아니라 경제적 간접비의 한 형태다. 고전경제학자들이 제거하려 했고 적어도 최소한으로 줄이고자 한 비용인 것이다. 그러나 경제학이라는 학문은 예전과 달라졌다. 오늘날 주류 경제학의 역할은 지대 수취자의 부를 위협할 수 있는 세제의 변경, 반독점 규제, 탈사영화를 막는 것이다. 경제학이라는 학문은 고전경제학에 반하는 이 반혁명을 수행하느라 현실을 비현실적으로 편협하게 반영한 우스꽝스러운 것이 되고 말았다.

봉건제에서 물려받은
지대 수취 체제의 유산을 제거하라

로마시대부터 중세가 끝나도록 '일하지 않는 부자'가 정부와 군대를 이용하여 직접적으로 생산적인 역할을 하지 않고도 수입을 얻었다. 봉건시대 지대 수취 체제는 중세 유럽을 점령하여 효과적으로 지대를 수취한 전사 집단에서 발전했다. 그 군사 지휘관들은 일을 하지 않은 것은 아니지만 생산에 종사하지는 않았다. 그들은 남의 것을 때려 부수고 빼앗았다. 이들의 후손이 폭력으로 쟁취한 특권을 유지하려고 하니 산업자본주의가 억제될 수밖에 없다.

프랑스 중농주의자들, 애덤 스미스, 존 스튜어트 밀, 마르크스와 그 추종자들은 세습 지주와 채권자, 독점자가 지대를 부과하고 상응하는 생산비가 없는 가격을 강요하는 지대 수취자의 특권으로부터, 즉 봉건제의 유산으로부터 사회를 해방하는 것이 산업자본주의의 역사적 역할이라고 보았다. 18세기와 19세기에 산업자본주의의 옹호자들이 주도한 세제 개혁 운동에서 탄생한 고전경제학의 원리는 지대 수취와 면세의 상속권에 기생하는 유럽 귀족의 특권을 폐지하려 했다는 점에서 혁명적이었다. 노동가치론은 지대와 독점 가격, 이자, 기타 수수료에는 실질적인 비용 가격이나 생산적 사업 활동이 따르지 않는다는 점을 증명하기 위한 것이었다. 그러므로 그러한 부담금은 무효이고 부당한 것으로 여겨졌다.

19세기 말 다른 목적이 새롭게 설정되었다. 산업화의 옹호자들은, 지주가 입법과 정치를 지배하는 상황을 끝내는 것에 더하여, 공공 기간시설을 더 많이 확충하고 독점 기업이 정상적인 이윤을 넘어서는 가격을 청구하도록 허용하지 말고 국가의 보조금 지급 가격으로 저비용의 보건과 교육, 교통, 우편, 통신을 제공해야 한다고 강조했다. 기간시설에 대한 공적 투자가 이루어지면 자연독점과 경제의 핵심 부문이 사영화되어 신귀족의 지대 추출수단이 되는 일은 없을 것이다.

그러한 경제 개혁 투쟁은 산업에 우호적인 영국 보수당과 미국 공화당이 이끌었다. 두 정당은 자국을 세계의 공장으로 만들고자 했다. 영국 보수당 총리 벤저민 디즈레일리는 1875년 공중보건법Public

Health Act을 제안했다. 그는 이렇게 설명한다. "국민의 건강은 실로 그들의 모든 행복과 하나의 국가로서의 힘을 좌우하는 토대다."[1]

디즈레일리는 뒤이어 식량약물판매법Sale of Food and Drugs Act과 교육법Education Act을 제정했다. 보수당 정부는 이러한 기본적 공공 서비스를 제공하면서, 만일 개인 고용주나 그 고용인이 주거와 보건, 기타 기본적 욕구에 필요한 비용을 비싸게 치러야 한다면 상품과 서비스에 쓸 임금과 이윤이 줄어들 것이라고 인정했다. 이는 곧 산업 생산자의 이익이 축소된다는 뜻이었다.

이러한 인식이 산업자본주의를 사회주의로 인도했다. 제1차 세계대전이 발발할 때까지 산업자본주의의 가장 기본적인 정치적 조치는 특권과 지대 수취의 과도한 간접비로부터 경제를 해방하는 것으로 보였다는 사실이 이러한 인식에 일조했다. 오늘날 유럽의 사회화한 의료 제도와 미국의 금융화한 사영 의료보험 제도와 이와 연관된 제약 회사의 독점을 비교해보면, 어떤 논리가 작동하는지 볼 수 있다. 오늘날 서구 사회에서 가장 비싸면서도 가장 비효율적인 미국의 의료비와 약값은 미국 국내총생산의 약 18퍼센트를 차지하는데, 미국의 산업 노동자들이 생산한 제품의 가격이 세계 시장에서 높게 책정되는 근거가 된다. 미국 노동자들의 손익분기점 임금을 밀어 올리는 다른 비용으로는 높은 주택비(은행 신용의 확대로 부풀려졌다), 교육비, 사영화한 독점 기간시설의 사용료가 있다.

공공 기간시설의 사영화는 지대 추구 경제를 고비용의 탈산업화로 이끌었다. 탐욕은 좋은 것이요 돈을 많이 벌수록 생산적인 것이라고, 따라서 그 결과로 초래된 경제적 양극화와 부의 집중이 마치 진보적인 것인 양 규제를 풀어야 한다고 이야기된다. 금융자본주의의 시각에서는 진보라고 할 수 있다. 미국에서 의료보험 회사와 제약 회사는 주식시장을 선도하고 부동산은 은행 신용의 최대 시장이니 말이다.

따라서 경제 이데올로기는 지난 20세기에 완전히 변했다. 이제 경제 이데올로기는 지대 수취자의 특권을 방어하고 월스트리트와 런던, 파리 증권거래소, 프랑크푸르트의 금융 중심지에서 규제를 제거하라고 요구한다. 국가 재정은 민주적으로 선출된 정부의 수중에서 빠져나가고, 정부 지출을 통제하는 상업은행과 채권 보유자들에게 봉사하는 중앙은행이 정부를 대신한다. 은행 본사들은 지금 세계 주요 도시에 중세의 성당과 사원, 모스크의 현대판처럼 우뚝 솟아 그 스카이라인을 지배하고 있다.

결과적으로 초기 기독교의 고리대금업 금지라는 문화는 크게 변했다. 첫째, 고리대금업에 반대하는 종교적 개혁(흔적뿐이었을지언정 최근까지도 고리대금 금지법으로 살아남았다)과 세습지주 제도와 지대 수취 체제에 반대하는 고전적인 산업주의적 개혁은 경제의 합리화와 더욱 생산적인 발전을 옹호하는 논리와 더불어 전부 버려졌다. 고전경제학자들은 봉건제 폐지 이후의 착취를 사회에 떠넘겨진 부담스러운 간접비임을 설명하기 위해 경제적 지대 개념을 만들어냈다. 그러나 오늘날의 주류 경제학은 그러한 착취를 없애려는 노력을 하지 않는다. 오히려 그 반대다. 지난 20세기에 주류 경제학의 두드러진 특징은 어떤 불로소득도 착취도 없다고 주장하는 것이었다.

성공적인 반대가 불러온
경제 양극화

이와 같이 고전경제학에 대한 반대는 너무도 성공적이어서 경제학 전공 학생들은 이제 경제사상사를 배우지 않는다. 고전경제학자들이 지대 수취자 계급에 과세하고 그들을 규제할 수 있을 만큼 강력한 사회주의와 정부에 반대하여 자유시장을 옹호했다는 속임수가 만들어졌다. 신자유주의는 이렇게 과거를 고쳐 씀으로써 기존의 권력관계를 보강한다. 경제의 양극화를 초래하는 불평등이 지대 추구 경제의 본질적이고 보편적인 특성이 아니라, 일시적이고 이례적인 현상이라고 말하는 것이다.

고전경제학 이후 지대 수취자 계급이 일으킨 반혁명은 고전파 정치경제학자들이 정교히 다듬은 가치 이론과 가격 이론의 핵심을 부정한다. 불로소득이 있다는 것, 다시 말해 모든 소득이 다 생산과 분배의 과정에 생산적으로 기여함으로써 벌어들인 소득은 아니라는 것을 부정한다. 지대와 이와 연관된 천연자원 지대(리카도가 1817년에 발표한《정치경제학과 과세의 원리에 대하여》2장의 요점), 독점 지대, 이자와 수수료 형태의 금융 지대 같은 경제적 지대는 사회적으로 필수적인 생산 비용이 아니며 따라서 불로소득이다. 그러나 고전경제학 이후의 경제학은 불로소득이 없다고 주장한다. 모든 부는 생산적으로 벌어들인 소득의 자본화한 가치이므로 불로소득이 아니라고 추론하는 것이다.

현재 상태의 '생산고'는 사회의 모양을 바꿔놓는다. 사회는 가파르게 치솟는 피라미드와 같으며 그 최상층부는 지대와 이자의 형태로 소득과 부를 빨아들인다. 도시의 스카이라인은 주요 은행과 보험 회사의 가장 높고 가장 화려한 건물들이 지배한다. 재산과 독점을 토대로 하는 금융상의 법칙이 '운동법칙'이 되었다. 부동산과 주식, 채권은 소수의 손에 집중된다. 그 결과로 오늘날의 사회는 옛 봉건사회를 많이 닮았다. 금융상의 권리와 재산권의 형태를 띤 특권 체제요, 상속된 부의 체제인 것이다. 금융화한 경제가 지대 추구 경제로 되돌아가면서 자가 보유 비율은 하락한다. 부는 세습의 원리에 따라 점점 더 계층화한다. 오늘날 미국 국민 전체에서 순자산이 인종과 민족에 따라 계층화하는 것과 비슷하다. 2장에서는 이러한 작동 방식을 논의할 것이다.

오늘날 금융화되고 점점 더 사유화하는 경제는 약탈적 지대 추구가 경제를 양극화하고 소득과 부를 경제적 피라미드의 최상층부에 집중시키고 있음에도(만일 지대 수취자의 경우 정확히 말하면 지대 추구 때문에) 전체 인구의 생산성 향상과 번영, 탈산업화에 대한 관심 없이 지대를 추구할 뿐이다. 그러므로 돌이켜보면 산업자본주의의 초기 철학은 지나치게 낙관적이었다. 마르크스 같은 비판자에게는 더욱 그렇게 보였다. 우리가 맞이한 산업자본주의의 황금기는 예상된 발전 모습과는 정반대였다. 봉건적인 사유재산의 세력이 반격했고, 그 싸움은 정치적이고 이데올로기적이고 군사적이었고 격렬했다.

경제학에서 고전경제학의 지대 이론을 없애려는 반동의 역류에, 특히 1980년대 당시 영국의 대처 총리와 미국의 레이건 대통령의 손에서 그 해로운 반동이 꽃을 피운 이래로, 노동자의 임금은 성장을 멈추었고 상위 1퍼센트의 부는 폭증했다. 신자유주의가 주택과 기간시설 부문에서 비용과 부채의 대폭적인 증가를 지지하면서 채권 가격은 사상 최고를 찍었고, 주식시장은 사상 최장기 호황을 누렸다. 그러나 이는 만성적으로 쇠약한 경제에 동반된 현상이다. 일반 서민의 가구는 치솟는 지대 비용을 지불하여 상위 1퍼센트의 수중에 부를 몰아주느라 부채의 부담과 생계비 삭감에 짓눌렸다.

지대 수취자 수입에 대한 과세 반대는 정부의 규제와 재정 운용에 대한 전면적인 정치적 공격에서 적나라하게 드러났다. 중앙계획에 반대한다는 구호 아래, 자원을 할당하는 역할은 선출직 공무원들의 손을 떠나 월스트리트로 넘어갔다. 이는 의회의 권한이 신귀족적인 모습을 갖춘 상원의 금융 거물들에게 종속되는 것과 다름이 없었다. 모든 지대 추구 경제는 과두지배 체제이며, 그들의 정치적 전략은 민주주의가 실질적인 입법권과 과세권, 규제 권한을 갖지 못하도록 방해하는 것이다. 이는 영국 하원을 상원보다 강하게 만들려고 했던 19세기의 긴 싸움을, 민주적으로 선출된 전 세계의 하원 통치 체제를 뒤집는 것이다.

지대 수취자의 수입이 불로소득임을 부정하면, 즉 지대 수취자 수입은 '국내총생산'에 기여한 바에 따라 얻은 것으로 동등한 가치의 '서비스'를 생산한다고 주장한다면, 국내총생산의 '생산고'에 관한 계산과 대상 없는 단순한 이전지출, 즉 간접비의 계산이 구분되지 않는다. 절망적인 상황이다. 오늘날의 주류 경제학은 생산성을 소득이 어떻게 발생했는지를 따지지 않고 소득 자체와 관련해서만 정의함으로써 순환논법의 혼란에 빠졌다.

고전경제학의 근로소득과 불로소득 구분에 대한 반대는 교과 과정에서 경제사상사를 제외함으로써만 성공했다. 이러한 교육 수준 저하에 경제학은 특수 이익 집단을 옹호하는 학문으로 추락했으며, 상위 1퍼센트가 주식시장 활황의 과실을 차지하는 동안 빚에 시달리는 나머지 99퍼센트의 순자산은 정체하는 것이 경제적 호황이라고 유권자를 설득한다.

요컨대 19세기 도약 국면의 산업자본주의를 인도한 핵심적인 정책은 만일 기본적인 경제적 서비스가 필수적이라면 이것을 지대를 발생시키는 사적 독점에 맡기지 말고 무료 또는 보조금 지급으로 제공해야 한다는 것이었다. 만약 은행을 사적 소유자의 수중에 넘겨야 한다면, 산업자본 형성과 기간시설 투자의 생산적인 일에만 신용을 제공하도록 바꾸어야 한다. 이는 논리적으로 당연한 귀결이다. 그렇게 하면, 화폐와 신용 창출은 혼합경제의 다른 기본적 서비스와 함께 공익적 기능을 수행할 수 있을 것이다. 그러나 아쉽게도 그런 일은 일어나지 않았다. 2장에서 이에 관해 설명하겠다.

미국이 중국에 대해 적개심을 드러내는 이유

오늘날 중국은 여러 점에서 19세기 말 미국의 산업화와 유사한 경로를 따라가고 있다. 중국은 스스로 사회주의 국가라고 말하지만, 과거 미국의 주요 보호무역주의자들도 자신들을 사회주의자라고 불렀다. 이들의 공통점은 기본적인 기간시설에 대규모 공적 투자를 제공함으로써 노동자들의 생계비, 즉 산업 생산자들이 지불해야 할 임금 수준을 낮추는 것에 있다. 또한 중국은 높은 임금을 받는 노동자가 더 생산적이라는 '고임금경제' 원리를 받아들였다. 더 높은 건강 수준과 더 좋은 조건의 공적 소비자 보호에서 더 좋은 교육을 받고 더 잘 먹는 이 노동자는 높은 생산성을 가지게 되고, 상대적으로 더 궁핍한 경제의 노동자보다 더 저렴한 가격으로 팔 수 있는 제품을 생산한다는 것이다.

중국은 이제껏 미국 보호무역주의자들과 산업 전략가들이 촉구한 목표를, 특히 화폐와 은행을 사유화를 허용하지 않은 채 공공재로 보호한다는 목표를 실현할 수 있었다. 이는 중국에 대한 미국의 분노와 적개심을 설명하는 데 도움이 된다. 중국은 미국에서 실패한 산업 프로그램을 달성했다. 미국에서는 지대 수취자 계급에 대한 이해가 반고전경제학적 반혁명을 이끌었고 탈산업화를 초래했다.

CHAPTER
02

지대 추구와 지대 수취자의
세금 회피를 조장하는
금융자본주의

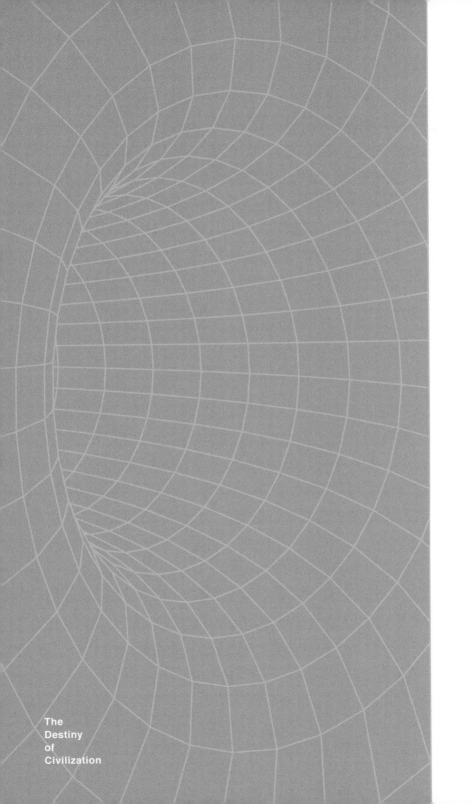

The
Destiny
of
Civilization

오늘날 경제의 부는 대부분 부동산과 주식, 채권으로 이루어진다. 부의 대부분이 지대 추구(지대와 독점 지대, 특권층에게 돌아가는 금융 비용)에 의해서 얻어지기 때문이다. 지대 수취자는 이렇게 얻은 수입을 금융자산에 투자함으로써 더욱더 큰 부를 얻게 된다. 어떤 경우라도 편파적인 세제 혜택의 지원을 받는다. 산업자본주의가 지대 수취자 몫으로 들어가는 비용을 최소화하여 간접비가 적게 발생하는 저비용 경제를 만들려고 한 반면에, 금융자본주의는 이 부담을 늘린다. 금융업자와 억만장자 지대 수취자들이 어떤 방법으로 재산을 모았든지, 지대 수취자 부의 증대는 착취적인 이전지출로서 국내총생산에서 차감되어야 마땅하나 오히려 추가된다.[1]

15세기부터 19세기까지 폭력과 합법적 강탈, 부정이 결합한 인클로저 운동으로 영국의 토지와 공유지가 대부분 사유화한 것처럼, 1980년 이후 오늘날의 사영화 물결도 은행 대출을 통해 기본적인 공공 기간시설을 착복하여 독점 지대를 부과할 기회를 만들려고 한다. 사영화와 금융화는 경제에 해를 끼치면서 동시에 진행되는 경향이 있다.

주택 마련이 (신용으로) 보편화하면서 지대 수취자는 토지 과세에 대해 반대하는 자가 소유자의 지지를 확보했다. 은행은 토지세를 낮추라는 자가 소유자의 로비를 지원한다. 세금으로 돈이 빠져나가지 않아야 은행에 이자로 납부할 돈이 남아 있을 것임을 알기 때문이다. 과거에 세습 귀족에게 지불된 지대는 이제 은행에 담보대출 이자로 지불된다. 수취인이 바뀌었을 뿐 여전히 봉건적 공납과 비슷한 비용이다.

　대부분의 은행 융자에서는 지대를 발생시키는 자산에 저당권이 설정된다. 주된 자산은 주택과 상업용 부동산이다. 따라서 금융자본주의의 중심은 파이어 부문이며, 담보대출이 앞장서고 천연자원 지대 추출이 뒤를 잇는다. 그리고 투자은행이 '트러스트의 어머니'로서 독점 지대를 부과하기에 충분한 기업 인수합병을 조직하고 이에 자금을 제공한다.

　마르크스는《자본론》3권에서 (그리고 사후 출간된《잉여가치론》의 해당 부분에서) 금융의 작동 원리를 분석하며, 금융자본의 목적은 기업가의 임금노동자 고용과는 별개로 생산 과정 '밖에서' 이익을 얻어내는 것임을 강조했다. 그러한 인식에 따라 그의 추종자들은 금융자본의 주된 분석가가 되었다.[2]

부채로 이루어지는
금융자본주의식 노동 착취

산업자본주의와 금융자본주의는 서로 다른 방식으로 임금노동자를 착취한다. 산업자본은 노동자에게 지급되는 임금을 최소한으로 줄여 최대의 이윤을 얻어내려 한다. 금융자본과 기타 지대 수취자 자본은 노동자로 하여금 임금을 부채 상환에 쓰도록, 그리고 독점화하여 독점 지대를 낳는 기본적 생필품과 서비스를 구매하도록 만들고자 한다.

이렇게 대조적인 착취 방식은 노동자의 고용 비용을 최소화하려는 산업자본의 목적이 왜 지대 추구 방식의 착취와 충돌했는지를 설명해준다. 부동산담보대출과 소비자 부채, 학자금 융자, 신용카드 대출에 빠진 노동자는 이자와 위약금을 물어야 한다. 금융 부문의 정치적 영향력은 고리대금 금지법을 폐지하고 건강보험을 비롯한 여러 보험을 사영화하고(기본적인 기간시설 서비스도 함께) 부동산과 여타 파이어 부문의 세금을 제거하는 데 성공했다. 이렇게 사영화한 부문이 이자와 기타 지대를 뽑아낸 결과로 금융 부문은 노동 착취의 주된 주체가 되었다. 직접적으로는 특히 신용으로 주택 구입 자금을 제공하는 것을 포함하여 부채를 떠안겼고, 간접적으로는 주택비와 점차 신용으로 사영화하고 독점화하여 제공되는 기본적 기간시설 서비스의 비용을 증가시켰다.

산업 자체가 금융화함에 따라, 산업자본과 지대 수취자 자본 사이에 이해관계가 일치하게 되었다. 임금노동자가 부채를 떠안으면 고용 '시장'이 형성되어 기업의 이윤이 간접적으로 촉진된다는 사실을 깨달았기 때문이다. 빚이 있는 노동자는 그 시장에서 직업을 잃으면 경제적으로 불안정한 상황에 놓인다. 노동자가 매달 지대 수취자에게 갚아야 할 돈을 벌지 못하면, 신용카드 연체 이자는 29퍼센트까지 무섭게 오를 것이다. 사영화한 의료 제도는(그리고 의료보험료를 납부해야 할 필요성은) 미국 노동자를 현재의 직업에 묶어두는 방법으로 점점 더 중요해졌다. 2014년 기준으로, 미국 국민은 1인당 평균 1만 1000달러에 달하는 의료보험료를 납부해야 하기 때문에 노동자는 비싼 최상급 보험계약을 갖고 있지 않을 경우, 몸이 아플 때 파산하기 십상이다.[3] 그리고 주택담보대출을 받은 노동자는 해고되거나 실직하면 집이 압류되거나 퇴거당할 위험이 있다.

그래서 생긴 것이 바로 앨런 그린스펀이 말한 '트라우마를 입은 노동자traumatized worker'다. 임금노동자는 일자리를 잃을까 두렵기 때문에 노동조합에 가입하여 파업에 참여하는 일을 삼가고 위험하거나 가혹한 노동 조건에 대해 불평하지도 않는다는 것이다.

설상가상 연금의 금융화는 노동자의 퇴직 소득이 금융 부문의 성공에 좌우되는 결과를 초래했다. 산업상의 투자와 고용에 손해를 끼치고 금융상의 이익이 달성되어도 그러한 결과에는 변함이 없다. 최근 몇 십 년간 금융자본주의에서 노동자가 나눠 가질 번영의 과실은 없었다. 지대 수취자의 원칙은 이렇다. "돈인가 목숨인가?" 결국 그것은 경제 전체의 목숨이다.

실물 경제보다 빠르게 복리로 증가하는 금융자본

경제 전반에 걸친 부채의 규모는, 그에 상응하는 은행 예금자와 여타 채권자의 저축과 더불어, 복리로 증가하는 경향이 있다. 모든 이자율은 원금이 두 배로 늘어나기까지 걸리는 시간doubling time을 의미한다.[4] 이 순수한 수학적 원리는 경제의 지불 능력과는 아무런 관계가 없다. 그러므로 1945년 이후로 개인과 기업의 수입, 정부 세입, 국내총생산에 비해 부채가 현저히 크게 증가했다는 사실은 놀랍지 않다.

폰지 사기Ponzi scheme처럼 이 팽창의 길은 새로운 신용이 대규모로 유입되어야만 부채 증가의 부담을 감당할 수 있다. 은행은 일반적으로 채무자에게 이자를 납부하기에 충분한 만큼 새롭게 대출하여 파산을 방지하려 한다. 그러나 이러한 부채의 순환은 무한정 유지될 수 없고, 대개 압류의 급증으로 귀결된다.

1980년대 이래로 대부분의 채권자는 다양한 금융상의 술책으로 타인의 소득을 빨아들였다. 빌 블랙William K. Black은 1980년대의 저축대부조합S&L, Savings & Loans Association 사기의 사업 모델을 '이익을 위한 파산'이라고 설명했다. 경영진은 고객의 예금을 자신들의 급여와 상여금, 배당금으로 썼다. 이들은 자신들의 역외 자회사 법인captive unit에 대출을 해주었고, 이 법인은 자금을 안전한 곳에 은닉하고 파산하여 빈껍데기만 남겨 저축대부조합을 악성 부채에 빠뜨렸다.[5] 이들의 경험은 은행들이 모방할 부실 담보대출 사기 모델을 제공했다. 2008년에 일어났던 금융 붕괴는 그 사기의 결과물이었다. 은행들은 경제 전체를 볼모로 삼아 정부가 자신들을, 더불어 주주와 거액 예금자를 구제하지 않는다면 지불 불능을 선언하겠다고 위협한 뒤 구제금융을 요청했다.

기업의 재무 담당 이사들은 회사의 수입을 자사주를 매입하여 주가를 떠받치는 데 쓰고, 투자를 삭감하고 배당을 통해 주주에게 자본소득(자신들에게는 상여금)을 안겨준다. 예를 들면 장기적인 연구개발은 배당과 자사주 매입, 부채 상환에 쓸 돈을 줄인다고 생각된다. 포로가 된 정부의 세제 혜택과 여타 지원에 힘입어 기업의 재무 관리자는 주식과 채권, 부동산 소유자의 이익을 위해 노력하며, 중앙은행은 금융 붕괴를 막기 위해 새로운 신용과 부채가 지속적으로 팽창하도록 충분한 신용을 공급한다.

눈앞의 이익에 급급한
금융의 시야

이것은 번영이나 실질적인 부를 위한 장기적 전략이 아니다. 심지어 생존 전략도 아니다. 금융화의 결과물인 탈산업화는 경제 전체를 희생하며 금융 부문에 돈을 몰아준다. 재무 관리자들은 산업공학을 이용하여 새로운 제품을 개발하고 마케팅 계획을 수립하는 대신 주가를 높이는 데에만 몰두한다. 미국 기업 수익ebitda*의 90퍼센트 이상이 자사주 매입과 배당금에 쓰여 주가와 재무 관리자들과 투기꾼들이 보유한 스톡옵션의 가치를 높인다.

미국이 왜 탈산업화의 길에 들어섰는지는 이로써 설명된다. 금융 부문은 눈앞의 이익만 생각한다. 미국 기업의 재무 관리자들이 장기적인 시간 프레임을 가졌다면 기업의 수익을 생산 능력을 키우고 비용을 줄이는 데 재투자했을 것이다. 그러나 산업의 지배로 이어지는 그 전통적인 길은 금융 시장으로 흘러들어갈 기업의 수익을 줄였을 것이고, 따라서 그것은 재무 관리자의 목적이 아니었다.

자산 가격을 부풀리는 금융,
이를 지원하는 중앙은행

자산 가격은 전통적으로 소득을 현재의 이자율로 할인하여 정했다. 자산의 가격(PA)은 소득(E)을 이자율(i)로 나누어 정한다. 즉 PA=E/i다. 금융 부문이 2008년에서 2021년까지의 산업경제 소득을 단순하게 반영했다면, 주식시장과 채권시장은 축소되었을 것이

• 이자, 세금, 감가상각비, 부채 할부상환금을 제외한 모든 소득.

다. 그러나 그런 일은 일어나지 않았다. 최근 몇 십 년 동안 주식과 채권, 부동산의 가격은 주가수익률(자본환원율)을 높인 그 하락하는 이자율을 뛰어넘어 훨씬 더 빠르게 상승했다.

주가수익률 증가의 주된 원인은 앞에서 얘기했듯이 저축액의 총량이 복리로 증가하는 경향이 있기 때문이다. 급증한 이자와 부채 상환액은 새로이 주식과 채권, 부동산의 구매에 다시 투입된다. 이 신용의 대부분은 대출의 형태로 지대를 낳는 자산(부동산과 회사) 과 유가증권의 매입에 들어간다. 그 결과로 자본소득이 집중적인 관심을 받는다. 임금과 이윤보다 세금에서 유리한 대우를 받기 때문이다.

주된 문제는 금융 간접비와 그것이 뒷받침하는 지대 추출 때문에 소득이 국내 시장의 공산품 구매에 쓰이지 못한다는 데 있다. 그렇게 상품 시장이 위축되면, 기업의 이윤은 줄어들고 따라서 주가도 하락한다. 그러면 재무 담당자들은 중앙은행에 신용을 늘려 주식과 채권, 부동산의 가격(따라서 부동산담보대출의 생존 능력)을 끌어올리라고 요구한다. 1980년 이후로, 특히 2008년부터 중앙은행의 양적 완화는 이자율을 낮춰 이러한 자산의 가격을 부양했다. 다시 말하자면 양적 완화로 창출된 돈이 '실물' 경제에 투입되어 고용이나 생산수단 투자를 늘리는 데 들어가지 않고 금융시장과 지대 추구 지향적인 은행 제도에서 쓰인 것이다.

이자율이 낮아지고 부동산과 주식, 채권의 가격이 상승하면 기존의 소득 흐름은 더 높은 가격으로 평가된다. 이론상 최근의 경우처럼 거의 0퍼센트에 가까운 이자율은 주가를 거의 무한정 끌어올려야 하지만, 투자자들은 저리의 신용융자로 다소 높은 수익을 낼 수 있는 주식이나 부동산, 채권을 구입하여 차익거래로써 금융 소득을 얻는 데 만족한다.

2008년에 부동산시장과 금융시장이 붕괴했지만, 양적 완화는 자산 가격을 다시 팽창시켰다. 각국의 중앙은행은 주식과 채권 보유자 재산의 화폐 가치를 유지했다. 2020년 3월 CARES법(코로나 바이러스 지원·구호·경제안전 법)으로 미국 시민에게 2조 달러가 제공되었지만, 이는 주식과 채권(정크 본드를 포함한 기업의 사채까지)의 가격을 부양하고 은행의 담보대출을 뒷받침하는 데 투입하기로 예정된 8조 달러의 신용에 비하면 존재가 무색해진다. 통계 조사에 따르면 CARES법에 따라 제공된 1인당 1200달러는 대부분 상품과 서비스 구매에 쓰이지 않고 수령인들의 증가일로에 있던 부채를 줄이는 데 쓰였다. 그러므로 임금생활자에 대한 CARES법의 지원 효과는 간접적이지만 주로 은행과 건물주가 고객과 임차인의 지불 불능으로 돈을 잃지 않도록 막아주는 것이었다. 지불 불능은 연기되었다. 그러나 경제의 극심한 부채 총비용이 그대로 온존하는 한 지불 불능을 모면할 수는 없다.

부르주아 계급이
전문경영자 계급이 되기까지

금융자본주의는 자유지상주의의 시각에서 정부의 규제와 과세의 권한을 공격했다. 1913년 말 미국 연방준비제도이사회Fed, Federal Reserve Board가 창설된 이래로, 금융자본주의의 정치적 전략은 공공 부문을 장악하여 통화와 은행업의 권한을 워싱턴의 정부에서 월스트리트와 런던, 프랑크푸르트, 파리 증권거래소, 기타 금융 중심지

로 이전하는 것이었다.[6]

금융 부문은 규제기구를 장악함으로써, 특히 중앙은행을 만들어 경제 정책을 공공 부문에서 멀어지게 함으로써 그 경제적 힘을 정치적 힘으로 바꿔놓을 수 있었다. 오늘날 미국 연방준비제도이사회와 유럽중앙은행ECB, European Central Bank의 주된 역할은 주식과 채권, 부동산담보대출 청구권의 금융자산 가격을 유지하면서 임금과 상품 가격의 상승을 억제하는 것이다. 2008년 이래 이러한 기관들이 수행한 양적 완화로 자산 가격은 '실물' 경제가 위축되는 상황에서도 보조금을 받아 급등했다.

정부로 하여금 신자유주의의 과제를 수행하게 한다는 지대 수취자 계급의 목적을 가장 노골적으로 보여주는 사례는 투자자-국가 분쟁해결제도ISDS, Investor State Dispute Settlement 법정을 만들자는 환태평양경제동반자협정TPP, Trans-Pacific Partnership의 제안이다. 기업이 정부가 법률을 제정하여 환경오염이나 소비자와 사회의 피해를 막아 손해를 입었다며 정부에 제기한 소송에서 기업이 임명한 판사에게 판결을 내릴 권한을 주는 것이다(상세한 내용은 7장을 볼 것). 기업들이 계속해서 환경을 오염시키고 소비자와 사회에 손해를 끼치며 돈을 벌 수 있게 내버려둔다면, 그들은 투자자-국가 분쟁해결제도로 보상을 요구할 수 있을 것이다. 이러한 제도는 국익을 위한 입법의 권한을 효과적으로 봉쇄하여 19세기의 민주적 정치 개혁을 뒤집을 것이다.

산업자본주의의 민주적 운명은 많은 기대를 받았지만 고전경제학이 옹호한 지대 추구 반대 개혁을 달성하지 못했기에 금융 과두집단에 의해 대체되고 있으며, 그 과정은 이미 많이 진척되었다.

경제 계획은 모든 나라에서 기업국가corporate state*의 금융기관과 중앙은행을 장악하여 그를 통해 지배하는 지대 수취자 계급의 수중에 떨어지고 있다.

조지 오웰은《경영자 혁명The Managerial Revolution》(1941)의 논지를 요약한 글 〈제임스 버넘 재고Second Thoughts on James Burnham〉에서 금융 과두지배 체제의 발흥을 구체적으로 예견하지는 않았지만, 금융자본주의 시대에 등장한 것과 유사한 과두지배 사회의 출현을 설명했다. "자본주의는 사라지고 있지만, 아직은 사회주의가 이를 대체하고 있지는 않다. 지금 등장하는 새로운 종류의 중앙집권적 계획 사회는 자본주의 사회도 일반적으로 받아들여지는 의미의 민주주의 사회도 아닐 것이다. 이 새로운 사회의 지배자들은 생산수단을 효과적으로 통제하는 사람들일 것이다. 다시 말해 기업의 간부들, 기술자들, 관료들, 군인들로 버넘이 '경영자'라는 이름으로 일괄한 자들이다. 이 사람들은 옛 자본가 계급을 제거하고 노동 계급을 분쇄할 것이며 모든 권력과 경제적 특권을 소수가 장악하도록 사회를 조직할 것이다."

이 계급은 100년 전에는 부르주아라고 불렀다. 오늘날에는 흔히 지대 수취자 계급에 덧붙여진(합류하기를 열망하는) 전문경영자 계급PMC, Professional Managerial Class이라고 부른다. 이 전문경영자 계급은 노동자를 고용하여 상품과 서비스를 생산함으로써 부의 창출

• 코포타리즘corporatism처럼 법인이나 직능 단체corporation가 사회 조직의 기본 단위인 국가나 무솔리니 치하의 이탈리아처럼 이러한 사회 조직에 독재정치가 추가되는 파시즘을 가리키거나 단순히 경제의 대부분을 정부가 소유하고 관리하는 국가를 가리키는 용어. 이 책에서는 기업 조직처럼 관리되는 국가를 뜻하므로 이렇게 옮긴다.

을 촉진하는 대신, 주로 19세기에 '허구자본fictitious capital'이라고 부른 것의 형태로 부를 추구한다. 신용으로, 부채 레버리지로, 독점적 기간시설을 공적 영역에서 빼앗아 사영화함으로써 부동산과 금융 자산의 가격을 부풀리고 금융 부문의 인도에 따라 독점 지대를 추출하는 것이다. 오늘날 금융 부문은 '트러스트의 어머니'다. 100년 전이라면 존재 자체가 비난의 대상이었던 것이다.

조세피난처로 모이는 금융자본

미국 최초의 소득세법은 1913년에 제정되었다. J. P. 모건과 그의 은행업 동료들이 연방준비제도이사회를 창설한 해다. 소득세법은 주로 지대 수취자에게 적용되었다. 세금 납부자는 대략 국민의 1퍼센트에 불과했다. 그러나 부자는 언제나 세금 납부를 피하려 했다. 그리고 금융 부문은 다른 지대 수취자 이익(부 전체)을 보호하려 한다. 석유, 광업, 부동산 부문은 곧 현금흐름의 대부분을, 실제로 감가상각비를 계산하지 않았는데도, 과세 대상에서 제외되는 (거짓) 비용으로 취급하여 세제의 '허점'을 찾아냈다. 동시에 이자는 주로 생산이 아니라 자산 획득의 자금으로 투입된다. 기업 회계 담당자의 목적은 과세 대상이 될 이윤이 전혀 없다고 말하는 것이다.

1인당 국내총생산이 가장 많은 12개 국가는 산업경제가 아니라 조세피난처다. 기업 회계 담당자는 전 세계에서 벌어들인 회사의 이익이 세금이 아예 없는 곳이면 더 좋고 아니면 세금이 가장 낮은 곳에서 나왔다는 착각을 불러일으키기 위해 거짓 이전가격을 정한다. 미국과 영국의 은행들은 카리브 해와 다른 역외 영토에 지점을 세웠다. 처음 세운 곳은 미국 달러를 통화로 쓰는 두 개의 준準국가 파나마와 라이베리아다. 미국 석유 회사는 전 세계에서 벌어들인 이익을 소득세 도입을 주저하는 이 외국 은행 중심지들에 있는 지사의 이익으로 넘겨 환율 변동의 위험을 피할 수 있다.

이러한 역외 영토로 석유 산업에는 파나마와 라이베리아가 있고, 유럽의 조세 회피자들에게는 룩셈부르크와 모나코가 있다. 애플의 회계 담당자들은 전 세계에서 벌어들인 수입이 아일랜드에서 나온 것처럼 꾸민다. 구소련 국가들에는 키프로스가 그런 곳이며, 부패 정치인들과 조직 범죄단에게는 케이맨 제도와 버뮤다, 스위스가 있다.[7] 이러한 조세피난처는 생산수단에 대한 확실한 자본 투자라는 의미에서의 '투자 허브'가 아니다. 그런 나라의 명목상 국내총생산은 주로 정교하게 위장한 다국적 기업들을 위한 금융 서비스와 법률 서비스로 이루어진다.

거짓 감가상각, 이자의 세금 공제, 조세피난처를 통한 이전가격 등 앞서 언급한 특별한 세금 특혜가 한데 모여 지대와 천연자원 지대, 금융 지대에 과세한다는 19세기의 목표를 역전시켰다. 부재 건물주는 법에 따라 재산을 임대인이 사용하기에 적합한 상태로 관리해야 하지만(대체로 임대료의 10퍼센트 정도가 들어간다), 때로 '과잉 감가상각'이라고 부르는 거짓 감가상각으로써 자신의 건물이 낡아지면서 가치를 잃고 있다고 주장할 수 있다. 이러한 차감액과 함께 이자를 세금 공제가 가능한 '필수 경비'로 다룬 덕분에 이들의 부동산 투자는 소득세에서 자유롭다.[8] 최종적인 수혜자는 산업과 천연자원의 개발에 점점 더 많은 돈을 빌려주는 은행과 채권 보유자다.

자산 가격 인플레이션의 논리적 귀결, 부채 디플레이션

대부분의 은행 대출은 부동산과 기타 기투자자산의 구매 자금으로 쓰인다. 은행 자금의 영향을 받는 가장 중요한 가격은 주택과 주식, 채권의 자산 가격이라는 뜻이다. 은행 신용과 예금은 경제 전체 차원에서 기하급수적으로 증가한다. 은행이 이자로 받은 돈을 다시 대출로 회전시키기만 하면 된다. 이러한 이자에 이자를 더하고 새로운 신용 창출로 이를 보완한다. 주택과 주식, 채권의 가격이 뒤를 따른다. 부채 레버리지로 인한 가격 상승은 점점 더 심해진다. 그러므로 자산 가격 상승과 부채의 증가는 동시에 급증한다. 임금과 산출(국내총생산)도 증가하지만 부채의 증가 속도에 못 미친다. 2008년 이래로 자산 가격은 급증했지만 생산과 소비는 파이어 부문을 제외한 경제 대부분의 영역에서 정체했다.

자산 가격 상승에는 대체로 그 가격을 밀어 올린 부채의 비용 상승이 동반된다. 그 과정은 한동안 스스로 동력을 공급한다. 은행이 대출을 늘리면 자산 가격이 올라간다. 대출자가 한층 더 많은 액수를 빌리면 자산 가격도 훨씬 더 크게 높아진다. 이 팽창의 지속 여부는 노동자와 사업가가 기본적인 손익분기점 비용을 충족한 이후 대출금 상환을 할 수 있는지 여부에 달려 있다.

은행이 고객의 부채를 기꺼이 늘려줄 의향이 있으면 은행 신용으로 늘어난 부채만큼 가격은 부풀려진다. 주택 가격처럼 교육비도 은행이 기꺼이 빌려주는 자금의 규모에 따라 정해진다. 이러한 신용 창출로 노동자가 오늘날의 세계에서 기본적인 욕구를 채우는 데 필요한 비용을 지불하려면 더 깊은 빚의 늪에 빠진다. 사업가도 마찬가지로 상업용 부동산 가격의 상승과 직원들에게 부채로 상승한 가격을 지불하기에 충분한 급여를 지급해야 할 필요성에 영향을 받는다. 부동산 자산과 미래의 소득은 채권자에게 담보물로 저당 잡힌다. 기업 사냥꾼들은 주택과 상업용 부동산부터 때로는 기업을 통째로 저당하여 이를 담보로 높은 이율의 '정크' 본드를 발행한다.

부채 레버리지가 크면 조만간 많은 부채는 지불 불능에 빠질 것이다. 가격 붕괴(적어도 일시적으로는)와 많은 담보물이 채무자에게서 채권자나 새로운 구매자에게 이전된다. 2008년 부실 주택담보대출 붕괴의 여파로 일어난 일이 바로 그것이다. 지불 불능과 압류가 늘어나지만 정부는 보험 프로그램으로 대비책을 마련하여 은행의 손실을 막아준다. 주택담보대출에 대해서는 연방주택청FHA, Federal Housing Administrarion이 있고, 학자금 융자는 다른 기관들이 맡는다. 그래서 은행은 대출 고객의 지불 불능으로 인한 손실을 걱정하지 않는다. 손실을 국유화했기 때문이다. 신자유주의적 경제학 교재는 학생들에게 이자는 위험에 대한 보상이라고 가르치지만, 은행은 그러한 손실 방지 보장 장치를 통해 위험을 피할 수 있었다. 그리고 규제기관 장악을 통해 2008년 부실 담보대출의 대실패 이후 사기죄의 형사 소추를 모면할 수 있었다.

자산 가격이 상승한 데다 주택담보대출과 학자금 융자, 신용카드의 부채를 상환하느라 주택 소유와 기본적 욕구의 충족은 점점 더 일반 국민이 닿을 수 없는 곳으로 멀어진다. 위에서 언급했듯이, 중앙은행의 양적 완화는 상업은행의 신용을 뒷받침하여 부동산과 증권의 가격을 지탱한다. 그로 인한 부채 상환과 이에 관련된 금융 비용, 위약금, 간접비는 실물 경제에 쓸 가용 소득을 갉아먹는다.

주택을 마련하고 기타 기본적 욕구를 충족하는 데 드는 비용이 임금생활자의 능력 범위를 벗어나기 때문이다. 2008년 이후의 쇠락과 경제학자들이 'K형 회복'이라고 부르는 2020~2022년 코로나 바이러스 위기 이후 절정에 이른 양극화로 파이어 부문과 금융시장은 번창했지만, '실물' 경제는 부채와 경제적 지대의 부담에 짓눌려 절룩거렸다.

신용과 부채의 확대로 노동 대중과 기업, 국가와 지방정부는 이자와 금융 비용을 지불해야 했고, 이는 개인의 소득과 기업의 수익, 정부 세입을 점점 더 많이 빨아들여 비금융 상품과 서비스에 소비될 자금을 줄인다. 그 결과는 부채 디플레이션이다. 부채 상환이 개인 소득과 기업의 수익, 공적 세수를 점점 더 많이 흡수하면서 내핍이 강요되는 것이다. 이는 오늘날 북아메리카부터 유럽까지 퍼진 경제적 병폐의 두드러진 특징이 되었다.

산업경제에서 화폐와 신용 창출(M)을 임금과 소비자 물가(P)에 연결하는 공식은 한때 널리 쓰였지만, 부채 디플레이션 현상이 이를 바꿔놓았다(P는 때때로 현재의 상품과 '서비스'에 적용되는 국내총생산 확대 요소로 계산된다). 익숙한 공식 'MV=PT'는 '화폐(M)가 많아지면 가격(P)이 오른다'는 뜻이다. 부동산 가격을 끌어올리기 위해 화폐를 늘리면 주택 마련 비용은 더욱 커진다. 개인의 가처분소득에서 미국 연방주택청이 보증한 주택담보대출 상환금으로 지불해야 할 몫이 차지하는 비중은 1945년 25퍼센트에서 2020년 기준 43퍼센트로 증가했다.

그러므로 신용으로 주택 가격이 상승하면 상품과 서비스에 쓸 소득은 줄어들고 결과적으로 소비자 지출과 소비자 물가는 하락하

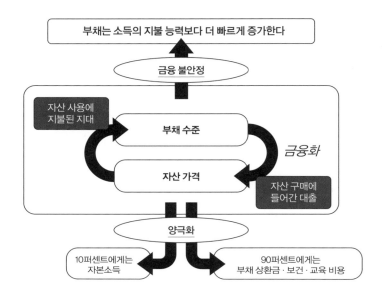

는 경향을 보인다.

자산 가격 인플레이션은 또한 다른 방식으로도 부채 디플레이션을 초래한다. 은행 신용으로 주식과 채권을 매입(기업 사냥과 자사주 매입 포함)하면 기업의 주가는 올라가지만, 이는 그 기업의 수익이 줄어든다는 뜻이다. 중앙은행은 금리를 낮춰 이에 기여한다. 이 자율이 낮아지면 기업과 공공 부문의 연기금은 정해진 수익을 내기 위해 확정금리부 증권 보유에 더 많은 돈을 떼어놓아야 한다. 그 결과로 비非파이어 부문 경제에 쓸 돈은 줄어든다.

그럼에도 그러한 자산 가격 인플레이션은 정부의 정책이 되었다. 목적은 99퍼센트의 번영이 아니라 금융 부문이 계속 지불 능력을 보유하고 이익을 낼 수 있게 하는 것이다. 2008년 이후 중앙은행이 자산시장에 새로운 신용을 넘치게 공급하여 은행 고객들에게

"빚을 져서 빚을 갚게" 한 것은 빚을 진 건물주와 투기꾼의 지불 능력을 지탱하기 위한 조치였다.

중앙은행은 마치 부채 총비용을 줄이는 것이 아니라 그것에 돈을 더 퍼부어야 한다는 듯이, 산업경제를 되살리려면 신용 확대는 필수적이라고 주장한다. 본질적인 문제는 금융화한 경제의 지불 능력을 유지하는 유일한 방법은 그것을 폰지 사기로 만드는 것이라는 데 있다. 채무 상환이 가능하도록 새로운 신용을 급격하게 확대하려면 우선 신용의 붕괴를 막아야 한다(5장에서 더 상세히 설명하겠다).

지대 수취자 계급은
왜 통계를 지지할까

최근 금융 부문이 국내총생산 통계를 장악하면서 저축은행과 금융 제도는 가장 중요한 목적을 이루는 데 도움을 받게 되었다(실물 경제의 목적은 달성되지 못했다). 국내총생산 통계는 파이어 부문이 경제에 대한 지대 수취자의 청구권 말고는 실제로 아무것도 생산하지 않았는데도 성장의 대부분에 기여했다고 설명한다. 얼핏 경험적인 것처럼 보이는 오늘날의 국민총소득과 국내총생산 통계 방식은 파이어 부문과 그것에 연결된 지대 추구 부문을 국민총소득의 감수減數가 아니라 그 일부로 설명한다. '생산고'라는 개념은 경제적 지대가 국내총생산의 추가분으로 포함되도록 (재)규정되며, 모든 형태의 수입은 '소득earnings'으로 계산된다.

지대를 불로소득으로 여기는 고전경제학의 관념을 거부하는 이 이데올로기는 지대를 생산에 꼭 필요한 요소로 만들어 모든 수입을 다 일해서 번 소득의 범주에 집어넣는다. 마치 모든 경제적 지대가 생산-소비 경제로부터 빼돌린 제로섬 이전지출이 아니라 산업자본주의의 본질적인 부분으로서 일해서 번 소득인 것처럼, 이자와 지대, 독점 가격은 '소득'으로 계산된다. 그러므로 지대 수취자 자산 증가는 일해서 벌어들인 부처럼 보인다.

금융 부문은 이전에는 제로섬 이전지출을 부과한다고 이야기되었으나 이제는 생산고를 생산한다고 이야기된다.[9] 수십 년간 로비스트들은 은행의 위약금과 이와 유사한 파이어 부문의 비용을 비용이 아니라 국내총생산의 기여 부분으로 잡도록 국민소득통계를 고치려고 애썼다.[10] 건물주의 임대료 수입이 포함될 뿐 아니라, 주택 소유자가 자기 집에 거주하는 것이 아니라 그 집을 (부재 건물주가 청구하는 임대료로) 자신에게 임대했다고 가정했을 때 시장에서 상승할 임대료의 추정치도 포함된다. 이 추정가액은 2022년 기준 미국 국내총생산의 약 8퍼센트를 차지한다.

채무자가 대금을 연체할 경우, 은행과 신용카드 회사가 부과하는 금융상의 위약금과 비용도 '생산고'로 계산된다. 이러한 비용은 일반적으로 연간 비용을 29퍼센트 이상 증가시킨다. 이는 파이어 부문으로 이전된 소득이 사실상 일종의 생산고를 만들어내는 것처럼 '금융 서비스'로 이야기된다.

금융, 부동산과 더불어 보험 회사가 금융자본주의 경제 파이어 부문의 핵심이다. 사람들이 사영화한 미국 건강보험 제도에 보험료를 더 많이 지불하면, 이 치솟는 의료비도 '생산고'의 증가분으로 계산된다. 보험 회사가 보험증권 보유자들에게 보험금을 지불하지 않기 위해 싸울 때 고용하는 변호사 비용도 마찬가지로 계산에 포함된다. 또한 금융 부문의 기업 사냥과 정치적 로비에 부수되는 어마

귀속 금융 서비스와 자가 거주자 귀속 임대료가 미국 국내총생산에서 차지하는 비율

*출처: 국민소득생산계정NIPA

어마한 법률 비용도 계산된다.

　국민소득생산계정은 이자와 기타 금융 비용, 보험료와 독점 지대를 산업경제의 기본적인 부분으로 설명하기 때문에, 파이어 부문의 간접비가 적은 나라들이 이러한 국민소득생산계정 방식을 따르면 국내총생산이 적게 잡힌다. 따라서 오늘날 국민소득통계는 지대추구 경제가 간접비를 늘린다는 바로 그 이유에서, 마치 그로써 미국과 기타 금융화한 경제를 탈산업화하는 것이 아니라는 듯이, 잘하고 있다는 경험적인 '증거'를 제시하는 것처럼 보인다.

자본소득에 초점을 맞추는 금융자본주의

금융자본주의의 두드러진 특징은 민간 부문을 둘로 나누는 것이다. 생산-소비 경제는 금융자본주의의 핵심인 파이어 부문 안(이와 연

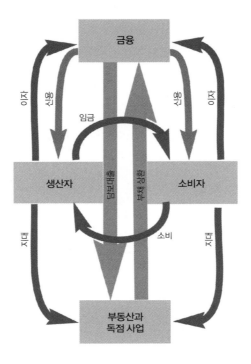

관된 기본적 기간시설과 기타 기본적인 경제적 서비스의 독점과 사영화 안)에 감추어진다.

　현실적인 통계라면 금융자본주의 경제의 재산은 대부분 생산 수단 투자로 벌어들인 수익으로 이루어진 것이 아님을, 심지어 이 자나 기타 경제적 지대의 수취로 이루어진 것도 아니고 자본소득에 의해 형성되었음을 인정할 것이다. 나는 '금융자본소득financial-capital gains'이라는 용어를 선호한다. 그 소득이 부채 레버리지로 인한 자 산 가격 인플레이션의 결과이기 때문이다. 금융 부문은 소득 흐름

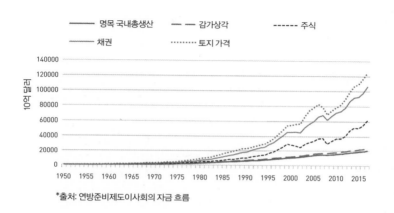

누적 총수익: 미국 국내총생산, 주식, 채권, 지가, 감가상각의 총합(1950~2015)
(명목 가격)

명목 국내총생산　　감가상각　　주식
채권　　토지 가격

*출처: 연방준비제도이사회의 자금 흐름

을 점점 더 많이 흡수하면서 Q비율(주가의 장부 가격에 대한 비율)은 높이는 경향이 있다. 이는 단순한 버블 현상으로 그치지 않는다. 그것은 복리 이자와 은행 내인성 화폐 창출, 세제 개편, 독점권의 혼합이고, 구태의연한 부패와 사기가 그 뒤를 받치고 있다.[11]

　중앙은행은 상업은행으로부터 직접 국채를 매입하거나 공개 시장에서 국채를 매입하여 상업은행에 유동성을 공급한다. 미국의 은행들은 예금을 연방준비은행FRB, Federal Reserve Bank에 예치한다. 그러나 2020년 3월 코로나 바이러스가 전 세계를 강타한 후, 연방준비제도이사회는 단지 지불 능력을 유지하는 것으로 그치지 않았다. 연방준비제도이사회는 채권 시장에 2조 달러를 퍼부어 2020년 말이 되자 보유 채권액이 7조 4000달러로 증가했다. 임금생활자들이 CARES 수표로 1200달러씩 받은 것을 다 합친 액수보다 훨씬 더 많았다. 그렇다고 고용이 회복되거나 실직자들의 형편이 나아진 것은 아니다. 최고로 부유한 계급이 보유한 주식과 채권의 시장 가격이 하락하지 않게 막았을 뿐이다. 가격은 급등했다.

역사상 처음으로 중앙은행은 기업의 부채를, 심지어 "유행병이 전 세계에 퍼지는 동안 쓰레기로 변한" 정크 본드까지 사들이기 시작했다. 2021년 초 한때 고위험 '고수익' 정크 본드였던 채권은 가격이 올라서 4퍼센트에 약간 모자라는 수익을 냈다. 위험을 감수한 투자자들은 막대한 이익을 거두었다. 미국연방예금공사FDIC, Federal Deposit Insurance Corporation의 사장을 지낸 실라 베어Sheila Bair와 재무부 소속 경제학자 로런스 굿맨Lawrence Goodman은 이렇게 말했다. "그러므로 부채를 안은 회사들은 과거에 저지른 죄로 보상을 받았고, 큰 회사들은 저리 신용으로 이득을 보았다."[12]

투기꾼과 여타 정크 본드 보유자가 다수 손을 떼면서, 가장 큰 위험을 감수한 투기꾼이 최고의 수혜자가 되었다. "의회가 그 기관들을 승인했을 때 그러한 단점을 고려하기는 했지만", 연방준비은행도 다른 규제 기관도 회사들이 자금을 빌려 주주들에게 배당금을 지불함으로써 주가를 밀어 올리는 것(그리고 경영자에게 상여금을 지급하는 것)을 전혀 저지하지 않았다. 대공황 이후로 경제가 최악의 침체에 빠져 실업자가 1000만 명을 넘었는데도, 중앙은행의 지원으로부터 혜택을 입은 회사들에게 고용 유지 의무를 지우려는 시도는 전혀 없었다. "하원 보고서를 보면 그러한 기관의 수혜를 입은 회사들은 3월부터 9월까지 100만 명이 넘는 직원을 해고했다." 베어와 굿맨은 이렇게 결론 내린다. 설상가상으로 연방준비은행의 조치는 "부당하게도 대기업에 정부가 지원한 신용으로 경쟁 회사들을 매입하여 한층 더 커질 기회를 추가로 제공"했다.

중앙은행은 노동자와 산업, 국가와 지방자치단체, 자본 투자나 기간시설 투자, 고용이 아니라 금융 부문과 지대 수취자 고객을 위해 신용을 창출한다. 자산 보유자들에게는 주식시장과 부동산시장이 역사적인 고점을 찍으며 경제가 상승한 셈이지만, 생계를 위해 일해야 하는 사람들에게는 경제가 추락했다. 많은 식당과 동네 가게, 기타 지역의 중간계급 사업체는 망했다. 위축되는 '실물' 경제에 크게 늘어난 것은 밀린 빚뿐이다.

베어와 굿맨은 이렇게 쓴다. "금융 당국이 시장에 연이어 지원한 자금, 먼저 2008년 은행에 작금의 전 세계적 유행병 시대에 사업 세계 전체에 지원한 자금"은 경제의 정치적 형태를 바꿔놓아 "버몬트 주 상원의원인 버니 샌더스보다 더 큰 (자본주의 파괴의) 위협"이 되었다. 경제의 통제권은 은행의 신용을 거의 무료로 가장 많이 쓸 수 있는 회사들의 수중에 집중되고 있다. 연방준비은행의 "초저금리"는 "일자리 창출과 혁신의 주된 원천"인 "작은 회사의 주식보다 큰 회사의 주식에 유리"했다.

낮은 금리의 신용은 또한 부채 레버리지를 이용하는 투기꾼들과 빚을 쌓아놓은 회사들을 지불 불능에서 구해주었고, 따라서 은행들은 그 회사들의 부채 장부가액을 상각하지 않아도 되었다. 이는 또한 전국적인 규모의 큰 회사들에게 지역의 작은 경쟁 회사들을 인수할 큰 기회를 주었다. 이 대기업들은 부채와 자금 지원의 시장을 독점하여 작은 회사들을 마구 집어삼킬 수 있었고 나아가 금융과 기업의 부를 상위 1퍼센트에게 몰아주었다.

라디카 데사이Radhika Desai는 이것을 '크레디토크라시creditocracy'라고 부른다. 신용을 장악한 기관들의 통치라는 말이다.[13] 이는 중앙은행이 선거로 구성한 정치기구와 재무부로부터 경제 정책을 넘겨받아 이를 바탕으로 대기업들이 경제 전 부문에 걸쳐 통제권을 사유화하는 것을 뒷받침하는 것과 관련이 있다. 노미 프린스Nomi Prins는 2009년 버락 오바마 전 미국 대통령이 은행에 구제금융을 제공한 이후 10년간 이어진 과정을 이렇게 요약했다.

다우존스 산업평균지수DJIA는 극단적으로 느슨한 화폐 정책의 도움으로 2009년 3월 5일 금융 위기 때 6926의 낮은 수치에서 코로나 바이러스로 잠시 반등이 멈추었던 2020년 3월 4일 27090에 이르기까지 꾸준히 올랐다. (…) 2020년 폐장 때 다우존스 산업평균지수는 30606.48로 신기록을 경신했다.
한편 2020년이 끝날 무렵, 미국의 상위 부자 10퍼센트는 미국 회사와 뮤추얼펀드의 발행주식을 88퍼센트 이상 소유했다. (…) 미국인 상위 1퍼센트가 보유한 자산 가치는 34조 2000억 달러(미국 가구 재산의 약 3분의 1)에 달했으며, 반면 하위 절반이 보유한 자산은 2조 1000억 달러(그 재산의 약 1.9퍼센트)였다.[14]

프린스는 그 결과를 이렇게 말한다. "2010년 이래로 미국인 상위 1퍼센트는 중간계급 전체보다도 더 많은 부를 갖고 있다." 다음과 같은 사실을 고려할 때 이는 다른 무엇보다도 금융의 현상이다. "2018년 총 113조 달러에 달하는 미국 가구 자산의 약 75퍼센트가 금융자산으로, 주식과 상장지수펀드ETF, 401K 퇴직연금, 개인퇴직연금IRA, 뮤추얼펀드, 기타 투자에 들어 있다. 여기에 포함된 비금융자산은 대부분 부동산이다."

금융화는 다른 국민경제들과 그 정부들에 맞서 전쟁을 하고 있다

이른바 '자본주의'라는 것은 고유의 작동 법칙을 갖고 상호 작용을 하는 상이한 체계들의 집합이다. 생산성과 고용은 S곡선으로 점차 줄어들지만, 복리 이자는 기하급수적으로 증가한다. 산업자본주의의 독특한 특징은 임금노동자를 고용하여 생산한 상품을 이윤을 남기고 판매하는 것이다. 금융자본은 노동자뿐 아니라 산업과 정부도 착취한다. 우선 이자를 청구해서, 그리고 독점 지대와 천연자원 지대를 통해 간접적으로, 또 부동산 임대료와 사영화한 기간시설의 사용료를 올려서, 뒤이어 빚을 갚지 못한 채무자의 부동산과 기타 재산을 채권자에게 이전하고 빚진 정부들의 재산을 (종종 외국의) 채권 보유자들에게 이전하여 착취한다.

　마르크스와 그와 동시대를 살아간 대다수의 사람들은 산업자본주의가 평화적으로든 다른 방식으로든 사회주의로 발전할 것이라고 예상했다. 금융자본주의의 목적은 바로 이를 피하는 것이다. 금융자본주의는 주된 착취의 원천이 지대 추구임을 알아냈다. 토지와 천연자원에서 지대를 뽑아냈을 뿐 아니라 차츰 공적 기간시설의 투자를 사영화하고 새로운 독점을 창출하여 지대를 추출했다. 그로써 경제에 높은 비용을 떠넘겼다. 이 때문에 산업가들은 지대와 부채에 덜 얽매인 경제의 경쟁자들보다 낮은 가격으로 제품을 판매할 수 없다. 중국 같은 혼합경제는 민주주의적 공공 부문이 강하지 못한 나라와의 경쟁에서 이길 수 있다. 혼합경제는 산업에 보조금을 지급할 수 있으며, 경제적 지대를 과세 기반으로 유지하여 건물주와 은행가, 독점가가 지대 수취자 비용을 부과하지 못하게 막을 수 있다.

그렇기 때문에 100년 전에는 사회주의로 발전하는 것이 산업 자본주의의 운명처럼 보였다. 정부가 보조금을 지급한 가격으로나 무상으로 교육과 보건, 도로, 기본적 기간시설, 연금을 공적으로 제 공할 것 같았다. 산업자본은 최대한 많은 '외부' 비용을 공공 부문에 이전하는 수단으로서 이 정책을 지지했다.

그러나 실제로 전개된 상황은 그렇지 않았다. 오늘날 미국에 집중된, 승리를 거머쥔 금융자본주의는 산업경제를 장악했고 이러 한 현실이 과거로 되돌아가는 일이 없도록 애쓰고 있다. 미국의 금 융자본이 다른 나라에서도 그러한 회귀를 막고 있다는 뜻이다. 그 렇게 하려면 타국에서도 금융자본의 경제 장악을 저지하려는 저항 을 극복해야 한다.

그 싸움이 오늘날 냉전 2.0의 본질이다. 그 싸움은 미국이, 그리 고 제2차 세계대전이 끝나면서 설립된 국제통화기금IMF, International Monetary Fund과 세계은행World Bank을 비롯하여 미국이 만든 일방적 국제기구들이 이끌고 있다. 워싱턴 합의는 민주주의와 자유시장이 라고, 심지어 전쟁이 아니라 평화라고 완곡하게 표현하기는 했지만 금융자본이 국제 사회에 강요한 정치적 게임 플랜이다. 그러나 그 것은 일종의 로마 제국 방식의 평화로, 그 희생양이 된 경제는 불모 지가 된다.

산업자본주의의 목적	금융자본주의의 목적
제품을 생산하여 이윤을 낸다	경제적 지대와 이자를 뽑아낸다
생계비와 가격을 최저 수준으로 낮춘다	파이어 부문에 세제 특혜를 준다
공공 기간시설을 낮은 비용으로 이용하게 한다	기간시설을 사영화하여 독점 기업이 독점 지대를 뽑아낼 수 있게 한다
의회를 개혁하여 지대 추구를 방지한다	통제권을 임명직 공무원에게 넘겨 민주적 개혁을 방해한다
외채의 덫에 빠지게 만드는 군사비 지출과 전쟁을 피한다	국제통화기금과 북대서양조약기구 같은 국제기구로 신자유주의 정책을 강요한다
경제적, 사회적 계획을 정치적 자본에 집중시킨다	계획과 자원 할당의 역할을 금융 중심지로 옮긴다
화폐 정책을 재무부가 집중적으로 담당한다	화폐 정책을 민간 상업은행의 이익을 대변하는 중앙은행으로 이전한다
가격을 비용 가격에 맞추어 정한다	토지 소유와 신용, 독점의 특혜를 통해 지대를 뽑아낼 기회를 최대한으로 늘린다
은행업을 산업화하여 실질적인 자본 투자에 자금을 공급한다	은행은 담보대출을 통해 자산 가격, 특히 지대를 낳는 자산의 가격을 밀어 올린다
기업의 수익을 새로운 생산수단 투자에 투입한다	수익을 배당이나 자사주 매입에 써서 주가 소득을 늘린다
장기적인 시간 프레임으로써 제품 개발과 마케팅 계획을 세운다(M—C—M)	단기적인 시간 프레임으로써 치고 빠지는 금융 투기를 한다
연구개발과 새로운 자본 투자를 통해 생산성을 높이는 산업공학	자사주 매입과 고배당을 통해 자산 가격을 끌어 올리는 금융공학
폭넓은 경제 체제로서 산업자본주의 장기적 발전에 초점을 맞춘다	주로 자산의 매매를 통해 치고 빠지는 단기적 목표를 설정한다
잘 먹고 교육을 잘 받고 여가를 즐기는 노동자가 저임금의 '빈민' 노동자보다 더 생산적임을 인정하는 고임금경제	노동자의 기력을 완전히 소진시키고 새로운 노동자로 대체하는 출혈경쟁
생산수단에 투자하고 노동자를 고용하여 제품을 생산하고 이를 노동자 고용 비용보다 더 높은 가격에 판매하는 M—C—M 이윤	직접적인 자산 가격 부풀리기로 얻는 M—M 자본소득
은행업을 산업화하여 주로 새로운 자본 형성에 신용을 투자한다. 이렇게 팽창한 신용은 상품 가격을, 따라서 생활임금을 높이는 경향이 있다	주택과 주식, 채권의 가격 부양을 재정적으로 뒷받침한 은행 신용의 확대는 주택비와 연금 보험료를 올리고 상품과 서비스에 쓸 자금을 줄인다

하원이 건물주와 기타 지대 수취자에게 맞선 산업자본의 싸움을 지지할 수 있도록 민주주의를 지원한다. 지대 수취자의 수입은 아무런 가치를 창출하지 않고 가격만 올린다	금융자본은 '후기' 산업자본주의와 결탁하여 노동자에게 우호적인 정책에 반대한다. 금융자본은 정부를, 특히 중앙은행을 장악하여 주식과 채권, 부동산의 가격을, 은행의 지불 불능을 초래할 것 같은 악성 묶음채권의 가격을 부양한다
산업자본주의는 본질적으로 민족주의적이어서 정부에 산업의 보호와 보조금 지급을 요구한다	금융자본은 세계주의적이어서 자본에 대한 통제를 막고 자유무역과 자유지상주의적인 반정부 정책을 안기려 한다
정부가 기간시설 비용을 부담하여 민간 산업을 보조하는 혼합경제를 지지한다. 정부는 산업과 은행업과 협력하여 번영을 위한 장기적 성장 계획을 수립한다	모든 영역에서 정부의 권한을 폐지하여 계획의 중심을 월스트리트와 기타 금융 중심지로 옮기려 한다. 노동자와 산업의 보호를 무산시키는 것이 목적이다
은행업과 신용의 산업화	산업의 금융화, 이윤을 새로운 연구개발과 실질적 투자에 투입하지 않고 주로 자사주 매입과 배당에 써서 주가를 끌어 올린다
은행업과 신용을 공공재로 유지하고 금융을 강력히 규제한다	은행업과 신용을 사영화하고, 중앙은행과 금융 규제의 통제권을 장악한다

CHAPTER
03

금융자본의
민주주의적 제국주의

The
Destiny
of
Civilization

2021년 2월 19일 G7 화상회의로 뮌헨안보회의에서 연설한 미국의 조 바이든 대통령은 세계가 '인플레이션 시점'에 도달했다며 미국의 지도와 "독재가 최선의 길이라고 주장하는 자들" 사이에서 선택하라고 강요했다. "중국과의 장기적인 전략적 경쟁에 함께 대비"할 것을 약속한 그는 그것이 "민주주의가 여전히 국민을 위해 일할 수 있음을 증명하는" 어려운 과제라고 인정했다.[1]

그러나 미국의 금융화한 K형 경제(위쪽으로는 상위 1퍼센트를 위한 부를 창출하는 금융시장이, 아래쪽으로는 노동시장과 99퍼센트가 있다)는 진정한 민주주의의 반정립이다. 인적자원관리 회사인 제니피츠는 2021년 보건, 실업, 은퇴, 육아 휴직, 유급 휴가, 유급 병가의 정책에서 국가별로 순위를 매겼는데 미국은 맨 밑바닥을 차지했다.[2] 미국인의 기대수명은 줄어들고 있다. 특히 소수인종과 소수민족의 경우가 심하다. 경제와 생활수준이 서구에 비해 훨씬 더 빠르게 성장하는 중국과 동아시아와 대조적이다.

은행을 기본적인 기간시설과 함께 사영화하는 대신 공공재로 유지하는 중국의 정책을 미국 대통령은 '독재'라고 부른다. 그러한 악담은 대개 미국이 후원하지 않고 미국의 민간 부문 금융 계획가들의 통제를 받지 않는 통치 권력에 돌아간다. 예를 들면 그 용어는 미국의 통제에서 벗어나 자국의 번영을 꾀하는, 민주적으로 선출된 지도자들을 가리킨다. 1953~1954년 이란과 과테말라부터 오늘날 라틴아메리카의 쿠데타와 구소련의 해체 이후 그 지역의 '색깔 혁명'에 이르기까지 미국은 자신들의 통제에서 벗어나 자국의 번영을 꿈꾸는 정권들을 무너뜨렸다.

1945년에는 번영의 길이 있었지만, 지금의 미국 경제는 청년들을 그 길에서 밀어내고 있다. 그래서 젊은 미국인들 사이에서는 '사회주의'가 '자본주의'보다 점점 더 큰 지지를 받고 있다. 대다수 미국인은 연방정부가 교육과 기간시설 개선을 지원해주기를 원한다. 또한 대체로 더 누진적인 과세로 그 재원을 마련하기를 원한다. 미국의 여론조사에 따르면, 대다수 미국인이 샌더스가 옹호한 공공의료('사회화한 의료')를 원한다. 그러나 바이든 대통령은 제약 회사들과 건강보험 독점 기업들이 후원하는 오바마케어를 지지한다. 미국의 양당 독점 체제에서는 대다수 미국인이 찬성하는 정책을 옹호하는 지도자에게 투표할 기회가 거의 없다. 시티즌스 유나이티드 Citizens United 대 연방선거관리위원회FEC, Federal Election Commission 재판의 연방대법원 판결*로 사유화한 과두지배 정치와 입법이 견고하게 뿌리를 내렸고, 월스트리트와 독점 기업들이 이끄는 정치자금 기부자 계급이 선거에서 힘을 발휘했다. 대체로 그들이 주요 정치 후보자의 선정에 영향력을 행사한다.

앞서 언급한 G7의 뮌헨안보회의에서 바이든 대통령은 유럽이 러시아와 중국과 군사적으로 대결하는 미국에 충분한 자금을 지원

---

* 2010년 1월 21일 최종적으로 정부가 법인의 특정 후보에 대한 낙선운동과 당선운동으로 정치자금을 기부하는 것을, 해당 후보와 그 대리인, 소속 정당과 협의하거나 그 요청에 따른 것이 아닌 한 제한할 수 없다고 판결했다.

하지 않는다고 비판했다. 당시 독일 총리였던 앙겔라 메르켈은 중국과의 교역을 늘리는 것이 자국에 이롭다고 대답했다. 유럽은 이제 막 중국과 새로운 무역투자협정을 체결했다. 그리고 독일 사업계는 여전히 노르트스트림 2 가스관로를 통한 러시아산 천연가스 수입을 막으려는 미국의 제재에 맞서 싸우고 있다. 프랑스 대통령 에마뉘엘 마크롱은 '러시아와의 대화'를 요청했고, 중국과의 무역과 투자에 관해서는 물론 군사적으로도 '전략적 자주성'을 가져 미국과 거리를 두어야 한다고 역설했다. 그는 또한 북대서양조약기구 NATO, North Atlantic Treaty Organization가 바르샤바조약기구Warsaw Pact 해체 이후 유럽에 실제로 도움이 되지 못하는 '뇌사' 상태에 빠졌다고 말했다.[3]

중국 외교부 대변인 화춘잉華春瑩은 이처럼 점점 강해지는 국가들의 태도를 다음과 같이 요약했다. "우리는 몇몇 국가가 만든 규칙을 다자주의를 핑계로 국제 사회에 강요하는 것에 반대한다. 우리는 또한 다자주의를 이데올로기화하여 특정 국가들을 표적으로 삼는 가치관 기반의 동맹 결성에 반대한다."

미국의 군사적, 금융적 제국주의의 전략은 미국에 종속된 과두 체제와 독재 체제, 강압에 의한 동맹 체제를 수립하여 미국 제국의 전쟁 ('방위') 비용은 물론, 제국의 국내 지출까지 보조하게 함으로써 적으로 지목된 국가들에 맞선 싸움에 합류하게 하는 것이다. 미국의 달러화한 자유세계 조공 체제는 미국으로 부를 끌어가고, 그래서 미국과 북대서양조약기구를 비롯한 동맹국들 사이에 긴장이 높아지고 있다. 역사가들이 고대 그리스와 로마와의 유사점을 발견한 것도 결코 놀랍지 않다. 고대의 그 제국들도 유사한 전략적 목표와 내부 긴장을 보여주었다.

고대 그리스와 오늘날의 세계가
공통적으로 가진 특징들

미국이 달러 외교에 반대하는 중국과 몇몇 나라를 적대시하는 것을 마치 신흥 강국과 기존 강국 간의 전쟁은 불가피하다는 '투키디데스의 문제'로 보는 것은 일시적 유행으로 그쳤다.[4] 그러나 기원전 5세기에 스파르타와 아테네 사이의 실질적인 쟁점은 그리스어를 쓰는 세계가 정치적으로나 경제적으로나 과두 체제가 되어야 하는지 아니면 민주주의 체제가 되어야 하는지의 문제였다.

펠로폰네소스 전쟁은 기원전 431년부터 기원전 404년까지 중단과 재개를 거듭하며 계속되었고, 두 주요 교전국뿐 아니라 그리스의 모든 도시국가를 집어삼켰다. 그러나 이는 기원전 7세기부터 기원전 3세기까지 그리스 세계 전역에서 부채 말소와 토지 재분배를 요구하는 민중혁명을 반복적으로 목도한 기나긴 싸움 중 한 편의 일화였을 뿐이다. 스파르타는 과두지배 체제를 지지했고, 반면 아테네는 민주주의를 지지했다.

스파르타와 아테네의 갈등, 즉 과두지배 체제와 민주주의 사이의 갈등과 오늘날 신냉전 사이에는 실로 유사성이 있다. 후자는 기본적으로 지대 수취자의 과두지배 체제를 지지하는 미국 중심의 금융자본주의가 폭넓은 자립과 국내의 번영을 구축하려는 나라들과 맞서 싸우는 전쟁이다.

과두지배 체제인 스파르타의 군사화한 비상업적(화폐도 거의 사용하지 않는) 시민인 '동등자들'은 스파르타 자체의 중심부에 토지를 소유하지 않았고, 인접한 메세니아의 주민을 폭력으로써 농노와 비슷한 존재인 헤일로테스로 만들어 잉여 곡물을 생산하게 하며 소박하게 살았다. 그 덕에 스파르타인들은 농업 노동에서 해방되어 오로지 군사 훈련에만 집중할 수 있었다. 부유한 스파르타인 지주들은 별개의 계급으로 도시국가의 정치를 지배했다. 미국과의 유사점은 명백하다. 현재 미국은 더는 자국에서 만들지 않는 물건을 외국의 산업노동에 의존하여 생산하기 때문이다. 또한 미국도 지대 수취자 과두집단이 정치를 통제하며, 일반적인 미국인은 내핍 생활과 채무 상환 노동, 주택(토지) 보유율 하락에 직면해 있다.

스파르타가 반대한 것은 아테네의 번영이 아니라(스파르타는 번영을 회피했다) 아테네의 민주주의적 개혁이었다. 개혁이 이웃나라로 번질까 두려웠기 때문이다. 기원전 594년 솔론이 아르콘(집정관)일 때 아테네는 뒤늦게 채무 노예 제도를 종식시킨 도시국가였다. 그 직후 페이시스트라토스와 두 아들은 공공 부문을 확대했고, 기원전 5세기 페리클레스와 에피알테스의 시대에 아테네 경제는 더욱 민주화했다.

'투키디데스 문제'와 '문명의 충돌'이라는 두 이론은 아테네가 신성한 섬 델로스를 발판으로 델로스 동맹을 결성하여 제국을 건설하면서 야기된 긴장을 무시한다. 아테네는 델로스 동맹으로써 스파르타가 마케도니아와 델포이와 함께 결성한 과두적인 아카이아 동맹과 페르시아에 맞서려 했다. 투키디데스는 이렇게 쓴다. "그리스 세계 전체가 소동에 휩싸였다." 이유는 이러했다. "민중적 지도자들이 아테네인들을 데려오고 과두주의자들이 라케다이모니오스(스파르타인)를 들이려 하면서 도처에서 싸움이 벌어졌다."[5]

제1차 세계대전 이후 미국은 전쟁에서 물리친 적은 물론 동맹 국가들까지도 착취하는 외교 정책을 취했다. 마찬가지로 고대에서도 델로스 동맹의 자금은 전부 아테네의 것이었다. 그들은 동맹국들로부터 매년 공납을 거두었다. 처음에는 약 400탈란톤이었는데, 이는 당시 아테네 예산의 3분의 2에 해당하는 액수였다.[6] 세금은 당시 가장 널리 통용된 은화로 오늘날의 '달러'라고 할 수 있는 아테네의 4드라크마짜리 주화 '올빼미'*로 납부했다. 아테네의 라우리온 은광에서 채굴한 광석으로 주조한 것이다.

미국이 '세계의 화폐'로 달러를 발행하여 제국의 군사비를 지출하는 것처럼, 아테네도 그 은화로 삼단노선 함대를 건설하고 군사 장비를 구매하고 용병을 고용했으며 병사들에게 급여를 지급하여 다른 그리스 도시국가들과 섬들을 지배했다. 아테네는 이를 위해 동맹국들로부터 거둔 세금 덕분에 자국 시민에게 새로운 세금을 부과하지 않을 수 있었고, 기원전 447년부터 기원전 432년까지 델로스 동맹에서 거둔 세금으로 판테온 신전도 건설했다. 아테네는 기원전 425년 동맹으로부터 걷는 세금을 연간 1200탈란톤 이상으로 세 배 넘게 올렸다. 이 현금 유입은 기원전 404년 스파르타에 최종적으로 패배할 때까지 계속되었다.[7]

이 전쟁 수행에 자금을 공급한 아테네의 '민주주의적 제국주의'는 그만큼 번영하지 못한 도시국가들을 부채 위기에 몰아넣으면서 오늘날과 유사한 금융 긴장을 유발했다. 기원전 427년 코르키라에서는 이런 일이 있었다고 투키디데스는 전한다(3.81.4).

---

* 한 면에 올빼미가 양각되어 있다.

에우리메돈(과두주의자들에 반대하여 '민주파'를 지지한 아테네 장군)이 예순 척의 배와 함께 머물던 7일 동안, 코르키라 사람들은 일부 동료 시민을 적으로 여겨 학살하고 있었다. 민주주의를 무너뜨리려 했다는 것이 이유였지만, 몇몇은 사사로운 증오심 때문에, 또다른 이들은 그들에게 빚을 진 채무자들에 의해서 죽임을 당했다.

델로스 동맹은 아테네가 동맹 도시국가들에 지원을 요구하는 '민주주의적 제국주의'의 착취 체제가 되었다. 이는 오늘날 미국이 북대서양조약기구와 '의지의 동맹Coalition of the Willing'을 통해 동맹국들로부터 군사 지원을 얻어내 이라크와 리비아를 파괴할 때 한 짓과 똑같다. 오늘날 미국의 신자유주의 세력은 중국과 러시아, 이란, 베네수엘라 등의 천연자원과 공공 기간시설을 사영화하고자 하나 이 나라들은 이에 저항한다. 그래서 미국은 이 나라들을 적대한다. 고대 그리스에서 이러한 미국의 행태와 가장 큰 공통점을 찾자면 당시 그리스가 과두지배 체제와 민주주의로 대립했다는 것이다. 미국의 외교가 칠레에 피노체트 정권을 세우고 라틴아메리카 전역에 그와 유사한 독재 체제를 세웠듯이, 과두지배 체제인 스파르타는 기원전 404년 전쟁에서 승리한 후 아테네의 악명 높은 30인참주 체제를 지원했다.

아리스토텔레스는 민주주의가 과두 체제로 발전하는 경향이 있음에 주목했다. 그에 따르면 이 과정은 매우 매끄럽게 진행될 수 있어서 민주적으로 보인 여러 헌법이 사실상 과두주의적이었다. 오늘날 국제 외교의 언어로 쓰이는 '민주주의democracy'라는 용어는 '민중(데모스demos)의 통치(크라토스kratos)'라는 고대의 의미를 잃어버렸다. 민주주의는 정치 형태와 무관하게 미국의 대리 통치를 의미하게 되었고, 종속국의 과두지배 체제도 제약 없이 민주주의라고 지칭된다.

아테네 민주주의는 실제로 기원전 411년 아테네가 시칠리아에서 패배하고 델로스 동맹이 지원을 철회한 이후, 이미 과두 체제로 변하고 있었다. 부유한 아테네인들이 쿠데타를 일으켜 400인회를 설치하고 모든 시민이 참여하던 에클레시아(민회)의 참석 자격을 5000명의 대지주로 제한했다. 이 주요 가문들은 주로 자신들에게 부과되는 세금 부담에 항의하여 하층 계급에 혜택이 돌아가는 사회적 지출을 중단시켰다(Athēnaion Politeia 19). 이는 역사적으로 부유한 엘리트층에게서 공통적으로 볼 수 있는 현상이 되었다.

현대와 고대 그리스와의 유사성이라는 점에서 미국은 사실상 양편을 다 닮았다. 한편으로 미국은 자국에 우호적인 명목상 민주주의 국가들(미국은 자국의 외교를 지지하면 어떤 나라든 민주주의 국가라고 부른다)의 지도자라는 점에서 아테네를 닮았다. 아테네가 동맹국들로부터 군사적 보호를 명분으로 걷은 분담금을 건축 사업에 쓴 것처럼 미국은 북대서양조약기구의 동맹국들로부터 지원을 받아낸다. 미국은 다른 점에서는 스파르타와 비슷하다. 과두주의적 성격이 더 짙어진 미국은 민주적인 토지 개혁과 친노동 지도자들에 맞서 독재 체제와 종속국의 과두지배 체제를 지지한다.

그러나 외국 경제의 금융 지배권을 요구하고 정치적 과두 체제를 수립하는 것은 경쟁도 시기도 아니다. 그것은 정복이다. 오늘날의 정복은 군사적인 정복이 아니라 금융의 정복이다. 1991년 구소련은 이 점을 이해하지 못했다. 그래서 당시 러시아와 여러 나라는 미국의 조언자들이 신자유주의적 '충격요법'을 실행하여 부패관료들에게 공짜나 다름없는 사영화 쿠폰을 주는 것을 허용했다. 부패관료들은 구소련 해체 후에 그 자산을 착복하여 서구 금융가들에게 매각했다.

스파르타가 아테네에 승리하면서 스파르타로 은이 유입되었고, 토지를 소유한 엘리트 가문들이 이를 가져갔다. 이들은 그 은화로 소규모 보유자들의 토지를 구매했다. 기원전 3세기 너무도 많은 스파르타인이 경제적 지위를 상실했기에, 국왕 아기스 4세와 클레오메네스 3세는 스파르타의 군사력을 재건하기 위해 채무 말소와 토지 재분배를 제안하기에 이르렀다. 인접한 과두지배 체제들이 로마를 불러들였고, 로마는 스파르타를 파괴했으며 이어서 아테네와 그리스 전체를 폐허로 만들고 그들의 부를 빼앗고 자주적인 삶을 끝장냈다.

고대 그리스와 오늘날의 신냉전 간의 이 유사한 역사에 중국이나 러시아가 들어갈 자리는 없다. 두 나라는 민주주의 체제든 과두지배 체제든 타국에, 더 나아가 그 나라의 정치에 간섭하지 않으며 세금이나 군사적 충성을 요구하지 않는다.

로마 제국주의는 미국 제국의 선례

정말로 유사한 것은 로마에 점령된 속주들과 영토들이 보인 반응이다. 로마 공화정의 마지막 시절에 과두지배 체제는 국내에서 생산성을 높이고 번영을 이끄는 것이 아니라, 다른 지역을 강탈하여 부를 축적했다. 역사가 살루스티우스는 폰토스 왕 미트리다테스가 파르티아 왕 아르사케스에게 보낸 편지를 인용한다.

로마인들이 국가들과 민족들, 왕들을 가리지 않고 전쟁을 하는 데에는 한 가지 고질적인 동기가 있다. 지배권과 부를 원하는 뿌리 깊은 욕망이다. (…) 로마인들이 (…) 세상에 나온 이래로 소유한 것은 모조리, 그들의 집과 아내, 땅, 제국이 전부 남에게서 빼앗은 것임을 당신은 모르는가? (…) 인간의 법이든 신의 법이든 어떤 법도 그들이 가까이 있든 멀리 있든 약하든 강하든 동맹국과 친구를, 자신들을 돕지 않는 정부라면, 특히 군주국이라면 모조리 적으로 여겨 점령하고 파괴하는 것을 막지 못한다. (…) 그들이 위대해진 것은 파렴치함과 기만 덕분이요, 전쟁에 전쟁을 거듭했기 때문이다. 그들은 평소 습관처럼 하던 대로 모든 것을 파괴하거나 그렇게 하려다가 스스로 소멸할 것이다.[8]

로마는 제국에 질서를 확립하겠다고 주장했는데, 기원전 27년 아우구스투스가 제위에 오르기 전 공화정 시기에 이미 그 목표를 달성했다. 금융 계급, 즉 원로원 의원의 지위 바로 아래 군사-경제 계급인 기사층에 들어갈 수 있을 정도로 토지와 재산을 충분히 소유한 푸블리카니publicani• '기사들'이 약탈하는 모습을 역사가 리비우스는 이렇게 표현했다. "푸블리카누스가 한 명이라도 있는 곳이라면 공적 법률은 효력을 발하지 못하며 시민의 자유도 없다." 이 계

• 공공사업의 계약을 따내 군대에 물품을 보급하고 때로는 징세관의 역할을 수행하고 세금도 관리한 자들로 대개 기사equites 계급에 속한다. 단수는 푸블리카누스publicanus.

급은 오늘날 국제통화기금이 미국 금융 부문과 그들의 협력자들을 위해 하는 것만큼이나 로마의 속주들에 내핍을 강요했다. 에른스트 바디안Ernst Badian은 이들의 행위를 요약하면서 키케로가 그들을 "경제적 자원과 정치력을 지닌 자들이기에 그 욕구를 채워줄 수밖에 없는 무자비한 착취자들"이라고 묘사했다고 쓴다.[9]

100년 뒤 역사가 타키투스는 로마에 대적한 스코틀랜드인 칼가쿠스(칼갈루스)가 87년에 로마의 과두 체제를 설명하며 한 말을 인용한다. "그들은 적이 부유하면 탐욕을 채운다. 만일 적이 가난하면 그들은 더욱 의욕이 넘친다. (…) 약탈하고 학살하고 도적질한다. 그들은 이것을 제국이라고 부르지만 틀린 말이다. 그들은 폐허를 만들어놓고 이를 평화라고 부른다."[10]

역설적이게도 부패한 속주 총독들을 통제할 수 있기를 바라면서 '기사들'에게 배심원으로 활동할 수 있는 권한을 부여한 이는 개혁가 형제인 티베리우스 그라쿠스와 가이우스 그라쿠스(기원전 133~기원전 121)였다. 그라쿠스 형제는 금융 관리자들이 공익을 위해 정직하게 일할 것이라고 생각했으나 이는 잘못된 가정이다. 권력을 이용하여 사회에 해를 끼치는 것은 아리스토텔레스가 말했듯이 금융 계급의 일반적인 속성이었다. 역사적으로 금융 계급은 징세관으로서 활동하여 제국의 주된 수혜자였다. 푸블리카니는 로마를 대리하는 조세청부 계약을 따냈고, 그들과 동료 채권자들은 로마의 속주에 세금을 낼 돈을 빌려주면서 이자를 지키기 위해 불법적으로 공공의 재산과 사업을 강탈했다(율리우스 카이사르를 칼로 찌른 브루투스는 42퍼센트의 고리 이자를 받았다). 이들은 법정을 조종하여 자신들이 절도죄로 기소되는 것을 막았다. 가장 악명 높은 사례는 기원전 92년 속주 아시아 총독 퀸투스 무키우스 스카이볼라와 그의 보좌관 푸블리우스 루틸리우스 루푸스가 푸블리카니의 비행을 막으려다가 쫓겨난 일이다.

비동맹 국가 지도자들을 '공산당원'이라거나 사회주의자라고 비난한 미국의 독설과 매우 비슷하게, 로마는 개혁가들이 '왕권을 추구한다'고 고발했다. 이는 엘리트 채권자들이 토지를 독점하고 대다수 주민을 빚에 의존하게 만드는 것을 제한할 수 있을 만큼 강력한 '큰 정부'를 용납하지 않겠다는 뜻이다. 소수 지배계급은 로마제국으로부터 금융상의 이득을 취했지만, 국내의 부채 부담 때문에 내전이 끊이지 않았고 토지는 거대한 라티푼디움latifundium(대농장)으로 집중되었다. 플리니우스는 '로마의 파멸'의 책임을 이에 돌린다.

로마가 몰락하고 중세의 생존경제가 출현한 것은 고대의 제국 건설이 주는 가장 적절한 교훈이다. 제국의 중심지에서 부채 부담이 늘어나고 부가 양극화하며 동맹국들이 희생하는 로마의 역사는 오늘날 미국 제국의 선례로 볼 수 있다. 로마가 결국 농노제로 추락한 것은 오늘날 그것과 유사한 과두지배의 금융 양극화에 내재한 위험성을 피하라고 문명에 주는 경고다.

제2차 세계대전 이후 미국 제국 체제 수립

10장에서 설명하겠지만, 1944~1945년 미국 외교관들이 제2차 세계대전 이후 세계를 조직하면서 최우선 목표로 삼은 것은 영국의 식민지 제국과 파운드화 지역을 달러 권역으로 흡수하는 것이었다.

미국은 절실하게 돈이 필요했던 영국에 파운드화 지역을 자유무역과 투자에 개방한다는 조건으로 37억 5000만 달러를 빌려주어 목표를 달성했다. 이로써 파운드화 지역 국가들은 주로 미국 수출업자들과 투자자들에게 자국 경제를 개방해야 했다. 영국은 1949년까지 통화 평가절하를 통해 시장을 되찾으려는 시도를 하지 않겠다고 약속해야 했다. 미국 생산자들로부터 수출 시장을 지키기에는 너무 늦은 때였다.

영국은 또한 미국 수출업자들에게 무역과 금융 시장을 개방하고 미국 투자자들이 외국의 천연자원과 산업의 통제권을 매입할 수 있게 하는 수단으로 국제통화기금과 세계은행을 설립하자는 미국의 요구에도 굴복했다. 영국이 항복하면서 뒤이어 유럽과 여타 지역이 이 두 기구에 합류할 때의 규칙이 정해졌다. 세계의 무역과 투자를 조직하는 다른 현실적인 대안은 없었다. 세계은행의 정책에는 토지 개혁 반대가 포함된다. 세계은행은 국내의 자급자족을 가능하게 하는 것이 아니라, 대체로 수출과 연관된 기간시설 건설에 주로 자금을 빌려준다. 다른 나라들이 미국이 수출하는 농산물과 다른 필수품에 의존하게 하는 것이 그 목적이다.

미국이 외국 경제에 미치는 주된 영향력은 금융상의 영향력이다. 국제통화기금은 미국의 동맹국들에게 자금을 지원하고 미국의 말을 듣지 않는 국가들에는 신용을 공급하지 않는다. 달러 신용은 외국에 빚을 안기고 미국의 이익에 부합하는 '자유시장'의 탈규제와 세금 정책을 채택하게 하는 수단으로 쓰인다. 일반적으로 국제통화기금의 '통화 안정화' 차관은 외채 압력 때문에 평가절하가 임박한 나라들에 주어진다.

이 '저개발 전략'의 가장 노골적인 조치는 국제통화기금을 압박 수단으로 삼아 공공 기간시설을 사영화하여 독점 기업에 넘기게 하는 것이다. 기간시설을 매각하여 무역 적자와 국제수지 적자를 해소하라고 강요하는 것이다. 국제통화기금은 또한 20세기 친노동 개혁을 되돌리려는 의도에서 악명 높은 차관 '조건'을 내걸어 미국을 비롯한 외국 투자자들의 이익을 해칠 것 같은 노동조합과 친소비자 정책에 반대한다. 채무국은 노동 비용이 낮아야 저렴한 수출품을 생산하여 "부채에서 벗어날" 수 있다는 것이 핑계였다. 그러나 실상은 달랐다. 내핍은 경제를 위축시켜 외국에 더 깊이 의존하게 만든다.

국제통화기금은 뒤이어 종속 국가 과두집단의 자본도피를 돕는다. 종속 국가의 중앙은행에 자금을 빌려주어 그 나라 회사들이 달러나 다른 경화로 자금을 옮기기에 충분할 정도로 긴 기간 동안 환율을 떠받치게 하는 것이다. 이후 현지 통화가 붕괴하면, 채무국은 긴축 정책과 반노동 정책을 더욱 심화시켜 '경쟁력을 회복'하고 더 많은 토지와 천연자원, 공기업을 매각하여 국제통화기금에 자본도피에 쓰인 차관을 상환하라는 말을 듣는다.

약 750곳의 미군 기지가 이 금융상의 저개발 정책을 보호한다. 북대서양조약기구와 동남아시아조약기구SEATO, South-East Asia Treaty Organization는 미국의 금융 통제와 군사적 통제에서 벗어나 자국 경제를 자주적으로 관리하려는 나라들에 맞서는 군사적 수단으로 창설되었다. 세계은행 총재에 임명된 자들 중 미국 국방부 관료 출신은 다음과 같다. 육군부 차관보를 지낸 존 매클로이John McCloy, 국방부 장관을 지낸 로버트 맥나마라Robert Mcnamara, 국방부 차관을 지낸 폴 월포위츠Paul Wolfowitz.

　월포위츠는 조지 H. W. 부시 밑에서 국방부 차관으로 일하던 1992년 4월 루이스 스쿠터 리비Lewis Scooter Libby와 함께 〈국방 계획 지침: 1994~99Defense Planning Guidance: 1994~99〉를 제출하여 이렇게 주장했다. "우리는 잠재적 경쟁자들이 지역적으로나 세계적으로 더 큰 역할을 꿈꾸는 것조차 단념하게 할 장치를 유지해야 한다." 미국의 관료들은 다른 국가들의 정치적, 경제적 정책을 통제할 수 없다면 안보가 위협받을 것이라고 선언했다. 미국기업연구소American Enterprise Institute의 네오콘 마이클 러딘Michael Ledeen은 미국의 협박 전술을 이렇게 분명하게 제시했다. "10여 년마다 미국은 형편없는 작은 나라 몇몇을 골라 벽에 내던져 우리가 진심이라는 것을 보여줄 필요가 있다."[11]

이란의 자주권을 막기 위한 미국의 조치

미국의 정책은 처음에는 파운드화 지역과 프랑화 지역을 달러 권역으로 흡수하기 위해 식민주의에 반대했다. 그러나 1953년 아이젠하워 정부에서 군사적으로나 정치적으로나 외국에 점점 더 깊이 개입했다. 이를 주도한 자는 국무부 장관 존 포스터 덜레스John Foster Dulles와 그의 동생인 중앙정보국 국장 앨런 덜레스Alan Dulles였다.

　외국의 자주적 결정을 막기 위한 미국의 조치가 이란에서 처음으로 나타난 데에는 이유가 있다. 제1차 세계대전 종전 후 미국 정부는 "석유 산업에 동반구와 서반구를 가리지 말고 외국 땅으로 사업을 확대하라고 권고하며 필요한 경우 이를 적극적으로 지원했다.

그때 이후로 미국 밖의 막대한 석유 매장량은 절반 이상이 미국 회사가 찾아낸 것이다".[12] 1951년 이란 총리에 선출된 모하마드 모사데그는 토지 개혁과 토지세를 약속했고 앵글로-페르시안 석유 회사로부터 나라의 석유자원 통제권을 되찾아오겠다고 공언했다. 앵글로-페르시안 석유 회사가 지불하는 로열티는 '이익'의 20퍼센트 미만이었는데, 회사의 회계사들은 해외 자회사에 인위적으로 낮게 책정한 가격으로 석유를 판매함으로써 이익을 최소화했다. 이란 의회는 앵글로-페르시안 석유 회사가 임금을 인상하고 학교와 병원을 짓겠다는 1993년의 약속을 이행하려는 시도조차 하지 않았다며 회사를 국유화하기로 결정했다.

당시 윈스턴 처칠과 클레먼트 애틀리는 해리 트루먼Harry Truman에게 모사데그를 축출하라고 촉구했지만, 미국 대통령과 국무부는 그를 공산당인 이란 민중당에 맞설 민족주의 세력의 보루로 여겼다. 그러나 후임 정부인 아이젠하워 행정부는 이란의 민족주의자와 공산주의자가 똑같이 천연자원의 자국 통제를 옹호했기 때문에 양자를 동일하게 취급했다. 석유자원과 외국 광물자원의 통제는 미국 외교 정책의 기본적인 요소였다(영국과 네덜란드의 경우를 포함하여 지금도 마찬가지다). 그래서 1953년 미국 중앙정보국CIA, Central Intelligence Agency과 영국 정보부MI6, Military Intelligence 6는 쿠데타를 획책하여(미국 편에서는 커밋 루스벨트Kermit Roosevelt가 주도했다) 모하마드 레자 팔레비를 독재자로 세웠다.[13]

모사데그는 가택연금 상태에 있다가 결국 사망했다. 그의 시신은 외국의 통제에 반대하는 이란인의 저항이 되살아나지 않도록 공개 장례식 없이 매장되었다. 미국은 쿠데타가 이란에 민주주의를 가져왔다고 선전했다. 미국이 국제외교에서 쓰는 표현법에 따르면 '민주주의'란 '반공산주의'였다. 마치 이란의 천연자원과 그 지대를 외국이 소유하고 미국이 국가수반을 신식민주의적 총독으로 내세울 권리를 행사하는 것이 진정한 민주주의와 양립할 수 있는 것 같았다.

미국이 이란에 자신들을 지지하는 독재정권을 세운 것은 베네수엘라와 이라크, 리비아 등 외국의 자원 강탈자들을 끌어들인 '석유의 저주'로 고통받는 나라들에 공통된 정책이었다. 그러나 미국은 사우디아라비아와 쿠웨이트같이 석유가 풍부한 독재 왕정 국가의 정부가 미국에 우호적인 태도를 보이고 석유로 벌어들인 수익을 미국 경제에 투입하는 한 무너뜨리지 않았다.

수십 년간 미국은 자국의 다국적 기업들로부터만 석유를 수입했다. 그런 다국적 기업은 1947년에는 8개뿐이었는데, 1964년이면 32개로 늘어난다. 이 회사들은 외국에서 생산한 석유를 법률적으로 미국 경제의 일부로 만들었다. 현지 국가 경제의 일부로 운영되는 별개의 자회사 법인이 아니라, 운영 실적이 모회사의 재무제표에 통합되는 지점이 석유를 생산한 것이다. 이 회사들이 수입한 석유의 명목가격 중에서 실제로 외환으로 지불되는 것은 작은 부분에 그친다. 따라서 그 명목가격은 대부분 절대로 미국 경제를 떠나지 않는다.

미국의 자본재와 장비를 구매한 대금은 석유 산업의 연평균 신규 (대외직접) 투자액 중 약 45퍼센트에 해당한다. 그러므로 "그 산업의 신규 투자 '유출'의 절반을 약간 상회하는 몫이 금융의 형태로 실제로 미국 해안을 떠났다. (…) 그러한 수령액이 자본재 수출에 덧붙여지면 (…) 국제수지 수익은 연간 34퍼센트 이상으로 증가한다. 투자 자금을 회수하는 데 3년이 채 안 걸린다는 뜻"이다. 투자 유출의 나머지 대부분은 모회사의 이익, (역외 조세피난처를 통해 세탁하여) 미국 은행에 지불된 이자, 미국 노동자들에게 지급된 급여, 미국의 경영 서비스에 대한 대가로 흡수되었다. "새로운 외국 투자의 간접적 효과를 적절히 감안한다면, 투자 회수 기간은 한층 더 짧을 것으로 보인다. 현지 국가는 미국이 투자한 자금의 상당 부분을 미국의 수출품을 구매하고 미국에 예치한 달러 예금을 늘리는 데 쓰는 경향이 있다."[14]

외국의 자원을 빼내려면 일련의 역외 은행 중심지와 조세피난처를 만들어놓아야 한다. 석유 생산국에 있는 미국 회사의 지점들은 라이베리아나 파나마의 자회사 법인으로 낮은 가격에 석유를 판매한다. '편의치적flags of convenience'은 미국에 소득세를 납부하지 않으려는 회계 사기의 방편이다. 라이베리아와 파나마는 소득세가 없고 심지어 자국 통화도 없다. 두 나라는 미국 달러를 통화로 쓰기 때문에 이런 조세피난처를 이용하는 회사들은 통화의 평가절하 위험을 감수하지 않아도 된다.[15]

생산자로부터 낮은 가격에 석유를 구매한 자회사들은 이를 모회사의 계열사인 북아메리카와 유럽의 정유 회사와 유통 회사에 높은 가격으로 판매한다. 그 계열사들은 이익이 나지 않아서 세금을 낼 필요가 없다. 이제 경제 전반에 걸쳐 모든 회사가, 광업 대기업은 물론 애플 같은 다국적 기업까지 이러한 술책을 쓴다. 애플은 전 세계에서 거둔 수익을 세금이 낮은 아일랜드에서 벌어들인 것처럼 꾸민다.

미국 농업 제국주의가
과테말라에 미친 영향

이란에 뒤이어, 미국이 외국의 민주주의 체제가 스스로 운명을 개척하지 못하게 막은 두 번째 악명 높은 쿠데타는 1954년 과테말라에서 발생했다. 그 나라에서는 10년 전 혁명이 일어나 독재정권이 무너지고 민주 정부가 들어섰다. 하코보 아르벤스 대통령이 토지개혁을 실시하여 농민에게 토지를 분배하자, 당시 아이젠하워 대통령과 덜레스 형제는 이것이 본질적으로 반미 공산주의 정치라고 확신했다.

자국민이 소유한 농장에서 생산한 식량으로 자급자족을 달성하겠다는 과테말라의 목적은 유나이티드 프루트 컴퍼니가 보유한 플랜테이션 농장을 위협했다. 미국의 외교 정책은 오랫동안 라틴아메리카 국가들을 미국의 회사들을 위한 플랜테이션 농장으로 유지하려는 데 힘을 기울여왔다. 그래야만 미국의 회사들이 그곳에서 생산한 곡물을 수출하여 계속 수익을 낼 수 있기 때문이었다. 이렇게 착취하려면 토지를 이용하여 스스로 식량을 생산하려 한 마야인 같은 토착민과 불가피하게 싸워야 했다. 미국은 카를로스 카스티요 아르마스가 이끄는 지주 군사독재정권을 지지하여 대응했다.

토지 개혁을 통해 스스로 식량을 생산하는 것은 타국을 자신들의 식량 수출에 의존하게 만들려는 미국의 의도와 충돌한다. 1957년 유럽경제공동체EEC, European Economic Community가 창설된 후, 미국 외교관들은 미국 방식의 가격 지원과 보조금을 포함하는 그 공동농업정책Common Agricultural Policy에 여러 해 동안 반대하다가 유럽이 태도를 굽히지 않자 결국 포기했다. 어느 나라가 미국에 식량을 의존하게 되면, 미국의 경제적 통제력은 더욱 강해져 무기로 쓰일 수 있다. 예를 들면 1950년대에 미국이 마오쩌둥의 혁명을 고사시키려고 중국에 식량 수출 제재를 가했을 때가 그런 경우다.

타국의 자주성을 억압하는
미국의 민주주의적 제국주의

1961년 비동맹 운동은 미국의 세계 전략에 위협이 되었다. 베오그라드에서 창설된 비동맹 운동은 각각 자기 나라의 초대 대통령인 다섯 명의 지도자가 이끌었다. 인도네시아의 수카르노, 유고슬라비아의 요시프 브로즈 티토, 이집트의 가말 압델 나세르, 가나의 콰메 은크루마, 인도의 자와할랄 네루다. 미국은 그런 나라들을 '시기'하지 않았다. 석유 부국인 이란과 아랍의 산유국들이나 농업국 과테말라를 부러워하지 않은 것과 마찬가지다. 비동맹이란 미국의 통제에서 자유로운 무역과 금융의 외교를 만들겠다는 뜻이었는데, 미국은 다른 나라의 경제를 미국의 기업과 금융의 번영에 이바지하게 하려 했다.

따라서 미국은 외교 정책을 통해 이러한 비동맹 국가 지도자들을 고립시키고 무너뜨리려 했다. 일반적인 방법은 민족 간의 분열을 조장하여 종족 전쟁과 중앙정보국이 말하는 이른바 '색깔 혁명'을 일으키는 것이었다. 예를 들면 인도네시아의 수카르노는 1945년 네덜란드 제국에 맞서 저항을 이끌었다. 자국에 많이 살고 있는 중국인이 상업과 금융 부문에서 각별히 활발하게 활동하고 있음을 인지한 그는 1950년대 중반에 중국과의 유대를 강화했고, 1955년 4월 아시아와 아프리카 29개국 지도자를 반둥회의에 불러 모았다. 그가 나라를 이끌 때 인도네시아는 소련 군사원조의 최대 수혜국이 되었다. 그러자 1965년 미국 중앙정보국은 대대적인 중국 반대 학살극과 진보적 지도자들의 암살을 후원하고 나라를 수하르토 장군의 잔인한 군사 통치에 넘겼다.[16]

1973년 칠레에서도 유사한 쿠데타가 획책되어 선거로 대통령에 오른 살바도르 아옌데 정권을 무너뜨렸다. 헨리 키신저Henry Kissinger는 이렇게 빈정거렸다. "한 나라가 그 국민의 무책임함 때문에 공산주의 국가가 되는 것을 우리가 왜 가만히 지켜보고만 있어야 하는지 나는 모르겠다. 그 문제는 너무도 중요하여 칠레의 유권자들에게 스스로 그 운명을 결정하도록 내버려둘 수 없다."

칠레의 구리 광산은 '칠레화'했다. 장기 고객에게 그 금속을 안정적으로 (낮은 '생산자 가격'으로) 공급하고자 모든 구리는 자신들을 통해서만 판매한다는 조건으로 애너콘다 구리 채광회사와 케니콧 구리 광업이 제안한 것이다. 그러나 아옌데 대통령은 칠레가 누구에게든 원하는 대로 구리를 판매할 수 있다고 주장하며 이 약속을 부인했다.

미국의 외교가 지원한 것은 자유시장도 '민주주의'도 아니었다. 미국의 해독제는 시카고 학파의 '자유시장' 원리였다. 아우구스토 피노체트 장군이 통치할 때 칠레의 대학교 경제학과는 가톨릭대학교만 제외하고 모조리 폐지되었다. 회사들과 퇴직연금은 사영화하고 금융화했다. 칠레의 회사들은 거대 기업집단grupo이 되었고, 은행들이 이를 운영하여 기업의 수익을 빼돌리고 금융 조작을 통한 약탈로 연금 기금을 고갈시켰다. 그 결과로 남은 것은 파산한 빈껍데기뿐이었다. 이러한 술책 탓에, 받을 수 있는 연금은 극히 적었다

(2020~2021년에 칠레 유권자들은 반기를 들어 민주적 헌법을 회복하고 대통령 세바스티안 피녜라의 신자유주의적 시카고 학파 이론의 통치에 저항하려 했다. 대통령이 직접 계획한 노동자 연금의 파괴도 그러한 통치에 포함된다).

총구를 들이밀고 밀어붙인 칠레의 사영화와 금융화는 라틴아메리카 전역에 확산된 테러 물결의 시작이었다. 미국 국무부는 콘도르 작전Operation Condor을 수립하여 6만 명이 넘는 노동계 지도자와 진보적인 학자, 토지개혁가, 가톨릭 해방신학자를 암살했고, 라틴아메리카 독재 체제라는 새로운 유산을 만들어냈다. 2009년 국무부 장관이었던 힐러리 클린턴은 온두라스의 대통령 마누엘 셀라야 정권의 전복을 후원했다. 셀라야는 온건한 토지 개혁을 추진하고 있었다(온두라스에서 1963년에 발생한 쿠데타는 민주주의 체제의 선거를 방해하기 위한 것이었다).

미국의 정책은 라틴아메리카와 여타 대륙의 토지와 천연자원, 기간시설의 소유권을 빼앗는다는 목표를 설정하고 토지 개혁을 방해했고, 기본적인 기간시설을 사영화하는 대신 계속 공적 영역에 남겨두려는 현지의 시도는 물론 농업의 자급자족에도 반대했다. 미국에게 힘이란 타국의 정치에 관여하여 금융과 무역, 군사 부문에서 자신들에 대한 의존에서 벗어나지 못하도록 막을 특권을 의미한다. 그 결과는 일종의 세계화, 다시 말해 미국의 통제에서 벗어나 자주적으로 행동할 가능성이 있다면 어떤 나라든 그 공업과 농업의 자급자족과 성장을 방해하여 굴복시키려는 세계화다.

구소련 해체 이후 등장한
신자유주의적 과두지배 체제

미국의 냉전 승리를 완성한 것은 1991년 구소련의 해체였다. 그 격변의 사건은 1990년 12월 19일 휴스턴의 어떤 모임에서 자세히 분석되었다. 세계은행과 국제통화기금의 계획가들이 러시아 지도자들에게 일련의 '충격요법'을 통해 내핍을 강요하고 자산을 빼돌릴 수 있도록(누가 가져가는가는 중요하지 않았다) 청사진을 제시했다. 이른바 자유로운 사업 활동이라는 마법으로 누구나 참여할 수 있는 신자유주의적 난전亂戰을 허용하자는 것이었다.[17] 그 결과로 부패관료들이 공공 자산을 자신의 이름이나 회사의 이름으로 등기하고 그렇게 취한 것의 일부를 외국의 구매자들에게 팔아 이득을 얻었다.

미국의 투자자들에게 이것은 금융상의 성공 스토리였다. 러시아는 세계에서 가장 많은 수익이 나는 주식시장이 되었지만, 바로 그런 이유 때문에 구소련의 모든 공화국에서 산업은 해체되었고, 그 경제는 제2차 세계대전의 군사적 파괴가 초래한 것만큼이나 나쁜 침체에 빠지고 인구의 손실을 입었다. 인구의 급감은 특히 신자유주의 경제가 된 발트 지역에서 심각했다. 1991년 독립 이후 20퍼센트 넘게 줄었는데, 아직도 감소하고 있다.

블라디미르 푸틴 대통령이 러시아의 붕괴와 외국 투자자들의 금융상의 정복을 막으려 하자 미국인들은 분노했다. 미하일 호도르콥스키와 여타 부패관료들은 러시아의 석유 회사 유코스와 기타 석유 자원과 회사들을 착복하여 미국의 구매자들에게 매각하고 러시아의 세금을 회피했다. 보리스 옐친 대통령이 물러난 이후 러시아는 이런 시도를 막으려고 했는데, 미국은 이를 겨냥하여 러시아를 독재국가라고 비난했다. 푸틴이 민주적으로 선출된 대통령이라는 사실은 중요하지 않다. '민주주의'가 미국에 찬성하는 것이고 '독재 정치'는 미국의 탈취 기도를 막는 것이라면, 두 낱말은 정치 제도나 국민의 투표와는 전혀 무관하다.

　소련과의 냉전이 끝났어도 미국의 군사비 지출은 조금도 줄지 않았다. 오히려 더 늘었다. 바르샤바조약기구가 해체되고 조지 H. W. 부시 행정부의 국무부 장관 제임스 베이커James Baker III가 북대서양조약기구를 동쪽으로 확대하지 않겠다고 약속했는데도, 북대서양조약기구는 팽창했다. 미국의 관료들은 계속해서 일방적인 군사력 사용 권리와 더불어 핵무기 선제공격 권리를 옹호한다. 1997년 5월 클린턴 행정부의 〈4연간年刊 국방백서Quadrennial Defense Review〉가 설명하고 있듯이(주 저자는 매파 인사로 국방부 전략 담당 차관보인 미셸 플러노이Michèle Flournoy다), 미국은 이제 자신들이 군사적 위협이나 군사력 사용을 금지하는 국제연합UN 헌장에 구속받지 않는다고 생각했다. 이 보고서는 전 세계에서 일방적으로 군사력을 사용하는 것을 "중대한 이익의 보호"로 정당화했다. 그 안에는 어느 곳에서든 "적대적인 지역적 동맹 출현의 예방"과 "주요 시장, 에너지 공급처, 전략적 자원에 대한 무제한의 접근 보장"이 포함된다. 보고서는 이렇게 덧붙인다. "중대한 이익이 걸려 있을 때에는 (…) 필요하면 군사력의 일방적 사용을 포함하여 그 이익을 지키기 위해 할 수 있는 일을 다 해야 한다."[18] 국제법은 이를 공격이라고 규정한다. 뉘른베르크 법정의 판사들에 따르면 '최악의 국제적 범죄'다.

미국 중심의 금융자본주의가
만들어가고 있는 신냉전

냉전의 승리는 군사적 싸움으로 얻은 것이 아니다. 가장 크게 성공한 제국들의 경우에 무력은 지역적 치안 활동을 제외하면 원칙적으로 필요하지 않았다. 주된 통제수단은 금융과 무역에서 다른 국가가 자신들에게 의존하도록 만드는 것이다. 미국 달러 외교의 목적은 공공연한 군사적 점령과 마찬가지로 외국 경제의 핵심 부문, 다시 말해 금융과 은행업, 토지와 천연자원, 교통과 전력 시설, 정보와 인터넷 독점 기업을 통제하는 것이다. 그러한 경제적 탈취에 저항하는 나라들은 미국의 적으로 선언된다.

그 결과가 오늘날 미국과 북대서양조약기구의 미국 위성국가들이 중국과 러시아는 물론 미국이 후원하는 사영화와 금융화에 저항하는 모든 나라에 맞서 수행하는 신냉전이다. 러시아 외교부 장관 세르게이 라브로프Sergei Lavrov는 2020년 10월 이렇게 말했다. "우리 시대의 가장 두드러진 특징은 바로 이것이다. 세력이 재편되고 있음을 누구나 알고 있다. 우리의 서구 동지들이 수백 년간의 지배에 집착하여 그토록 강경하게 수행하고 있는 것이 바로 그 싸움이다."[19]

미국의 군사 외교와 금융 외교는 너무도 착취적이어서 그 희생자뿐 아니라 협력자까지 이탈하게 만든다. 경제적 탈취에 성공적으로 저항한 나라들, 특히 핵무기로 무장한 중국과 러시아는 말할 것도 없다. 핵무기를 가진 나라는 미국에 점령당하는 것은 물론이고 군사적 공격을 받을 가능성도 없다. 핵무장 국가가 신자유주의화를 허용하지 않는다면('색깔 혁명'이 일어날 가능성도 없다면), 미국이 현실적으로 취할 수 있는 최선의 방법은 고립시키는 것이다.

세계 경제가 금융자본주의와 지대 추출의 경제가 될 것인지 아니면 사회주의로 발전할 산업자본주의 경제가 될 것인지가 이 신냉전의 쟁점이다. 100년 전 로자 룩셈부르크Rosalia Luxemburg가 이야기했듯이, 세계는 사회주의와 야만 사이에서 선택해야 할 것이다. 미국 금융자본주의는 경제의 암흑기를 초래할 위험성이 있다. 그 기본적인 동력은 금융 재산과 이에 연관된 지대 수취자 재산의 '권리'를 통제력을 장악하는 급소로 삼아 각국 경제의 상위 1퍼센트나 10퍼센트의 지대 수취자에게 부를 몰아주고 나머지 사회는 가난에 빠뜨리는 것이다.

부는 중독성이 있으며 탐욕을 불러일으킨다. 그래서 만족할 줄 모르고 타자에게 손해를 끼친다. 금융자본주의는 강박적으로 마지막 한 푼까지 수익을 추구하기에 한계를 모른다. 천연자원과 기간시설 독점사업을 사영화로 탈취한 자들은 자신들의 지대 추구가 사회적으로 파괴적인 것이 아니라 생산적이라고 주장한다. 그러나 그들의 지대는 노동자의 소득을 빨아들이며 산업의 이윤도 빨아들인다. 이는 궁극적으로 로마가 속주의 자산을 약탈하고 그 주민들을 노예로 삼아 경제의 암흑기만 남겼을 때처럼 파괴적이다. 오늘날 그리스부터 라트비아까지, 미국의 러스트 벨트부터 텍사스까지 부채를 떠안은 가난한 사람들은 굶주림과 질병, 금융상의 걱정거리 때문에 조기에 사망하는데, 이들은 그것이 전부 자기 책임이라는 말을 듣는다. 워싱턴 합의가 뒷받침한 금융화한 사영화 경제의 희생자가 아니라는 말이다.

다극 체제 세계를
창출하는 데 필요한 것들

미국 중심의 금융자본주의의 동력에 맞서는 것은 앞으로 남은 21세기의 거대한 경제 투쟁이 될 것으로 보인다. 달러 외교에서 벗어나려면 필수품을 자급할 수 있을 만큼 많은 나라를 모아야 한다. 그래야만 국민경제가 미국의 고립 시도에 당하지 않을 수 있기 때문이다. 미국의 금융 외교가 달러의 힘을 이용하여 영국과 프랑스를 비롯한 유럽 국가들을 통제한 1945년에는 그러한 임계질량(국가들의 수)에 도달하지 못했다. 1955년 인도네시아에서 반둥회의가 열렸을 때, 그리고 1961년 비동맹 운동이 시작했을 때 다시, 그 참여 국가들은 미국의 고립 조치에서 벗어나는 데 필요한 경제적 역량(국방력 포함)이 부족했다. 그러나 중국, 러시아, 몇몇 유럽 국가가 참여하고 조만간 인도도 포함될 상하이협력기구Shanghai Cooperation Organization와 '일대일로'는 성공할 가망성이 더 크다.

뒤에서 설명하겠지만, 달러 외교의 대안이 생존하려면 달러에서 자유로운 다극적 통화 체제의 창출이 필요하다. 더불어 독점 특권과 부채 레버리지를 통한 부의 수탈을 방해할 세제도 필요하다. 어떤 나라도 천연자원과 자본 투자를 잃으면서, 노동자의 생활수준을 저하시킴으로써 외채를 상환하는 일은 없어야 한다는 것이 법률상의 지침이어야 한다. 그런 방식으로 외채를 상환하라는 요구가 바로 미국 금융 지배의 토대다.

금융과 무역에서 외국에 의존하지 않으려면 생활수준 저하와 공공 기간시설 사영화 없이 갚을 수 없는 부채는 말소해야 한다. 결코 새로운 깨달음이 아니다. 고대 그리스와 로마부터 현대의 채무자 폭동에 이르기까지 지난 2500년간 민주주의의 공통된 요구는 부채 말소와 토지 재분배였다.

13장에서는 민주주의 체제가 왜 아랍의 군주정보다 더 쉽게 과두 체제로 바뀔 수 있는지 설명하겠다. 기원전 3000년 수메르부터 기원전 1000년대 신아시리아 제국과 신바빌로니아 제국, 이집트 제국까지 통치자들은 원상회복선언Clean Slates으로 부채를 말소하고 채무 노예를 해방하고 채권자에게 땅을 빼앗긴 채무자들에게 자급할 수 있도록 토지를 돌려주어 주민의 지지를 받았다.

고대 그리스 도시국가에서는 개혁가 '참주'들이 부채 말소를 선언했다. 몇몇 기록에 따르면 로마의 초기 왕들도 그렇게 했다. 그리스의 과두집단은 부채를 말소하고 토지를 경작자에게 재분배한 지도자들을 '참주'라고 비난했다. 기원전 7세기와 기원전 6세기에 코린토스와 기타 주요 도시국가에서 그러한 '참주'들이 개혁을 단행함으로써 마피아 방식으로 토지와 신용을 독점한 독재자를 몰아내 그리스 세계가 도약할 길을 열었다. 과두지배 체제인 로마는 왕권이라는 개념에 두려움을 가졌다. 그러한 권력이 채권자의 권리를 무효화하는 데 쓰일 것을 걱정한 것이다. 율리우스 카이사르에 이르기까지 강력한 포풀라레스(민중파) 지도자들은 '왕권을 추구했다'는 이유로, 특히 부채 말소와 과두집단이 강탈한 토지의 재분배로 지지기반을 공고히 다지려 했다는 의심을 받아 암살당했다. 그렇게 '큰 정부'의 역할을 제한하려는 생각은 오늘날의 세계에도 살아남아 있다.

워싱턴 합의는 금융화한 미국 중심의 세계 경제에 대한 의존을 매우 자연스러운 현상으로 설명한다. 그렇기 때문에 그러한 의존은 마치 자유시장의 일부처럼 보이며, 더 나아가 신자유주의적 금융자본주의의 논리를 받아들인 정치 지도자들에게만 선택권이 있는데도 민주적인 선택처럼 보인다. 국가의 자립과 회복력을 유지하려는 정책은 경제적 낭비로 설명된다. '자유시장'의 원칙을 어김으로써, 노동 비용과 정부의 사회정책 비용 삭감이 핵심인 다윈식의 경제 효율성 확보 경쟁에서 패배함으로써 실패할 수밖에 없다는 것이다.

경제의 회복력을 유지하기 위한 장기적인 사회적, 경제적 투자를 이처럼 깎아내리는 것은 고전경제학의 비용 축소와는 완전히 다른 것이다. 19세기 고전경제학자들의 정치적 투쟁은 지대 비용을 줄이기 위한 것이었다. 그러나 오늘날의 신자유주의는 지대 비용의 최대화를 추구한다. 그 방법은 사회가 그로부터 스스로를 보호할 힘을 없애버리는 것이다. 이렇게 협소한 반정부적 시각에서 벗어나는 데 필요한 한 가지 조건은 거대 금융 세력이 약탈적으로 지대를 추구하는 자들과 동맹하여 '시장'을 통제하고 있다는 인식이다.

미국 금융자본주의에는 그것을 경제 이데올로기(자유지상주의적 신자유주의)로 격상시켜 그 희생자들이 세계와 자기 이익을 인식하는 방식을 통제하는 것이 중요하다. 오늘날 학교에서 가르치고 세계 전역에서 대중매체를 통해 선전되는(미국 중앙정보국 분석가였던 레이 맥거번Ray McGovern이 MICIMATT 복합체, 즉 군대-산업-의회-정보-미디어-학계-싱크탱크 복합체라고 부른 것의 두 부분) 신자유주의 경제학설에 맞서려면 대안적인 정치경제학이 요구된다.

그러한 경제적, 정치적 정책 대안의 출발점은 무엇을 피해야 하는지, 금융화와 사영화의 길이 어디로 이어질지를 아는 것이어야 한다. 바로 그것이 고전경제학이 말한 모든 것이다. 고전경제학의 토대는 불로소득을 경제적 지대로 규정하여 근로소득과 구분한 것이다. 다음 장에서는 지난 200년간 오늘날 '자유시장'이라는 워싱턴 합의의 지침에 따라 사회를 양극화하고 가난에 빠뜨리는 과두지배체제의 경향에 맞서기 위해 어떤 논리가 등장했는지 살펴보겠다.

CHAPTER
04

경제적 지대,
가치 없는 가격

The
Destiny
of
Civilization

중국이 지난 한 세대 동안 그토록 빠르게 번영을 이룰 수 있었던 가장 큰 이유는 은행업과 화폐 창출, 교육, 보건, 기타 기본적 욕구의 충족을 공공 서비스로 취급했기 때문이다. 그로써 생계비를 낮게 유지하여 노동자와 산업이 상대적으로 더 사영화한 파이어 부문이 지배하는 경제에 대해 비용우위를 갖게 했다.

그러나 어떤 경제든지 한 가지 큰 문제가 있게 마련이다. 주택과 상업용 부동산이 생계비와 사업비를 늘리지 않게 하는 방법은 무엇인가? 집값이 오르면 주택 구매자들은 깊은 부채의 수렁에 빠지게 된다. 담보대출 상환금을 지불하고 나면 그들에게는 상품과 서비스를 구매할 돈이 남아 있지 않게 되는데, 그렇게 되면 국가의 경제 성장과 사람들의 생활수준 향상은 불가능하다. 중국은 어떻게 하면 이러한 미국 병에 걸리지 않을 수 있을까?

미국의 사영화한 의료 제도는 국내총생산의 18퍼센트를 흡수한다. 많은 학생이 대학교의 학위를 취득하기 위해 은행에서 연간 4만 달러나 빌려야 한다. 여기에 주택 임차료나 담보대출 비용이 추가되는데, 이는 대개 가구 소득의 40퍼센트 이상을 가져간다. 이러한 파이어 부문의 비용이 미국의 국내총생산 성장을 지배한다.

국내총생산 통계는 주택비와 부채 비용, 이자, 독점 지대의 증가분을 간접비로 보지 않는다. 불합리하게 보이겠지만 이러한 간접비는 국내총생산 성장의 동력으로 여겨진다. 마치 경제적 지대로 지불하는 비용이 생산 증가를 반영하는 것처럼 보는 것이다. 그러한 환상 때문에 미국의 탈산업화와 심화되는 부채 디플레이션을 되돌리려는 조치는 여태껏 방해를 받았다.

서구의 대학교에서 가르치는 주류 경제 이론은 중국의 성공을 설명할 수 없을뿐더러 미국의 산업 실패도 설명할 수 없다. 서구 신자유주의 경제학의 맹점을 피하려면 폭넓은 시각의 접근법이 필요하다. 신자유주의 경제학은 지대, 은행의 신용과 화폐 창출, 보건, 교육, 기타 기본적 서비스의 사영화를 경제가 부유해지는 길이라고 설명한다. 그러나 사영화의 결과는 공기업을 구매할 대출시장을 만들어낸 것이다. 공기업이 사영화하자마자 소비자는 독점 지대를 지불해야 한다. 그래서 기본적 서비스를 받으려면 부채를 질 수밖에 없다. 시간이 지날수록 급등하는 주택 가격과 학자금 융자 때문에 사람들은 소득의 큰 몫을 대출금 상환에 써야 하고, 자동차 할부금과 신용카드 사용액이 추가로 소득을 빼내간다. 이렇게 개인의 소득에서 채권자들과 그들과 연합한 금융 부문에 지불되는 액수는 점점 더 커진다.

서구 전역에서 이러한 비용은 임금과 산업 투자보다 훨씬 더 빠르게 증가했다. 이러한 지대 비용이 국내총생산에 포함된다고 설명하면, 지대와 부채에 시달리는 경제가 지대에서 자유롭고 부채가 많지 않으며 기본적 서비스를 공적으로 제공하는 경제보다 더 빠르게 성장한다는 인상을 준다. 그렇지만 실질 성장은 지대 요소가 국내총생산에서 차지하는 몫이 가장 작고 사영화가 가장 덜 진척된 경제에서 가장 빠르다.

이러한 인식이 19세기 정치경제학의 핵심이었다. 산업자본주의를 설명한 고전경제학자는 누구도 신흥 중간계급이 부자가 되는 길이 돈을 빌려 부동산을 사는 것이라고 생각하지 않았다. 부동산 가격은 은행의 신용으로 부풀려지기 때문이다. 애덤 스미스와 존 스튜어트 밀, '리카도 사회주의자들'은 지대를 과세 기반으로 삼아야 한다고 주장했다.

영국과 프랑스를 비롯한 서구 국가들은 19세기 거의 내내 세습 지주 계급의 힘을 깨뜨리기 위해 싸웠다. 영국 등 유럽의 상원 통치는 브리튼 섬과 다른 유럽 땅을 점령한 바이킹과 프랑크족 전사들의 시대부터 계속 이어졌다. 제1차 세계대전이 발발할 때 이 지대 수취자 계급이 의회에 갖고 있던 정치권력과 더불어 세습 지대도 사라졌다. 주택과 토지의 소유가 서서히 민주화했다. 그러나 신용으로 민주화했다. 정부는 지대 가치의 대부분이 은행에 이자로 납부되도록 만들었다.

이로써 은행의 이익은 급증했다. 미국과 영국의 은행 대출은 약 80퍼센트가 부동산담보대출이기 때문이다. 부채 레버리지로 더욱 커진 담보대출이 부동산 가격을 밀어 올리면서, 금융 부문과 부동산 부문은 함께 성장했다. 임대료는 이전부터 있었지만, 이제는 담보대출로써 토지와 주택, 상업용 부동산의 보유를 민주화한 은행에 지불되었다.

이러한 상황이 처음에는 좋게 보였다. 1945년 제2차 세계대전이 끝난 뒤, 주택 구입은 미국과 다른 서구 국가에서 중간계급이 되는 기준이었다. 주택은 확실히 대다수 가정에 주된 자산이 되었다. 전반적인 번영에 더하여 도시 편의시설이 개선되고 은행이 담보대출비율LTV, Loan To Value ratio을 점차 높이면서 가격이 상승했다. 쉽게 신용을 얻게 되자 자기 자본을 거의 들이지 않고 돈을 빌려 지대를 발생시키는 재산을 구입하는 부재 건물주가 등장했다. 존 스튜어트 밀의 표현을 빌리자면, 이들은 '잠을 자면서' 부자가 되었다. 그리고 부동산 구입의 부채 레버리지가 점점 더 커지면서 가구의 순자산도 급증했다.

2000년대 초가 되면 주택 보유 비율은 미국에서 인구의 3분의 2 이상으로, 유럽 대부분의 국가에서 80퍼센트 이상으로 증가했다. 1940년대와 1950년대에는 거의 누구나 30년 만기 원리금균등분할 상환으로 담보대출을 받아 주택을 구입할 수 있었다. 은행 대출은 채무자 소득의 25퍼센트 이상을 가져가지 않는 한도에서 가능했다. 30년 동안 분할상환을 마치면 담보대출이 해소되고 소유주의 주택은 부채에서 벗어난다.

미국에서는 당연히 주로 백인 중간계급들이 그 수혜자였다. 흑인 거주 구역은 대출이 거부되었고 미국의 다른 지역에서 토지와 주택의 가격을 올린 공공 서비스와 좋은 학교는 없었다. 은행은 '괜찮은' 주거 지역에서도 흑인 구매자에게는 담보대출을 제공하지 않았고, 연방주택청은 그들에 대한 대출을 보증하지 않았다. 이너시티는 황폐해졌고, 교외로의 '백인의 탈출'로 뉴욕시는 1974년에 거의 파산 직전에 몰렸다. 그러나 1980년대부터 이너시티와 빈민가는 허물어지고 고급 주택들이 들어섰다. 그렇게 주택 가격은 다시 급등하고 더불어 담보대출도 늘어났다.

중간계급의 꿈처럼 보였던 주택이 금융의 악몽으로 바뀌기까지 30년이 채 걸리지 않았다. 1980년대 이후로 주택 가격을 부풀린 것은 은행 대출이었다. 은행은 어떠한 재산이든 기꺼이 담보로 잡아 돈을 빌려주려 했고, 연방주택청과 담보대출금융기관들(흔히 '패니 메이Fannie Mae'라고 부르는 연방담보대출조합FNMA, Federal National Mortgage Association이 대표적인 기관이다)은 담보대출을 보증하여 은행이 '주택 소유주의 부'를 늘리는 데 일조했다. 이제 원리금균등분할 상환의 허용 수준은 대출자 소득의 43퍼센트까지 올라갔다. 은행이 가구를 빚의 수렁에 빠뜨리는 수준으로 돈을 빌려주면서 부동산 가격은 더 크게 올랐지만, 매입자는 주택 가격이 이자율보다 훨씬 더 빠르게 오른다면 부를 더 축적할 수 있다고, 즉 이 게임을 할 만하다고 생각했다.

은행은 주택과 업무용 건물부터 기업 전체까지, 그리고 점점 더 사영화하는 공공 부문까지 거의 모든 자산의 매입에 자금을 제공하면서 부유해졌다. 경제에서 이 성장하는 부를 나누지 못하는 부문은 국가 재정과 지방정부 재정이다. 과세되지 않는 토지는 미국의 주와 도시의 예산을 갉춰했다. 그 가장 두드러진 결과는 1974년 뉴욕시가 거의 파산 직전에 몰린 것이다. 뉴욕과 다른 도시들, 주들이 그때까지 보조금을 지급하여 제공한 공공 서비스의 비용을 올리고 공공 재산을 개인 구매자들에게 매각하여 채권 보유자와 기타 채권자들에게 줄 돈을 마련하면서, 일종의 새로운 인클로저 운동 같은 것이 일어났다.

민간 부문은 거대한 폰지 사기로 바뀌고 있었다. 이자 비용을 부담하기에 충분할 정도로 가격을 계속 올리려면 새로운 구매자와 새로운 신용이 필요했던 것이다. 새로운 구매자는 지가地價 소득이 크게 늘어나리라는 기대를 안고 돈을 빌렸다. 거의 20년간 시장은 그들의 믿음을 저버리지 않았다.

그러나 늘어나는 주택비를, 더불어 주택보험(은행의 담보물이 사고로 소실되지 않도록 하는 장치)과 기타 채무, 연금, 사회보장비, 건강보험, 메디케어*비용을 지불해야 하기 때문에 남은 소득으로 산업부문의 상품과 서비스를 구매하기에는 턱없이 부족하다. 경제는 위축된다. 은행과 채권, 주식, 기타 금융자산을 소유하여 경제의 99퍼센트로부터 부채 상환금과 기타 지대 소득을 뽑아내는 상위 1퍼센트만이 예외다.

앞서 설명한 대로 부의 양극화는 금융자본주의의 본질적인 작동 방식이다. 파이어 부문의 공생은 그 주된 특징으로 존재한다. 금융화한 지대 추구 경제에서는 기본적 욕구의 충족을 위해(주택은 물론 교육과 보건을 위해서도) 파이어 부문에 돈을 건네야 하는 상황 때문에 노동과 산업이 세계 시장에서 가격 경쟁력이 없어져 밀려난다. 이것이 바로 미국이 탈산업화의 길에 들어선 이유다. 그런데도 주류 무역 이론은 금융 간접비와 더 필수적인 기본적 생계비를 구분하지 않은 채, 국제적 가격이 노동 비용을 반영한다고 설명한다.

이 장과 다음 장에서는 지대 수입을 과세 기반으로 삼아 공식적으로 환수하지 못한 결과로, 다시 말해 지대 수입이 금융화한 결과로 오늘날 우리가 양극화와 탈산업화의 위험에 직면해 있음을 설명하겠다.

• 미국에서 시행되고 있는 노인의료보험 제도로 사회보장세를 20년 이상 납부한 65세 이상 노인과 장애인에게 연방정부가 의료비의 50퍼센트를 지원한다.

하우스푸어를 만들지 않을
최선의 방법

중국이 점점 더 번영함에 따라 임대료와 주택 가격은 꾸준히 오를 것이다. 소득이 더 공평하게 분배되고 도시가 더 많은 교통수단과 관련 기간시설, 공원, 학교, 기타 편의시설을 마련하면서 이는 자연스럽게 일어나는 현상이다. 그러나 부동산 가격은 건물과 기타 유지보수 투자에 들어간 내재적 비용 가격만 반영하는 것이 이상적이다. 중앙은행의 이자율 조작이나 신용이 부동산 가격을 올리도록 허용하면 경제의 실질적인 생산자와 소비자는 손해를 볼 것이다.

미국식 지대와 부채로 인한 디플레이션, 그것과 연관된 탈산업화는 주택 가격과 지대의 상승으로 국민 대다수가 손해를 입고 그 구매력이 훼손되며 부재 건물주와 은행가 계급만 부자가 되는 것이 위험하다는 사실을 알리는 경고가 될 수 있다. 미국과 영국, 유럽 대륙의 여러 나라에 부동산 가격 상승은 인구 성장에 따른 자연스러운 결과가 아니다. 주택 가격 팽창은 부동산 금융화의 산물이다. 그동안 정부는 지대에 과세하기를 주저했고, 그래서 지대는 은행 신용으로 자본화한 뒤 이자를 낳는 현금흐름이 되었다. 지대는 번영을 보여주는 증거가 아니다. 지대는 번영의 확산을 방해한다.

늘어나는 지대에 과세하면, 토지를 은행에 담보물로 잡혀 대출을 받고 이자를 지불하는 것을 막을 수 있다. 주택 소유주에게 토지세를 더 많이 부과하면 두 가지 큰 이점이 있다. 부채가 주택 가격을 부풀리지 못하게 막을 수 있다. 주택 소유주에게 토지세를 부과하고 대신 소득세와 판매세를 납부해야 하는 상황에서 벗어나게 하면 상당한 보상이 될 것이다.

　고전경제학자들은 지대 수취자 계급이 토지의 위치 가치를 착복하지 못하게 막으려 했다. 해법은 감정평가액을 당연한 과세 기반으로 삼는 것이다. 그 가치를 지주와 저당은행에 넘기는 것보다는 과세하는 것이 공익에 더 부합하기 때문이다. 노동자와 산업에 소득세와 상품과 서비스의 판매세와 소비세를 부과하지 않는 세제가 최선의 세제가 될 것이다. 그러한 세금은 기본적인 생계비를 늘리며, 따라서 산업의 고용주가 지불해야 할 임금을 끌어 올린다. 토지, 천연자원 지대, 독점권에 대한 과세는 정부 지출을 감당하기에 충분하다. 그러한 세금은 생계비나 사업비를 늘리지 않는다. 과세된 지대는 생산비가 아니기 때문이다. 부재 지주는 아무런 생산적 서비스를 제공하지 않는다. 다만 경제의 급소를 쥐고 있을 뿐이다. 토지는 그것에 얼마의 돈이 지불되든(지불되지 않든) 상관없이 언제나 '그곳에' 있다.

　중국이 약탈적 건물주와 그 배후의 금융 계급이 없는 저비용 경제로 남으려면, 반드시 부채가 떠받치는 주택 가격 팽창을 피해야 한다. 토지세는 좋은 땅의 임대 가치를 환수하여 은행에 담보대출 상환금으로 지불될 몫을 남기지 않는다는 장점을 가지고 있다. 그러면 주택의 시장 가격은 내려간다. 과세 후 위치 지대는 임대인에게 건물의 비용 가격만 남겨야 한다. 그렇게 되면 부채 레버리지 신용으로 부동산 가격이 부풀려지는 일은 없을 것이다.

토지 보유권의
발생 과정

기득권 세력의 정치권력은 큰 문제다. 부재 건물주와 사채업자는 늘 공권력으로부터 지대를 갈취하려 했다. 5000년 넘는 문명에서 토지의 '무상' 지대를 정부가 가질 것인지 사적 소유자가 가질 것인지를 둘러싼 싸움이 이어졌다. 시대를 거치며 이 싸움이 어떻게 토지 보유 조건의 발달을 결정했는지 보여주기 위해 처음 토지 보유권이 발생한 과정에 대해 설명하겠다.

기원전 4000년대에 메소포타미아와 이집트는 군역뿐 아니라 기본적 기간시설(성벽, 사원, 궁전, 관개수로) 건설에 필요한 공적 부역도 도입했다. 그러한 노동을 조직하고 뒷받침하기 위해 부역과 군역 수행 의무를 토대로 삼아 일정한 크기의 표준화한 토지를 공동체 구성원들에게 할당했다.[1] 토지의 가치는 특정 구획의 토지가 유지할 수 있는 노동력과 용익권의 관점에서 평가되었다.

상고시대의 부역과 군역은 현물세였다. 이것이 공동체 구성원에게 할당된 토지 보유를 결정했다. 토지 보유는 이러한 의무를 수행하는 노동자를 먹이고 부양하기 위한 것이었다. 노동력으로 공공 건축물을 짓는 것은 상고시대의 대규모 사회화 과정이었다. 참여자들은 사업 기간 중에 열린 축제에서 고기와 맥주를 넉넉하게 먹고 마셨다.

어떤 시점에 이르자 경작자들은 노동의 의무를 곡물이나 여타 상품으로 대체할 수 있게 되었다. 대체 곡물이나 상품은 왕이나 관습에 의해 그 노동과 동등하다고 판단된 화폐 가치를 지녀야 했다. 유사한 대체 관행이 중세 유럽에도 있었다.

노동자는 모든 초기 사회에서 드문 자원이었다. 거의 언제나 공격받을 위험이 있는 사회에서는 군사적 의무의 수행에도 반드시 노동자가 필요했다. 그러나 기원전 3000년대에 왕궁 관료들과 상인들이 돈을 빌려주고 이자를 받으면서 개인의 자유는 서서히 무너졌다. 경작자들은 농사나 통과의례, 기타 개인적인 이유에서 필요한 기본적인 경비를 마련하고자 돈을 빌렸다. 채권자들은 일반적으로 채무자로부터 노동의 형태로 이자를 받아 빚을 청산하게 했다. 조만간 그들은 노동자들이 담보물로 저당 잡힌 자경 토지를 처분했다.

지난 5000년간 채권자와 통치기구 사이에는 누가 먼저 지대를 수취할 것인지를 두고 싸움이 계속되었다. 기원전 3000년대부터 기원전 1000년대까지 근동의 초기 문명에서는 채권자의 청구권이 아니라 도시 당국이 우선권을 지녔다. 새로운 통치자가 들어서면 대개 경작자의 개인 부채를 무효화하고 채무 노예를 해방했으며 채권자에게 저당 잡힌 노예나 토지를 채무자 가족에게 반환했다.[2]

통치자는 이러한 포고령으로써 사람들에게 부역과 군역, 곡물 세금을 요구할 권한이 있음을 재차 천명했다. 포고령은 토지의 '정상적' 할당과 인신의 자유를 회복시킴으로써 채무자의 손실과 권리 박탈을 일시적인 것으로 만들었다. 그러나 고대 그리스에서 수많은 폭동이 있었고 로마에서도 민중의 부채 말소 요구가 많이 있었는데도, 고대 지중해 세계는 대체로 주기적이었던 근동의 이 원상회복 선언 관행을 물려받지 못했다. 현대 세계에 이르기까지 지대는 세금 납부에서 개인 채권자들에게로의 이자 납부로 형태를 바꾸었다.

초기 로마처럼 왕이 존재했을 때, 그들은 대부와 담보물 처분으로, 또는 단순히 폭력을 통한 강탈로써 소농의 토지를 축적한 지주 전사 과두집단에 의해 쫓겨났다. 로마의 주요 원로원 가문들은 채권자에 유리한 법률을 제정하여 자신들의 권력을 공고히 다졌으며, 그 법의 정신은 로마 제국이 몰락한 뒤에도 살아남아 이후 서양 법철학의 기본적인 요소가 되었다.

유럽의 봉건제가 물려준 주된 유산은 세습 지주 계급이었다. 1066년 노르만의 잉글랜드 침입 이후 정복왕 윌리엄은 둠즈데이 북의 편찬을 명하여 잉글랜드 토지에서 얼마나 많은 지대를 뽑아낼 수 있는지 계산했으며, 동료들을 군사 지휘관으로 임명하여 지역을 관리하게 했다. 100년 뒤 존 왕이 권력을 남용하자, 정복왕 윌리엄의 후손인 지주 대귀족들은 반란을 일으켜 1215년 국왕에게 마그나 카르타에 서명하게 했다. 이는 전사 귀족의 지대 사유화로 이어졌다. 유럽 전역에서 유사한 사유화 과정이 진행되었다. 세습 지대 수취자 계급이 수취한 공납은 경제의 잉여를 대부분 흡수했다. 전부 자신들과 왕을 위한 것이었다. 다수의 귀족이 성당 기사단과 이탈리아 은행 같은 채권자에게 저당을 잡히고 돈을 빌렸다.

국왕은 거둔 세금을 대부분 교황에게 공물로 바치고 은행가들에게 빌린 돈을 갚는 데, 그리고 특히 지대를 낳는 외국 땅을 점령하기 위한 전쟁을 수행하는 데 썼다. 그렇게 하다 보니 수입 중에 산업 자본 형성에 투자할 돈은 남지 않게 되었다. 예를 들면 에스파냐와 포르투갈이 신세계에서 강탈한 은과 노획물은 국내의 생산적 투자에 쓰이지 않고 왕과 귀족들의 사치품과 전쟁 물자를 구매하느라 지대 수취자 계급의 손을 거쳐 곧바로 다른 나라로 흘러나갔다.

고전경제학의
가치 이론과 가격 이론의 핵심

18세기 프랑스에서 지대와 세금은 너무 높아 당시 프랑스 내 산업은 영국과 기타 유럽 국가들의 산업과 경쟁할 수 없었다. 왕실 의사 프랑수아 케네를 중심으로 일단의 개혁가들이 모였다. 케네는 최초의 중요한 통계 방식인《경제표》(1758)를 만들어 프랑스 경제 안에서 세입이 어떻게 순환하는지를 추적했다. 자신들을 "중농주의자" 또는 "경제학자들Les Économistes"이라고 부른 그들은 지주 계급과 왕실이 어떻게 프랑스의 경제적 잉여, 즉 순생산produit net을 거의 전부 지대로 착복하는지 추적했다. 중농주의자들은 프랑스가 산업화를 이루고 더 풍요로워지려면 지대 간접비에서 벗어나야 한다고 주장했다.

프랑스를 방문한 사람들 중에는 애덤 스미스도 있었다. 그는 스코틀랜드로 돌아가자마자 중요한 중농주의적 개혁안을 채택했다. 세금은 노동이나 산업자본이 아니라 토지에 부과해야 한다는 것이었다. 토지의 사유권은 경작자의 생계비와 작물 생산에 필수적인 비용을 넘어서는 잉여 작물의 가치를 수탈하는 급소였다. 애덤 스미스는《국부론》(1776)에 이렇게 썼다. "지주는 뿌리지 않은 곳에서 거두기를 좋아한다. 그리고 (토지의) 자연 생산물에 대해서도 지대를 요구한다." 그는 이렇게 핵심을 짚었다. "런던의 주택 임대료는 (…) 특히 비싼 지대와 독점자의 역할을 수행하는 모든 지주 때문에 상승한다."[3]

리카도의
차액지대설

지대에 과세하는 것은 정치적으로 어려운 문제였다. 유럽 전역에서 지주 계급이 의회의 상원을 장악했기 때문이다. 그러나 1789년 프랑스 혁명의 여파로 은행가와 여타 산업화 옹호자들을 포함하여 다양한 기득권 세력이 더 높은 지대를 요구하는 지주들을 비판하기 시작했고, 혁명을 뒤이은 나폴레옹 전쟁으로 그러한 비판은 자유주의적 개혁을 확산시켰다. 프랑스와 영국 사이에서 벌어진 이 전쟁은 1789년에 시작하여 1815년까지 계속되었는데, 그사이에 나폴레옹은 대륙봉쇄령으로 영국의 해상무역을 망치려 했다.

여느 때처럼 많은 식량을 수입할 수 없었던 영국은 국내 농업 부문에 의지해야 했다. 곡가는 높은 생산 비용과 제한된 공급량을 반영하여 인상되었다. 1815년 평화가 찾아오자, 영국 지주들은 전시에 고립되었을 동안 누린 높은 농업 지대를 계속 유지하고 싶어 했다. 그리하여 의회를 설득하여 수입 식량에 관세를 부과하게 했다. 국내에서 생산된 곡물의 가격을 인위적으로 높게 유지하는 효과를 낸 곡물법Corn Laws이다.

이후 30년간 곡물법을 둘러싼 싸움 때문에 영국의 지주를 편든 토머스 로버트 맬서스와 은행가 계급의 원내 대변인 격이었던 리카도는 역사적 이정표가 될 만한 획기적인 논쟁을 벌였다(곡물법은 1846년에 폐기되었다). 공업은 아직 은행의 주요 고객은 아니었지만, 외국 무역에 자금을 공급하는 것이 은행의 주된 시장이었다. 따라서 은행가들은 공업을 장려하여 국제적 노동 분업을 촉진하는 데 관심이 있었다. 그러한 분업 체계가 확립되면 영국은 '세계의 공장'

이 되어 외국의 원료와 수공업 제품을 받고 공산품을 수출할 수 있었다.⁴

무역 논쟁의 중심에는 리카도가 보호관세에 반대하는 논지의 일부로 다듬은 경제적 지대 개념이 있었다. 리카도는 영국이 농업 부문의 보호관세가 떠받치는 높은 곡가와 지대에서 경제를 해방시키면 공업상의 비용우위를 얻을 수 있음을 설명하는 과정에서 그 개념을 제시했다. 영국 제조업자들이 비용우위를 확보하려면 노동자에게 지불해야 하는 임금을 최소한으로 줄여야 했다. 생계비가 결정하는 기본적인 임금을 줄여야 했는데, 생계비에서 가장 중요한 것이 곡물 가격이었다.

임금노동자를 먹이는 비용을 최소화하려면 외국에서 저렴한 식량을 수입해야 했다. 그렇게 하려면 보호무역주의적인 곡물법을 폐기하여 미국과 라틴아메리카, 여타 산업화가 덜 진척된 나라에서 저렴한 곡물을 많이 구매해야 했다. 곡물법의 폐기는 지대의 하락을 뜻했다. 이 비교우위의 논리가 영국의 지대 수취자 귀족에 맞선 산업자본주의의 욕구와 정치적 원리를 결정했다.

이 논쟁으로 리카도는 1815년, 헨트 조약으로 유럽에 평화가 돌아온 직후 이렇게 쓴다. "지주의 이익은 언제나 공동체의 다른 모든 계급의 이익과 배치된다."⁵ 리카도에게 '공동체'란 주로 자신이 속한 은행가 계급과 수출품을 생산하기를 바랐던 산업가를 의미했다. 임금노동자 계급으로 말하자면, 리카도는 임금이 언제나 생계 수준에 머무는 경향이 있다고 추정했다.

리카도는 이후 2년간 《정치경제학과 과세의 원리에 대하여》를 집필하며 보냈다. 2장에서 경제적 지대는 고전경제학의 가치와 가격의 이론과 관련하여 규정된다. 그의 논의는 (그리고 토머스 맬서스의 대응은) 19세기의 남은 기간 동안 고전경제학의 가치와 지대의 이론을 형성하는 데 도움을 주었다. 가치는 궁극적으로는 노동 비용으로 축소할 수 있는 필수적인 생산 비용의 관점에서 규정되었다.[6] 그러나 많은 생산물이, 특히 농산물이 더 높은 가격에 팔렸다. 리카도는 경작한계지의 비옥도가 감소한 결과로 곡가가 상승한다고 믿었다. 늘어나는 인구를 먹이려면 한계지를 경작할 수밖에 없다. 수확이 감소하면 비용을 가장 많이 들인 생산자가 곡가를 결정하게 된다. 그러면 상대적으로 생산 비용이 덜 들어가는 더 비옥한 토지의 소유자가 더 많은 지대를 받게 된다. 이 저비용의 생산자에게 비용을 상회하는 시장 가격의 잉여분은 경제적 차액 지대가 된다.

리카도는 농업화학의 역할을 무시한 채 토지 비옥도의 차이는 영원하다고 생각했다. 토지 개량이 이루어진 이후에도 비옥도의 차이는 계속된다고 본 것이다.[7] 각각의 토지는 그 본질적 비옥도의 차이에 부합하는 임대소득을 가져온다고 생각되었다. 가장 척박한 땅, 최악의 한계지는 아무런 지대도 발생시키지 못한다. 리카도에게 절대적인 독점 지대는 없다. 오직 차액 지대뿐이다. 반면 조앤 로빈슨Joan Robinson과 데이비드 뷰캐넌David Buchanan은, 뷰캐넌의 경우에 주된 비용 차이가 자본생산성과 운송비에 기인한다고 믿기는 했지만, 리카도가 설명한 차액 지대를 넘어서는 '절대적' 독점지대를 이야기했다.[8]

하인리히 폰 튀넨Johann Heinrich von Thünen은 비옥도 차이라는 리카도의 개념을 위치 지대로 대체하여 운송비를 강조했다. 튀넨은《농업과 정치경제학과 관련하여 고립된 국가》(1826)*에서 공식을 제시했다. R=Y(p-c)-Yfm. 지대(R)는 토지 단위당 수확량(Y)의 시장 가격(p)에서 생산비(c)와 작물의 거리당 운임(f)에 시장까지의 운반 거리(m)를 곱하여 산정하는 운송비를 뺀 것이다.

애덤 스미스는 위치 지대를 인정했다. "읍내에서 1마일 이내에서 재배되는 곡물은 20마일 밖에서 들어오는 곡물과 같은 가격에 판매된다." 그러나 후자는 도시의 시장으로 작물을 운반하는 비용이 생긴다.[9] 그러므로 위치 지대는 지리에서 발생하는 것으로, 경제의 전체적인 번영이 커질수록 같이 증가한다. 만일 작물을 먼 곳에서 가져와야 한다면, 공급 가격은 오를 것이다. '지대 없는 토지'는 가장 먼 곳에 있는 토지다.

19세기 말 위치 지대는 운송비뿐 아니라 공공 편의시설(공원, 학교, 박물관)과 도시 개량, 특정 주거지구가 지닌 특별한 매력이나 품격에서도 생성된다고 인식되었다. 그러나 주된 위치 지대는 실로 편리한 교통의 결과다. 그 토지의 임대료는 대개 기본적 욕구의 충족에 필요한 공공 비용을 대고도 남는다. 예를 들면 런던이 34억 파운드를 들여 카나리 워프까지 주빌리 선Jubilee tube line 지하철을 연장했을 때, 이 시설 개선 투자는 그 노선을 따라 토지의 가치를 100억 파운드 이상 올렸다. 이 공공 건설 사업의 전체 비용은 토지의 위치 지대 증가분, 즉 불로소득의 공짜 점심에 과세하여 충당할 수 있었을 것이다. 그러나 런던은 그 대신에 임금 소득과 이윤에 과세했다. 납세자들이 그 비용을 부담한 반면, "지주들은 그들의 자산에 덧붙

• 독일어 책 제목은 다음과 같다. Der isolirte Staat in Beziehung auf Landwirthschaft und Nationalökonomie, oder Untersuchungen über den Einfluss, den die Getreidepreise, der Reichthum des Bodens und die Abgaben auf den Ackerbau ausüben.

여진 가치에 아무런 기여도 하지 않았다".[10]

뉴욕시가 약 30억 달러를 들여 지하철 2번가 선Second Avenue Subway을 건설했을 때, 이와 비슷하게 위치 지대가 발생했고 어떤 이들이 거저 가져갔다. 새로운 노선을 따라 증가한 임대료와 재산 가치가 60억 달러에 이른다는 말이 있었다. 사람들이 이제 과밀한 렉싱턴가의 지하철로 1마일을 걸어갈 필요가 없어졌기 때문이다. 이렇게 늘어난 임대료 평가액은 도시가 그 노선을 건설하는 데 들인 비용을 충당하고도 남았다. 그 비용은 시장 가격이 오른 토지에 '지대 환수' 세금을 부과하여 댈 수 있었다. 그러나 뉴욕시는 채권을 발행하여 매입자들에게 이자를 지급했으며 노동자와 기업의 소득세를 올렸다. 그리하여 도시의 생계비와 사업 비용은 더욱 늘어났다. 반면 건물주는 아무런 노력이나 새로운 투자 없이 돈벼락을 맞았다.

버스 노선과 지하철 노선, 거리와 기타 공공 기간시설이 부동산 위치의 가치를 높이는 것을 알아본 소스타인 베블런Thorstein Veblen은 미국의 도시 정책이 주로 시설 개선 사업으로 부동산을 활성화하여 토지 투기꾼들의 이익을 키워주는 데 집중되어 있다고 설명했다. 1923년 그는《현대의 부재 소유권과 사업 경영Absentee Ownership and Business Enterprise in Recent Times》을 발표하여 대다수 도시는 재산의 가치를 늘려 이익을 남기고 판매하려는 재산 소유자들의 부동산 개발 사업으로 보아야 한다고 지적했다.[11] 미국에서 공공 기간시설 지출의 목적은 실로 지가를 끌어올리는 것이다. 부동산 개발자들은 지가 소득을 전부 자신들이 취하고 그 위치 지대 상승의 비용을 공공에 떠넘기려 한다.

조지프 스티글리츠Joseph Stiglitz는 1977년 이른바 '헨리 조지 원리Henry George Theorem'라는 용어를 만들어 혼동을 초래했다. 특정 조건에서는 공공 서비스, 특히 교통과 공원 등의 개선에 들어가는 유익한 투자가 최소한 투자 비용만큼은 지대 총액을 늘릴 것이라는 말이었다.[12] 그러나 헨리 조지는 고전경제학의 가치 이론과 가격 이론을 알지 못했다. 그는 도시의 토지가 아니라 농촌 토지, 특히 잉글랜드인 부재 지주가 소유한 아일랜드 토지를 염두에 두었다. 지대-시설 개선 '원리'는 베블런이 만들어낸 것이 맞다. 그는 또한 정치와 재정 조달의 역할도 강조했다.

위치 지대에서 발생하는 지가 소득은 대부분 주거지구의 매력을 키우는 공공 기간시설 투자에서 나온다. 그러한 시설 개선의 혜택을 누가 가져가야 하는가? 도시와 자치단체는 교통수단과 주거 편의시설 개선 비용을 어떻게 조달해야 하는가? 가장 공정해 보이는 방법은 토지의 임대 가치 증가분을 세금으로 환수하여 그 비용을 대는 것이다. 그렇게 하지 않으면 지주가 아무런 노력 없이 공공의 비용으로 임대 가치를 가져갈 것이다. 이와 같은 지대 상승분에 과세하지 않으면, 리카도가 그의 분석에서 설명하듯이 국민소득에서 점점 더 큰 몫이 지주에게, 결국 금융 부문에 돌아가고 노동자의 임금과 산업의 이윤은 손해를 입을 것이다.

지대 디플레이션은
산업자본주의의 아마겟돈

리카도는 지대의 상승이 산업자본주의 생존에 가장 큰 위협이라고 경고했다. 지대의 상승은 이윤을 밀어냄으로써 생계비를, 따라서 산업노동자를 고용하는 비용을 높인다. 그 결과를 지대 디플레이션이라고 부를 수 있다. "그러므로 이윤은 자연스럽게 하락하는 경향을 보일 것이다. 사회와 부의 발전에 따라 추가로 필요한 식량의 양은 점점 더 많은 노동의 희생으로 얻기 때문이다."[13] 이는 경작에 새로이 투입되는 토지의 수확체감을 (잘못) 가정한 것이다. 마르크스가 리카도의 이론을 요약했듯이, "식량 가격이(그리고 이에 연관된 임금 수준이) 너무 높아서 산업노동자의 고용이 더는 산업가에게 이윤을 줄 수 없는 시점이 되면 자본이 이윤을 낼 수 있는" 한계에 "도달할 것이다. 그 시점에 경제와 인구는 상한에 도달할 것이고, 새로운 자본 투자와 고용은 멈출 것이다".

리카도는 그 과정이 일시적으로 연기될 수 있다고 인정했다.

필수품의 생산과 관련된 기계의 개선에 의해서, 그리고 이전에 필요했던 노동력의 일부를 빼낼 수 있게, 따라서 노동자에게 가장 중요한 필수품의 가격을 낮출 수 있게 해주는 농학상의 발견에 의해서. 그러나 필수품 가격과 노동자 임금의 상승에는 한계가 있다. (노동자의) 임금이 농부의 수령액 전체와 (…) 같아지는 순간, 축적은 분명코 중단될 것이기 때문이다. 그렇게 되면 자본은 아무런 이윤을 낼 수 없고 추가 노동도 필요하지 않고 결과적으로 인구는 최고점에 도달했을 것이다. 이런 때가 오기 전에 이미 매우 낮은 이윤 때문에 모든 축적은 중단될 것이고, 나라의 거의 모든 생산물이, 노동자에게 임금을 지불한 뒤, 토지 소유주와 십일조와 세금 수취인의 재산이 될 것이다.[14]

마르크스는 이렇게 요약했다. "리카도가 간파하듯이 이것이 부르주아의 '신들의 황혼', 심판의 날이다." 기술생산성과 부가 증가해도 부동산과 다른 천연자원은(당연히 자연독점이다) 지대 수취자의 수중에 점점 더 많은 소득을 집중시킬 것이다. 지대 수취자의 지대(R)는 불로소득이다. 이것이 고전경제학의 가치와 지대 이론의 주된 메시지다.

지대(R)는 가격(P)에서 가치(V)를 초과하는 부분이다. R=P-V. 시장 가격(P)에서 본래의 비용 가격(V)을 초과하는 부분으로서의 지대는 필수 생산비에 상응하는 몫이 없다. 지대 수취인은 토지 소유권이나 독점 사업이 기본적으로 이전지출인 것, 다시 말해 사회적으로 필요한 대가가 없는 소득을 '제공'받는 데 아무런 비용도 지출하지 않는다. 그러므로 모든 경제적 지대는 당연히 불로소득이다. 필수적인 생산 비용을 지출하지 않기 때문이다. 토지는 생산 비용이 없다. 공기나 지하의 광물자원이 천연자원 지대를 낳지 않고 시장의 특권이 독점 지대를 낳지 않는 것과 마찬가지다.

오늘날 세계에서 농업은 크게 산업화하고 비료를 많이 사용하기에 리카도의 차액지대설은 지대 추구에서 의미가 가장 적은 분야가 되었다. 카길과 아처-대니얼스-미들랜드 같은 거대 곡물 독점 기업과 종자 생물공학 기업 몬산토-바이엘의 경우, 확실히 상당한 독점 지대를 지니고 있다. 그러나 이제 위치 지대는 농업에서 최소한으로 줄었다. 통조림 회사와 가축 사육장은 생산지에 더 가깝게 이동했고, 운송비는 낮아졌다. 지대는 단연코 대체로 도시에서 나온다. 지대의 대부분은 공공 기간시설 투자와 편의시설을 반영한다. 그러나 남은 것이 있다. 토지를 넘어 파이어 부문과 천연자원으로, 그리고 통신과 방송, 운송, 기타 기간시설, 특허 의약품과 생명 공학, 정보기술의 독점 기업으로 일반화한 경제적 지대 개념이다.

토지에 과세하기 위한
정치적 싸움의 역사

리카도는 한 국가의 제조업자들이 외국 시장을 차지하기 위한 경쟁에서 승리하는 방법은 비용을 줄이는 것이라고 주장했다. 가장 먼저 줄여야 할 것은 식량을 비롯한 생필품 비용을 부담하느라 지불하는 돈이다. 지대를 최소한으로 줄이는 것이 그러한 노동 비용을 최소한으로 줄이는 방법이었다. 리카도에게 이는 자유무역을 의미했다. 그가 차액지대설을 내놓은 목적은 19세기 경제학자들이 옹호했듯이 지주의 임대소득이나 지가의 상승에 과세하는 것이 아니었다. 그러나 1846년 곡물법의 폐기로 무역 문제가 해소된 후, 영국의 개혁가들은 경제를 사적 지대에서 해방하려 했고, 그 논리적 연장선상에서 다른 지대 추구자들의 약탈적 독점 가격을 막으려 했다.

지대 수입을 줄이려는 이러한 움직임은 지주와 독점가들이 특혜를 누린 나라들의 산업자본주의에 내재해 있었다. 이를테면 하원이 제안한 개혁을 상원이 방해한 영국 같은 나라. 이처럼 정부가 양원으로 갈라진 현상은 기원전 3000년대까지 거슬러 올라가는 초기 역사에 이미 나타난다. 수메르 문명의 서사시인 〈길가메시 서사시〉를 보면 군역에 종사할 연령의 남자들이(그리스에서는 민주주의 democracy의 어원인 데모스demos) 전쟁을 할 것인지 말 것인지를 두고 투표한다. 법안 작성은 장로들의 회의체(로마의 원로원)가 맡았던 것 같다. 이러한 성격의 양원제 의회는 현대까지 살아남았고, 고대 이래로 대부분의 주민이 상원의 지대 수취자 계급에 맞서 싸웠다.

고대 사회의 주민 대다수는 최후의 수단이 한 가지 있었다. 억압적이라고 생각한 체제를 위해 싸우기를 거부하는 것이다. 그들은 부채 말소와 토지 재분배를 요구하며 거듭 이탈했다(로마 공화정 시대의 평민의 철수secessio plebis). 그러나 과두집단인 지대 수취자 세력은 로마 제국에서 제거되지 않았고, 중세가 끝난 이후에도 부유한 세습 지주로서 유럽 국가들의 상원을 계속 지배했다. 지주 계급은 은행가와 더불어 자신들의 부를 이용하여 정부를 통제하고 조세 부담을 노동자와 산업에 떠넘겼다. 1842년 리처드 코브던Richard Cobden•은 다음과 같이 요약했다.

> 지주의 면세를 위해 민중에게 과세하는 것은 확실히 국가 권력이 지주 과두집단의 수중에 떨어질 때뿐이다. 노르만의 정복 당시, 그리고 이후 150년간 토지가 세금에 기여한 몫은 왕국 전체 세입의 20분의 19였다. 그때 이후로 리처드 3세의 재위 때까지 토지가 기여한 몫은 10분의 9였다. 이후로 메리 1세 때까지는 4분의 3이었고, 다시 공화국이 끝날 때까지는 2분의 1, 앤 여왕 때까지 4분의 1, 조지 1세 때에 5분의 1, 조지 2세 때에 6분의 1, 조지 3세의 재위 첫 30년간 7분의 1, 1793년부터 1816년까지 9분의 1, 그때부터 현재까지 25분의 1이다.

토지세는 부정한 탈세였다. 사실상 봉건적 토지 보유의 대용물이

• 자유무역을 옹호한 영국의 급진주의 정치인으로 1838년 곡물법 반대연맹을 창설하여 곡물법 폐지 운동을 벌였다.

었기 때문이다. 과거에 토지 보유는 봉건적 의무의 대가였다. 명예로운 신사는 봉건적 의무를 실제 임대료 1파운드당 4실링의 토지세로 대체하는 것을 설명한 블랙스톤의 말을 인용했다. 그러면 지금 토지가 늘 1692년의 가치로 남아 있으리라고 가정할 수 있는 사람이 있는가? 그렇지만 토지세는 바로 그 가치를 기준으로 부과되었다.[15]

유럽 전역에서 귀족적인 상원은 민주적 개혁에 반대하여 지주를 보호했다. 그러므로 지주 계급에 도전하려면 민주적 정치 개혁을 통해 하원을 상원의 거부권에서 자유롭게 해야 했다. 영국에서 그 싸움은 1909~1910년 하원이 통과시킨 토지세 법안을 상원이 거부하여 헌정 위기가 발생했을 때 절정에 이르렀다. 상원이 다시는 하원이 통과시킨 세입법을 거부할 수 없다는 결정이 내려지면서 문제는 해결되었다.

1897년 산둥 반도의 칭다오에서 독일 식민지 행정관이자 토지 개혁가인 빌헬름 슈라마이어Wilhelm Schrameier가 6퍼센트의 토지세를 채택한 것은 전 세계적 토지세 개혁 운동을 반영한 것이다. 쑨원孫文은 1912년 칭다오를 방문하여 그 토지세를 중국의 미래를 위한 모델이라고 말했다. 그의 삼민주의三民主義는 지주에게 지대를 납부하는 것에 반대했으며, 이 원칙을 공공 기간시설까지 확대했다. "철도와 공익사업, 운하, 숲은 국유화해야 하며, 토지와 광산에서 나오는 모든 소득은 국가의 수중에 들어가야 한다. 그렇게 하면 국가는 이 재원으로 사회복지 정책의 비용을 댈 수 있다."[16]

토지에 과세하는 것은 토지의 전면적인 국유화나 사회화보다는 혁명적 성격이 덜하다. 존 스튜어트 밀과 여타 '리카도 사회주의 자들'은 1846년 곡물법 폐기 후 바로 국유화를 추진했다. 지대 이론은 리카도가 옹호한 것을 뛰어넘어 정교해져서 지가소득 과세를 정당화하고 지대를 과세 기반으로 삼았다. 사회주의자들은 오랫동안 공공 부문에 속했던 광산과 기타 천연자원, 기본적 기간시설처럼 토지도 공적 영역으로 되돌리려 했다. 정부가 지주의 소유지를 매입해야 하는가에 관한 논쟁이 널리 확산되었다. 미국인들이 남부의 노예 소유주들에게 노예 해방의 대가를 지불하지 않고 가재도구로서의 그 가치를 없애려 했던 것처럼, 토지에 대한 권리도 원래 공공의 이익에 부여된 것이므로 공적 사용으로 되돌린다고 해도 보상해야 할 재산으로 취급될 수 없다고 주장했다. 지주 계급의 권리를 돈으로 매입한다면, 이는 그들을 지배적인 금융 계급으로 바꿔놓게 될 것이었다. 실제로 토지에 과세하면서, 많은 지주가 땅을 팔아 금융 시장에 투자했다.

산업의 독점 지대까지 확장된 지대 이론

19세기 말이 되면 불로소득(가격에서 생산비를 초과하는 부분)이라는 지대 개념은 독점 지대까지 확장되었다. 이는 특히 도로와 철도, 보건, 통신, 교통 같은 기본적 기간시설을 사영화하는 대신 공적 영역에 묶어두기 위한 것이었다. 산업에서는 앨프리드 마셜이 《경제학 원리》(1890)에서 나이 많은 고비용 생산자들이 시장의 가격을 결정하는 상황에서 저비용 생산자들에게 '막대한 이익'으로 쌓이는 준準 지대를 설명했다. 전문적인 용어로 말하자면 이것이 바로 리카도의 이른바 '차액 지대'이지만, 여기에 독점 가격을 더해야 한다. 생산물을 장악하여 생산 비용과 무관하게 시장이 감당할 수 있을 만큼 가격을 매기는 것이다.

마르크스는 독점 지대 개념을 착취적 가격이라고 정교하게 다듬어 산업이 임금 노동을 고용하여 얻는 이윤을 비판했다. 그러나 산업자본가들이 기업을 조직하는 생산적 역할을 수행하는 한, 이윤은 생산적 범주의 수익이다. 잉여 가치를 창출했기 때문이다.[17] 지대와 이자, 그리고 독점 지대는 그러한 생산적인 역할을 전혀 하지 않았으며, 생산이 일어나는 데 경제적으로 필요하지 않았다. 그러한 지대 소득은 정치적으로나 역사적으로나 앞선 생산양식에서 넘어온 것으로 설명해야 한다. 마찬가지로 미국에서도 제도주의 경제학은 지대를 사회적 특권을 차지하는 사회적이고 법률적인 현상으로 설명했다.[18]

'생산 요소'는 가치를 창출하는 것으로 궁극적으로는 노동 비용으로 환원되는 생산 비용을 반영한다. 그러나 자연은 토지와 햇빛을 무료로 제공한다. 이를 전유하여 독점하기까지 법률적 비용이 있을 수 있지만, 여기에 노동이나 기타 지출의 초기 생산 비용은 없다. 이들의 경제적 지대는 비용이 들지 않는 청구권이므로 불로소득이다. 근원적 가치가 없는 가격 요소인 것이다. 그러한 지대는 특권적 수혜자들에게 돌아가는, 대가 없는 이전지출로서 경제 성장이나 번영에 기여하여 벌어들인 소득이 아니다.

지대 추출 특권에는 국가가 만들어낸 직함이 필요하다. 지대를 추구하는 자들은 정부를 통제하여 그러한 직함을 획득하고 지대가 사라지는 것을 막으려 한다. 지대는 그러한 특권을 위한 통행료다.

토지는 울타리를 쳐서 사용료를 부과할 수 있다. 그렇게 할 '권리'는 법률적, 정치적 특권이 만들어낸다. 그러므로 이러한 특권은 기술적으로 필수적인 생산 비용과는 별개다.

　공기를 마시면서 지불해야 할 비용은 (지금까지는) 없다. 아무도 공기를 독점할 수 없기 때문이다. 무선 주파수 대역은 전파 주파수가 자연에 있는 것이라는 의미에서 토지와 비슷하다. 그러나 라디오 생산과 방송이 무선 주파수 대역 없이는 불가능하다는 사실 때문에 사용료와 면허세의 부과로 지대 추구 기회가 생긴다. 물은 누구나 마음대로 쓸 수 있게 내버려두지 않고 전유하여 판매할 수 있다. 토지를 물리적으로는 물론 법적으로도 차단하여 타인의 출입을 막을 수 있는 것과 마찬가지다. 지주와 은행가 등은 장벽이나 통행료 징수소를 세워 누구나 마음대로 쓸 수도 있는 자원을 사용자로서 독점할 권리(도로의 통행료 징수소, 토지에 대한 법률적 재산권, 혁신의 특허권, 은행 신용을 창출하고 이로써 이자를 거둘 특권)를 부여받는다.

주택 가격 상승을 막을 수 없을까

오늘날 고전경제학에 대한 반대는 불로소득이요, 비용 가격을 초과하는 잉여가치라는 지대 개념을 지워 없앴다. 모든 소득은 근로소득으로 지칭된다. 토지는 마땅히 지대를 받을 만한 가치가 있는 '생산 요소'로 취급되며, 신용 창출도 생산 요소로 여겨진다. 그렇기에 금융 비용(연체료와 위약금 포함)을 국내총생산의 일부로 포함시키는 것이 당연하다. 상품의 생산과 유통, 판매에 자금을 공급하려면 부채(신용)의 증가가 필요하다는 논리다.

그 함의는 이렇다. 담보대출 비율을 높여 더 많은 은행 신용을 공급함으로써 주택 가격을 올리는 것이 경제를 더 풍요롭게 한다는 것이다. 분명히 미국 중간계급의 순자산은 대부분 주택으로 이루어진다. 그 점에서 미국 주택 가격의 상승은 중간계급 가구에 부를 가져다주었다. 그러나 시장 가격이 늘 부채에 의해 상승하는 주택을 구입함으로써 부유해지려 하고 또 부유해지는 것은 조만간 경제적으로 사회 스스로를 파괴하는 짓이 된다(그 순간은 벌써 왔다). 은행은 지대가 과세 기반이 되어야 하는지 아니면 담보대출의 이자로 지불되도록 내버려두어야 하는지에 관한 싸움에서 과세 당국에 승리하고 있다.

지대가 과세 당국에 세금으로 돌아가는 것이 아니라 담보대출 이자로 은행에 지불되면서 주택 가격이 상승했고 부채 총비용도 증가했다. 부채 레버리지를 통한 주택 가격 상승을 막는 방법은 지대에 과세하여 그것이 은행의 대출금으로 이용되지 않게 하는 것이다. 토지에서 생기는 지대에 과세하고 다른 형태의 지대를 최소한으로 줄이면 생계비와 사업비를 늘리는 세금으로부터 임금과 이윤이 해방될 것이다.

오늘날 중국은 세계의 공장이 되었다. 미국과 다른 서구 경제의 탈산업화에 책임이 있는 지대 수취자 계급을 (지금까지는) 대체로 잘 제어했기 때문이다. 중국 정부는 토지의 명목상의 소유주다. 그러나 토지의 온전한 위치 가치에 과세하지 않는다면, 미국에서 일어난 일처럼 위치 지대가 상승하고 결국 이는 은행에 이자로 지불될 것이다.

5장에서는 오늘날의 세계에서 은행이 어떻게 지주를 대신하여 지대의 최종적인 수취인이 되었는지 설명하겠다. 리카도는 토양 비옥도 감소 같은 자연적인 물질적 원인만이 식량 가격과 농지의 지대를 늘린다고 보았다. 그는 이자와 금융 비용이 산업 경쟁력과 이윤, 투자에 손해를 끼치며 생계비를 늘린다는 것을 인정하지 않았다. 리카도는 지주가 사회의 소득을 독점하는 세상을 떠올렸지만, 파이어 부문에 집중된 오늘날의 지대 수취자 과두집단은 봉건제 이후의 지주 귀족을 대체했고, 임금노동자의 생계비를 늘린 지대의 상승은, 이제는 부채에 기인한 주택 가격 상승으로 대체되었다. 그 결과는 부채 디플레이션이다. 그것은 리카도의 분석에서 지대 디플레이션이 수행한 역할을 한다.

CHAPTER
05

지대의 금융화와
부채 디플레이션

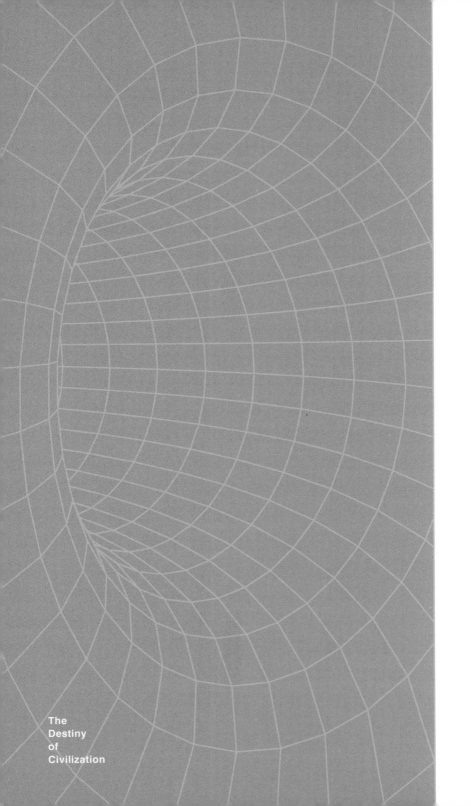

The
Destiny
of
Civilization

지대에 과세하려는 19세기의 싸움은 거의 성공했으나 제1차 세계 대전 이후 동력을 잃었다. 가장 명백한 이유는 정치적이다. 토지 소유권이 민주화하여 세습 지대에 의존하여 살던 전사 귀족들의 후예가 더는 토지를 독점하지 않게 되었다. 그러나 수혜자는 정부가 아니었다. 정부는 고전경제학자들이 과세 기반으로 삼기를 원했던 지대의 일부만 거두어갔다. 민간 부문이 지대를 납부해야 하는 상황에서 벗어난 것도 아니다. 지대는 여전히 주로 담보대출 이자로 은행에 지불되고 있었다.

주택과 여타 부동산 소유의 민주화로 담보대출은 은행의 주된 시장이 되었다. 미국과 영국에서는 은행 대출의 약 80퍼센트를 담보대출이 차지한다. 부동산담보대출은 은행에 가장 큰 이익을 가져다주는 수단이 되었다. 그래서 은행가들은 재산세에 반대하는 로비를 벌인다. 어떤 지대든지 과세되지 않으면 자신들에게 이자로 지불되어 다시 새로운 재산을 구매하려는 사람들에게 대출해줄 수 있으리라는 것을 알기 때문이다.

이자와 기타 금융 비용은 옛 지주 귀족이 수취한 지대와 매우 비슷하다. 지대 수입의 두 가지 형태는 똑같이 불로소득이며 실제로 하나로 합쳐졌고, 서로 공생하는 파이어 부문에서 금융이 주도적이고 지배적인 역할을 한다. 파이어 부문에는 4장에서 설명했듯이 보험이 포함된다. 은행이 대출하며 저당 잡은 담보물로 손해를 입지 않으려면 채무자들이 보험에 가입해야 한다. 파이어 부문에서는 은행과 투기꾼들이 신용부도보험credit-default insurance에 운을 내건다(2008년 A.I.G 몰락의 원인이다). 전통적인 지대에 이자가 결합하면서 오늘날의 금융 과두집단이 과거에 지주 귀족이 수행한 지배적인 역할을 빼앗았다. 이제는 은행가들이 지대의 최종적인 수취자다. 담보대출의 등장으로 지대가 이자 비용으로 전환되었기 때문이다.

지대 수입에 부여한 국가의 법적 특권

금융 수익이 '불모'라는 관념은 비생산적 금속(은화)이 어떻게 이자를 낳을 수 있느냐고 묻는 아리스토텔레스까지 거슬러 올라간다. 돈을 갚기 위해 일하는 사람은 채무자이지 채권자가 아니다. 고전 경제학자들은 이 논리를 따라 세습적인 지대 청구권이 어떻게 '일을 해서 벌어들인 소득earnings'이 될 수 있느냐는 질문을 던졌다. 그러한 권리는 하나의 특권(어원이 되는 라틴어의 뜻은 '사법私法'이다), 다른 사람들이 지대를 납부하지 않고는 토지를 사용할 수 없게 하는 급소를 소유하는 특권이었다. 유료도로를 소유한 독점 기업이 통행료를 납부하지 않는 사람에게 도로를 이용하지 못하게 하는 것과 마찬가지다.

토지 지대와 독점 지대, 이자 등 모든 형태의 지대 수입은 국가가 부여한 법적 특권에서 나온다. 토지와 지하 광물자원에 대한 권리부터 지식재산권과 기타 은행업과 화폐 창출 특권을 비롯한 독점에 이르기까지 신성하게 '권리'라고 부르는 것들이다. 그러한 특권은 정부로부터 얻은 것이며, 따라서 그러한 특권과 그로부터 나오는 지대는 기술적으로 필수적인 생산비가 아니라 정치적인 비용이다.

경제적으로 보면 그러한 특권에 기인하는 지대는 제품을 생산하는 것이 아니라 단지 제로섬 관계에서 수입을 전유할 뿐이라는 의미에서 이전지출이다. 그러나 고전경제학 이후의 국민소득통계는 그러한 지대를 전부 '소득'으로 규정한다. 이러한 용어의 사용은 지대 수취자의 착취를 종식시키자는 주장이 얼마나 힘을 잃었는지를 반영한다.

지대를 뜻하는 영어의 '렌트rent'는 프랑스어 '랑트rante'에서 나왔다. 정기적으로 고정된 수익을 내는 국채를 뜻한다. 지주들이 수확기에 거두어들이는 농업 지대나 도시 주택의 월세에도 분명히 비슷한 개념이 들어 있다. 공통점은 자신의 노동이나 생산에 투입된 직접적인 사업 비용의 결과가 아니라 재산권을 통해 수익을 얻는 법적 특권이라는 데 있다. 4장에서 설명했듯이, 그러한 지대는 가격에서 비용 가격을 초과하는 부분으로 정의된다. 토지에는 근본적인 생산 비용이 없는데도, 지주는 토지를 전유하거나 구입하여 소작농에게 지대를 부과하며, 주택 구매자들은 스스로 지대를 누린다. 은행가들은 아주 작은 한계비용으로 신용을 창출해서 이자를 부과한다.

일찍이 13세기에 스콜라 철학자들은 은행가들이 환전 수수료로 얼마를 받아야 공정한지, 이자의 부과 자체가 올바른 것인지 검토했다. 이들은 착취적인 불로소득을 막기 위해 가격을 필수적인 생산비에 맞추는 데 노력을 기울였다. 그러한 접근법은 결국 18세기와 19세기 프랑스와 영국의 정치경제학자들의 손에서 가치 이론으로 발전했다.

리카도의 지대 이론이 이자에 초점을 맞춘 이 초기 노력을 무시한 것은 전혀 놀랍지 않다. 채권 중개인이자 의회에서 영국 은행업을 대변하기로 명성이 자자했던 리카도는 금융을 나쁘게 설명할 마음이 전혀 없었다. 이자나 부채 비용은 그의 노동가치론과 가치와 가격의 지대 이론 어디에도 나오지 않으며, 그의《정치경제학과 과세의 원리에 대하여》7장의 국제적 비용 구조와 비교우위의 무역 이론에도 들어가지 않는다.

20세기에 프랭크 나이트Frank Knight와 그의 시카고 학파는 중세에 이자를 합리화한 논거를 취하여 이자가 은행이 대출금을 상환받지 못하는 위험성을 반영한다고 주장했다. 그러나 오늘날의 은행은 담보물이 있을 때에만 돈을 빌려주고 채무자에게 손실에 대비한 보험 비용까지 지불하게 하여 위험을 예방한다. 금융 부문은 또한 담보대출에 대해 정부의 보증도(미국에서는 연방주택청을 통해), 궁극적으로는 구제금융도 확보했다.

은행의 과도한 대출과 채무 추심으로 금융 붕괴의 위험성이 높아지면, 은행가들은 큰 손실을 봐야 하는 상황에서 정부에게 구제를 요청한다. 미국과 유럽의 정부들은 파산과 은행 손실이 물결처럼 퍼지는 것을 막기 위해 2009년 이래로 양적 완화 정책을 추구했으며, 2020~2021년 코로나 바이러스 위기에 대응하고자 부동산과 주식, 채권의 가격을 대대적으로 부양했다. 금융 부문이 정부의 규제와 입법, 행정의 권한과 중앙은행의 정책을 장악하면서 이자 비용은 거의 순수한 경제적 지대로 남게 되었다.

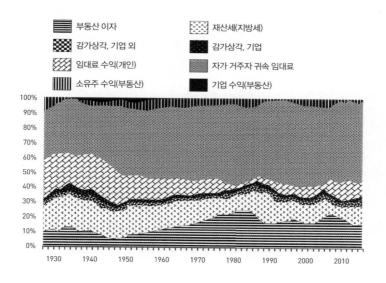

미국 부동산 EBITDA의 구성(1930~2010)

범례:
- 부동산 이자
- 감가상각, 기업 외
- 임대료 수익(개인)
- 소유주 수익(부동산)
- 재산세(지방세)
- 감가상각, 기업
- 자가 거주자 귀속 임대료
- 기업 수익(부동산)

지대는 주택담보대출 이자를 지불하기 위한 것

미국인의 3분의 2가량이 자기 집을 소유하고 있다. 스칸디나비아인의 경우 5분의 4가 넘는다. 빚이 농지를 잃는 첫걸음이었던 고대와 달리, 20세기에는 서구의 대다수 가구가 부채를 떠안아 집을 마련한다. 대부분의 가구는 주택을 구매하기 위해 신용이 필요하다. 이들은 주택담보대출 계약을 체결함으로써 은행으로부터 매입가만큼 자금을 빌릴 수 있다. 수완이 좋은 사람이라면 부재 건물주에게 지불하던 임차료를 저당은행에 넘기는 것으로 그칠 수 있다. 임차료가 은행에 지불하는 이자로 바뀔 뿐이다.

금융자본주의의 핵심
파이어 부문

은행의 목적은 부동산을 실질적으로 소유하는 것이 아니다. 은행이 원하는 것은 그 토지의 지대다. 은행은 그 목적을 달성하기 위해 로비를 벌여 정부의 조세 수취를 방해한다. 은행으로서는 주택을 가진 사람에게 공식적인 소유주의 지위를 유지하여 모든 세금 납부의 의무를 다 지게 하면서 동시에 재해보험에 들어 은행에 주택담보대출과 맞바꾸어 저당 잡힌 담보물을 보호하게 해야 좋다.

패니 메이와 프레디 맥Freddie Mac*은 1995년부터 2008년까지 주택 구매자의 채무를 보증해줌으로써 미국의 주택 보유 비율을 69퍼센트까지 밀어 올렸다. 예비 구매자들은 손쉽게 돈을 빌릴 수 있게 되자 누가 은행에 더 많은 이자를 지불할 수 있는지 서로 경쟁했다. 각 가구는 주택 가격이 더 많이 오르기 전에 평생토록 갚아야 할 부채를 질 수밖에 없음을 알게 되었다. 그 결과로 현재 미국 주거용 부동산의 시장 가치는 거의 3분의 2를 채권자들이 보유하고 있으며, 주택 소유주의 보유 지분은 제2차 세계대전이 끝났을 때의 85퍼센트에서 3분의 1을 약간 넘는 수준으로 하락했다.[1] 주택 소유주가 소득과 부, 인종, 연령의 사다리를 내려갈수록 그 지분은 더 줄어든다.

보험 부문은 금융과 부동산의 공생을 구성하는 세 번째 요소다. 은행은 새로운 주택 구매자에게 담보대출 계약을 체결하는 조건으로 보험 가입을 강요한다. 보험 회사도 생명보험과 연금 형태

---

* 연방주택담보대출공사FHLMC의 속칭. 담보대출을 구매하여 이를 바탕으로 주택저당증권을 발행, 개인 투자자에게 판매한다.

의 개인 저축에 대해 금융중개기관 역할을 하는데, 최근에는 부채 담보부증권CDO, Collateralized Debt Obligation을 발행하고 신용부도스와 프CDS, Credit Default Swap를 체결하여 채무 불이행의 위험성을 이전하는 일을 한다. 따라서 현대 금융자본주의의 핵심은 파이어 부문이다. 파이어 부문은 임금과 이윤, 세입에 손해를 끼치면서 토지 지대와 독점 지대를 이자와 금융 비용, 보험 비용의 형태로 빨아들인다.

독점 지대의 금융화가 만들어낸 것

고대부터 아주 최근까지 유럽인들은 자연독점과 필수적인 기간시설을 공적 소유로 두었다. 공공 기관들이 경제의 비용 구조를 최소화하기 위해 사용자의 비용을 보조했다. 그러나 1980년대에 영국의 대처 총리가 브리티시 텔레콤과 버스 노선, 기타 여러 부문을 사영화하면서 새로운 구매자들은 소비자 가격을 올릴 수 있었고, 이로써 대체로 서비스의 품질 저하가 동반된 출혈 경쟁이 뒤따라 엄청난 주식시장 내 이득이 발생했다. 오랫동안 '독점의 어머니'로 알려진 금융 부문에 문이 활짝 열렸다. 금융 부문은 석유와 가스, 중공업, 정보기술에서 독점 지대를 뽑아내는 것을 옹호하고 이를 위해 로비를 벌였듯이 주요 기간산업의 사영화를 독점 지대를 추출할 기회로 보고 적극 장려했다.

오래된 이야기다. 미국이 철도와 기타 기간시설을 사적 소유자의 손에 넘기자 너무도 큰 재앙이 찾아왔다. 이는 19세기 말 독점금지법이 제정되는 결과를 가져왔다. 그 첫 번째는 주 연합 통상위원회Interstate Commerce Commission의 철도 요금 규제와 1890년 셔먼 독점

금지법Sherman Antiturst Act이다. 독점금지 규제의 목적은 가격을 자연독점의 상품과 서비스를 생산하는 데 드는 필수 비용에 맞추어 제한하는 것이었다. 지역의 기관과 연방정부의 기관이 전화 같은 통신은 물론 전기와 가스, 운하, 펜실베이니아 턴파이크Pennsylvania Turnpike 같은 유료도로 등의 공익사업을 관리했다. 이자와 배당금 지불은 구체적인 수익률에 맞추어 제한했고, 사영화한 회사가 스톡옵션이나 내부자에 발행한 채권 같은 '과대평가된 비용'과 생산에 반드시 필요하다고 생각되지는 않는 기타 비용을 핑계로 가격을 올리지 못하게 했다.

그러나 지난 반백 년간의 경제적 규제 해제는 전 세계적으로 반독점 입법을 중단시켰을 뿐이다. 경제와 정치는 여전히 상위 1퍼센트가 지배한다. 독점 기업과 기타 지대 추구자들을 가장 큰 이윤을 보장해주는 고객으로 생각하는 채권자들이 상위 1퍼센트의 주된 구성원이다. 경제 계획이 선거로 구성된 정부에서 월스트리트와 런던, 프랑크푸르트, 파리 증권거래소, 기타 금융 중심지로 이동함으로써 상위 1퍼센트가 이전에 영국 상원과 기타 상원이 지배하는 정부들을 통해 행사한 권력이 다시 나타났다. 그러므로 금융의 통제와 지대 추출은 평화적으로, 나아가 민주적으로 달성된다. 대중매체가 이를 뒷받침하고, 경영대학원은 이것이 모두에게 최선이라고 믿게끔 학생들을 세뇌시킨다.

은행 부문은 오랫동안 산업 트러스트를 가격과 시장을 통제하도록 준비시키는 데 적극적이었기에 신용으로 생산적 자본 투자에 자금을 공급하는 것에는 대체로 무관심했다. 마르크스는 《자본론》 3권과 《잉여가치론》 3부가 될 〈이자를 낳는 자본과 상업자본의 산업자본과의 비교〉의 초안에서 산업자본주의의 역사적 과제가 어떻게 은행과 금융 제도를 근대화하여 사회를 고리대금과 자산 박탈로부터 구하고 은행업의 해묵은 기생적 성향을 대체하는 것인지에 관하여 낙관적으로 설명했다.

상업적 형태의 자본과 이자를 낳는 형태의 자본은 산업자본보다 역사가 오래되었다. 그러나 (…) 산업자본은 따라서 그 발전 과정에서 이러한 형태의 자본을 지배하여 그 자체에서 파생된 기능이나 특별한 기능으로 바꿔놓아야 한다. 산업자본은 그 형성기와 발전기에 이러한 오래된 형태의 자본과 마주친다. 산업자본은 그러한 형태의 자본을 고유의 생존 과정을 갖는 형태가 아니라 (…) 선행 자본으로 마주친다. (…) 자본주의적 생산이 온갖 다양한 형태로 발전하고 지배적인 생산 양식이 된 곳에서, 이자를 낳는 자본은 산업자본의 지배를 받으며, 상업자본은 순환 과정에서 나타난, 산업자본의 한 형태가 된다.[2]

그러나 영어권 세계에서 실제로 일어난 일은 이와 같지 않았다. 마르크스와 다른 평자들이 기대했던 바와는 달리, 은행의 대부는 산업 자금의 공급에서 주된 시장을 발견하지 못했다.[3] 은행의 대부는 영국의 초기 산업화 도약에서 거의 아무런 역할도 하지 못했으며, 오늘날 산업 투자는 대부분 자체 금융을 통해 조달한 것이다. 제임스 와트와 다른 발명가들은 주로 부동산을 담보로 잡혀 돈을 구했다. 이는 또한 산업 혁신가들부터 영화 제작자들까지 20세기 생산자들이 사업 자금을 모은 방식이기도 하다. 은행은 새로운 생산수단의 창출에 좀처럼 자금을 빌려주지 않는다.

왜 금융은 산업경제에서 쓸모가 없는가

은행이 산업경제의 유용한 일부가 되지 못한 이유는 아주 많다. 은행은 주로 기투자자산을 저당 잡고 돈을 빌려준다. 그 결과로 은행 신용은 고객들이 구매하는 부동산과 기타 자산의 가격을 밀어 올린다. 저축과 신용의 규모가 커짐에 따라 대출도 점점 더 커지고 부채가 부풀리는 주택 가격과 기타 물가도 더욱 빠르게 올라간다. 그리하여 경제의 생계비와 사업비가 상승하고 상품과 서비스에 소비할 소득은 줄어든다. 시장의 성장이 둔화될수록 산업의 이윤 획득 기회도 줄어든다.

새로운 산업자본 투자는 주식시장에서 기업공개IPO, Initial Public Offering를 통해 이루어지는 것으로 되어 있다. 그러나 상장 첫날이 종료되면 증권 인수업자들과 내부자들은 대개 대다수 산업 기업가처럼 하게 된다.[4] 주식이 상장되면 재무 담당자들은 수익을 주가 부양에 사용함으로써 자본소득을 꾀한다. 최근 S&P 500 회사들이 거둔 수익의 90퍼센트 이상이 배당금 지급이나 자사주 매입에 들어갔다.[5] 마르크스가 예상했듯이, 그렇게 금융 부문이 산업화되지 않고 산업이 금융화했다. 기업의 수익을 자사주 매입과 배당금 지급에 쓰는 것은 장기적으로 산업자본 형성에 이르는 길이 아니다. 공공 기간시설의 금융화와 사영화도 마찬가지다. 기본적 서비스의 가격 상승은 경쟁자보다 낮은 가격으로 판매하려는 산업자본주의 원리의 반정립이다.

지불 능력과 무관하게 증가하는 복리 이자

어떤 경제든지 주거와 교육(미국의 경우)의 자금, 자동차부터 냉장고까지 큰 규모의 내구성 소비재의 자금을 공급하려면 신용이 필요하다. 문제는 경제 전반에서 부채의 규모가 복리로 기하급수적으로 증가한다는 사실이다. 이 금융상의 부채 확대는(경제 대차대조표의 채권자 편에서 볼 때는 '저축'의 확대) 약탈적이어서 산업경제의 생산과 소비 지출의 순환을 위축시킨다.

모든 이자율은 원금이 두 배가 되기까지 걸리는 시간을 의미하는 것으로 보아야 한다.[6] 실물 경제와는 다르게 이자와 부채 상환금은 경제 전반에서 무제한으로, 대개 많은 채무자의 지불 능력을 뛰어넘어 급격하게 증가한다. 이자를 낳는 부채의 현재 규모는 '자본의 저축/부채 증가 공식 $(1+이자율)^n$'을 따른다. 이 공식에서 n은 이자가 발생하는 년 수를 나타낸다.

리카도는 이자를 낳는 부채의 기하급수적 증가를 무시했다. 신용과 부채의 금융 제도가 산업자본주의에는 외부 효과임을 상세히 설명하는 일은 마르크스에게 남겨졌다(《자본론》 2, 3권). 이자는 순수하게 수학적 법칙에 따라 증가하며, 경제의 생산 능력과 부채 상환 능력과는 무관하다. 부채 총비용의 증가로 산업경제에서 소득이 빠져나감에 따라, 이 급격하게 증가한 이자를 수취하는 채권자들은 받은 이자를 다시 대출하여 산업경제로부터 점점 더 많은 소득을 빼내 은행과 채권 보유자에게 넘긴다. 두 배로 늘어난 것은 실질적인 성장이 아니라 금융 부담이다. 상품과 서비스에 지출할 소득은 줄어든다.

마르크스에 따르면 그렇게 모든 것을 먹어치우는 급격한 이자 증가의 길은 "국가가 청구하는 몫을 제외한 모든 잉여가치를 흡수"한다.[7] 금융 계급은 경제의 잉여 전체를 자본화하여 이자로 전유하려 한다. 필수적인 최소 생계수단을 넘어서는 잉여를 모조리 빨아들이는 것이다.

이렇게 냉혹한 이자의 증가는 결국 부채를 상환할 수 없게 만든다. 그렇기 때문에 금융의 순환은 일반적으로 붕괴로 귀결된다. 금융 붕괴는 경기 순환(대개 11년 정도의 주기)으로 나타나거나 만성적인 지급 불능과 부채 디플레이션으로 길게 늘어진 형태로 나타날 수 있다. 오늘날 그리스가 겪고 있는 상황, 제1차 세계대전 후 독일이 겪은 상황, 미국이 지금 막 진입한 상황이 그러한 경우다.

부채(은행과 은행이 빚지고 있는 채권 보유자들의 부가 이에 상응한다) 확대의 길이 이윤율을 반영하지 않는다는 사실에 문제가 있다. 금융의 작동 원리는 산업자본주의와는 다른 운동 법칙을 따른다. 경제의 성장률이 부채와 금융상 저축의 증가율을 결정하는 이자율만큼 높았던 적은 없다.

은행은 마음대로 신용을 창출할 특권을 갖는다. 은행의 신용이 팽창함에 따라, 신용대출의 대부분은 부동산과 다른 자산 시장에 투입된다. 주택 매입자나 상업용 부동산 투자자에게 대출되는 돈은 매입가에서 점점 더 큰 부분을 차지한다. 이들이 쉽게 더 많은 담보대출을 받도록, 은행은 필요한 계약금을 낮추고 더불어 원금을 제외하고 이자만 지불하는 방식으로 할부상환 이율도 낮춘다.

은행과 채권 보유자는 1980년대에 부동산 이외의 새로운 시장을 찾으면서 기업 인수를 위한 정크 본드 담보대출에 뛰어들었다.

그 밖에 환율 안정을 위해 국제수지 적자를 메워야 하는 외국 정부에 대한 대출처럼 위험도가 점점 높아지는 분야에도 진출했다. 은행이 고객이 갚아야 할 이자를 빌려주어 연체를 피하게 하는 것이 이 과정의 마지막 단계다. 그러나 연체를 피해도 부채 총비용은 눈덩이처럼 불어난다.

결코 충족될 수 없는 허구자본

은행을 비롯한 채권자는 이자를 발생시키는 부채를 만들어낸다. 마르크스의 말대로 부채는 "은행가의 눈에 (그렇게) 보이는 대로" 그들의 상품이다. 대출의 생성에는 노동이 포함되지 않는다(은행은 채무자의 지불 능력을 점점 더 개의치 않는다). 마르크스는 이자를 받고 빌려주는 돈을 '가공의' 자본이나 '공허한 형태의 자본'이라고 지칭하며[8] '허구적' 지급 청구권을 토대로 하는 것이 거액 금융 거래의 특징이라고 말했다. 그 거래는 실제의 생산수단이 아니라 채권과 주택담보대출, 은행 대출, 기타 부채로 이루어진다. 대차대조표의 자산 항목에 생산수단에 대한 청구권으로 잡혀 있는 것을 말한다.

은행 대출과 채권, 기타 금융상의 유가증권은 "마이너스(음의 수치)가 자본으로 나타나는 국채 자본"처럼 대차대조표의 부채 항목에 나타난다. "이자를 낳는 자본 일반은 모든 전도된 형태의 어머니"다.[9] 새로운 산업자본 형성이 생산적이라면, 토지나 기타 자산을 매입하거나 이전하기 위한 신용은 그런 의미의 직접적으로 생산

• 다음 번역본의 문장을 인용했다. 《자본 Ⅲ-2》, 카를 마르크스, 강신준 옮김, 도서출판 길, 638쪽.

적 형태의 투자는 아니다. 은행 신용은 산업경제의 새로운 생산적 자산 형성에 자금을 공급하여 가치를 창출하는 대신, 실물 경제가 생산한 가치와 소득을 흡수하여 결국 이 부문에서 점점 더 큰 부분을 지불 불능에 빠뜨린다.

금융자본은 허구다. 명목상의 평가 가치가 실제로는 실현될 수 없기 때문이다. 금융자본의 지급 청구권은 충족될 수 없다. 부채의 규모가 기하급수적으로, '실물' 경제가 부담할 수 있는 것보다 훨씬 더 빠르게 증가하기 때문이다. 은행과 투자자는 "차입 증명서(환어음)와 국채(소비된 자본을 나타낸다), 주식(생산의 향후 소득에 대한 청구권)"을 보유하는데, 그 액면 가치는 '완전히 허구적'이다.[10] 저축한 사람들이 받을 것으로 기대하는 이자는 부채에 짓눌린 경제가 기하급수적으로 증가하는 부채 규모에 직면하여 기본적으로 지불 불능일 때에는 지급될 수 없다. 따라서 금융상 담보물의 명목 가치는 모든 부채가 상환될 수 있으며 담보물과 채권은 실제로 그 액면 가치에 값한다는 환상 위에 서 있다.

금융 붕괴가 불가피한데도, 금융자본에 돌아가는 수익은 산업의 이윤율보다 높다. 재산을 모으는 가장 쉬운 방법은 산업과 부동산, 임금생활자, 정부에 부채를 떠안겨 이자와 기타 금융 비용, 상여금으로 경제적 잉여를 빨아들이고 산업 회사의 경영을 '금융화'하여 그 주식과 채권의 가격을 부풀리는 것이다. 유권자는 빚을 져서 '자본' 소득을 추구하는 것이 부자가 되는 길임을, 신용으로 부동산과 기타 자산을 구입하는 것이 가장 쉽게 '자본' 소득을 얻는 길임을 믿으라고 부추겨진다. 자산 가격이 이자율보다 빠른 속도로 상승하는 한에서만 가능한 일이다. 문제는 이 과정이 조만간 금융 순환의 폰지 사기 국면에 접어든다는 데 있다.

폰지 사기 금융,
금융 붕괴로 가는 길 앞에서

신용 팽창이 어떻게 폰지 사기 단계로 곧장 이어지는지를 설명하는 용어는 하이먼 민스키Hyman Minsky가 만들어냈다. 그는 3단계의 진행 과정을 설명했다. 제2차 세계대전 종전에 이은 몇 십 년은 행복한 첫 단계였다. 채무자들은 분기 소득으로 이자를 지불하면서 동시에 원금도 갚아나갈 수 있었다. 두 번째 단계에서는 원금 할부금은 상환하지 못하고 이자만 지불할 수 있었고, 따라서 부채 원금은 줄어들지 않았다. 은행과 신용카드 회사는 부채의 완전한 상환을 좋아하지 않는다. 부채 규모를 최대한으로 늘리는 것이 그들의 사업이기 때문이다.

　금융 순환의 '버블' 국면이나 폰지 사기 국면은 영구 운동의 화폐 기계를 만들어내려는 시도다. 그러한 사기(최근에는 투자자들이 맡긴 돈을 '들고 튄' 버니 메이도프의 이름을 따서 메이도프 사기라고 부른다)는 대개 정교한 금융 전략을 갖고 있다고 주장하며 투자자에게 고수익을 약속한다. 그러나 실제로 고수익은 새로운 투자자를 끌어모아야 달성된다. 새로운 투자자의 저축은 정말로 투자되는 것이 아니라 그 사기극에 먼저 발을 들인 자들에게 지급될 뿐이다. 이러한 사기는 선행 주자에게 돈을 지급하기에 충분할 정도로 신입 주자가 계속 늘어나야 가능하다. 이러한 신용 사기는 몰락을 피할 수 없다. 몰락을 지연시키는 유일한 방법은 새로운 저축을 끊임없이 끌어들이고 괜찮은 수익이 들어올 것이니 저축을 그대로 사기극에 남겨두라고 참여자들을 설득하는 것이다.

부채 레버리지에 의존하는 주택 구매자들과 회사들이, 심지어 정부들까지 이자를 기한 내에 지불할 수 없을 때, 부채의 팽창은 위태로워진다. 바로 그 순간에 채권자들은 담보물을 처분할 것인지(그로써 손실을 완화할 것인지) 아니면 채무자들에게 만기가 도래한 이자를 지불할 수 있도록 돈을 더 빌려주어 체면을 지킬 것인지 결정해야 한다.

경제 전반의 관점에서 보면, 대차대조표 대변의 부채 증가는 차변에 그에 상응하는 새로운 실질적 자본 투자가 동반되지 않는다. 이윤과 임금이 낮아지고 따라서 비非금융자산 가격의 성장이 더뎌진다는 뜻이다. 그렇게 되면 경제는 그 기하급수적으로 증가하는 부채를, 채권자 저축의 규모를 오로지 "빚을 내서 빚을 갚음으로써" 지탱할 수 있다. 이제 그 일은 만기 도래한 이자 비용을 감당하고도 남을 만큼 크게 팽창한 자산 가격이 수행한다. 은행은 채무자들이 이자율이 더 낮은 담보대출로 갈아타 만기 도래한 이자를 지불함으로써 (잠시 동안) 금융 붕괴를 피할 수 있도록 새로운 신용을 창출하여 부동산과 주식, 채권의 가격을 계속 부풀린다. 결과적으로 말하자면 이자가 부채에 추가되었을 뿐이다. 부채는 계속 기하급수적으로 늘어난다. 실제로 채권자의 청구권은 실현되지 않는다. 지속 가능한 저축의 증가라는 환상은 법적 의제擬制, legal fiction일 뿐이다.

이는 신뢰에 기반한 부동산과 주식시장 버블의 작동 원리다. 그 버블이 가능하려면 자산 가격의 소득이 경제적 성격의 사실이 되었기를 희망하며 판에 뛰어들어 선행 주자들의 투자를 매수할 이른바 '더 큰 바보들'이 필요하다. 예를 들면 2007년 미국의 부실 주택담보대출 버블이 절정에 달하기까지는 은행들이 새로운 구매자를 유인하여 더 많은 부동산을 신용으로 매입하게 해야 했다. 이 신용은 종종 분할상환도 계약금도 없는 100퍼센트 대출로, 소득도 직업도 자산도 요구하지 않는 닌자 대출NINJA Loan*이다. 주택담보대출은 마침내 흑인과 히스패닉 소수민족에게도 가능해졌다. 주택담보대출을 '고위험' 이자율로 과도하게 많이 받은 이 집단이 2008년 집값이 곤두박질치면서 주된 희생자가 되었다. 당시 오바마 행정부에서 부실 주택담보대출 희생자들에 대해 압류에 들어간 뒤, 미국의 2016년 주택 보유율은 63.4퍼센트로 하락했다.

은행이 새로운 담보대출을 급격하게 늘리면서 '더 큰 바보'의 역할을 떠맡았다. 중앙은행은 대출자가 쉽게 더 많은 금액을 받아갈 수 있도록 이자율을 낮추어 신용을 창출함으로써 이를 뒷받침했다. 이 '바보짓'에는 확실히 논리가 있었다. 새로운 자금의 흐름을 제공하여 체계가 무너지는 일을 막는 것이 목적이었다. 광포한 신용 창출 덕분에 과도한 부채로 거의 지불 불능에 가까워진 대출자들이 집을 팔아 은행에 만기가 도래한 채무를 갚을 수 있었기 때문이다. 은행들은 신용부도보험을 계약함으로써, 은행을 인수하고 자신들을 교도소에 가두는 대신 기꺼이 자신들을 구제해줄 의사가 있는 자들을 금융 감독으로 임명함으로써 위험을 모면했다. 1980년대 저축대부조합에 일어난 일과 대조적으로, 오바마 행정부(2009~2016)는 조작된 소득증명과 재산평가를 토대로 악성 대출을

• 대출자에게 소득이나 담보물 등 지불 능력의 입증을 요구하지 않는 대출로 "no income, no job, no assets"를 의미한다.

해준 주요 범인들을 노골적인 금융 사기로 기소하지 않았을 뿐 아니라 거대 은행들(최악의 범죄자들)을 보증하여 작은 경쟁자들에 대해 우위를 갖게 함으로써 금융의 집중을 크게 심화시켰다.

부채 디플레이션은 만성적 경기 침체로 이어진다

리카도는 경제의 아마겟돈을 인구 증가의 결과로 설명했다. 인구가 증가하면 식량 가격이 오른다. 식량이 비옥도가 하락하는 토양에 의존하기 때문이다. 곡물과 식료품의 가격이 상승하면 생계임금도 오를 수밖에 없고, 이는 고용주들의 이윤을 줄이고 결국 투자를 멈추게 한다. 농업에 관한 리카도의 가정은 비현실적이었고, 나중에 입증되었듯이 실제로 산업자본주의를 위협하는 것은 부채의 급격한 증가다. 이자와 금융 비용은 산업의 팽창을 중단시킬 것 같다. 국내의 소비재에 대한 지출과 새로운 사업 투자에 들어갈 개인 소득과 기업 이윤, 정부 세입을 줄이기 때문이다. 그로 인한 부채 디플레이션은 임금과 이윤, 조세 수입을 채권자들에게, 즉 은행과 채권 보유자들에게 넘겨준다.[11]

부채 디플레이션은 리카도가 영국의 지주 계급에 점점 더 많은 지대를 뽑아내게 허용하면 나타날 것이라고 경고한 것의 금융상의 등가물이다. 리카도는 영국의 은행가 계급이 산업경제를 금융의 아마겟돈으로 이끌 것이라고는 절대로 인정하지 않을 것이다. 그러나 금융자본주의가 계속 팽창의 길을 갈 수 있으리라는 희망은 환상이다. 마르크스에 따르면, 금융상 청구권의 자기 팽창적 성장은 시간이 지나도 명목상의 가치가 실현될 수 없는 '가공의' '허구적' 자본으로 이루어진다. 지급 불능은 연쇄적인 지불의 고리를 끊어버린다. 은행과 채권 보유자가 사회의 어떤 생산력도 복리로 이자를 낳는 부채의 증가를 오랫동안 뒷받침할 수 없다는 사실을 인식하는 순간에 위기는 찾아온다. 실물 경제는 언제까지나 급격하게 성장하지는 않기 때문이다. 급증하는 부채는 만기 상환을 전제로 가능한 것이지만, 이는 불가피하게 변제 능력을 뛰어넘으며, 결국 빚을 갚으라는 요구는 충족될 수 없다. "그러므로 은행 자본의 대부분은 허구적이다."[12]

어떤 경제도 부채의 급격한 증가를 감당할 수 없다. 금융 부문의 지불 청구권은 실제로는 점점 더 회수할 수 없어진다. 금융의 저축과 투자의 명목상 증가는 실제로 실현될 가능성이 거의 없다. 채권자는 속임수가 탄로 날 수밖에 없음을 알아차리자마자 대출금을 회수하고 채무자의 재산을 압류한다. 돈에 쪼들리는 채무자는 재산을 매각할 수밖에 없다. 금융 체제는 파산의 격랑 속에 붕괴한다.

이자율 상승은
자산 가치의 붕괴를 동반한다

복리의 수학적 원리에 따라 기하급수적으로 증가하는 부채를 갚기에 소득이 충분하지 않을 때, 금융 체제는 동력을 유지하여 생존하려 할 것이다. 새로운 은행 신용을 공급하여 더 많은 부채 레버리지로써 자본소득을 계속 팽창시키는 것이다. 폰지 사기의 붕괴를 막기 위해, 2008년 이후 양적 완화 시기의 이자율은 위험도와 반비례했다. 점점 더 많은 소득이 부채 상환으로 빠져나가는 상황에서, 즉 산업경제의 성장 능력이 사라지는 상황에서 계약에 명시된 이자와 비용 지불의 일정이 지켜지려면 거의 무료나 다름없는 저금리의 새로운 신용이 필요하다.

바로 이 시점에 금융 부문은 정치력을 행사하여 구제금융을 요구한다. 이는 금융 체제가 계속해서 복리로 팽창할 수 있게 하라는 말이지만 헛된 시도다. 은행은 만일 중앙은행과 재무부가 지급 능력이라는 환상에 계속 자금을 쏟아 부을 수 있을 만큼 충분히 화폐를 공급하지 않는다면 금융 붕괴가 일어날 것이라고 위협하여, 정부가 그 허구적 자본 팽창을 계속 뒷받침하도록 만들려 한다. 연방준비은행의 화폐 공급으로 자산 가격 인플레이션이 발생하고, 그 결과로 금융 유가증권 형태의 '허구자본' 청구권은 급증했지만, 산업경제는 부채 디플레이션에 휩쓸렸다. 환경을 오염시키는 자들이 오염 제거 비용을 공공 부문에 떠넘기려 하듯이, 금융 부문도 납세자의 비용으로 그 부채를 해소하라고 요구한다.

리카도가 기술 발전(자본생산성)이 높은 식량 비용으로 인한 이윤 유출을 지연시킬 수 있다고 주장한 것처럼, 정부 정책도 과도한 부채를 떠안은 경제의 금융 붕괴를 지연시킬 예기치 않은 구원자가 될 수도 있다. 새로운 공적 자금이 금융 시장에 투입되면 부채 팽창의 길은 지속될 수 있다. 2008년 이후 중앙은행의 양적 완화로 주식과 채권 투기자들에게는 이자율이 거의 제로에 가깝게 낮아졌다. 이자율이 낮을수록, 지대와 기타 소득의 흐름이 더욱 강도 높게 자본화하여 금융자산 평가액이 높아진다.

소득 흐름은 현재의 이자율로 계산하여 자본으로 표시할 수 있다. 기본 공식은 Y/i다. 소득(Y)을 현재의 이자율(i)로 나눈 것이다. 어떤 대출자가 연간 50파운드를 벌고 이자율이 5퍼센트라고 하면,

그의 수익 능력은 1000파운드의 가치가 있는 것으로 생각된다. 이 자율이 낮으면 자본화율은 높아질 것이다. 특정 시기의 소득 흐름이 감당할 수 있는 부채의 양이 늘어난다는 말이다. 그리하여 마르크스는 이렇게 결론 내렸다. "이자율이 (5퍼센트에서) 2.5퍼센트로 하락하면, 동일한 유가증권은 2000파운드의 자본을 대표한다. 그 가치는 언제나 자본화한 소득일 뿐이다. 다시 말해 허구자본을 토대로 현재의 이자율로 계산한 소득인 것이다."[13]

그러므로 이자율이 낮을수록, 지대나 기타 소득 흐름의 가치는 더욱 커진다. 2008년 금융 붕괴 이후, 미국 연방준비제도이사회는 은행 대출과 회사채, 나아가 주식까지 일괄적으로 매입했다. 금융 부문의 이자율이 0.1퍼센트로 하락하자 유가증권과 부동산을 신용으로 구매하여 차익을 남길 기회가 생겼다. 이에 주식과 채권 시장으로 자금이 유입되어 자산 가격을 계속 밀어 올렸다. 그로 인한 버블이 실질적인 부와 번영을 반영하지 않는다는 사실은 중요하지 않았다. 금융을 기반으로 하는 상위 1퍼센트는 더욱 부유해졌고, 부채에 시달리는 99퍼센트는 더욱 심한 내핍에 직면했다.

이자율 상승은 불가피하게 자산 가치의 붕괴를 동반한다. 그러한 전망 때문에 중앙은행이 부동산 가격뿐 아니라 채권과 주식 시장까지 뒷받침하려면 이자율을 계속 낮게 유지해야 한다. 금융자산과 '허구자본'의 부양은 산업경제에 기생적인 간접비를 떠안겼다. 금융 부문은 그 주인인 산업을 게걸스럽게 먹어치웠다.[14]

산업자본과 그것과 연관된 실질적인 생산수단과 달리, 은행 대출과 주식, 채권은 부에 대한 법률적 청구권이다. 이 금융상의 청구권은 소득을 낳지 않는다. 소득을 빼낸다. 금융상의 청구권은 채무자의 소득과 재산을 빨아들이는 스펀지와 같다. 채권자는 채무자가 (정부도 포함된다) 빚을 갚을 수 없을 때면 그 재산의 소유권을 빼앗는다. 마르크스는 이렇게 결론 내렸다. "고리대금은 화폐의 부를 집중시킨다."

그것은 생산양식을 바꾸지 않는다. 기생충처럼 들러붙어 생산양식을 비참하게 만든다. 그것은 생산양식의 피를 빨아먹으며 그 신경을 죽이고 한층 더 절망적인 조건에서 재생산을 강요한다. (⋯) 고리대금업자의 자본은 노동자를 산업자본으로서 대면하지 않는다. (⋯) '그것은' 이 생산양식을 빈곤에 빠뜨리며 생산력을 발전시키는 것이 아니라 마비시킨다.[15]

코로나 위기로 되풀이되는 오바마 행정부식 해법

중세의 농노와 달리 현대의 임금생활자와 여타 사람들은 어디든 원하는 곳에서 살 수 있다. 그러나 어디서 살든 그들은 빚을 지지 않을 수 없고 따라서 주택부터 교육까지 기본적인 욕구를 충족하려면 임금의 대부분을 채권자를 비롯한 지대 수취자에게 지불해야 한다. 신탁기금이나 집을 물려받거나 부모가 교육비를 전부 대줄 정도로 운이 좋은 사람들만 지대 수취자 계급에 종속된 채무 노예 상태에서 벗어날 수 있다. 그 계급의 풍요의 밑바탕은 산업경제에서 뽑아낸 이자와 지대다. 그 결과는 2012년 이후 빚의 덫에 빠진 그리스와 1991년 이후 옐친 지배 시절의 러시아에서 가장 뚜렷하게 볼 수 있다. 내핍과 실업은 건강 악화, 수명 단축, 자살과 범죄의 증가로 이어진다. 주된 탈출 방법은 이민이다.

그러나 2008년 금융 붕괴 이후 빚을 갚지 못해 부동산과 기타 저당 잡힌 담보물의 압류에 직면한 미국인 중 이민을 선택할 수 있었던 사람은 거의 없다. 고대 이래로 늘 채권자는 고리대금을 소규모 자영농의 토지를 빼앗는 방편으로 썼다. 2007년부터 2009년까지 미국의 수백 만 가구가 집을 잃었고, 거대 '사모펀드' 부동산 회사들이 압류 자산을 투매 가격에 매입하여 높은 임대료를 받는 주택으로 바꿈으로써 주택 보유율은 하락했다. 금융 붕괴 이후 일반적으로 나타나는 현상이듯이, 수익률(이윤에 자본소득을 더한 것)은 엄청났다. 애덤 스미스는 이렇게 말했다. "이윤율은 언제나 가장 빠르게 파산하는 나라에서 가장 높다."[16]

산업경제의 쇠퇴는 일반적으로 금융 약탈자들과 벤처 펀드에 보물 뽑기 기회를 제공한다. 국가나 지방자치단체의 파산 위기는 기업의 재무 담당자들과 채권보유자협회에는 정책 수립을 통제할 새로운 기회가 된다. 1975년 뉴욕시가 파산 직전에 몰렸을 때 시의 지출과 세금에 관한 통제권이 금융가 펠릭스 로아틴Felix Rohatyn이 이끄는 자치단체지원공사MAC, Municipal Assistance Corporation라는 완곡한 표현의 단체로 이전되었다. 임금은 동결되었고, 대중교통 요금은 인상되었으며, 병원들이 폐쇄되었고, 그때까지 학비가 무료였던 시립대학 시티 칼리지가 등록금을 받았다. 뉴욕의 재정이 곤경에 처하면서 다우존스 산업평균지수는 추락했고, 금 가격은 문제가 어떻게 해결될 것인지에 대한 금융 불안을 반영하여 상승했다.

그러나 자산 가격의 폭락은 부동산 개발자에게는 뜻밖의 횡재였다. 그들은 저소득 지구를 고급 주택가로 바꾸고(젠트리피케이션)

로어 맨해튼을 탈산업화하여 상업용 건물을 팽창하는 금융 부문의 관리자들을 위한 호화로운 주거지로 바꿀 기회를 잡았다.

2008년 금융 붕괴에 뒤이어 미국 은행들은 압류 재산을 투매 가격으로 처분했는데 주택 소유주들에게는 그 수준까지 담보대출 가액을 상각해주지 않았다. 당시 오바마 행정부는 이와 같이 은행에 우호적인 조치로써 오바마의 선거운동에 기부한 월스트리트에 크게 보상했다. 이는 미국 정체성 정치의 위선을 보여주는 것으로 오바마의 선거 승리를 뒷받침한 주요 세력인 흑인과 히스패닉 주택담보대출자들에게 종족적으로, 민족적으로 크게 불리한 계급전쟁이었다.

뒤이은 오바마 행정부 시절의 경기 침체는 공공 부문 예산을 앗아갔다. 경제가 위축되고 세금이 줄어들었기 때문이다. 지방자치단체와 주정부, 연방정부는 공무원의 연금 계약을 축소하고 사회적 지출을 삭감하고 공공 소유의 토지와 천연자원, 기본적 기간시설, 독점권을 매각해야 했다. 그 수입으로 채권 보유자들에게 이자를 지급하면서 기본적인 공공 서비스를 유지하려 했다. 노동자들은 늘어나는 부채 부담 때문에 압박을 받았고, 실직하거나 해고당할까 두려웠다. 이에 그들은 신용카드 회사나 은행에 납부할 대금을 연체했을 것이고 높은 이율(일반적으로 29퍼센트)의 연체이자를 지불해야 했을 것이다. 반면 금융자산 상위 1퍼센트에게는 이자율이 하락했다.

2020~2022년의 코로나 바이러스 위기에 이 모든 일이 되풀이되고 있다. 대량실업이 발생했고 주와 지방자치단체 예산은 급감했다. 2008년 금융 붕괴에 뒤이은 것과 비슷한 방침에 따른 '해법'이

국제적으로 강요되고 있다. 모든 나라가 국제통화기금의 긴축 정책을 받아들여야 하기 때문이다. 지난 반백 년간 그 기관의 경제 철학은 주로 통화의 평가절하로써 지역의 노동자들을 쥐어 짜 외채를 상환하게 하는 것이었다. 가치가 가장 낮게 평가된 것은 노동의 가격과 노동자의 생활수준이다.

먼저, 금융은 경제를 망가뜨린다. 그다음으로 계획의 권한을 장악하여 채권자들이 확실하게 돈을 상환받도록 한다. 신자유주의의 '개발' 정책이 실패할 때면, 국제통화기금은 겉으로는 "노동의 경쟁력을 높이는" 척하면서 노동자에게 내핍을 강요한다. 부채 총비용을 감당하기에 충분한 세입을 짜내기 위한 것이다. 그러나 낮은 급여를 받은 노동은 생산성이 떨어지며, 긴축 정책은 정부의 기본적 기간시설 서비스 제공을 방해한다. 그들은 이를 핑계로 마치 민간 경영이 더 효율적이라는 듯이 기간시설 서비스를 사영화하여 채권 보유자들에게 돌아갈 현금을 늘린다.

이러한 방식의 금융 계획 강탈은 1991년 이후 미국인들이 러시아에 조언한 이데올로기다. 이는 고대 로마의 채권자들이 소규모 자영농의 땅을 빼앗아 이후 봉건제로 발전하는 라티푼디움을 형성할 때 쓴 것과 동일한 정책이다. 부채의 늪에 빠진 경제는 금융 부문에 의한 압류를 피할 수 없다.

오늘날 이런 일이 외견상 민주적인 정치에서 이루어지고 있다는 사실에 비추어 보면 정치경제학의 주된 가정은 의심에 휩싸인다. 각국의 경제와 국민이 당연히 이익을 위해 움직인다면, 금융 부문은 어떻게 그러한 추출의 힘을 얻어 산업을 급습해 해체하고 세금 부담을 회피할 수 있었나? 지대 수입에 과세하고 신용과 기타 당연한 공익사업을 사회화한다는 19세기의 논리는 왜 승리하지 못했나? 고전경제학자들의 이 위대한 싸움은 어떻게 실패했나? 경제 계획을 금융 관리자들의 손에 쥐어주는 것은 주민이 선출하여 구성한 의회인 하원을 배제한 채, 영국 상원과 기타 상원 정부들에 자원을 할당하고 정책을 수립할 수 있게 하는 것과 같다.

서구 사회는 상환 불가능한 과도한 채무를 무효화하기를 주저한다. 이는 오늘날 세계의 거대한 이데올로기적 비극이다. 그 법률적 원리는 과두지배 체제의 로마로부터 (봉건제 유럽을 거쳐) 물려받은 채권자에게 유리한 원리다. 기존의 부채 동력을 유지하면 경제가 발전하여 번영에 이르는 길이 봉쇄될 것이라는 점은 인정되지 않는다. 부채 상각의 거부는 사회를 양극화한다. 상층에는 점점 더 부유해지는 채권자 계급이 있고, 빚을 진 가구와 사업, 정부는 부채에 의존하는 상태로 전락한다. 국제 경제에서는 신자유주의적 금융 외교가 사회적 결과가 어떠하든 모든 채무는 반드시 상환해야 한다고 역설하며 채무국 전체에 내핍을 강요한다. 미국이 주도한 탈식민지 시대의 금융제국주의로 출발한 이 원리를 지금 미국과 유럽의 정부들이 자국 경제에 적용하고 있다.

그럼에도
대안은 있다

고전경제학자 개혁가들은 19세기에 자유시장을 경제적 지대에서 자유로운, 따라서 지대 수취자 계급에서 자유로운 시장으로 규정하고 대안을 옹호했다. 그 시대의 상위 1퍼센트가 누리는 약탈과 공짜 점심의 원뿌리인 지대를 과세로써 없애는 것이다. 그들은 세제 개혁에 민주적인 정치 개혁이 필요하다는 사실을 알아보았다는 점에서 정치경제학자였다. 지주 귀족의 경제적, 정치적 통제권은 제거되었지만 새로이 등장한 금융 과두집단이 이를 넘겨받았을 뿐이다.

경제적 지대에 초점을 맞춘 세제 개혁은 지금도 금융자본의 상승을 되돌릴 가장 효과적인 수단이다. 오늘날 지대 수취자 재산은 대부분 19세기 지배 엘리트의 부의 원천이었던 바로 그 토지 지대와 기타 경제적 지대, 고전경제학자들이 과세하여 없애야 한다고 주장한 그 지대에 대한 채권자의 청구권 형태를 띠고 있기 때문이다. 이러한 지대가 지금 금융 부문에 돈을 바쳐야 하는 담보물이 되고 있다는 사실에 비추어 보면, 지대 과세의 가장 중요한 결과는 지대가 이자로 지불되지 못하게 막는 것이다. 지대에 대한 과세가 소득세와 판매세를 대신해야 한다.

오늘날 채권자와 기타 금융상의 청구권을 영구적으로 제어하는 유일한 방법은 부채를 말소하여 1945년 이후로, 특히 1980년과 2008년 이후로 누적된 부채 총비용에서 사회를 해방하는 것이다. '저축(채무자에 대한 청구권)'의 유산을 그대로 둔다면, 이는 기존의 상위 1퍼센트에게 구매력을 남겨두어 사회를 가난에 빠뜨리게 하는 꼴이 될 것이다.

이렇게 실현 가능한 대안을 막는 것은 대부분의 부채는 갚을 수 있다는 끈질긴 환상과 사회 전반이 만성적인 경제적 내핍을 떠안는 희생을 치르더라도 부채는 반드시 갚아야만 한다는 은행이 지지하는 이데올로기다. 지불 능력에 관한 이 오도된 낙관론을 없애려면 다른 무엇보다 대중이 금융의 기본적인 작동 원리를 인식해야 한다. 경제의 부채 규모는 복리의 마법으로 급격하게 증가하지만,

실물 경제는 그렇지 않다. 부채의 규모는 불가피하게 실물 경제의 지불 능력을 뛰어넘어 증가한다는 뜻이다.

모든 부채는 반드시 갚아야 한다는 은행이 지지하는 이데올로기도 마찬가지로 대중이 금융의 작동 원리와 윤리를 이해하면 떨쳐버릴 수 있다. 부채 상환이 불가능해지면, 채무자가 담보물을 압류한 채권자에게 재산을 빼앗기든가(현재 미국에서 일어나고 있는 일이다) 채권자가 금융상의 청구권을 상실한다. 채권자를 구하는 것은 곧 부채에 짓눌린 경제 전체를 희생한다는 뜻이다. 노동자와 산업을, 아마도 영원히, 금융상의 긴축에 내모는 것이다.

오늘날 사회를 가난에 빠뜨리는 부채 총비용을 없애는 것에서 그치지 말고, 은행업과 신용 창출을 공익사업으로 만들어야 한다. 부채에 짓눌린 경제에 활력을 되찾아주려면 은행업과 신용 창출을 지대 수취자의 지배에서 해방된 공익사업으로 만들어야 한다는 대중의 인식에 채권자는 당연히 저항할 것이다. 그러한 인식은 사회주의적 인식이라고 부를 만하지만, 이는 실제로 19세기 산업자본주의의 본질적인 작동 원리였다. 그러므로 은행업의 국유화나 사회화의 실패는 산업자본주의가 자본주의 이전 봉건제의 유산에서 벗어나지 못했음을, 따라서 그 운명적인 역사적 과제의 실행에 실패했음을 나타낸다.

금융화는 산업자본주의를 납치했다. 금융자본주의의 본질적인 작동 원리는 경제를 자기증식 성향을 지닌 부채로 짓눌러 양극화하고 붕괴하게 만드는 것이다. 금융 위기의 심화는 비상조치를 실행하고 민주적인 입법을 보류할 기회가 된다. 은행업과 금융의 탈사유화가 필요한 이유다.

중국은 은행업과 화폐 공급의 사영화를 저지했다. 지금까지 중국 정부의 전략은 은행 신용을 주로 산업의 발전, 경제의 전체적인 발전에 이바지하게 만드는 것이었다. 그러나 국내의 부가 증가하면서 은행업과 금융을 계속 적소에 유지하는 것은 점차 힘든 정치적 과제가 될 것이다. 중국이 놀라운 경제 성장을 지속하려면 신흥 억만장자 금융 계급이 경제를 탈취하지 못하게 막아야 한다. 그렇게 하려면 중국이 서구의 대학교에서 가르치는 경제학을 받아들여 경제를 금융화하라고 설득하려는 서구의 신자유주의 이데올로기의 압력에 저항해야 한다.

중국이 미국과 유럽의 대학교에 학생들을 보내 경제학을 공부하게 한다면, 그들은 실질적인 자본 형성의 전술이 아니라 자산 박탈의 전술을 배울 것이다. 부가가치세를 통해 노동과 판매에 과세하는 것이 가장 쉬운 최선의 세금 정책이라고 배울 것이다. 또한 공적 소유보다 사영화가 더 바람직하다고, 금융화는 경제의 지불 능력이 따라갈 수 없을 정도로 빠르게 부채 부담을 늘리는 것이 아니라 부를 창출한다고 배울 것이다.

생계비와 사업비를 최소한으로 줄이면서 국내 시장을 확대하는 가장 중요한 방법은 소득세와 판매세를 삭감하는 것이다. 그렇게 하면 소비되는 임금 소득이 줄어든다. 불로소득인 지대 수입에, 특히 지대에 세금을 부과하여 은행이 신용으로 주택 가격과 부동산 가격을 부풀리지 못하게 막는 것이 최선이다.

9장에서 설명하겠지만, 1944년 프리드리히 하이에크는 《노예의 길*》에서 모든 형태의 규제는 전체주의로 흐르기 십상이라는 반정부적 경고를 내놓았지만, 진짜 예종에 이르는 길은, 최소한 부채를 갚기 위한 노예 노동에 이르는 길은 지대 수취자 계급이 자유롭게 경제적 지대와 이자를 뽑아내도록 놔두는 것이다. 하이에크의 길은 피노체트 유형의 시카고 학파의 불행한 세상으로, 정부로부터 견제와 균형의 역할을 빼앗고 지대 수입 갈취를 제지하지 않는 전체주의적 과두지배 체제로 이어진다. 사회가 지대 수취자의 이익을 억제하지 못하면 이런 일이 벌어진다. 그러한 성격의 '자유시장'은 지대 추구의 사영화와 금융화로 경제 전반을 빈곤에 밀어 넣어 로마 제국의 몰락에 뒤이은 것과 같은 암흑기를 가져올 세습 독재 체제를 만들어낼 것이다. 그러므로 사회가 앞서 설명한 대안을 바라보는 것이 결정적으로 중요하다.

금융자본주의 문제와 봉건제의 지대 수취자 유산을 해결해도 산업자본주의의 계급 갈등은 그대로 남는다는 점을 늘 명심해야 한다. 경제를 지대 수취자의 간접비 부담에서 해방해도 고용주의 노동자 착취라는 문제는 해결되지 않는다. 그러나 지대 수취자의 청구권에서 자유로운 고전적인 경제의 창출은 마침내 자본주의가 봉건제의 지대 수취자 유산에서 벗어난 뒤 노동·자본의 갈등이 정치 개혁의 초점이 되기 전에 거쳐야 할 전제조건이다.

서구의 국민소득통계 방식에서 벗어난 총수익 접근법

국민소득통계를 작성하는 현재의 국내총생산 계산 방식은 경제적 지대를 포함하여 모든 소득을 '실물' 경제의 일부로, 생산적으로 벌

• 국내 번역서 제목은 《노예의 길》과 《예종에의 길》 두 가지다.

어들인 소득으로 취급한다. 경제적 지대도 간접비가 아니라 소득으로 포함된다. 만일 중국의 사회적 목표가 실질적인 산출을 늘려 국민의 생활과 번영의 수준을 높이는 것이라면, 소득과 부의 획득 방식을 측정하는 고유의 회계 방식을 만들어내야 한다.

파이어 부문을 경제의 나머지 부문과 분리하면 중국은 그 경제적 비용과 간접비를 타국의 사례와 비교할 수 있을 것이다. 근로소득과 경제적 지대의 구분은 고전파 정치경제학의 목적이었지만, 오늘날 서구의 국민소득통계 방식에서는 그렇게 구분하지 않는다. 파이어 부문의 로비스트들은 정치적 압력을 가하여 이자와 금융 비용, 경제적 지대, 주거용 부동산의 높은 가격을 산업경제의 생산과 소비에 쓰일 개인 가처분소득을 잠식하는 감수減數가 아니라 국내 총생산의 일부로 추가하게 한다. 지대 추구를 측정하고 파이어 부문을 구분하는 회계 방식을 적용하면 지대와 이자 지불이 상품과 서비스에 대한 지출을 밀어낸 결과로 서구 경제가 얼마나 양극화했는지 드러날 것이다.

그러한 회계 방식은 고전경제학의 근로소득과 불로소득 구분을 되살릴 것이고, 실질적인 방식이 아니라 경상소득에 자본소득 측정치를 추가하는 순전히 금융상의 방식으로 형성된 개인의 재산이 얼마나 되는지 추적할 것이다. 또한 어떻게 실질적인 산업자본이 아니라 부채(금융자본)에 의해서 더 많은 경제적 수입이 생기는지 보여줄 것이다. 높은 지대와 이자, 금융 비용, 주식시장 조작과 기타 자산 가격 소득과 구분되는, 실질적인 번영의 결과인 부는 얼마나 되는지 보여줄 것이다. 그러한 '총수익total returns' 접근법은 지대 수취자 계급의 과두지배로 이어지는 약탈적 부를 최소화할 정책의 수립에 지도 원리가 될 것이다.

그러한 국민소득통계 방식은 이자를, 그것과 연관된 금융 비용과 기타 경제적 지대를 간접비로 취급하기 때문에 토지 위치와 천연자원, 기본적 기간시설 독점의 지대 가치를 높이는 제로섬 이전 지출에 의한 부를 따로 구분할 것이다. 그러한 통계 방식을 이용하면 중국은 노동자와 산업으로 하여금 파이어 부문에 지대를 지불하게 만드는 은행업의 특권과 기타 재산권의 경제적 효과를 측정할 수 있을 것이다.

가장 중요한 것은 이러한 통계 방식이 중국이 사회주의로 발전하는 과정에서 획득한 놀라운 경제적 이점을 설명해줄 것이라는 점이다.

CHAPTER 06

보호무역,
우리는 맞고
너희는 틀렸다

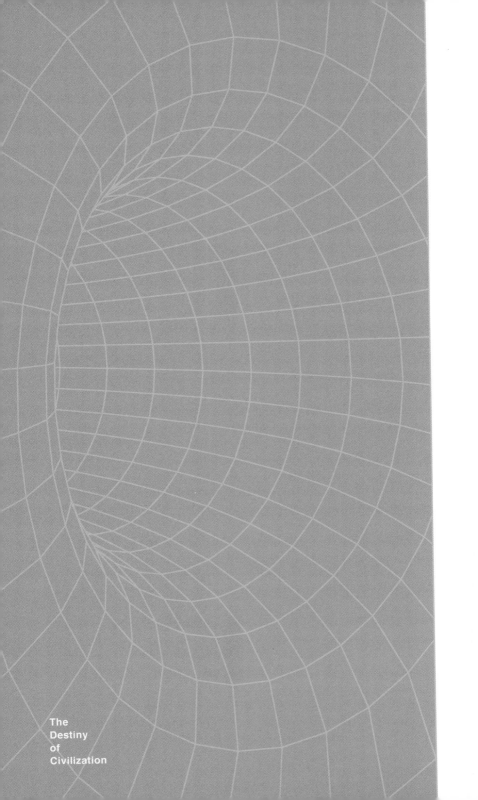

The
Destiny
of
Civilization

1969년 내가 국제 무역 이론을 처음 가르쳤을 때, 나의 첫 번째 과제는 학생들이 읽을 참고문헌 목록을 마련하는 것이었다. 나는 생활 수준과 사회적 지출을 삭감하여 외채를 갚을 수 있으며, 자유로운 무역과 투자가 국가 간 불평등을 고착시키는 것이 아니라 평등을 촉진한다는 가상의 평행우주를 설명하는 수학적 모델이 학계의 불모지임을 알고 크게 실망했다. 주요 국가들이 실제로 어떻게 우세를 잡았는지, 국제 경제가 왜 채권국과 채무국으로 양극화했는지에 대해 아무런 설명도 없었다. 마치 보호무역주의가 주요 산업국들이 전혀 취하지 않은 정책인 양, 관세와 보조금은 '시장을 왜곡'하여 생산에 역행한다고 주장된다.

나는 거의 10년간 월스트리트에서 국제수지 경제학자로 일하며 국제 경제가 어떻게 산업화한 채권국과 점점 더 심하게 빚에 시달리는 글로벌 사우스(당시에는 제3세계라고 불렸다)로 양분되고 있는지 분석했다. 나의 박사학위 논문 주제는 '19세기의 미국 보호무역주의 학파'였다. 그들의 정책으로 미국은 세계 최고의 산업국으로 탈바꿈했다. 미국은 관세와 보조금으로 산업을 보호했고, 공공 기간시설 투자로 산업을 지원하고 교육과 보건, 기타 관련 서비스에 투자하여 노동력의 질을 끌어올림으로써 생산성을 높이는 이른바 '내적 발전internal improvement'*을 이루어냈다.

이는 주류 무역 이론에 전혀 나오지 않는다. 산업의 지배력을 획득한 영국과 미국은 다른 나라들에 자립하려 하지 말고 '잘하는 것'에 집중하라고 설득하려고 했다. '타고난 자원'을 이용하여 플랜테이션(단일) 작물 재배와 원료 수출, 저임금의 수공업을 특화하라는 것이었다. 기본적인 메시지는 다음과 같다. "우리처럼 해서 부자가 되지 말고 우리가 말하는 대로 하라." 지금도 이 점에는 변함이 없다.

서구는 자신들의 성공 비법을 가르치지 않는다

자유무역 이론은 단기간을 바라본다. 현재 상태는 세계적인 생산과 부채, 기타 경제적 관계의 가장 효율적인 특화를 반영한다고 추정된다. 기존의 생산성과 비용 구조는 정부의 보조금이나 관세가 '개입'되지 않은 자연스러운 것으로 받아들여진다. 실제로 국가 간에 비용 차이가 클수록 이른바 '무역 이익'은 더 클 것으로 생각된다. 이 '이익'은 가장 적은 비용으로 생산하는 자와 가장 많은 비용으로 생산하는 자 사이의 가격 차이를 반영한다.

자유무역에 수동적으로 묵묵히 동의하면 생산성과 부의 불평등은 계속 더 커진다. 그 결과로 초래된 무역 의존은 저소득 국가를 외채에 내몬다. 그들은 "허리띠를 조이라"는, 사회적 투자를 한층 더 삭감하라는 말을 듣는다.

• 미국사에서 독립 이후 19세기까지 주로 교통 부문에서 이루어진 기간시설 건설의 공공사업과 이를 옹호한 정치적 운동을 가리킨다.

18세기 영국 중상주의 정책과 19세기 말 고전파 정치경제학과 미국 보호무역주의 정책의 본질은 교육과 식품, 생활수준에 대한 공적 투자로써 노동생산성을 높이고 독점 착취는 최소한으로 줄이는 것이었다. 국가자본주의라고, 나아가 산업사회주의라고 부를 수 있는 이 정책은 효과가 있었다.[1] 그러나 미국과 영국의 학생들은 이에 관해 배우지 않는다. 주류 무역 이론은 영국과 미국이 어떻게 성공했는지, 중국이 지난 40년간 어떻게 많은 서구 산업을 추월하는 데 성공했는지 설명하지 않는다. 교재에 제시된 모델들은 공공 투자와 공공 서비스에 보조금을 지급하는 것은 생산성과 생활수준의 향상이 목적일지라도 '시장을 왜곡'하기 때문에 실수라고 가르친다.

영국, 중상주의에서 자유무역 제국주의로

무역 이론의 주된 목적은 국제 경제가 왜 '저개발 국가들'의 따라잡기를 돕지 않고 양극화를 초래하는지 설명하는 것이어야 한다. 17세기와 18세기에 유럽 식민국들은 식민지의 자체 제조업 발달을 금지했다. 1719년 영국 의회는 식민지가 모국에 의존하도록 하려고 "주철 생산이나 제철 산업을 위해 식민지에 용광로를 세우는 것은 불법"이라고 선언했다. "왜냐하면 '식민지에 공장을 세우면 식민지가 영국으로부터 더 독립적이게 될 것'이기 때문이다. (…) 필요에 따라서, 또는 새로운 방면에서 식민지인의 사업이 등장하면서, 법은 더욱 엄격해졌고, 식민지 활동에 대한 제한은 더욱 많아졌으며, 모든 제한 규정의 집행은 더욱 엄정해졌다."[2]

1732년에 제정된 비슷한 법률은 "시장 판매용 모자의 생산을 금지했다. (…) 식민지 제조업을 단념시키는 간접적인 방법은 공업 기술의 국외 유출을 금지하는 법안의 통과였다. 특정한 도구와 기계를 식민지나 그 밖의 지역으로 수출하는 것은 금지되었고, 숙련 장인이 나라를 떠나는 것도 금지되었다."[3]

마르크스는 영국의 항해법Navigation Acts과 이에 연관된 상업 규정이 어떻게 대외 무역을 촉진했는지 설명하면서 다음과 같이 말했다. "보호무역 제도는 간접적으로는 보호 관세를 통해서 직접적으로는 수출 장려금을 통해서 (…) 제조업자를 제조하는 인위적인 수단이었다. (…) 유럽 국가들은 (…) 예를 들면 잉글랜드가 아일랜드 모직물 제조업에 한 것처럼 자신들에 의존하는 국가들에서 모든 산업을 강제로 뿌리 뽑았다."[4]

그러나 국가가 기술을 독점하기는 쉽지 않다. 오늘날 미국은 중국에 제재를 가하려 하면서 그 점을 깨닫는다. 저개발 국가의 따라잡기를 막는 가장 효과적인 방법은 그들에게 단기적인 관점에서 살기를 권하며, 낮은 가격의 수입품에 의존하는 편이 더 낫다고 설득하는 것이다. 무역이 상호 이익을 제공하며 이익은 일견 자연스러운 '시장의 힘들'이 결정하는 바에 따라 나누어진다는 말이 리카도 시절부터 널리 퍼졌다.

리카도는 포르투갈은 자국의 포도주(그 연장선상에서 다른 농산물)를 영국의 모직물과 교환할 때 가장 큰 이익을 본다고 설명함으로써 무역의 이익이 어떻게 분배되는지에 관한 자유무역의 계산법을 '요리'했다. 그의 논리에 따르면 산업화되지 않은 나라가 시간이 지나면서 패배하는 것이 아니라 '승리'한다. 주류 경제학 교재는 자유무역의 장점을 증명한다는 이 그릇된 논리를 독자들에게 알려 경고하기를 거부하는데, 200년의 세월이 지난 오늘날 이것이 단순한 '오류'가 아님을 보여준다. 그 논리는 신식민주의 무역 이론을 무기화하는 데 이바지한 근본적인 지적 사기가 되었다.

미국의 보호무역주의자들은 보호 관세를 거부하면, 다시 말해 국내 산업을 발전시키는 대신 미국이 쓸 공산품을 영국에 의지하면, 미국과 그와 비슷한 나라들은 《성서》에 나오는, 이스라엘인들에게 예속되어 "나무를 패고 물을 긷는" 기브온 사람들의 처지에 놓이게 된다고 솔직하게 이야기했다.[5] 20세기에 외국 무역은 원료 수출국들을 저개발에 밀어 넣는다.

'자유시장'의 현상 유지는 산업국가들이 만든 것으로 드러나며, 전 세계적 독점자들이 약한 나라들을 가난에 빠뜨려 타국에 의존하게 하는 데 일조한다. 버나드 세멀Bernard Semmel은 이를 '자유무역 제국주의'라고 불렀다.[6] 관세나 기타 공적 규제의 부과를 삼가는 것이 정말로 국가의 최선이라면, 미국이 산업을 발전시키는 데 정부의 활동은 전혀 필요하지 않았을 것이다.

미국이 산업의 우위를 점한 방식

1865년 남북전쟁이 끝났을 때, 미국의 공화당은 증기 기관이 이끄는 자본과 노동생산성 증가의 세상에서 산업에 우호적인 정책을 제시하려 했다. 그렇게 하려면 새로운 경제학 교육 과정을 만들어야 했다. 명망 있는 오래된 대학은 거의 전부 자유무역을 옹호했다. 성직자에게 영국식 도덕철학을 가르치기 위해 세워졌기 때문이다. 미국 전역에 랜드 그랜트 칼리지land-grant college가 설립되었다. 그 교육 과정은 세속적 성격이 더 강했으며 대안적인 경제학을 가르쳤다.*

그러한 대학들과 나란히 경영대학도 기부를 받았다. 펜실베이니아대학교 워튼 스쿨Wharton School이 그 선두에 섰다. 이 대학의 역할은 산업가들이 최신 기술을 채택하는 데 필요한 자본을 투자받을 수 있도록 관세 보호와 보조금의 논리를 체계화하는 것이었다. 이들은 또한 공공 기간시설 투자로 생계비와 사업비를 낮출 것을 옹호했다. 특히 공중보건과 교육, 교통에서 기본적 서비스를 무상으로나 보조금을 지급한 요금으로 이용할 수 있게 하자고 주장했다.[7]

미국 학파는 기술이 발전하면 기계가 인간의 노동을 대체한다는 인식을 가지고 있었다. 이에 적절히 대응하는 방법은 노동의 질과 생산성을 높이는 것이었다.[8] 그로버 클리블랜드 대통령의 두 차례 임기(1885~1889, 1893~1897) 중에 미 국무부는 1861년 독일에서 이민해 온 야코프 쇤호프Jacob Schoenhof를 고용하여 세계를 돌아다니며 임금과 노동생산성을 비교하게 했다. 그의 통계는 생산성이 좋으면 미국의 높은 임금 수준을 상쇄하고도 남는다는 점을 입증했다. 이는 고임금경제Economy of High Wages 이론이라고 불렸다. 1884년 쇤호프는 이렇게 썼다. "미국은 임금을 축소하여 승리를 거둔 것이 아니다."

월등한 조직으로, 국가에 널리 퍼진 높은 생활수준의 결과인 더

---

* 1862년과 1890년 모릴법Morrill Acts에 따라 연방정부는 주에 연방 소유 공유지를 양도하여 이를 매각한 자금으로 대학을 세우게 했다. 이로써 설립된 대학을 랜드 그랜트 칼리지라고 한다. 이곳에서는 농학과 과학, 군사학, 공학 등 실용적인 학문을 가르치는 데 초점을 맞추었다.

큰 노동효율로써 (승리했다.) 고임금의 노동은 곧 더 좋은 음식과 더 나은 생활을 의미하며, 이는 미국의 노동자에게 칭찬받아 마땅한 에너지와 정신력을 부여한다. 노동의 가치가 높게 평가되는 국가는 어디서나 '가난한 노동자'의 국가들을 이긴다.[9]

고임금경제 이론은 가난한 노동자가 산업의 세계적 경쟁에서 승리한다고 설명하는 대신에 숙련도가 점점 높아지는 노동자들로 움직이는 기계화한 자본의 축적 필요성을 강조했다. 임금 상승과 생산성 사이에는 상관관계가 있었고, 이로써 미국은 경쟁에서 우위를 차지했다. 생산이 더욱 자본집약적으로 바뀌면서, 이윤은 재투자되어 더 많은 수익을 가져왔다. 그렇게 생산성이 높은 경제의 회사들은 경쟁자들보다 낮은 가격에 제품을 판매할 수 있었고, 상대적으로 생활수준이 낮은 경제는 세계적 수준의 자본생산성을 따라잡을 수 없었다. 쉰호프는 이렇게 결론 내린다. "그러므로 적자생존은 (…) 높은 임금률의 소산이다. 산업국가의 높은 생활수준은 낮은 생산 비용의 필요조건이 된다."[10]

오늘날의 주류 무역 이론은 이러한 논리를 거부한다. 자본이 육체노동과 경쟁한다는 인식, 따라서 자본이 노동을 가치사슬에서 상향 이동시켜 더 높은 수준의 기량과 생산성을 획득하게 한다는 인식은 없다. 마치 임금 수준과 생산성 사이에는 아무런 관계가 없고 공공 기간시설 투자도 아무런 역할을 하지 못한다는 듯이, 한 나라의 노동자는 오직 (동일한 생산성을 지녔다고 추정되는) 다른 나라의 노동자와만 경쟁한다고 가정할 뿐이다. 이렇게 지나치게 단순한 무역 이론은 일부 경제를 본질적으로 노동집약적 경제로 여긴다.

그것이 '자유시장'에서 그들의 타고난 운명이라고 보는 것이다.

불공정한 현실을 고착화시키는
부존생산요소

주류 무역 이론은 무역의 유형을 노동의 질적 차이를 감안하지 않고 단순히 자본 대비 노동의 상대적 부족이라는 관점에서 설명하면서 조세 정책과 공적 보조금의 역할을 빠뜨린다. 이러한 접근법은 1919년 스웨덴 경제학자 엘리 헥셰르Eli Heckscher가 제시하고 훗날 그의 제자 베틸 울린Bertil Ohlin이 정교하게 다듬은 발상에 매여 있다. 헥셰르–울린 정리는 국제적 현상은 노동과 자본의 '부존생산요소' 차이가 가져온 자연스러운 결과라고 설명하지만 그러한 차이가 어떻게 나타나게 되었는지, 어떻게 바꿔야 경제의 번영을 높일 수 있는지는 말하지 않는다.

모든 경제는 자본과 노동의 '부존생산요소'를 저마다 다른 크기로 지닌다고 이야기된다. 각 요소는 '생산에 기여하는 몫'에 따라 보상을 받는다. 마치 모든 경제가 서로 다르지 않고 동질적이라는 듯이, 노동/자본 비율과 생산성은 경제 전체에 해당되는 것으로 추정된다. 선두에 선 국가들이 보호무역 정책과 보조금으로 스스로 자본을 획득하여 노동자들로 하여금 생산에 "더 많이 기여할" 수 있게 한 것은 이야기하지 않는다. 더욱 중요한 것인 바, 경제적 지대와 부채 수준, 조세 정책은 비용 구조에 영향을 미치는 것으로 인정되지 않는다.

이러한 결함 때문에(단순히 보지 못한 것이 아니라 의도적으로 빠뜨린 것이다) 한 나라의 자본/노동 관계(다시 말해 노동자당 투자자본)

는 너무도 추상적으로 정의되어 의미가 없다. 현실을 말하자면, 경제에는 수많은 부문이 있고, 각각의 자본/노동 비율은 매우 다양하다. 이렇게 다양한 형태들을 단일한 국가 평균으로 요약하면 어떤 부문이 수출지향적이고 어떤 부문이 국내 경제의 일부인지 분간하지 못하게 된다. 모든 부문이 다 수출지향적이지는 않으며, 실제로 수출지향적인 부문(대체로 외국인들이 소유하고 있다)은 자본/노동 비율이 경제의 나머지 부문과는 매우 다르다. 실제로 그 비율은 일반적으로 수출 경제보다는 외국의 투자-수입 국가의 비율과 더 비슷하다.

그러므로 국가별로 단일한 자본/노동 관계의 관점에서 지나치게 일반화한 사고방식은 오늘날 세계의 특화한 생산의 두드러진 특징을, 다시 말해서 대부분의 원료 수출 경제는 '이중 경제dual economy'• 라는 사실을 보지 못하게 한다. '덜 발전한 국가'의 국내 부문 자본/노동 비율은 예상과는 정반대로 수출 부문보다 현저히 낮다. 그 이유는 간단히 설명할 수 있다. 그러한 경제의 수출 부문은 (앞서 언급했듯이) 외국인이 소유한 경우가 많으며, 이 외국인 투자는 석유와 광물을 비롯한 천연자원의 고도로 자본집약적인 채굴에 집중되어 있으며 플랜테이션 농업으로 확장된다.

이 이중 구조의 경제를 인식하면, 동일한 생산성(치명적인 과도한 단순화다)의 동일한 생산요소(노동이나 자본)에서 나오는 소득은 상품의 자유무역의 결과로 모든 나라에서 동등하게 될 것이라는 핵

• 한 국가의 경제 안에 발전 정도와 기술 수준, 수요 등의 차이로 구분되는 두 개의 별개 부문이 존재한다는 이론. 네덜란드 경제학자 율리위스 헤르만 부커Julius Herman Boeke가 식민지 경제에 근대적 부문과 전통적인 부문이 공존하는 것을 설명하고자 만들어낸 개념이다.

셰르의 주장은 성립하지 않는다. 헥셰르는 이렇게 쓴다. "따라서 국제 무역을 시작하는 데 필요한 전제조건은 상이한 상대적 희소성으로 요약할 수 있다. 다시 말하자면, 여러 국가의 생산요소 간의 상이한 비율과 무역하는 국가들의 생산요소의 상이한 상대적 가격이다." 올린은 이렇게 되풀이했다. "각 지역은 그 지역에 풍부하여 저렴한 생산요소가 상당한 양으로 투입되는 상품의 생산에서 이점을 지닌다."[11]

헥셰르의 결론에 따르면 모든 것이 자본과 노동의 상대적 희소성으로 귀결된다. "모든 국가에서 생산 조건이 동일하다면," 그렇다면 "생산요소의 상대적 희소성이 국가 간에 동일해질 때까지 무역은 계속 확대될 것이 분명하다". 자유무역에서는 한 국가의 많은 임금을 받는 '희소한' 노동의 생산물이 다른 곳의 상대적으로 더 풍부한 '저임금' 노동이 생산한 것에 밀려나기 때문에 세계적으로 소득은 더 균일해진다고 추정된다. 이것이 오래된 '가난한 노동'의 신화다. 이 신화는 빈곤과 사회적 공공 서비스의 부재를 생산성의 약점이 아니라 비용우위로 본다.

오로지 이와 같은 '단순한' 가정에서만 소득은 자유무역과 이에 연관된 국제적 투자 흐름을 통해 국제적으로 더 균등해질 것이다. "생산 조건이 모든 국가에서 동일하다면"이라는 가정은 치명적이다. 모든 노동은 전 세계에서 숙련 노동과 비숙련 노동의 구분 없이, 그리고 국가의 경제 정책의 차이도 없이 동일한 생산성을 갖는다고 가정된다. 정부가 시장에 개입하지만 않는다면, 자연스럽게 국제적 수렴이 나타날 것이라고 본다. 이것이 뜻하는 바는 다음과 같다. 임금의 상승은 높은 생산성이나 노동조합, 최저임금법, 또는 금융화한 경제의 높은 생계비 때문이 아니라 가용 자본 대비 상대적으로 감소하는 노동 공급 때문이라는 것이다. 이렇게 과도한 단순화는 너무도 비현실적이어서 학생들에게 그러한 이론을 주입했다면 이는 의도적으로 속인 것으로 보아야 한다.

노동과 자본의 상대적 소득이 그들이 생산한 상품의 교역으로 동등해지지 않는 이유는 국가마다 생산성과 경제 정책이 다르기 때문이다.[12] 자본이 노동을 대체하는 분야는 점점 더 확대된다. 육체노동은 새로운 자본 투자에 밀려난다. 그러나 헥셰르-올린 정리의 과도한 단순화는 노동을 독특한 노동 서비스를 생산하는 것으로 취급하며, 노동 서비스는 '자본 서비스'와 경쟁하지 않는다고 추정한다. 이는 산업노동의 가격을 낮춤으로써 더욱 '노동집약적인' 제품을 수출하는 국가가, 마치 가난이 자신들을 부자로 만들어줄 것처럼, 스스로 내핍을 강요하며 출혈경쟁에서 승리할 것이라는 뜻이 된다.

경제학자들은 소득 수렴에 필수적인 가설적 조건에 초점을 맞추지만, 세계적으로 소득은 균일해지지 않는다. 국제적인 소득과 생산성의 격차는 지난 200년간 더욱 벌어졌다. 국제적으로 대규모 투자가 이루어졌는데도 자본소득이 노동의 소득을 꾸준히 앞질렀기 때문이다. 그렇게 '생산요소 비율 이론factor proportions theory'은 실재하지 않는 세계를 설명한다. 그 이론이 학문적으로 성공한 이유는 설명의 힘에 있지 않다. 정부의 적극적인 무역 정책과 사회 정책에, 특히 보호무역주의와 사회적 지출로 노동을 개선하는 데 정치적으로 반대했기 때문이다.

어떤 이론이 특정 시기에 '가장 잘' 생산할 수 있는 것에 특화하라고 권고하면, 이는 개혁으로써 생산성을 증진하고 지대 수취자 특권을 최소화하여 확보할 수 있는 장기적 소득을 무시하라고 조언하는 것이다. 그러한 무역 이론은 번영에서 뒤처진 경제가 생산성과 생활수준을 세계적 수준으로 끌어올릴 유일한 방법은 기존의 경제와 금융, 세금의 구조를 체계적으로 개혁하여 지대 수취자 특권을 최소화하고 적절하다고 생각되면 보호무역조치와 보조금으로써 노동을 향상시키는 것이라는 점을 인지하지 못한다. '생산요소 비율'이나 '희소성'의 이론은 "자유시장에 개입하는" 정부 정책이 비효율적이어서 번영을 촉진하지 못한다고 비난하고 무시함으로써 불공정한 현상을 고착시키려 한다.

미국과 다른 산업국가의 중앙정부는 고용주들에게 해외에 투자하여 저비용의 외국 노동자에게 의존해 자국 소비재를 생산하는 해외 생산의 기회를 허용하는데, 이 또한 그 나라 노동자들에게 고통을 안긴다. 핑계는 있다. 임금생활자들이 저렴한 수입품을 손에 넣게 되니 더 좋다는 것이다. 이는 임금생활자들이 스스로를 노동자가 아니라 소비자로 여기게끔 만든다. 임금생활자들이 자신들의 일거리가 외국으로 빠져나가면 낮은 소비자 물가가 도대체 무슨 소용이냐고 묻지 않게 하려는 계략에 불과하다. 그러나 당시 빌 클린턴 대통령의 북미자유무역협정NAFTA, North American Free Trade Agreement이 해외 생산과 탈산업화로 미국 노동자에게 손해를 입혔다는 인식은 2000년 대통령 선거에서 민주당에 대한 거부에 크게 기여했다. 마찬가지로 힐러리 클린턴도 환태평양경제동반자협정을 지지하여 2016년 선거에서 보호무역주의자인 도널드 트럼프에게 패했다.

자유무역 모델은 정부 정책이나 부채 상환, 지대 수취자의 착취가 수행하는 역할을 좀처럼 인정하지 않은 채 모든 정부가 무역과 투자의 규칙 수립에 관여하지 않는다면 어떤 상황이 펼쳐질지만 생각한다. 재정과 금융의 제도는 주어진 것으로 당연하게 받아들여진다. 경제 정책이 그것을 어떻게 바꿔놓을 수 있는지에 관한 논의는 없다. 산업국가의 정부는 확실히 덜 발전한 국가들이 보조금으로 자국 경제의 독립성을 키우고 자체의 생산품으로 수입품을 대체하고 차관을 자국 화폐 창출로 대체하는 것을 막기 위해 움직인다. 주요 산업국가의 그러한 적극적 외교는 기존의 무역과 투자 유형이 자연스러운 것이 아님을 보여준다.

영국과 미국, 독일, 일본, 중국의 발흥을 만족스럽게 설명하려면, 국제 무역과 투자, 금융 외교, 군사적 강압 간의 연계를 인정해야 할 것이다. 또한 보호무역주의적인 '국가자본주의state capitalism'를 통해 산업화한 경제가 어떻게 무역의 소득을 독점하고 이를 운용하여 세계의 자원을 더욱 공고히 통제하는 투자 지분을 만들었는지 설명해줄 것이다. 그리고 국제적 신용이 어떻게 채무국의 지불 능력을 뛰어넘을 정도로 크게 확대되었는지, 그로써 채무국을 극심한 빚의 속박에 밀어 넣어 긴축을 강요하고 무역 조건과 임금 수준을 열악하게 하여 채권국-투자국의 이익을 도모했는지 추적해 보여줄 것이다.

부채 레버리지와 군사적 강압이
국제 무역에 미친 영향

중상주의자들은 자체 광산이 없는 나라들이 '세계의 화폐'인 은과 금을 획득할 방법은 무역뿐이라고 지적했다. 당시 국내의 화폐와 신용의 창출은 국제무역수지 균형이 좌우했다. 그것이 환율을, 따라서 세계 화폐를 기준으로 수출품과 수입품의 가격이 높은지 낮은지를 결정했다.

선도국들은 언제나 무역 흑자(그리고 조공)를 이용하여 타국의 천연자원을, 현대에는 산업과 독점 기간시설을 매입하여 그 나라를 경제적 위성국가로 만들어 금융상으로 통제한다는 목표를 지켰다. 이러한 공세적 움직임이 세계 경제를 부유한 채권국과 자국 산업과 농업의 근대화에 실패하여 무역 의존과 부채 의존에 빠진 나라로 양극화했다. 현실주의적 무역 이론이라면 환율과 수입과 수출의 교역 조건에 영향을 미치는 채권국-채무국 관계의 역할을 반드시 인정할 것이다.

채권자를 옹호하는 측은 부채관계에는 그러한 효과가 없다고 주장한다. 리카도는 부채 상환이 내부 조달로 이루어지므로 통화 디플레이션을 야기할 수 없다고 주장했다. 어느 경제가 국제수지에서 흑자를 보면 화폐의 유입이 증가하여 가격이 오를 것이기 때문이다. 이는 국제수지의 적자를 본 국가들로부터 물품을 구매하는 결과를 초래한다. 그 국가들은 통화가 약세를 보이고 따라서 더 많은 수출품을 팔아 부채를 상환할 수 있다. 달리 말하자면, 외국에 지불한 돈은 다시 돌아올 것이다. 정부는 무역과 통화(자본)를 통제할 필요가 없다.

비슷한 논리가 있다. 국내의 부채 상환은 부채 디플레이션을 야기할 수 없다. 채권자들이 받은 이자를 경제에 다시 투입할 것이기 때문이다. 그러나 실제로 채권자는 지대 수입을 더 많은 상품과 서비스를 구매하는 데 사용하지 않고, 더 많은 대출과 더 많은 자산을 매입하는 데 쓴다.

리카도의 금융 분석이 지닌 맹점은 1829년 그리스가 오스만 제국의 지배에서 벗어나 독립을 선언한 후 리카도 형제들이 그리스 채권을 인수한 것에서 잘 볼 수 있다. 그리스가 지불한 막대한 부채 상환액은 그리스 경제로 되돌아가지 않았다. 그리스는 만성적인 내핍에 시달렸고, 결국 19세기의 남은 시기 동안 거듭 지불 불능에 빠졌다.

역사적으로 보아 국제적 차관은 대체로 전쟁 수행 자금 마련이나 정부의 재정 위기 대처에 투입되었다. 채무국은 그 자금을 생산적으로 투자하여 지불 능력을 키우는 사업에 쓰지 않았다. 늘어나는 빚을 갚으려면 새로운 차관이 필요했다. 따라서 채무국 경제와 그 공공 예산은 더욱 심한 긴축에 들어갔다. 고질적인 부채 상환의 압박 때문에 정부에 지대를 낳는 천연자원이나 공기업을 매각할 수밖에 없다.

주류 경제 이론에 포함砲艦은 등장하지 않는다. 천연자원 지대가 얼마큼 무력으로 확보되는지 깊이 생각하는 이론은 없다. 1953년 선거로 선출된 이란의 총리 모사데크 정부를 영국과 미국이 무너뜨린 것, 최근 이라크와 시리아, 리비아에서 행한 파괴와 석유 강탈이(베네수엘라에서도 시도했다) 그런 경우다.

실제로 경제적 지대라는 현상은 국제적 가격 결정과 '무역 수익' 계산에서 하나의 요인으로 고려되지 않는다. 예를 들면 천연자원 지대는 대체로 무시된다. 이와 연관된 대표적인 비용으로 군사 제국이 지대 추구 투자자들을 보호하기 위해 쓰는 비용도 마찬가지로 무시된다. 환경 피해와 오염 제거 비용도 고려되지 않는다(7장에서 논의하겠다). 그러한 '무역에 기인한 손실'은 인정되지 않는다. 국제적 투자의 정치화하고 군사화한 맥락에 원인이 있는 '외부 비용'도 고려되지 않는다.

예를 들어보자. 석유 수출국인 베네수엘라는 미국 회사들을 끌어들였다. 그 회사들은 미국 외교 정책의 지원을 받았다. 미국 외교가 독재자를 세워 그 회사들을 보호한 것이다(라틴아메리카 거의 전역이 그런 경우에 해당한다). 그러한 나라들은 미국을 비롯한 외국의 투자자들에게 달러 표시 채권을 판매하여 무역 적자를 메웠다. 미국이 후원하는 종속 국가 정권은 이 정부 부채에 미국 내 석유 유통망을 포함하는 국영 석유 회사의 자산을 담보물로 제공했다. 베네수엘라에 좌파 민족주의 정권이 들어서자, 그 나라는 미국이 주도한 무역 제재로 고립되었고, 채권 보유자들은 그 나라의 해외 자산을 강탈했으며, 영국은행은 미국을 대리하는 그 나라의 정치인들을 위해 그 금 보유고를 훔쳤다.

세계은행의 초대형 공작 사업은 자유무역과 외국인 투자에서 발생하는 '외부 비용'의 다른 사례를 보여준다. 이 사업은 국가를 국제통화기금에서 돈을 빌리게 만들어 빚의 늪에 빠뜨리기로 악명이 높다. 국제통화기금은 이러한 '조건'을 내건다. "부채를 상환하려면 노동자에 맞서 지독한 계급전쟁을 치러야 한다. 세계 무역에서 임금이 유일한 변수이기 때문에 임금을 낮추어야 한다. 원료의 세계 무역(가격)은 공통이다. 모든 나라가 구리와 기계류, 기타 물자에 동일한 가격을 지불한다. 석유와 자본재의 경우에도 세계 공통의 가격이 있다. 외국 무역의 유일한 변수는 노동의 가격이다. 그러므로 노동조합과 노동에 우호적인 성격의 개혁을 막아야 한다. 부채를 상환하는 유일한 방법은 경제를 양극화하여 노동자를 가난하게 만드는 것이다."

금융상의 의존은 오늘날 단일경작을 토대로 한 무역 의존의 가장 파괴적인 부산물이 되었다. 채무국은 긴축을 실행할 수밖에 없고 이는 국내 자본 투자를 방해한다. 국제통화기금은 '총지출 접근법absorption approach'으로 내핍을 합리화한다. 그 이론에 따르면 구조적인 국제수지 적자를 극복하는 방법은 세금을 올리고 공공 서비스 가격을 인상하고 사회적 지출을 축소하는 것이다. 국내 소득에 최대한 많이 과세('흡수')하여 국민이 수입품에 지출할 수입이 남지 않도록 하고 저임금('가난한 노동')으로 수출을 촉진한다는 생각이다. 노동자에게 임금을 덜 지급하면 생산물이 '자유롭게' 수출될 것이라고 떠드는 것이다. 노동자가 가난과 실업 덕분에 국제적으로 더 많은 소득을 올릴 수 있다는 것처럼!

현실은 이렇다. 긴축은 경제의 생산력을 위축시키며 일반적으로 이민과 자본도피를 촉진한다. 국내 소득을 짜내 외국의 채권자들과 투자자들에게 돈을 갖다 바치면 채무국은 손익분기점을 맞추기도 어렵다. 국제통화기금의 이른바 '안정화 계획'은 라틴아메리카와 아프리카, 아시아의 대부분을 더 깊은 부채와 무역 의존에 몰아넣었다. 그 결과는 근대화가 아니라 경제의 '저개발'이었다.

그들은 자유무역이 저임금 국가에서 빈곤을 제거한다고 주장한다. 제조업 일자리에 "국제적으로 공평한 경기장"을 제공하고 글로벌 사우스의 노동자들이 미국과 유럽의 고임금노동자들보다 낮은 가격에 상품을 판매할 수 있게 한다는 것이다. 현실은 그렇지 않다. 선진 산업국가는 엄청난 양의 공장과 장비, 공공 기간시설, 교육을 축적했지만 과거에 식민지였던 나라들에는 이를 갖지 못하게 방해했다. 자유무역은 그 결과물인 기존의 경기장에서 벌어지는 심히 불공평한 게임이다.

이러한 자본과 사회적 기간시설 투자를 감안하면, 자유무역이 왜 전 세계의 '후발주자들'보다 주요 산업국가에 유리한지, 생산성 불균형과 특히 소유권 불균형의 인정이 어째서 그들의 '따라잡기'를 막으려는 의도를 지녔는지 분명하게 드러날 것이다.

이러한 설명 방식의 목적은 미국과 유럽의 투자자들이 공장을 세워 현지의 노동집약적 생산을 떠맡게 하면 중간계급 국가로 올라설 수 있다고 저임금 국가들을 설득하는 것이다. 미국과 유럽은 거짓말을 지어내 자국 외교의 목적이 저임금 국가들을 외채의 덫에 빠뜨려 외국 채권자들에게 국내 정책의 결정권을 넘기게 하는 것임을 인식하지 못하게 했다. 그러한 덫이 있기에 국제통화기금과 이와 연관된 미국 중심의 외교는 내핍과 부채 디플레이션을 떠안겨 "그들을 구제할" 수 있다. 지대를 낳는 천연자원과 기간시설 독점을 통제하겠다는 미국의 요구가 구제금융의 조건이다.

그 결과는 옛 유럽 식민주의와 중상주의의 결과와 동일하다. '개방적인 국제 시장'이 '공평한 경기장'이라는 핑계는 글로벌 사우스를 끝없는 빈곤의 수레바퀴 속에 묶어두려는 목적을 숨기고 있다. 그들은 저임금노동자에서 중간계급으로 올라서기는커녕 미국과 유럽이 독점한 산업자본과 금융자본에 가장 심하게 착취당하는 희생자로 남을 뿐이다.

다양한 형태의 무역 의존은 잔인한 폭력의 뒷받침을 받았다.

라틴아메리카와 아프리카에서 미국의 외교는 토지 개혁 옹호자들의 암살을, 자신들의 땅에서 벌목과 광물 채굴을 막고 미국이 소유한 수출작물 플랜테이션 농장의 땅을 생계를 위한 식량 생산을 원하는 현지 가구들에 재분배하며 미국 식량 수입의 대안을 찾으려 노력하는 현지 주민들의 암살을 지지했다.

그러한 폭력의 사용은 '자유시장의 현상'은 아니다. 국제적 효율성 증대로 이어질 경쟁의 현상은 더욱 아니다. 단순하게 '생산요소 비율'을 토대로 하는 무역 이론은 미국의 달러 외교가 어떻게 라틴아메리카와 아프리카에서 학살극을 일으켰는지 보여주지 못한다. 그들을 어떻게 부채의 덫에 빠뜨리고 이를 평화와 민주주의라고 불렀는지를 설명하지 못한다. 또한 역내에서 더 많은 경제적 자립을 추구한 현지 정부들을 제재하고 무너뜨린 것을 무시한다.

설상가상으로 자유시장 경제학자들은 관세와 수출입 할당제, 자본 통제, 기타 산업 장려와 생산성 향상을 위한 조치들이 예종에 이르는 길을 닦는 것이나 마찬가지라고 주장한다. 현실은 그렇지 않다. 한 나라가 주요 부문을 보호하고 관리하고 그것에 보조금을 지급하지 못하면 금융과 무역, 기술에서 의존 상태에 빠지고 수입품과 외채의 비용을 지불하느라 만성적인 국제수지 적자에 내몰린다. 이것이 진짜 예종에 이르는 길이다. 무역 정책의 분석이라면 모름지기 그러한 맥락 속에서 이루어져야 한다.

미국은 어떻게
산업의 우위를 상실했는가

주류 무역 이론은 세계의 주요 산업국과 채권국이 어떻게 지배권을 획득했는지 설명하지 못했기 때문에 미국 경제가 어떻게, 왜 1980년대 이후로 탈산업화했는지 설명하려는 노력을 기울이지 않았다. 그토록 실업이 급증하고 수많은 공장이 버려졌는데도 미국의 노동력은 왜 '저렴해'지지 않나? 왜 고용되지 않나? 미국 회사들은 왜 산업 생산시설을 동아시아로 이전하는가?

단순하게 임금이 더 낮은 나라에서 노동력을 고용하기 위해 이전했다고 하면 피상적인 설명이 될 것이다. 결국 '임금'은 무엇인가? 고용주가 지불하는 것인가? 아니면 정부와 사기업가가 함께 노동자에게 주는 것인가?

중국은 생계비와 사업비를 최소한으로 줄여 산업 생산을 촉진하고자 방대한 공공 기간시설 네트워크에 투자했다. 그로써 고용주들은 노동자들이 사영화한 교육과 보건, 교통, 기타 필수적 서비스를 이용하려면 필요한 높은 임금을 지불하지 않을 수 있었다. 그 기본적 서비스는 사이먼 패튼Simon Patten이 말한 '제4의 생산요소', 즉 공공 기간시설이 충족시킨다.

그러한 공적 자본 투자는 헥셰르-올린-새뮤얼슨의 '생산요소 비율' 세계에는 등장하지 않는다. 정부는 '생산요소'가 아니라 오로지 간접비로만 여겨진다. 그러한 비용을 떠맡을 필요가 없도록 고용주들을 구해주는 공공 부문의 역할은 인정되지 않는다. 기간시설을 공적으로 소유하고 관리하면, 대처 방식의 신자유주의 경제에서 기간시설을 사영화하여 지대를 추구하는 독점 기업의 수중에 넘겨주는 것보다 훨씬 더 낮은 비용으로 기본적 서비스를 제공할 수 있다는 점도 인정되지 않는다.

미국 밖의 노동이 훨씬 저렴한 이유는 너무도 명백하다. 미국 경제는 금융화와 사영화의 수준이 가장 높다. 5장에서 설명했듯이, 미국의 임금생활자는 다른 나라 노동자보다 부채 상환과 주택비(임차인이든 담보대출자든 마찬가지다), 의료보험료, 교육비, 기타 기본적 서비스 비용으로 더 많은 돈을 지불해야 한다. 만약 노동자가 식량과 필수품을 아무런 지출도 없이 무료로 제공받는다고 해도, 미국의 노동력은 앞서 열거한 비용을 고려하면 세계 산업 시장에서 높은 값을 치러야 살 수 있을 것이다. 현재 미국의 주택비는 임금의 30퍼센트에서 40퍼센트를 가져가고, 사회보장비와 메디케어는 전체 소득의 16퍼센트를 빼가며, 소득세와 판매세는 20퍼센트를 차지하고, 여기에 사영 의료보험과 금융화한 연금, 부채 상환금을 추가해야 한다.

그러므로 국제 무역의 변화 유형을 설명하려면 경제 전체와 그 정치적 배경을 반드시 고려해야 하며, 이 점에서 가장 중요한 것은 금융자본주의가 어떻게 지대 추출과 단기적 시각의 삶을 조장하여 산업자본주의의 토대를 훼손했는지를 이해하는 것이다. 산업자본주의가 새로운 제품을 개발하여 판매하려면 장기적 계획이 필요하다. 그러나 1980년 이래로 경제 관리는 금융 조작을 통한 단기적 수익을 추구했다. 새로운 생산수단을 창출하여 상품과 서비스를 더 많이 판매하는 것이 아니라 자산(유가증권과 대출 포함)을 매매하여 돈을 번 것이다. 투자자들은 특정 시기에 존재하는 공급과 수요의 조건에서 차익거래의 기회를 엿본다.

매우 역설적이게도 중국의 정책은 위에서 말했듯이 미국 보호무역주의가 1865년부터 1914년까지 취한 길을 따라갔다. 국가가 산업에 보조금을 지급했고 공공 부문에 많은 자본을 투자했으며(미국 경제에 저주가 된 약탈적 철도부지 재산을 창출하지는 않았다) 교육과 보건의 사회적 지출로 노동의 질과 생산성을 높였다. 미국에서는 이것이 마르크스주의라고 불리지 않았다. 그것은 폭넓은 경제적, 사회적 체제의 일부로서 산업주의를 바라보는 논리적인 방식이었다. 그러한 준거가 지금은 '예종에 이르는 길'이라고 매도되며 독재라고 주장된다. 반면 미국은 부채로 인한 노예 노동의 금융화 시대로 진입하고 있다.

국제 경제를 지배하려는 미국

오늘날의 금융자본주의는 미국에 주로 농업 부문의 잉여와 정보기술(대체로 군사 분야 연구의 부산물로 발전했다), 군사 장비, 제약 특허(공적 자금이 연구 기금의 토대가 되었다)의 독점을 남겼다. 이로써 미국은 독점 지대를 뽑아낼 수 있으며 동시에 역외 은행 중심지를 이용하여 대체로 면세 혜택을 누린다. 미국 경제는 점차 생산적 성격이 줄어들고 약탈적 성격은 강해져 많은 부분이 도려내지고 있다.

미국은 지대 수취자의 힘과 화폐의 힘(10장에서 설명하는 달러 외교)에 점점 더 많이 의지하여 유사 번영을 유지하지만, 그나마 상위 1퍼센트의 손에 집중되고 있다. 미국 외교는 경제가 지대 수취자의 파이어 부문과 아직 남아 있는 산업 기반(군사복합체와의 연계가 지배한다) 사이로 양극화하는 것을 되돌리려 노력하지 않고, 대신 러시아와 중국 등에 수출과 무역의 제재를 가하여 그 나라들이 미국의 통제에서 벗어나지 못하게 막으려고 했다.

외국이 기술을 발전시켜 제국 중심지의 수출을 대체하는 것을 방해하려는 시도는 일반적으로 효과가 없었고 대개 비생산적이다. 마찬가지로 전략적 이유로 부과한 무역 제재는 원하는 결과를 가져올 수 없다. 예를 들면, 크림 반도의 러시아 해군 기지를 접수하려는 미국과 우크라이나의 시도를 러시아가 저지한 뒤, 미국 외교관들은 북대서양조약기구의 위성국가들을 설득하여 러시아에 농업 제재를 가하게 했다. 목적은 러시아를 굶주리게 하여 외교적 항복을 받아내는 것이었다. 그러나 이는 러시아에 러시아의 경제학자들이 입법화를 주저했던 일종의 보호무역을 제공한 꼴이 되었다. 러시아의 어느 농업 기업가와 블라디미르 푸틴 대통령의 논의에 대한 일화는 그 요점을 보여준다.

"나는 모스크바 지역의 농부이자 치즈 생산자입니다." 2018년 10월 어느 공개 토론 자리에서 시로타Sirota가 푸틴 대통령에게 말했다. "나는 치즈를 만듭니다. 우선 농부의 입장을 대변하여 말하겠습니다. 우리는 지난 4년 동안 당신에게 이 점을 거듭 이야기했습니다. (…) 나는 그 제재에 대해 당신에게 감사를 드리고 싶습니다. 사실상 우리는 이에 관하여 토론회 중에 전문가들과 길게 논의했습니다."

푸틴이 대답했다. "내가 아니라 미국인들에게 감사해야 할 것입니다."

그 농부는 이렇게 덧붙였다. "우리 치즈가 맛이 좋기 때문입니다. (시로타가 말을 이었다.) 우리 치즈는 맛 좋고 단단하고 루블 환율 덕분에 값이 쌉니다. 외국인을 포함하여 투자자를 끌어 모으고 있죠. 많은 사람이 러시아 농업에 투자했습니다. 스위스에서 러시아로 건너와 농장을 세우는 협력자들이 있습니다. 나는 토론회 중에 제재가 철회되면 어떤 일이 생길지 계속 물었습니다. 그러면 나는 어떻게 해야 합니까? 제재 철회는 재앙을 불러올까요?"

푸틴이 말했다. "제재가 해제되면 치즈가 어떻게 될지, 무슨 일이 일어날지를 얘기하자면, 우선 우리는 그들이 제재를 거두어들일 준비가 되었다고 생각하지 않습니다. 그러니 마음 놓고 푹 주무세요."[13]

미국 외교가 가져온 결과는 러시아가 수입 경쟁 부문을 육성하도록 돕는 것, 사실상 강제하는 것이었다. 그 부문은 정상적으로는 보호관세가 필요했을 것이다. 만일 미국의 전략가들이, 또는 러시아 관료들이 마르크스의 책을 읽었다면, 그들은 마르크스가 1867년에 프리드리히 엥겔스에게 쓴 편지에 관해 생각했을 것이다. 그는 이렇게 말했다.

아일랜드인들에게 필요한 것은

(1) 영국으로부터의 자치와 독립.

(2) 농업혁명. 잉글랜드인들은 결코 아일랜드인들을 위해 이를 수행할 수 없지만, 그들에게 이를 스스로 달성할 법적 수단을 줄 수 있다.

(3) 잉글랜드를 겨냥한 보호관세. 1783년부터 1801년까지 모든 산업 분야가 번창했다. 아일랜드 의회가 설치한 보호관세를 뒤엎은 연합왕국은 아일랜드의 모든 산업을 파괴했다. 그 작은 아마포 산업은 아무런 보상도 받지 못한다. 1801년의 연합은 아일랜드 산업

에 앤 여왕과 조지 2세 등의 재위 기간에 잉글랜드 의회가 취한 아일랜드 모직물 산업 등의 억압 조치와 똑같은 효과를 가져왔다. 아일랜드인들이 독립하면, 그들은 곧 캐나다와 오스트레일리아 등이 그러했듯이 보호무역국가가 될 것이다.[14]

오늘날의 러시아에도 유사한 판단이 적용된다. 첫째, 러시아는 미국의 신자유주의적 조언과 이데올로기에서 벗어나 신자유주의적 자유시장의 대안을 지지할 정부가 필요하다. 두 번째로 필요한 것은 생산과 조세 제도, 금융 제도를 합리화하여 1991년 이후의 지대 수취자 도둑 정치를 끝내고 세 번째로 필요한 것을 이루도록 준비하는 것이다. 그것은 무역과 금융에서 미국과 그 위성국가들에 대한 의존을 버리고 국내에서 자립하는 것이다. 이는 관세와 기타 보호무역 조치로써 달성할 수 있고, 심지어 미국의 제재도 국내의 자립을 강요한다.

중국이 이러한 논리에 따라 자유로워졌기에 지금까지 산업에서 큰 성공을 거두었다. 그 성공 때문에 트럼프 행정부는 제재를 가했고, 미국의 인터넷과 관련 정보기술 독점 기업들을 지원했다. 미국 외교관들은 북대서양조약기구와 여타 동맹국들을 동원하여 중국의 5G 기술과 크게 성공한 회사들에 대해 불매운동을 벌였다. 개인정보 문제를 핑계로 삼았지만, 이는 중국이 그 기술에 미국의 국가안보에 이용될 정보를 '백도어backdoor'로 제공하는 스파이웨어의 삽입을 허용하지 않은 것을 완곡하게 표현했을 뿐이다.

고대 로마처럼 미국 경제도 오늘날의 세계화한 지대 추구 경제에서 생존하기 위해 외국의 '조공'에 의존하게 되었다. 강도가 희생자의 보복을 두려워하듯이, 지대 수취자와 독점자들도 예속적 위치에 있는 자들이 기본적으로 부당한 제도에 맞서 반란을 일으킬 것을 두려워한다. 금융과 군사 부문에서 지배적인 국가가 무력과 법률적 '권리'를 통해 공짜 점심을 얻는 그 부당한 제도는 다른 국가로부터 크게 번영할 권리와 기회를 박탈한다. 미국이 750개의 군사 기지로 유라시아를 포위한 이유가 바로 여기에 있다.

미국은 주요 독점을 지키기 위해 집요하게 외국의 경쟁을 방해하지만, 이것이 전부는 아니다. 정말로 중요한 문제는 원칙적으로 미국 중심의 금융자본주의에 대한 정부의 규제에 반대하는 것이다. 미국의 정책은 노동자에 맞선 계급전쟁의 일부이며, 또한 타국 정부가 미국의 투자를 규제하거나 그것에 과세하고 미국의 공급자들과 채권자들로부터 경제적으로 독립할 수 있도록 보조금을 지급할 권한과 권위를 갖는 혼합경제에 맞선 정치적, 이데올로기적 전쟁이다. 그렇기 때문에 미국은 냉전 시대에 공산주의 확산의 위협에 맞선다는 핑계로 했던 것처럼 오늘날 소련 해체 이후의 러시아에 강력하게 반대한다.

갈등은 여전히 이데올로기적이다. 오늘날의 재개된 냉전은 '자유지상주의적libertarian' 전쟁이다. 미국의 금융 부문과 미국의 해외 동맹국들이 지지하는 전쟁의 목적은 계획과 자원 할당의 권한을 정부에게서 빼앗아 월스트리트와 런던이 이끄는 세계 금융 중심지에 넘기는 것이다. 그 싸움은 과두집단인 원로원이 부채 말소와 토지 재분배를 요구한 민중에 맞서 채권자의 권리를 보호한 로마에서 벌어진 일과 비슷하다.

미국은 그 호전성으로써 세계의 지대 수취자 지배 체제를 유지하려 한다. 그 단극 체제는 점점 더 전투적으로 변하고 있고 군사화하고 있다. 이는 학계의 자유시장 모델이 보지 못하는 국제 무역의 또 다른 차원이다. 대외 무역은 공급 안정성을 토대로 하는, 서로 연관된 체제의 일부다. 방해나 제재, 불매운동, 기타 여러 형태의 경제적 전쟁은 공급망 전체를 멈추게 할 수 있다. 그러한 전쟁은 1950년대에 미국의 전략가들이 마오쩌둥 혁명에 대항하려고 중국에 대한 식량 수출을 금지하려 했을 때를 떠올리게 한다(캐나다는 통상 금지를 어겼다).

바이든 미국 대통령은 중국을 적으로 선언했고 과거에 선제공격과 핵 대결을 지지했던 자들을 군 지휘부에 임명했다. 그는 이렇게 말했다. "우리가 민주주의 체제의 우방국들과 함께한다면 우리의 힘은 배가될 것이다. 중국은 세계 경제의 절반 이상을 무시할 수는 없다. 그러므로 우리는 환경부터 노동과 무역, 기술, 투명성까지 모든 것에서 규칙을 수립할 실질적인 수단을 갖고 있으며, 그 규칙은 계속해서 민주주의의 이익과 가치관을 반영할 것이다."[15] 바이든이 '투명성'으로 뜻한 바는 미국 국가안전보장회의NSC, National Security Council가 페이스북과 구글, 애플, 기타 미국 정보기술에 심은 '백도어' 프로그램을 통해 외국의 모든 인터넷 통신을 도청할 능력이다. 앞서 언급했듯이, 미국의 무역 협상자들이 화웨이와 틱톡, 기타 달러 권역 국가들에서 쓰이는 응용 프로그램을 차단하려는 이유가 여기에 있다.

그 목적은 중국이 제재나 노골적인 군사적 공격에 파괴당하지 않도록 스스로 보호하기에 충분한 규모의 경제를 만들지 못하게 하려는 것이다. 2020년 4월 10일 시진핑은 이렇게 설명했다. "중국 산업의 안전과 국가안보를 지키려면, 독자적으로 통제할 수 있는 안전하고 의지할 만한 생산 사슬과 공급 사슬을 구축하고 중요한 생산품과 공급망은 전부 최소한 하나의 대체 공급처를 갖추도록 하여 필수적인 산업 예비 체제를 마련하는 데 노력을 집중해야 한다."[16]

　여분의 존재는 자연과 생명체의 생리에 내재한 하나의 체계다. 이는 국제 경제에도 마찬가지로 적용된다. 말하자면, 경제를 중요한 필수품의 획득에서 자원의 주된 공급자에게 의존하게 만들 정도의 생산 특화는 결국 독점으로, 최악의 경우에는 독점자의 요구가 충족되지 않을 경우 공급을 붕괴시키는 힘으로 귀결된다. 그 요구는 단순히 높은 가격만을 원하는 것이 아니라 주요 독점자가 지지하는 사회 체제를 채택하라는 정치적 요구이기도 하다.

타국 산업을 향한
미국의 아전인수격 시선

미국의 냉전 전략가들을 곤란하게 하는 것은 다른 나라가 1945년의 경우처럼 미국 수출업자에 영구히 의존하는 것이 아니라 자체의 공업과 농업을 발전시키는 것이다. 공화당의 레이건 행정부에서 상무부 보좌관으로 일한 보수적 인사 클라이드 프레스토위츠Clyde Prestowitz는 2021년 도전적인 발언을 했다. 그는 이렇게 설명했다. "제2차 세계대전 후 팍스 아메리카나로부터, 미국이 언제나 세계의 상품 생산과 기술의 초강국이 될 것이고 최고의 생산성을 보여주고 가장 높은 임금을 지급하며 늘 무역의 흑자나 균형을 이룰 것이라는 뿌리 깊은 믿음으로부터 그 체제가 등장했다." 이 독특한 지위의 영속은 "자유세계가 2001년 중국을 자유무역 조직(세계무역기구)

에 받아들일 때 기대했던 바다. 1979년 덩샤오핑이 시장의 방법을 미약하게나마 채택했을 때부터, 1992년 소련이 붕괴한 뒤로 더욱, 자유세계 지도자들은 중국과의 무역 증대와 대 중국 투자의 증가는 필연적으로 그 경제의 시장화와 국영 기업의 소멸로 이어질 것이라고 믿었다."[17]

그러나 중국은 미국과 독일, 기타 산업경제의 성공을 가져온 고전적인 혼합경제 정책을 따랐다. 2021년 미국이 중국의 경쟁을 막아 자국의 거대 독점 기업들을 보호하며 내세운 주된 핑계는 미국 정부가 19세기 말부터 국내 산업을 뒷받침하기 위해 했던 바로 그 일을 중국 정부가 하고 있다는 것이었다. 미국의 무역 전략가들의 주장에 따르면, 갈등의 뿌리는 중국의 독재정치가 신자유주의적 자유시장 '민주주의'를 위협하는 데 있다. 마치 미국의 산업이 정부의 지원으로 강력하게 성장한 것이 아닌 듯이 말한다. 클라이드 프레스토위츠는 미국-중국 대결을 시장 기반의 경제가 의미하는 것의 관점에서 이야기했다. 정부의 지원은 시장의 일부인가 아닌가? 프레스토위츠는 이렇게 강조했다.

중국의 경제는 오늘날 세계무역기구와 국제통화기금, 세계은행, 그 밖의 많은 자유무역협정에 구현된 세계적 경제 체제의 주된 전제와 양립할 수 없다. 이러한 협정들은 국가의 역할을 제한하고 (…) 기본적으로 시장에 기반한 경제를 가정한다. 이 체제는 국영 기업이 생산의 3분의 1을 담당하는 중국과 같은 경제를 전혀 예상하지 않았다. (중국에서는) 민간 경제와 전략적-군사적 경제의 융합은 (…) 경제적, 정치적 통제에 사용하고 (…) 정부에 필수불가결한 요소이며 (…) 국제 무역은 언제라도 무기화하여 전략적 목적에 쓰인다.

물론 미국도 항공기 제조 회사와 인터넷 회사, 기타 군대의 주문을 받고 군사 계약을 체결하는 중공업에 보조금을 지급한다. 실제로 프레스토위츠는 바이든 대통령에게 "국방물자생산법Defense Production Ac에 의거하여 의약품과 반도체, 태양광 패널 같은 중요한 물품을 미국 영토 내부에서 더 많이 생산하라고 명령하라"고 촉구했다.

미국 외교 정책의 위선은 중국이 '통화 조작'에 관여한다는 비난에서 새로운 차원에 도달했다. 프레스토위츠가 뜻하는 것은 중국이 유럽 국가들과 여타 국가들이 하는 바로 그 일을 하고 있다는 것이다. 다시 말하자면, 대 미국 수출과 국내로의 투자 유입에서 확보한 달러를 미국 재무부 채권의 형태로 중앙은행의 외환 보유고로 돌려놓음으로써 환율을 안정시킨다는 것이다. 이는 결국 미국 재무부 채권본위제Treasury-bill standard와 미국 화폐 제국주의의 본질이다. 미국 외교는 무역 제재를 신냉전에서 중요한 경제적 무기로 더욱 폭넓게 사용했다. 특히 러시아와 시리아, 베네수엘라, 이란, 기타 표적이 된 국가들에 대해 강력하게 사용했다.

미국 산업이 정부의 지원을 받지 않았다고 말하는 것(실상 미국 산업은 정부를 대폭적으로 장악했고 막대한 보조금과 경제적 지원을 받는다)은 사돈 남 말 하는 격이다. 공공 보조금은 산업자본주의의 신조였다. 그러나 미국 경제가 금융화했기에, 미국은 탈산업화했고 생산을 해외로 이전했다. 중국은 금융화를 피하고 저비용의 기본적 기간시설 서비스를 제공하는 데 성공했다. 이는 한때 미국의 이상이었다.

"경제를 통제하지 말라" 현대 무역 이론의 필요조건

수백 년 동안 주된 독점은 돈이었다. 과거에 무역과 군사력이 그러했던 것만큼이나 오늘날에는 금융 통제가 큰 문제다. 대부분의 무역 이론이 직접적인 생산비의 비교를 토대로 개진되지만, 부채 조달과 경제적 지대, 조세 정책은 정부의 기간시설과 보조금과 더불어 한층 더 중요해졌다. 위에서 말했듯이, 리카도의 비교생산비 설명은 대부분의 지출이 소비재에 나간다고 보며, 이때 소비재 가격은 노동 비용으로 귀착된다. 식량이 노동자의 가계 예산에서 가장 중요한 요소였을 당시에는 충분히 그럴듯한 설명이다. 그러나 오늘날 주된 경비는 주택비(주로 임차료와 주택담보대출 비용)인데, 이는 대체로 담보대출 조건이, 그리고 부동산 가격을 인하할 토지세의 존재 여부가 결정한다. 주택비와 은행 대출, 신용카드 이용액, 자동차 할부금(그리고 미국에서는 학자금 융자)에다 사회보장과 연금, 건강보험의 강제 저축이 더해져 일반적으로 노동자의 기본 가계 예산에서 상품 외 비용이 차지하는 몫은 사실상 절반을 넘어선다.

그러므로 무역 이론이 타당성을 지니려면 이러한 비생산 비용이 상승했다는 사실을 감안할 필요가 있을 것이다. 그러나 금융 부문은 이러한 논의에서 정책 현실주의를 기대하기 어려운 이익집단이다. 그들의 최우선 지침이 경제적으로 문제를 유발하고 불로소득을 얻은 죄가 있음을 부정하는 것이기 때문이다. 금융 부문이 분석되지 않은 것은 비판과 규제를 받을 가능성이 더 적다는 사실을 알기에, 금융 부문은 화폐와 부채가 중요하게 다루어지지 않는 경제 모델을 선호한다. 그로써 금융의 차원은 고려되지 않기 때문이다.

리카도는 자본재 비용을 오로지 그것의 생산에 필요한 노동의 관점에서만 바라보기에 그 금융의 신용 조건을, 즉 이자율과 자본 대비 부채 비율을 회피한다. 부채 상환금은 노동과 자본 비용에서 점점 더 큰 몫을 가져간다. 그러므로 타당성 있는 국제 무역 이론이라면 금융화와 이에 연관된 파이어 부문의 지대 비용이 자본 투자와 노동의 상대적 비용을 지배하는 정도를 인정할 것이다. 주택담보대출의 이자 지불과 원금 상환, 학자금 융자, 의료비, 퇴직연금의 강제 저축은 국제적 경쟁력을 결정하는 명목상 임금과 노동생산성을 그늘지게 한다. 예를 들면 미국에서 건강보험과 의료비는 공공 부문에 흡수되지 않고 개인과 고용주의 부담으로 돌아간다.

변제할 수 없는 부채를 어떻게 처리할 것인지는 점점 더 중요하게 고려해야 할 문제가 되고 있다. 이는 중국의 경우처럼 은행업과 신용을 공익사업으로 만들어야 하는지 아니면 서구의 경우처럼 사영 부문으로 남겨두어야 하는지에 관한 논의로 이어진다. 서구의 회사들은 만기 도래한 부채를 상환할 수 없을 때 부채 상각을 받지 못하고 파산을 선언하거나 분해된다. 중국의 회사들은 폐쇄되지 않는다. 국영 은행이 국익에 기여한다고 생각되는 산업 시설이 계속 운영될 수 있도록 신용을 확대하기 때문이다.

세계 곳곳에서 각국 정부는 금융과 자산의 세금 부담을 줄이고 이를 노동과 산업에 떠넘겼다. 그 결과로 금융자산과 부동산의 버블이 조장되어 부채로 자금을 조달한 자산 매입이 새로운 자본 투자를 압도했다. 상황이 이렇게 전개된 탓에 '생산비' 개념은 무역 이론이 만들어지던 지난 시절보다 지금 훨씬 더 복잡해졌다. 현재에 적절한 것은 비교열위의 '지대 이론'이다. 그러나 오늘날의 주류 무역 이론은 견고한 이데올로기적 장벽을 세워 지대의 역할에 대한 논의를 배제하고 파이어 부문이 국내 경제에서 수행하는 역할에 이의를 제기하지 않는다.

보호무역주의가 산업자본주의의 무역 정책이라면, 긴축과 부채 디플레이션은 금융자본주의의 정책이다. 금융자본주의의 '자유 시장'이 주는 메시지는 분명하다. "경제를 통제하지 말라. 은행가들과 외국인 투자자들에게 경제 계획과 자원 할당을 관리하게 하라." 마치 멋진 과학소설처럼, 이 자유무역의 신조도 의혹을 거두라고 요구한다. 그래야만 비현실적인 가정이 지배하는 세계에 들어갈 수 있기 때문이다.

CHAPTER
07

식량과 석유,
광업, 천연자원의 지대

The
Destiny
of
Civilization

산업자본주의의 특징적인 작동 원리는 임금 노동 착취다. 그러나 산업국가들은 또한 결국 천연자원 지대의 대부분을 가져간다. 그런 이유에서 무역과 외국인 소유권의 연계는 식량과 석유, 광업 부문에서 가장 뚜렷하다.

땅 위의 농지와 땅 밑의 광물자원은 늘 정복자들을 유인했고 최근에는 그 지대를 착복하려는 기업들을 끌어들였다. 그 배후에는 제국주의적 정부가 버티고 서 있다. 로마 시대의 에스파냐 은광부터 볼리비아 산악지대의 포토시 은광까지, 로마 시대 북아프리카의 라티푼디움부터 원주민을 몰아내고 노예로 채운 아메리카의 땅까지 전부 그러한 경우에 해당한다. 가장 최근의 자원 강탈은 유나이티드 프루트 컴퍼니를 비롯한 미국 회사들의 중앙아메리카 단일경작 플랜테이션 농장과 미국에 종속된 산유국의 독재정권, 칠레의 구리 광산을 만들어냈다. 착취당하는 국가는 전부 미국이 강요한 독재 체제로 고통을 당한다. 원료 무역과 종속국의 과두 체제는 늘 함께 간다. 과두지배 체제는 자원 부국에 보편적으로 떠맡겨진 현상처럼 보인다. 마치 풍요로운 천연자원에 내려진 보편적인 저주 같다.

19세기 경제학자들은 자원 부국이 천연자원 지대를 가질 것으로 예상했지만, 오늘날의 주요 산업국가들은 금융의 힘과 노골적인 군사력을 사용하여 약소국의 천연자원 지대 수취를 방해함으로써 농업과 석유, 광업의 국제적 소유권을 지배한다. 이들이 선호한 전술은 과두집단과 군사독재를 현지의 관리자로 후원하는 것이다. 그로써 산업국가들은 자국 내 회사를 위해 천연자원을 착복하고 전 세계의 자원 지대를 자국 경제로 끌어들인다. 자원 보유국은 빈곤에 처하며 때로는 정치적 자율권을 박탈당하고 산업화와 번영의 토대를 상실한다. 이것이 '석유의 저주', 실로 비옥한 땅과 풍부한 천연자원의 저주다.

천연자원 부에 지대 수취 원리가 작동한다는 것은 그러한 부의 소유가 곧 산업의 발전에 이바지하는 것은 아니라는 뜻이다. 네덜란드와 노르웨이는 자국 해역에 석유자원을 지녔지만, 지대를 발생시키는 막대한 자산 때문에 통화 가치가 올라 세계 시장에서 그 노동과 수출품의 가격이 높아졌다. 이는 최근에 '네덜란드 병'이라는 이름을 얻었다.[1] 16세기에 에스파냐와 포르투갈에서 이미 그와 유사한 현상이 나타난 적이 있다. 라틴아메리카에서 유입된 은으로 지주 귀족은 부유해졌지만 덜 전제적인 북유럽의 경제로 은이 유출되었다.

어떤 나라가 자국의 농업이나 석유, 광물자원을 통제하고 있을 때에도, 산업국가는 그 생산품의 판매를 장악하여 지대를 빼내가고 역외 은행 중심지에 조세피난처를 만든다. '편의치적'을 통해 사유화한 자원 지대에 대해 소득세를 납부하지 않는 것이다. 고전경제학자 개혁가들은 그러한 지대를 공적 소유로 둘 것을 옹호했는데, 이는 그것의 정반대다.

천연자원 부의 저주는 오랫동안 단일경작 신드롬Monoculture Syndrome으로 분석되었다. 국가가 몇몇 원료에 의존하여 이중경제가 출현하는 것을 가리킨다. 부유한 외국인 소유의 천연자원 부문(일반적으로 자본집약적이다)과 빈곤해진 국내 경제가 병존하는 것이다. 가난한 경제는 독점 자원의 정제와 판매의 급소를 쥐고 있는 주요 산업국가의 금융 통제를 받는다.

Ⅰ. 농업에서 발생한 예상 밖의 변화

리카도는 수확체감을 가정했기에 작물 경작, 금속의 채굴과 정제, 기타 원료의 한계비용이 상승함에 따라 원료 공급자가 산업국가보다 더 부유해질 것이라고 믿을 수밖에 없었다. 그러한 생산품의 가격이 높은 한계생산비에 가까워지면서, 자원이 점점 고갈되어 메말라가는 땅에 의존하는 산업국가의 무역 조건은 악화되었을 것이다. 결과적으로 가장 비옥한 토지와 가장 풍부한 광산을 가진 나라, 그러면서도 인구가 가장 희박한 나라가 국제 무역의 가장 큰 수혜자가 되었을 것이다.

그러나 이는 명백히 실제와 다르다. 미국과 유럽의 외교가 보호하는 외국인 투자는 충분히 많은 원료의 생산에 일조하여 그 가격을 낮은 한계생산비로 끌어내렸다. 수확체증이 표준이 됨에 따라 생산성이 급격하게 증가했다. 농업에서 생산성 수익은 알브레히트 테어Albrecht Thaer와 유스투스 폰 리비히Justus von Liebig가 개발한 비료로 달성되었고, 20세기 초에는 프리츠 하버Fritz Haber와 카를 보슈 Carl Bosch가 공기 중의 질소를 고정하는 암모니아 유기합성 공정을 개발했다. 이 혁신으로 칠레에서 구아노는 매우 풍족하게 공급되었다. 살충제와 제초제, 새로운 종자는 물론 자동화한 트랙터와 수확기 등의 농기계도 생산성을 크게 늘렸다.

이러한 생산성 수익은 미국을 비롯하여 가장 산업화된 국가들에 집중되었다. 미국 농업의 노동생산성은 세계적으로 거의 다른 모든 부문의 생산성을 뛰어넘었다. 이러한 성공은 보호무역 조치로써 촉진되었다. 수입할당제는 물론이고 가격 지원과 패리티 가격 보조금도 제공한 1933년 농업조정법Agriculture Adjustment Act은 그 촉매제였다. 유럽연합은 보호무역주의적인 공동 농업 정책으로 미국의 선례를 모방했다.

토양의 미래가치까지 강탈하는 농업 기업

리카도가 살던 시절에는 실제로 수확체감이 발생했지만, 바로 그 동일한 토양이 리카도가 믿었던 '원래의 파괴할 수 없는' 비옥도를 갖지 못한 것으로 드러났다. 미국 남부 노예주들의 면화와 담배 플랜테이션 농장의 단일경작에는 "토양을 고갈시킨다mining the soil" "'오래된old' 땅의 힘을 소진한다"와 같은 새로운 용어가 적용되었다. 이러한 토양 고갈 때문에 노예를 투입하여 작물을 경작하는 플랜테이션 농장은 서쪽으로 이동했다. 이를 주도한 앤드루 잭슨은 아메리카 원주민을 쫓아낸 뒤에 그들의 땅에 아프리카인 노예들을 채워 넣었다.[2]

1840년대에 국민경제회계가 환경 파괴를 어떻게 평가해야 할지를 두고 논쟁이 벌어졌다. 그 논쟁은 지금도 여전히 진행 중이다. 따라서 자유무역이 환경 파괴를 인정하지 않는 가운데 그렇게 오래전에 그 문제가 어떻게 그토록 분명하게 인식되었는지를 검토해볼 가치가 있다. 미국은 플랜테이션 작물을 수출하여 무역 흑자를 거두었지만, 그 땅은 지력이 고갈되고 있었다. 1852년 특허청의 보고서는 이렇게 썼다. "작물의 생산성과 토양의 파괴는 미국 농업의 가장 두드러진 두 가지 특징이다."[3] 산업화의 옹호자들은 플랜테이션 농업으로 고갈된 무기질을 보충하는 데 얼마의 돈이 들어갈지 계산했다. 이들은 이 '공공 재산' 비용이 사유 부문이 수출로 거둔 이익을 초과한다는 사실을 알아냈다. 현대의 자유무역 이론은 그러한 비용을 '외부 효과'라며 배제한다. 경제적 모델에 포함하지 않는 것이다.

리비히는 《농업과 생리학과의 관계에서 본 유기화학Die organische Chemie in ihrer Anwendung auf Agricultur und Physiologie》(1840)에서 토지가 고정된 불변의 힘을 갖는다는 리카도의 개념을 부정했다.

농업 기술의 목적은 바로 교란된 균형의 복원이 아닌가? 어떤 나라가 아무리 부유하고 땅이 비옥해도, 수백 년 동안 곡물과 가축으로 생산물을 수출하여 상업이 번창했어도, 바로 그 동일한 상업이 토양에서 사라진 성분들, 공기로 대체할 수 없는 요소들을 거름의 형태로 복원하지 못한다면, 그래도 그 비옥도를 유지할 것이라고 생각할 수 있는가? 버지니아의 토양은 한때 비옥했으나 지금은 곳곳에서 과거의 주요 생산물인 밀과 담배를 더는 재배할 수 없다. 그 땅에 실제로 닥친 것과 동일한 운명이 그러한 나라들을 기다리고 있지 않은가?[4]

토양의 비옥도를 회복하는 데 언젠가는 지불해야 할 비용을 대니얼 리Daniel Lee가 계산했다. 미국 특허청의 농업 담당관이 되어 일할 때(1849~1852)였다. 그는 1849년을 평가하며 지력을 고갈시키는 나라의 농업 때문에 당시 경작 중인 개량 농지 1억 2500만 에이커 중 1억 에이커에서 연간 에이커당 평균 10센트의 손실이 난다고 계산했다. 연간 1000만 달러의 손실(자본 감가상각과 비슷하다)은 그 규모가 1억 6666만 6000달러의 자본 투자에 대한 연리 6퍼센트의 수익에 해당한다.[5]

리는 나라의 토양 비옥도를 해친 최종적인 책임이 자유무역 정책에 있다고 강조했다. "미국 정치인들이 채택한 정치경제 체제(자유무역)가 지배적으로 존속하는 한, 토양의 완전하고 완벽한 복원은 불가능하다. 이러한 정치 방식은 농업과학의 존재 자체를 무시하고 그 교훈을 거부하기 때문에 나라의 농업 자원을 쓸데없이 파괴함으로써 나라에 연간 3억 달러의 손실을 끼친다."[6]

자유무역의 논리는 토양을 고갈시키는 농법에 부수하는 이러한 환경 비용을 무시한다. 또한 오염과 정치적 귀결(인종주의적 노예제와 집단학살), 아동 노동과 농장 노동자들의 채무 노동 같은 사회적 악습을 고려하지 않는다. 미국이 남부 농장주들의 반대를 무릅쓰고 농업부를 창설해야 했던 이유가 바로 여기에 있다.[7]

온갖 규제 위에서 노는 세계 최악의 회사들

작물의 판매에는 운송수단과 저장시설의 투자, 기타 날씨 예측과 가장 효율적인 기술과 종자를 장려하기 위한 농업 교육을 포함하는 일련의 서비스에 대한 투자가 필요하다. 판매와 운송은 중요한 급소에서 독점 지대 추출의 기회를 제공한다. 프랭크 노리스Frank

Norris의 소설《문어The Octopus》(1901)는 작물의 잉여 가치를 뽑아내는 철도 회사의 조직적 움직임을 묘사한다. 어떤 연구는 그것이 100년도 더 지난 오늘날의 문제인 듯이 이렇게 요약한다.

> 소수의 기업이 식품을 농장에서 식탁에 오르기까지 통제하고 있다. 그들은 아무런 구속을 받지 않는 힘으로써 우리의 식품 체계를 지배하는 규칙에 점점 더 큰 정치적 영향력을 행사하고 시장을 조작한다. (…) 가족농에 돌아갈 값을 후려치고 그들을 망하게 한다. (…) 기업이 통제하는 우리의 식량 체계는 농촌 공동체와 지역 경제, 공중보건, 식량 생산의 지속에 필요한 토양과 물에 해를 끼친다.[8]

대부분의 정부 보조금은 현재 가족농이 아니라 규모가 가장 큰 농업 기업 법인들에 돌아간다. 가족농의 수는 미드웨스트의 낙농가를 필두로 해마다 약 1만 개씩 줄어들었다. 팜에이드 보고서는 농업의 집중도를 보여준다.

1865년에 미네소타에서 창립한 카길은 수익 면에서 미국 최대의 민간 기업이 되었다. 카길은 미국 곡물 수출의 4분의 1을 담당하며 미국 내 소비 육류 시장도 거의 그만큼(22퍼센트) 지배한다. 전직 의원 헨리 A. 왁스먼Henry A. Waxman은 카길을 '세계 최악의 회사'라고 부르며 "가장 가까운 수준에 도달한 경쟁 회사들을 무색하게 만드는 수준으로" 숲 훼손, 오염, 기후변화, 착취를 유발한다고 고발한다.[9]

미국 정부는 금융상으로 곡가를 조작했다는 혐의로 카길을 여

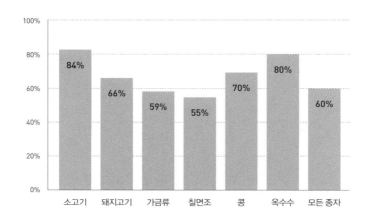

상위 4개 회사가 차지하는 농업의 집중도

	소고기	돼지고기	가금류	칠면조	콩	옥수수	모든 종자
	84%	66%	59%	55%	70%	80%	60%

러 차례 고발했다. 일반적으로 농부들은 카길과 여타 곡물 회사에 작물을 수확 전에 판매하고, 곡물 회사들은 시카고 선물거래소CBOT, Chicago Board of Trade를 통해 각 곡물을 선물 거래한다. 대공황 시기에 시카고 선물거래소는 카길을 (미국 상품거래소Commodity Exchange Authority와 함께) 곡물시장을 독점하여 곡물의 소비자 가격을 올리려 했다는 혐의로 고발했으며, 1938년에는 그 회사와 임원 세 명에 대해 거래중지를 명령했다.

좀 더 최근의 일을 말하자면, 카길은 콜롬비아에서의 토지 독점뿐 아니라 세계 곳곳에서 저지른 불법적인 아동 노동 고용과 여러 가지 인권 침해로 고발당했다. 환경보호단체 마이티 어스Mighty Earth의 보고서에 따르면, "카길이 자연계에 미친 최악의 부정적인 영향은 아직까지 온전한 상태로 남은 세상의 마지막 숲과 초원을 파괴하는 데 수행한 역할일 것이다." 그 대표적인 사례는 콩을 재배하려고 아마존의 숲을 벌채하고 건강에 아주 나쁜 패스트푸드 첨가물 중 하나인 팜유 생산을 위해 수마트라와 보르네오의 숲을 벌채한 것이다.

오염과 이에 연관된 환경 문제는 미국 농업 기업의 관행에 특유한 현상이다. 마이티 어스의 보고서는 이렇게 결론 내린다. "고기를 공급하는 가축을 먹이고 키우는 데에는 다른 어떤 산업보다도 더 많은 땅과 물이 필요하다. 그 산업에서 나오는 쓸모없는 부산물은 세계 전역에서 최악의 오염원에 속한다. 그러한 영향의 상당 부분이 미국에 집중된다. 공장식 축산이 미국에 확고한 기반을 갖추고 있기 때문이다. 그러나 이런 방식은 세계의 다른 지역으로 급속하게 확산하고 있다."

카길의 국제적 금융 범죄는 앞서 미국의 법을 위반한 것과 일맥상통한다. 2008년 세계 곡가가 급등했을 때, 카길은 아처-대니얼스-미들랜드와 번지, 루이 드레퓌스와 함께 아르헨티나에서 회계를 조작하여 이윤이 미미하다고 보고했다. 판매 계약과 기록을 허위로 기재하고 역외 은행 중심지와 조세피난처의 지사에 낮은 생산비 가격으로 곡물을 판매하여 거짓으로 이전가격을 조작한 것이다 (아래에서 설명하겠지만 이러한 관행의 선구자는 석유 산업이다). 아르헨티나는 2011년 이 회사들을 10억 달러의 세금을 체납한 혐의로 고소했다. 당시 국세청장 리카르도 에체가라이Ricardo Echegaray는 이 회사들의 범죄를 고발하면서 이렇게 설명했다. "2008년은 농산물 가격이 급등하여 그들에게는 가격 면에서 최고의 한 해였지만, 우리는 최대 판매량을 기록한 그 회사들이 이 나라에서 매우 적은 이윤을 낸 것을 볼 수 있을 뿐이다."[10]

이 일에서 카길과 함께 음모를 꾸민 아처-대니얼스-미들랜드는 1902년 시카고에서 창설된 회사로, 카길에 이어 두 번째로 많이 금융 범죄에 연루되었다. 아처-대니얼스-미들랜드는 아마인유 전문 회사로 출발하여 전국 아마인유 트러스트National Linseed Oil Trust의 출범에 일조했는데, 전국 아마인유 트러스트는 1916년에서 1918년 사이에 아마인유 가격을 갤런당 50센트에서 1달러 80센트로 급격하게 올려 쳐면 독점금지법을 위반한 혐의로, 1920년 법무부에 의해 고소를 당했다. 아처-대니얼스-미들랜드는 또한 1993년 국제시장에서 리신lysine의 가격을 조작한 혐의로 기소되었다. 회사의 임원 세 명은 징역형을 받았고, 회사는 1억 달러의 벌금형에 처했다. 당시까지 독점금지법 위반으로 내려진 역사상 최고액의 벌금이었다. 커트 에이헨월드Kurt Eichenwald는 이 사건을 조사하는 연방수사국 이야기로 소설《인포먼트The Informant》(2000)를 발표했고, 2009년에는 (같은 제목의) 영화가 제작되어 개봉했다.

제2차 세계대전 이후로 미국 통상 외교의 최우선 과제는 미국의 농민에게 외국 시장을 확보해주는 것이었다. 곡물과 콩, 돼지고기, 기타 수출 농산물은 오랫동안 미국 무역수지의, 즉 달러 외교의 버팀목이었다. 미국의 관료들은 세계은행에 미국 농산물과 경쟁하지 않는 열대의 플랜테이션 작물 재배 국가들이 수출을 늘릴 수 있도록 도로 건설과 항구, 기타 관련 기간시설 건설 사업에 자금을 빌려주게 했다. 그 나라들은 수출 촉진을 위해 빌린 돈을 주로 미국의 기계 회사와 건설 회사에 넘겼다. 외국인 소유의 회사와 수출지향적 회사가 공공 기간시설과 운송 보조금의 도움으로 자원 지대를 가져감에 따라, 이 나라들의 경제는 선조들로부터 물려받은 유산을 빼앗겼다.

세계은행의 차관 정책은 국내에서 소비될 식량 작물을 생산하는 가족농 규모의 농업이 아니라 고무와 팜유, 바나나, 향료 등 미국 농업 기업과 경쟁하지 않는 열대 플랜테이션 수출 작물에 집중된다. 전 세계에서 158개 이상의 단체와 학자가 소규모 농업을 제치고 대규모 농업 기업을 지원하는 세계은행의 행태를, 특히 2013년에 시작한 '농업 기업 벤치마킹BBA, Benchmarking the Business of Agriculture' 사업과 그 '농업 기업 실행가능EBA, Enabling the Business of Agriculture' 지수*를 비판했다. 둘 다 미국 국제개발청A.I.D., Agency for International Development과 빌 앤 멜린다 게이츠 재단Bill & Melinda Gates Foundation, 영국과 네덜란드, 덴마크 정부의 지원을 받았다. "기업의 토지 강탈"을 조장하고 "개발도상국 세계에서 소비되는 식량의 80퍼센트를 생산하는 소규모 자영농을 약화시킨다는" 비난에 대응하여 "세계은행은 겉치레로 약간 태도를 바꾸어 논란이 된 토지 지수를 생략"했다. 그러나 최근의 보고서는 이렇게 요약하고 있다. "최근(2019)의 농업 기업 실행가능 지수는 관습적 토지 보유는 물론 식량 안보와 지속 가능성까지 훼손하는 상업적 영농 투입과 단일경작의 편향을 강하게 반영하고 있다."[11]

농지에서 누가 이득을 볼 것이냐가 문제다. 현지 주민과 가족농인가 아니면 플랜테이션 농장주와 몬산토-바이엘과 번지(마찬가지로 아르헨티나에서 쫓겨났다), 아처-대니얼스-미들랜드 같은 생물

---

* 농업 분야의 법률과 규정을 평가하는 도구로, 사업을 성장시키려는 농민에게 장애가 되는 것을 제거하는 실행 가능한 개혁을 모색한다. 종자 보급, 비료, 용수 등 여덟 가지 항목에 관하여 지수를 산정하여 국가별로 점수를 매긴다.

공학 회사들인가? 이 회사들은 석유 부문이 최악의 사례를 보여준 이전가격 조작에 대한 규제는 물론이고 환경 규제에도 반대한다.

II. 석유와 가스 산업에서 일어나고 있는 최악의 사태들

역사적으로 보건대 노동생산성은 대체로 노동자당 에너지 투입량의 증가를 반영했다. 풍력과 수력부터 짐승의 힘과 화목, 석탄, 석유, 원자력, 태양에너지, 지열에너지까지. 석유와 가스는 여전히 경제 성장에 매우 중요하다. 그러므로 석유와 가스를 통제하면 세계의 지정학을 지배할 급소를 장악할 수 있다. 영-미 외교에서 석유 회사들이 수행하는 압도적인 역할은 이로써 설명된다. 러시아의 노르트스트림 2 가스관 건설을 도운 유럽 회사들에 제재를 가하여 그것을 막으려는 싸움은 오늘날 신냉전 정치의 초점이 되었다.

석유 지대의 금융화

1974년 이후 석유수출국기구OPEC, Organization of Petroleum Exporting Countries 회원국들이 자국의 석유 생산을 통제할 때까지 미국이 수입한 석유는 전부 미국 회사의 해외 자회사와 지점에서 들여온 것이었다. 이로써 국제수지의 비용은 최소한으로 유지되었다. 수입 석유의 명목 가격은 비용으로 상쇄되었기 때문이다. 그 비용은 당연히 외국의 생산자들에게 지급되지 않았다. 이렇게 수입가액을 벌충한 비용에는 다음과 같은 것이 포함된다. 본사에 들어온 이익, 투자 관리 비용, 선적비와 항만 사용료, 외국에서 일하는 미국 임원과 노동자의 급여, 미국이 수출한 시추 장비와 기타 석유 채굴 과정에 쓰이는 자본재, 외국 자회사와 지점에 지급한 선불금과 대출금의 이자.

미국 회사들은 지금도 해외 석유 생산을 본사의 해외 지사로 조직하고 있다. 그들의 석유 생산 활동은 모회사의 대차대조표에 통합된다. 그 회사들은 이 방법을 통해 미국의 감모공제減耗控除를 받을 자격을 얻는다. 석유 회사가 고갈되는 양만큼의 석유를 생산하는 데 써야 할 비용을 반영한다는 세금 공제(실제로 석유자원이 고갈되는 나라에는 이러한 공제로 돌아가는 보상이 전혀 없다)!

1913년 수정헌법 제16조로 미국 소득세법이 제정되었을 때(1909년 의회에서 소득세 법안이 통과된 후 4년간의 싸움 끝에), 그 의도는 경제적 지대를 빼가는 것이었다. 그러나 1920년대가 되면, 석유와 광물에서 지대를 뽑아내는 자들은 로비를 벌여 소득세 과세를 모면했다. 석유 감모공제는 석유 부문에서 사실상 미국과 외국의 소득세를 면제받게 한 회계 날조였다.

그다음으로 어려운 과제는 석유 생산과 정유, 판매에 대한 외국의 과세를 피하는 일이었다. 석유 산업의 변호사들과 회계사들은 역외 조세피난처에 편입된 선적과 무역의 자회사 형태로 '편의치적'을 실행했다. 라이베리아와 파나마는 소득세가 없고, 미국 달러를 통화로 사용하기에 사실상 미국 경제의 일부다.

수십 년 동안 미국 내 주요 석유 회사들은 사우디아라비아와 여타 중동 국가에서 생산한 석유를 인위적으로 가격을 낮추어 파나마나 라이베리아의 선적, 무역 자회사에 판매했다. 그다음 이 중개 회사들이 낮은 가격으로 구매한 석유를 미국이나 유럽의 유통 회사에 판매했는데, 그 이전가격은 유럽이나 기타 석유 소비국의 정유 회사나 주유소가 과세 당국에 이윤을 신고할 수 없을 정도로 높았다. 석유 산업은 해외 영업으로 벌어들인 수익을 소득에 과세가 되지 않는 나라에 등록된 무역 회사들이 거둔 것으로 신고한다.

근대국가의 기본적인 자격 기준은 자체의 화폐를 발행하고 과세를 통해 그것에 가치를 부여할 수 있는 힘이다. '편의치적' 국가들은 그와 같은 국가의 본질적 권한을 포기한다. 파나마와 라이베리아는 '진짜' 국가가 아니다. 카리브 해와 태평양의 작은 조세피난처 섬나라들과 모나코, 리히텐슈타인도 마찬가지다. 이 국가들은 탈산업화 시대의 국가가 어떠해야 하는가에 관한 신자유주의적 이상이다. 지대 수입에 대한 과세도 없고 사회적 지출도 없다. 국가의 존재 이유는 오로지 허구적 회계로써 이윤과 천연자원 지대가 '실제로' 발생하는 장소를 감추는 것이다.

사회적 비용을 회피하는, 석유 공해 유발 기업들

농업 기업과 거의 흡사하게, 석유 부문과 광업 부문도 전 세계적으로 토양과 물, 공기를 오염시킨다. 그리고 그 기업들 역시 자신들이 초래한 환경 문제의 책임을 회피하려 한다. 1989년 엑슨 발데스호가 알래스카에 1000만 갤런의 석유를 누출한 것은 최악의 유조선 사고로 기록되고 있다. 이후 엑슨 사는 몇 년에 걸친 법률적 이의 제기 끝에 오염에 대한 보상을 미루었고 결국 완전히 회피했다. 똑같이 악명 높은 것은 2010년 브리티시 퍼트롤리엄의 시추선인 딥워터 허라이즌호의 석유 누출 사고다. 그 회사가 해저 시추공의 적절한 폐쇄 비용을 회피했기 때문이다. 브리티시 퍼트롤리엄은 많은 악행을 저질렀고 의회에서 위증을 한 혐의로 기소되었는데, 이는 환경 보호 규정에 대한 그 산업의 강경한 반대를 반영한다.

작은 규모의 사고로 말하자면, 미국의 버려진 유정과 수압파쇄 공법 실행 과정에서 발생한 수 천 건의 석유 누출 사고가 있다. 이 때문에 막대한 오염 정화 비용이 발생했다. 많은 유정이 오래전에 채굴을 중단했고, 지역 당국에 오염 정화 비용을 전혀 남기지 않았다. 현재 운영 중인 곳에서도 수압파쇄공법에 사용된 어마어마한 양의 물이 광범위한 수질 오염을 초래한다. 텔레비전 뉴스쇼는 싱크대의 수도꼭지에서 흘러나오는 물에 성냥불을 갖다 대면 불이 붙는 장면을 보여준다. 물길을 돌리면 지하수면이 낮아지고 소규모 지진과 진동이 발생하여 지역의 물 공급만큼 땅도 불안정해진다.

여기에 하나 더 덧붙여야 한다. 석유 산업은 오랫동안 지구온난화와 기후변화, 해수면 상승에 하나의 요인이었음을 인정하지 않았다. 정부 정책도 비난을 받아야 한다. 캐나다 앨버타 주 애서배스카의 역청탄층 개발은 미국의 에너지 자립이라는 목적을 환경에 대한 책임보다 앞세우면서 엄청난 오염을 대가로 치렀다. 그 더러운 석유를 미국으로 보내기 위해 부설한 송유관에서 석유가 누출된 것이다. 역청탄층에서 석유 1배럴을 추출하려면 물 4갤런이 필요하다. 나는 1976년에 에너지연구개발청ERDA, Energy Research and Development Administration의 가스 액화 연구에 자문역으로 참여했는데, 그 기관은 역청탄층의 탄화수소가 공짜 용수라는 보조금이 필요하다는 사실을 숨기고 경제적 이용 가치가 있는 것처럼 보이기 위해 용수 비용을 제로로 계산했다. 나는 이에 항의했지만, 이는 공식 보고서에서 누락되었다.

미국 외교에서 이탈하는 산유국을 고립시키기

1973~1974년 이후 석유수출국기구 회원국들은 자국 내 석유자원을 통제하고 석유 수출 가격을 네 배 인상함으로써 더 공정한 몫의 수익을 가져가려고 했다. 그러나 자국 석유를 계속 통제한 산업국가들도 석유의 저주로 고통을 받았다. '네덜란드 병'이다. 노르웨이는 북해 유전 때문에 통화 가치가 크게 올라 세계 시장의 가격경쟁에서 밀려났다. 결국 노르웨이는 이 문제를 (사우디아라비아처럼) 석유 수출로 벌어들인 돈을 미국을 비롯한 외국의 금융시장과 무기시장에 집어넣어 해결했다. 결국 그 시장이 석유 지대의 최종적인 수취자가 되었다.

리비아는 달러 블록에서 독립하려 했다. 무아마르 카다피는 석유를 이용하여 국가의 사회복지 제도와 교육 제도의 발전을 주도했다. 그는 금본위제의 아프리카 통화권을 창설하기를 희망했으며, 리비아의 외화 소득을 달러가 아닌 금으로 보유했고, 외국의 군사기지를 거부했으며, 세계은행에 달려가는 대신 중국에 의지하여 건설 사업을 시행했다. 이러한 움직임에 미국과 프랑스, 영국은 2011년 북대서양조약기구로 공격을 개시했고, 카다피는 고문을 당하고 살해되었으며, 리비아는 파괴되고 그 금 보유고는 사라졌다. 미국 국무부 장관 힐러리 클린턴은 이슬람국가ISIS 전사들에게 무기를 주어 시리아와 이라크를 공격하게 했다. 그 국가들이 석유를 자국 내 경제 성장에 이용하지 못하게 하려는 조치였다.

2017년 1월 26일, 그리고 2018년 2월 26일에 당시 트럼프 대통령은 미국이 이라크와 시리아를 공격하는 데 비용이 들었으니 이에 대한 보상으로 그 두 나라의 석유를 가질 권리가 있다고 역설했다.[12]

2020년 1월 어느 선거 집회에서 트럼프는 미국이 어떤 나라를 공격하든 공격 비용에 대한 보상으로 그 나라의 천연자원을 강탈할 권리가 있다고 거듭 밝혔다. 불운하게도 미국과 영국, 프랑스의 투자자들이 탐낼 만한 자원을 갖고 있어서 폐허가 된 나라들에는 어떤 배상도 없었다.

> 트럼프는 이렇게 말했다. "사람들은 내게 말한다. '왜 시리아에 머물러 있는가?'" 그는 이렇게 덧붙였다. "석유를 갖고 있기 때문이다. 솔직히 말해서 이라크에서도 석유를 차지했어야 했다." 청중은 환호하고 박수를 보냈다. 이전에도 대통령은 전임자들이 이라크의 유전에서 이득을 취하지 못했다고 비판했다.
> 대통령은 말을 이었다. "그래서 사람들은 말한다. '트럼프는 시리아에 있다.' (…) 우리는 석유를 차지하고 있다. 정말로 안전하게 확보하고 있다. 무슨 일이 일어날지 지켜보자."[13]

베네수엘라도 석유 때문에 공격을 받았다. 수십 년 동안 미국은 베네수엘라와 인근 라틴아메리카의 종속 국가 독재 체제를 후원했다. 석유 산업은 민족주의적 움직임이 미국의 대리 정권을 거부할 것을 염려했기에 베네수엘라 석유를 정제할 정유시설을 인근 바다의 트리니다드에 설치했다. 산유국이 원유의 생산과 정제를 통합하여 휘발유와 기타 연료를 생산하고 자신들의 통제하에 제품을 판매하는 것을 막는 것이 석유 산업의 전략인데, 이 또한 그러한 전략의 일부였다.

미국은 베네수엘라 대통령 니콜라스 마두로를 무너뜨리기 위해 쿠데타를 후원했으나 실패했다. 그러자 미국은 동맹국들을 규합하여 그 경제를 파괴하고 국민을 굶겨 항복을 받아내려고 제재를 가했다. 베네수엘라가 보유한 금으로 필수적인 식량과 의약품, 기타 긴요한 수입 물자를 구매하려 하자, 영국은 영국은행에 보관된 베네수엘라의 금 보유고를 동결했다. 미국 관료들이 그 나라의 공식적 지도자로 어떤 자를 결정하든지 그를 위해 남겨둔 것이다. 영국 대법원의 어느 판사는 이렇게 말했다. "마두로가 그 금을 사용할 수 있게 허용하는 것은 불법이다. 영국 정부는 그의 경쟁자인 후안 과이도를 베네수엘라의 적법한 지도자로 인정하기 때문이다."[14] 베네수엘라 국민은 미국이 임명한 자를 지지하지도 받아들이지도 않았다.

미국의 지정학적 전략은 전 세계를 미국의 석유 회사와 그 외교적 세력권 안에 있는 석유 공급자에 의존하게 만드는 것이다. 그러나 반발이 생겼다. 미국이 노골적으로 석유 통제력을 경제적, 군사적 외교를 강요하는 급소로 이용하자, 다른 나라들이 에너지 독립을 추구했다. 가장 최근의 대결은 미국이 독일을 비롯한 유럽 국가들의 러시아 가스 수입을 막으려 한 것이다. 2019년 12월 미국 의회는 러시아의 노르트스트림 2 가스관 건설에 참여한 회사들에 무역 제재를 가하고 금융상의 불이익을 주었다. 미국 전 국무부 장관 마이크 폼페이오Mike Pompeo는 유럽으로 건너가 독일이 가스관 완공을 늦춰야 한다고 강조하며, 러시아로부터 에너지를 수입하면 유럽이 '무역 의존'에 빠지고 따라서 잠재적으로 러시아의 영향력에 볼모가 될 수 있다고 경고했다. 미국은 "해저에 파이프를 부설하는 선박을 공급한 스위스 회사"에 제재를 가했으며, 2020년 7월에 "양당 의원을 다 포함하는 상원 의원단이 <u>노르트스트림</u> 2를 완전히 무산시키기 위해 제재를 확대하는 데 착수했다".[15]

8월 10일, 러시아 외교부 장관 세르게이 라브로프는 독일 외교부 장관 하이코 마스Heiko Maas와 함께 공동으로 기자회견을 열었다. 두 사람은 러시아와 독일이 조만간 <u>노르트스트림</u> 2 가스관 공사를 완료할 생각이라고 단호하게 재확인했다. 세르게이 라브로프는 강력히 촉구했다. "유럽 국가들은 에너지 정책을 스스로 결정해야 한다."[16]

독일은 미국에 어느 정도 양보하려고 했다. '수입 다변화'를 위한다는 표면상의 이유로 미국의 액화천연가스LNG를 러시아 석유에 지불해야 할 가격보다 훨씬 높은 가격에 수입하고자 항만시설 건설에 10억 달러를 투자하겠다고 약속한 것이다. 그러나 갈등은 점점 더 심해졌다. 트럼프 행정부의 마지막 날인 2021년 1월 19일, "재무부는 발트 해 해저에 <u>노르트스트림</u> 2 가스관을 부설하고 있는 러시아 소유의 바지선 포르투나 호에 제재를 가했다. 러시아가 소유한 가스관 건설 회사로 스위스에 등록된 <u>노르트스트림</u> 2 AG의 대변인은 이렇게 말했다. '적법하게 <u>노르트스트림</u> 2 가스관 건설 사업을 수행하고 있는 (유럽연합의) 회사들을 겨냥한 미국의 제재 조치는 국제법에 위배되며 유럽의 에너지 주권을 침해한다'".[17] 미국의 정책 수립자들에게 외국의 에너지 주권은 미국의 지리경제적 단극 지배 체제에 대한 위협이다.

Ⅲ. 구리와 기타 광물 산업에서
비롯한 여러 갈등

석유와 농업 기업처럼 광물 채굴도 언제나 환경을 파괴했다. 금속이 매장되어 있는 산악지대에 도달하려면 도로 건설에 대한 대규모 공적 투자가 필요하다. 기업들은 그러한 비용을 감수하고 싶지 않다. 그래서 세계은행이 개입하여 자원 부국에 자금을 빌려주어 기업의 손익계산서에는 '외부 효과'인 생산비를 '국유화'하게 만든다.

석유 산업과 마찬가지로, 광업 회사도 천연자원을 보유한 국가에 지불해야 할 돈을 최소한으로 줄이려 했다. 수십 년 동안 미국의 구리 회사들은 장기공급 계약에 따라 칠레에 광구 사용료를 지불했지만, 그 공급 가격은 런던금속거래소LME, London Metal Exchange에서 결정되는 현물 가격보다 훨씬 낮은 '생산자 가격'이다. 1960년대 말 미국이 주도한 베트남 전쟁이 확대되면서 구리 가격이 급등했다. 미군 병사들이 허공에 총탄을 퍼붓느라 한 명당 연간 약 1톤의 구리를 소비했기 때문이다. 런던 시장의 구리 가격은 파운드당 72센트까지 올랐지만, 미국 회사들이 칠레에 지불하는 가격은 34센트로 고정되어 있었다. 차액 지대는 애너콘다와 케니콧, 세로가 가져갔다. 그래서 칠레는 구리 호경기에 수출 소득을 올릴 기회를 빼앗겼다.

그로 인한 국민의 분노 때문에 1970년, 칠레에서는 사회주의자인 살바도르 아옌데가 대통령으로 선출되었다. 아옌데는 칠레가 반드시 미국 회사가 아니어도 누구에게든 팔고 싶은 상대에게 구리를 판매할 수 있다고 선언했다. 그 정권은 1973년 9월 11일 백악관의 닉슨-키신저가 후원한 군사 쿠데타로 무너졌다. 당시 육군 총사령관 르네 슈나이더René Schneider가 민주적으로 선출된 지도자를 군대의 힘으로 쫓아내는 것에 반대했다가 암살당한 뒤, 미국은 아우구스토 피노체트 장군을 내세워 통제력을 회복했다.

광물 수출업자들이 석유 수출업자와 단일경작 플랜테이션 작물 수출업자와 공유한 세 번째 유사성은 식량까지 포함하여 기본적인 욕구의 충족을 외국 경제에 의존하게 만드는 경향이다. 구아노 광산으로 세계 최고의 천연 유기비료 공급처가 된 칠레는 구아노를 자국 내의 식량 생산에 쓰지 않고 수출한다. 칠레의 극도로 불평등한 토지 분배 현황이 식량 작물 재배를 방해하기 때문에 식량 문제는 더욱 악화된다. 식량 수입 비용(대체로 미국 곡물에 의존한다)은 종종 칠레가 구리와 구아노, 기타 천연자원을 수출하여 벌어들인 순수익을 초과한다.

칠레의 경험은 단일경작 작물 수출에 따르는 공통의 정치적 결과를 보여준다. 독재자가 이끄는 과두지배 체제와의 결합이다. 강력한 주권 정부는 천연자원이 국가의 유산이라고 주장함으로써 석유 부문과 광업 부문에 과세하려 한다. 그러나 석유 부문과 광업 부문은 그런 정부에 맞서 사회민주주의적 개혁과 과세에 반대하는 신자유주의적 반동의 주된 지지자가 되었다. 아래에서 설명하겠지만, 그들은 환태평양경제동반자협정에 포함된 투자자·국가분쟁해결제도의 주된 지지자였다.

오스트레일리아에서 가장 부자 여성인 지나 라인하트Gina Rinehart는 철광산을 물려받았다. 그녀는 공적 규제와 지대 수입의 과세에 대한 우파의 공격을 막대한 자금을 지원하여 뒷받침했다. 그녀는 정부의 40퍼센트 광물자원지대세MRRT, Minerals Resource Rent Tax에 반대하며 홍보 전쟁을 벌였다. 이에 세금은 단명했고 그러한 지대에

과세하여 초과수익부담금을 걷자고 처음으로 제안한 총리는 몰락했다.[18]

오스트레일리아는 철광 수출이 늘어남으로써 전형적인 네덜란드 병에 쓰러졌다. 나는 그 나라의 중앙은행을 방문했을 때 오스트레일리아는 중국과 가까운 곳에 살아서 운이 좋다는 말을 들었다. 중국이 철광을 수입하는 고객이었기 때문이다. 그로 인해 외화가 쏟아져 들어오면서 오스트레일리아의 (신용에 의한) 부동산 버블은 경쟁력 있는 공산품 무역에 대해서는 생각할 수 없을 정도로 높은 수준에 이르렀다. 중앙은행 관계자들은 자신들의 나라는 캐나다처럼(짐작컨대 온 국토에 구멍만 남을 때까지) 천연자원으로 쉽게 먹고살 수 있기 때문에 산업 일자리가 정말로 필요하지 않다고 설명했다.

광업의 농업과 석유 부문과의 네 번째 유사성은 수익 증가 경향이다. 광석의 품질 저하는 기술 개선을 자극했고, 그 결과로 광석에 고작 1퍼센트의 구리만 함유한 광산을 소유한 나라들도 함유량이 3퍼센트로 높은 광산을 소유한 나라보다 더 낮은 비용으로 생산할 수 있게 되었다. 캐나다와 오스트레일리아 같은 나라에서는 거대한 토목공사 장비가 노동집약적 방식을 대체하여 광업을 기계화했다. 순도 낮은 광석의 가장 큰 문제는 기술적 대응으로 해결된다. 결점을 보상하고도 남는다.

광산 회사가 지역 공동체에 떠넘기려 한 주된 비용은 그들이 초래한 환경과 보건의 피해를 처리하는 비용이다. 광업의 '외부 효과' 비용은 중국의 무역 정책에 두드러진 영향을 미친다. 중국은 세계 최대의 희토류 금속 공급자다. 희토류 금속은 정말로 희귀한 것은 아니지만 땅속에 매우 넓게 흩어져 있어서 채굴에 엄청난 크기의 토목공사 장비와 화학적 처리가 요구되는 17개 원소를 말한다.[19] 1992년 덩샤오핑은 이렇게 선언했다. "중국에 희토류 금속은 중동의 석유와 같다."[20] 그러나 여러 해 동안 중국은 타이완 투자자들에게 그러한 원소들을 채굴하여 기본적으로 투입된 노동과 기계류의 비용에 정상적인 이윤만 더하여, 다시 말하자면 미국과 여타 산업국가의 생산자들이 그 원소들을 채굴하여 정제했다면 들어갔을 비용을 물리지 않고 현재 시세로 세계 시장에 판매할 수 있게 했다.

그 결과로 2002년에 중국의 판매 때문에 몰리콥 주식회사는 미국 서부의 마운틴패스 광산을 폐쇄했고, 중국은 희토류 금속을 너무나 낮은 가격으로 판매하여, 2009년에 전 세계 생산량의 95퍼센트를 차지했다. 그 낮은 수출 가격은 채굴에 따른 토양 오염과 대기 오염의 정화 비용을 반영하지 않았기 때문에 가능했다.

중국은 이후 희토류 금속 수출을 줄였다. 그 정책으로 외국 회사들은 산업 생산시설을 중국으로 이전함으로써 그 원소들을 획득하려 했다. 미국은 보호무역주의로 대응하여 자체적인 생산을 부활시키려 했다. 중국이 미국 관료들이 타국에 입찰을 강요하기 위해 이용한 제재와 비슷한 성격의 제재를 가하여 공급을 중단할 것에 대비하려는 조치였다. 미국의 보호무역주의적 대응은 희토류 금속의 한계 가격을 높일 것이며, 그로써 차액 지대 추구에 상당한 이익을 가져다 줄 것이다.

IV. 자원보유국의 민주주의에 맞선 신자유주의의 싸움

아주 많은 천연자원이 토양과 대기, 수질의 오염을 초래하는 방식으로 채굴된다. 이 때문에 민간 회사들에 환경 보호에 대한 비용과 벌금을 물려 파괴적인 행위를 줄이도록 하려는 시도가 있었다.[21] 그러나 기업들은 환경 오염 정화비와 사람들의 건강에 끼친 해악의 보상비를 공공 부문에 이전시켜 이익을 최대한 늘리려고 필사적으로 싸운다. 이들은 오염과 기타 손해에 대한 책임을 피하기 위해, 다시 말해 정부가 지난 수천 년간의 도덕철학의 가르침에 따라 행동하지 못하도록 막기 위해 고도의 로비 활동을 통해 국제법을 신자유주의적 지침에 따라 변경하려 한다.

문제는 이것이다. 사적인 돈 강탈과 착취를 억제해야 하는가? 가장 깊은 차원에서 보면, 그 싸움은 세상을 단기적인 삶에 내맡겨야 하는가에 관한 것이다. 자산 박탈을 허용하고 야만족의 침입이나 다름없는 행위가 국민에게 손해를 끼치도록 내버려두는 것, 경제와 사회, 환경의 회복력을 무너뜨리며 기업과 금융의 이익과 자원 지대를 최대한으로 늘리는 것이다.

벌목업자들과 화전 방식의 토지 약탈이 숲을 개간하여 경작지를 늘려 작물을 심거나 가축을 키우려고 브라질의 아마존 열대우림을 파괴한 것은 지독히 근시안적이며 금융적인 사고방식을 상징적으로 보여준다. 정부의 환경 정책과 사회 정책도 단기적인 시각에 젖어 미래에 나타날 귀결은 '외부 효과'로 여기는 금융화한 기업 경영과 똑같이 취급된다. 세계의 환경 전체가 천연자원 부문이 어떤 자원이든 오염과 토양 침식을 최소한으로만 방지하면서 아주 쉽게 가져갈 수 있는 공간으로 여겨질 뿐이다. 그 결과는 독성물질에 오염된 토양과 헐벗은 자연 경관이다.

지력의 고갈과 종의 소멸 같은 환경 파괴는 문명에 대한 전쟁에 따라오는 부수적 손해다. 군사적 정복도 바로 이와 같다. 금융가들은 군사 지휘관이며, 이들이 수익을 관리하기 위해 후원하는 입법 정치인들은 그의 동료들이다.

공적 규제에 대한 반대는 산업국가와 그들에게 원료를 공급하는 국가 사이의 관계에서 가장 무자비한 형태로 나타난다. 환태평양경제동반자협정과 그것과 같은 부류인 범대서양무역투자동반자협정TTIP, Transatlantic Trade and Investment Partnership은 회사들이 초래한 손실의 처리 비용을 받아내기 위해 회사들에 과세하거나 벌금을 물리지 못하게 한다는 법률적 전략을 이행하려 했다.

환태평양경제동반자협정은 2005년 뉴질랜드와 싱가포르, 칠레, 브루나이가 상호 간 무역협정으로 출범시켰다. 2008년 미국이 뛰어들어 논의를 주도했고, 당시 오바마 행정부는 300여 명의 기업 로비스트들을 후원하여 하나의 무역협정이었던 환태평양경제동반자협정을 완전한 정부 규제 반대의 철학으로 탈바꿈시켰다. 그로써 보건과 환경, 노동자와 소비자 보호, 기타 기업의 이윤 강탈과 지대 추출을 방해할 수 있는 공익에 관한 공적 규제를 막았다. 그 목적은 바로 공적 규제의 원칙적인 금지였다.

민주적 법률보다 우위인 투자자·국가분쟁해결제도

환태평양경제동반자협정의 실질적인 목적은 투자자·국가분쟁해결제도 법정을 세워서 정부가 석유 누출부터 조세 회피까지 외국인 투자자들의 활동이 초래한 손해에 대해 보상을 받아내기 위한 고소를 막을 권한을 부여하는 것이었다. 미국이 후원한 로비스트들이 그러한 제도를 만들어냈다. 투자자·국가분쟁해결제도 법정은 외국 회사들이 한 나라의 공적 규제 때문에 이익에 손해를 입었다고 고소할 경우, 그 나라 정부에 액수에 제한을 두지 않고 지불하라고 명령할 수 있다. 이는 외국인 투자자들이 공중보건과 환경에 무제한으로 손해를 끼칠 수 있도록 내버려두는 것이다. 그들은 야만적인 행위에 대한 공적 책임에서 벗어났다. 전구대학교의 교수진은 환태평양경제동반자협정을 이렇게 요약했다.

> 투자자·국가분쟁해결제도 규정에 따르면, 외국인 투자자들은 환경과 노동, 안전에 관한 규제처럼 투자 대상국의 특정 조치들이 자신들의 현재 이익이나 미래의 이익에 해롭다고 판단할 경우, 그 국가의 법률 체제를 무시하고 그 정부에 대해 소송을 제기하고 '이익의 손실'에 대해 보상을 요구할 것이다. 달리 말하자면, 특정 국가에 투자한 회사는 그야말로 법의 적용을 받지 않는다. 분쟁이 발생하면, 중재는 그 나라의 법률 제도가 아니라 환태평양경제동반자협정의 구속력 있는 국제적 기준을 토대로만 이루어질 것이다.[22]

한 국가의 법률 체계를 짓밟은 가장 악명 높은 사례가 에콰도르에서 발생했다. 셰브론이 심각한 석유 누출 사고를 일으킨 뒤의 일이다.

2013년 에콰도르 대법원은 석유 회사 셰브론이 오리엔테 지역의 환경을 오염시켜 입힌 피해에 대해 95억 달러를 지급해야 한다는 하급심의 판결을 확정했는데, (2016년) 1월 헤이그의 투자자·국가분쟁해결 법정은 에콰도르 대법원의 판결을 뒤집었다.

셰브론이 2001년에 인수한 텍사코는 1964년에 에콰도르의 아마존 강 유역에서 시추를 시작했다. 수십억 리터의 폐수가 강에 버려져 식량 자원이 오염되고 주민들은 발암성 독성물질에 노출되었다. 특히 소아 백혈병 발병률이 높아졌다. 에콰도르 원주민들은 석유 회사의 노동자들이 다이너마이트로 집을 폭파했고 자신들에게 성폭력을 포함하여 폭력을 행사했다고 말한다. 셰브론은 "환경 피해와 사회적 피해라는 추정상의 혐의에 책임이 있다는 거짓 주장으로부터 스스로를 보호하고 있다"고 말한다.

에콰도르는 석유 회사들이 제기한 투자자·국가분쟁해결제도 소송으로 이미 큰 타격을 입었다. 2012년 거대 석유 기업 옥시텐틀과의 공동 개발 사업을 취소한 뒤 18억 달러의 배상금에 이자까지 지급하라는 판결을 받은 것이다. 국가의 연간 보건 예산을 뛰어넘는 액수였다. 한편 오스트레일리아의 광업 회사 오세아나골드는 자회사 팩 림 케이먼의 금 채굴 허가를 철회한 엘살바도르 정부에 소송을 제기했다. 엘살바도르 정부는 광석에서 금을 추출하기 위해 채굴 초기에 사용한 시안화물(청산가리)이 식수를 오염시킨 것을 염려하여 이러한 조치를 취했다. 오세아나골드는 2억 8400만 달러를 요구했는데, 이는 엘살바도르의 연간 외국 원조 수입보다 많은 액수다.[23]

이러한 판결의 근저에 놓인 법률 원리는 그러한 정치적, 법률적, 경제적 항복 문서에 서명한 국가에서 국민의 자위권을 앗아간다. 어느 평자는 투자자·국가분쟁해결제도가 1950년대에 탄생한 이래로 극도로 공격을 받았다고 말하며 다음과 같이 요약한다. "세

간에 잘 알려지지 않은 항의이지만 미국 연방대법원장 존 로버츠John Roberts는 투자자·국가분쟁해결제도 법정의 중재위원단이 한 국가의 법률을 검토하고 '입법부와 행정부, 사법부의 권한 행사를 사실상 무효화할' 수 있는 놀라운 힘을 지니고 있다고 경고했다. 그의 말에 따르면 투자자·국가분쟁해결제도 법정의 중재위원들은 '말 그대로 세계 어느 곳에서든 모여' 한 국가의 '주권 행위'에 '판결을 내릴 수 있다.'"[24]

《파이낸셜 타임스Finantial Times》는 이러한 내용의 기사를 실었다. "오스트레일리아는 이것(투자자·국가분쟁해결제도)이 다국적 기업을 위하느라 주권을 약화시킬 것이라고 주장했다. 수압파쇄 공법에 반대하는 활동가들은 그러한 장치가 석유 회사에 엄격한 환경지침을 강요했다는 이유로 현지 당국을 고소할 수 있게 할 것이라고 말한다. 캐나다는 담배 회사들이 그 조항을 이용하여 담배 규제에 관하여 정부를 법정으로 끌고 갈 수 있을 것이라는 우려를 제기했다."[25] 로리 월러크Lori Wallach는 〈데모크러시 나우Democracy Now〉에서 이렇게 설명했다. "기업들은 주권 정부를 세 명의 민간 부문 통상전문 변호사로 구성된 법정으로 끌고 갈 힘이 있다. 그 세 명은 기업을 대변하여 정부를 고소하는 변호사 역할과 판사의 역할을 번갈아 맡는다. 이해충돌 방지법은 없다. 이 세 명의 민간 기업 변호사는 환경과 토지이용, 용도지구, 보건, 노동에 관한 국내법이 환태평양경제동반자협정 같은 조약에 명시된 기업의 새로운 권리를 침해했다는 이유로 정부가 세금으로 거둔 돈을 외국 기업에 달러로 지불하라고 명령할 수 있다. 금액에 제한은 없다.[26]

환태평양경제동반자협정에 맞서기 위해 결성된 한 단체(Expose

TheTPP.org)는 이렇게 지적한다.

> 정부는 승리할 때에도 종종 법정 비용과 소송비를 지불해야 한다. 사건당 평균 800만 달러에 달한다. (…) 현재 진행 중인 투자자·국가분쟁해결제도를 통한 공격으로는 다음과 같은 것이 있다.

- 셰브론은 에콰도르 아마존 강 유역 독성물질 오염의 책임을 회피하려 한다.
- 필립모리스는 오스트레일리아의 담배 상표에 관한 정책을 공격한다.
- 일라이 릴리는 캐나다의 약물 특허 정책을 공격한다.
- 유럽 회사들은 혁명 후 이집트의 최저임금 인상과 아파르트헤이트 철폐 이후 남아프리카공화국의 차별금지법을 공격한다.[27]

환태평양경제동반자협정과 범대서양무역투자동반자협정은 정부가 보건 기준과 기타 공익 영역을 규제하지 못하게 방해했을 것이다. 경제학자 수전 조지Susan George는 이를 "미국 주도의 정교하고 유해한 갈취이자 환경과 동물복지부터 노동권에 이르기까지 모든 영역에 걸쳐 주도면밀하게 진행되는 공격"이라고 특징지어 설명했다. 그는 이렇게 지적했다. 만일 유럽이 농산물 관세를 낮추면, "미국의 옥수수를 비롯한 기본적 곡물이 에스파냐로 물밀 듯 쏟아져 들어올 것이며, 이는 멕시코의 켐페시노campesinos(소작농)가 나프타NAFTA, 즉 북미자유무역협정으로 파멸한 것과 정확히 똑같은 방식으로 많은 농민을 몰락하게 할 것이다".[28]

투자자·국가분쟁해결제도의 반정부적 이데올로기는 현대의 사회적 가치관에는 너무도 혐오스러운 것이어서, 국민은 그 진실을 보지 못하게 눈이 가려진다. 미국의 입법자들은 문을 닫고 '최고의 기밀'을 유지하며 메모도 허락되지 않은 상황에서 전문을 읽어야 했다. 기업의 권력 찬탈에 관한 조항을 완화할 수정을 제안할 수 없었고 다만 조약 전체에 대한 찬반 여부만 밝혀야 했다.

기업의 이해관계자들이 권력 찬탈을 비밀에 부쳤지만, 이는 2015년 봄부터 서서히 폭로되었다. 이브 스미스Yves Smith는 블로그 '벌거벗은 자본주의Naked Capitalism'에 이렇게 썼다. "위키리크스와 《뉴욕타임스The New York Times》가 이른바 투자 관련 장章의 최신판을 적시에 공동으로 공개한 것은 지난 행정부에 대한 비난에 불을 붙였을 것이다. (…) (투자자·국가분쟁해결제도는) 외국인 투자자들이 장래의 잠재적 이익 상실에 대하여 정부를 비밀중재위원단에 제소할 수 있게 함으로써 비밀중재위원단이 사실상 국가의 법규를 뒤엎을 수 있게 한다."[29]

위키리크스가 폭로한 비밀에 관하여 이브 스미스는 이렇게 말했다.

미국 통상대표부가 법적으로는 접근을 허락하지만, 실제로 그 권리는 실속이 없다. 의원은 직접 전문을 읽어야 한다. 보좌진을 보내거나 전문가를 데려오는 것도 허용되지 않는다. 무역 법안을 직접 감독하는 위원회(상원 재정위원회와 하원 세입위원회) 소속(의원)의 참모진만이 의원과 동반하여 올 수 있다. 통상대표부는 의원이 어떤 장을 미리 검토하기를 원하는지 구체적으로 밝혀야 한다고 주장한다. 통상대표부는 또한 그 장들에 관해 교섭한 대표들이 참석해야 한다고 주장한다. 협상 대표들이 돌아다니기 때문에, 적절한 시간을 찾기까지 대개 3~4주가 걸린다.

당시 기업의 권력 찬탈에 대한 국민의 반대가 주로 오바마 전 대통령과 민주당 대통령 후보였던 힐러리 클린턴을 향한 것은 전혀 놀랍지 않다. 그러한 반대 때문에 결국 2016년 선거 공약 안에 환태평양경제동반자협정에 대한 반대를 포함시킨 트럼프가 힐러리에게 승리를 거두었다. 트럼프는 민주당의 신자유주의적 정책에 가장 심한 타격을 받은 미드웨스트 주(오하이오, 인디애나, 위스콘신)들을 차지하여 대선에서 승리했고 2017년 1월 취임하자마자 환태평양경제동반자협정에서 탈퇴했다.

아세안 국가들은 중국과 일본, 한국, 오스트레일리아, 뉴질랜드와 함께 환태평양경제동반자협정 대신 2020년 11월 역내포괄적경제동반자협정RCEP, Regional Comprehensive Economic Partnership을 체결했다.[30] 투자자·국가분쟁해결제도는 사라졌다.

《파이낸셜 타임스》조차도 근본적으로 기업에 우호적인 태도를 보인 당시 오바마 행정부의 태도가 과두지배 체제의 성격이 덜한 나라들과 미국의 관계를 소원하게 만드는 효과를 냈다고 인정했다. 그러나 2021년 집무에 들어간 민주당의 바이든-해리스 행정부는 비슷한 요구를 다시 제시했다. 2020년 1월 대통령 당선인 신분이었던 바이든은 《포린 어페어스Foreign Affairs》에 기고한 글에서 이렇게 약속했다. 신임 정부의 "외교 정책은 미국을 상석에 앉힐 것이다".[31] 어떤 조약이든 최종적으로 승인해야 하는 의회는 어떤 외국도 미국의 정책을 결정할 수 없다는 태도를 확고히 유지했다. 미국 의회는 자국의 기업 로비스트들이 입안한 것이 아니라면 어떤 국제법에도 구속받지 않겠다고 주장한다. 이에 대응하여 "유럽연합은 구글과 아마존 같은 미국의 첨단기술 기업들에 대한 규제와 과세를 강화하는 계획을 밀고 나간다". 바이든 행정부가 미국의 기술 패권을 공고히 다진다며 적극적으로 밀어주는 기업들이다.

어렴풋이 모습을 드러내는 전 세계적 균열은 금융화한 미국과 문명의 가장 기본적인 조직 원리 간의 싸움이 되고 있다. 역사상 성공한 사회는 전부 혼합경제였다. 법치라면 모름지기 법을 집행할 권한을 지닌 정부를 필요로 한다. 어떤 사회든 생존하고 번영하려면 사적 이익 추구를 장기적인 공적 목적에 종속시켜야 한다.

미국의 외교는 그러한 원리에 맞서 싸우고 있다. 금융화한 탈산업경제가 붕괴를 모면하기 위해 해외 지대 추출과 달러 외교에 점점 더 크게 의존하면서 그 싸움은 더욱 공격적으로 변하고 있다. 지구의 모습은 탄광과 구리 광산이 분화구처럼 변하고 지표면의 식생과 표토가 소실되면서 거의 달의 경관처럼 바뀔 운명에 처했다. 이제 법을 제정하고 집행할 수 있는 것은 선거로 구성한 정부가 아니라 군벌 같은 기업들이다. 정부는 그것에 부속된 행정기구가 될 것이다. 바로 이것이 사회주의와 야만 사이의 투쟁이다.

PART
02

지대 수취자의 반혁명

CHAPTER 08

그들은 어떻게
정치를 사회주의로부터
멀어지게 했나

The
Destiny
of
Civilization

제1차 세계대전은 현대사의 거대한 전환점이었다. 그러나 경제 평론가들이 예측한 방향으로 흘러가지는 않았다. 대다수 평론가들은 산업의 성장이라는 논리가 지대 수입을 없애거나 국유화하고 동시에 정부의 계획과 규제 역할을 확대하리라고 예상했다. 미국에서 독점금지법은 1911년 스탠더드 오일과 아메리칸 토바코 회사의 독점을 깨뜨렸으며, 급격한 누진 소득세(1913년 합헌으로 판정되었다)는 주로 부유한 지대 수취자에게 떨어졌다. 유럽에서는 차르 니콜라이 2세의 러시아부터 시작하여 독일과 오스트리아-헝가리까지 군주정이 무너졌다. 귀족은 세습 지대를 상실했고, 민주적인 하원이 상원보다 우위에 섰다.

임금생활자들과 농민들이 자신들의 이익을 대변할 정치인을 선출할 것으로 예상되었고, 유럽과 북아메리카 곳곳에서 사회주의 정당과 공산당이 창당되었다. 독일의 배상금과 연합국이 미국에 진 전쟁 부채 때문에 유럽은 금융 측면에서 초토화되고 실업이 급증했다. 이에 계급 갈등이 폭력적으로 분출했다. 1921년 독일 도시들부터 시작하여 1926년 영국 총파업에 이르기까지 싸움이 터졌다.

그러나 사회주의의 승리는 없었다. 파시즘이 독일과 이탈리아, 에스파냐를 휩쓸면서 각국 정부는 억압적으로 바뀌었다. 그리고 오늘날, 서구의 사회민주당이라는 이름을 가진 정당들은 일반적으로 상위 1퍼센트로 대표되는 작은 지대 수취자 집단에 납치되어 그들의 이익에 봉사한다. 지대 수취자 집단은 나머지 99퍼센트의 대부분에 내핍을 강요하는데도 선거 정치를 장악했다. 서구 경제는 대다수 시민의 경제적 이익을 대변하는 민주주의 체제가 아니라 지대 수취자 과두지배 체제가 되고 있다.

산업자본주의는 왜 지대 수취자 계급으로부터 경제를 해방해야 할 그 운명을 실현하지 못했나? 지대 추구는 어떻게 다시 부활했나? 어떻게 1980년대 이래로 빠르게 성장하여 미국과 유럽의 명목상의 민주주의 체제에서 견고한 지지를 확보했나?

노동자와의 동맹보다 자신들의 번영을 추구하는 중간계급

그 답은 정당들이 선거정치에서 수행한 역할에서 찾을 수 있다. 노동자 정당은 선거에서 승리하기 위해 대개 중간계급 정당에 합세해야 했다. 그런데 중간계급 정당은 지대 수취자 계급으로 상승하는데 그 목적이 있었다. 중간계급은 대부분 재산권과 부에 대한 사회주의적 위협을 두려워했기에 노동자와 공동의 목표를 세우기를 주저했고, 급진적 개혁을 위협이자 침해로 보았다. 그러므로 '중도파'와 어느 정도로 타협해야 하는가가 문제였다. 중도파란 기존의 추세가 경제를 양극화하고 질식시켜도, 그래서 결국 자신들의 이익까지 해쳐도 이를 무너뜨리기를 두려워하는 유권자를 말한다. 불안한 마음에 상향 이동의 희망이 결합하면 중도파는 현상유지를 지지한다. 좌파의 개혁이 자신들의 것을 빼앗을까 두렵기 때문이다.

주류 정치학은 민주주의에서는 계급들이 자신들의 이익을 위해 투표할 수 있으며 따라서 경제가 다수의 이익, 주로 임금생활자의 이익에 봉사할 것이라고 암묵적으로 가정한다. 1920년대 미국과 유럽의 정치에서는 계급의식을 볼 수 있었다. 그러나 오늘날 세계에서는 사회민주당과 노동당이 궁극적으로는 지지기반인 유권자의 경제적 이익을 해치는 사영화와 금융화 정책을 지지하고 실로 이따금은 이를 주도한다.

지대 수취자의 로비스트들은 중간계급이, 심지어 임금노동자까지도 지대 추구 경제에서 이익을 볼 수 있다고 주장하며 임금생활자의 희망을 교묘히 이용했다. 신용으로 주택을 구입하고 연금기금의 수익 증대로 은퇴 소득을 확보하고 주식시장에서 자본소득을 얻음으로써 중간계급으로 진출하여 지대 수취자의 금융 소득을 공유할 수 있다는 것이다.

지대 수취자에게 우호적인 화법의 두 번째 특징은 큰 정부, 즉 경제적 지대를 규제하고 그것에 과세할 수 있을 만큼 강력한 정부에 대한 공격이다. 지대 수취자 계급이 장악하지 못한 국가 권력은 지대 수취자의 사회 지배를 실존적으로 위협하는 요인으로 여겨진다. 로마의 과두집단은 개혁가들이 '왕권을 노린다'고 비난했다. 그리스의 과두집단이 개혁가들을 참주가 되려는 이기적인 야심을 품고 있다고 비난한 것과 마찬가지다. 과두집단은 실로 자신들이 가장 억압적인 존재였는데도 개혁가들을 참주가 되려 한다고 비난하여 판을 뒤집으려 했다. 그러나 기원전 7세기와 기원전 6세기의 실제 '참주'들은 고대 세계 내내 민중적 개혁가들이 요구한 바로 그 일을 했을 뿐이다. 그들은 아테네는 물론(솔론의 뒤를 이은 페이시스트라토스) 코린토스와 스파르타에서도 군사 엘리트의 지배를 무너뜨리고 부채를 말소하고 토지를 재분배하여 고전기 민주주의의 토대를 닦았다.

개인의 권리라는 계몽운동의 신조는 교회와 왕권, 특권 귀족의 권위에 반대했다. 19세기 말 오스트리아 학파의 개인주의는 국가의 계획과 규제의 힘에 원칙적으로 반대하며 '자유시장(고전경제학적 의미가 아니라 신자유주의적 의미의 '자유시장')'을 마치 지대 수취자 계급이 착취적 방식으로 통제하고 있지 않다는 듯이 이상화했다. 고대와 마찬가지로, 이들의 신조는 정부가 민주화하면서 공적 계획과 국영 기업이 지주 귀족의 권력과 특권을 제한하는 데 쓰이자 이를 공격했다.

1920년대 '로테스 빈Rotes Wien'의 싸움에서 갈등이 폭발했다.* 오스트리아 학파의 개인주의는 곧 파시즘으로 만개했고, 오늘날의 신자유주의 이데올로기로 발전했다. 국가의 강력한 규제 권한은 경제의 잉여를 독점하고 나머지 국민은 의존과 내핍에 몰아넣으려는 지대 수취자 집단으로부터 개인을 해방하는 것인데도, 1980년대 영국 총리 대처의 사영화론자들과 미국 대통령 레이건의 규제 해제론자들은 당시 그러한 국가 권력을 개인적 자유의 반정립으로 악마화했다.

오늘날의 신자유주의자들은 사회주의적인 시장 '개입'에 반대하는 조세 저항과 규제에 반대하는 대중의 정서를 평계로 고전경제

---

* 1918년부터 1934년까지 오스트리아 사회민주노동당SDAPÖ이 빈을 정치적으로 통제하며 주거와 교육, 보건, 위생 등에서 공공 정책을 실행한 기간을 말한다. 엥겔베르트 돌푸스Engelbert Dollfuß의 권위주의 정권이 의회를 정지시키고 사회민주노동당을 금지하면서 내전이 벌어지고 오스트리아 공화국과 더불어 빈의 사회주의적 계획도 종말을 고했다.

학자들의 지대 수취자를 향한 비판을 다른 곳으로 돌리고 정부 권력을 장악했다. 정부는 납세자를 착취하고 관료 행정과 각종 규칙으로 돈을 낭비했다는 비난을 받는다. 채권자들과 여러 부류의 지대 수취자는 자체의 조직과 로비 단체의 기부를 통해 모든 공적 제약을 떨쳐버리고 약탈적인 방식으로 행동하지만, 세상이 이를 알아차리지 못하도록 다른 곳으로 주의를 돌린다. 그들은 지대 수취자의 이익을 보호하는 것, 특히 점점 더 많은 부채를 떠안는 99퍼센트의 이익이 아니라 채권자의 '재산권'을 보호하는 것이 정부의 유일하게 바람직한 역할이라고 말한다.

상원의원 샌더스가 지적했듯이 문제는 이것이다. "정말로 노동자 가정을 위해 싸우려고 한다면 결코 부자와 권력자의 편을 들 수 없다."[1] 친노동 정당으로 보이는 민주당에 투표하는 유권자의 이익과 민주당 후보자의 월스트리트에 대한 충성심 간의 대비는 2008년 은행 붕괴 이후 오바마 행정부 시절 부실 주택담보대출 사기극에 희생된 수백 만 명이 집을 압류당한 것에서 매우 극명하게 드러났다. 그 사건은 거대 금융자본의 정부 장악이 어떻게 매우 자연스럽게 수용할 만한 것으로 나타나는지 보여주었다. 국민이 유권자가 아니라 정치 자금 기부자 계급을 대변하는 정부에 분개하는데도, 당시 오바마 대통령과 법무부 장관 에릭 홀더Eric Holder(엘리트 과두집단의 법률 회사 코빙턴 앤 벌링 출신이다)는 사기에 가까운 '거짓말쟁이들의 대출'을 남발한 은행을 변호하고, 그 희생자들은 못 본 체했다. 금융에 희생된 자들은 아무런 정치적 지원을 받지 못했고 이데올로기적인 변호조차 받지 못했다.[2]

고전경제학의 자유시장 개념은 정부의 규제와 공적 투자를 최소화하여 자유롭게 지대를 뽑아낼 수 있는 시장을 뜻하는 것으로 의미가 뒤집혔다. 이러한 이중적 사고의 표현법과 개념이 그렇게 지대 수취자를 보호하는 정부의 배후에 도사리고 있다. 이는 금융과 기본적 사회 기간시설에서 사영화한 독점을 조장하는 효과를 낸다. 핑계는 있다. 경제의 주요 부문이 이익을 내려면 정부의 계획보다 더 효율적으로, 따라서 더 낮은 비용으로 서비스를 제공해야 한다는 것이다. 그러나 실제로 정부 계획의 대안으로 제시된 것은 독점적인 지대 추구와 금융 부문의 중앙 계획이다.

4장에서 설명했듯이, 고전경제학 이후의 경제 분석은 가치와 가격 간의 구분을 없앤다. 따라서 경제적 지대 개념도, 근로소득과 불로소득 간의 대조도 사라진다. 모든 소득은 생산적으로 벌어들인 것으로 정의된다. '가치'는 '공급과 수요'에서 나온다고 보는 것이다. 실제로 이는 소득과 부가 생산적으로 획득된 것인지 약탈적 수단과 특권으로 획득된 것인지 관심을 갖지 못하게 하는 일종의 순환논법에 따라, 모든 현재 상태를 의미하는 것으로 해석된다. 이에서 비롯한 경제적 개인주의의 정치적 논리는 노동자와 소비자를 보호하기 위한 개혁과 규제의 필요성을 부정한다.

일찍이 1843년에 토머스 칼라일은 이 자기중심적 시각을 설명하며 이렇게 말했다. "공급과 수요, 경쟁, 자유방임, '남이야 어떻게 되든 신경 쓰지 말라'의 이 모든 부의 복음은 이제껏 설파된 복음 중에서 가장 비열한 것이 되고 있다."[3] 2년 뒤 엥겔스는 그 자신이 시장의 거래에 나타난 부르주아 경제학이라고 칭한 편협한 시류를 비슷한 말로 혹독히 비판했다.

행상인의 정신이 언어 전체에 침투했고, 모든 관계는 사업의 용어로, 경제적 범주로 표현된다. 공급과 수요는 영국 부르주아가 인간의 모든 삶을 판단하는 원칙이다. 그러므로 모든 분야가 자유로운 경쟁이어야 하고, 자유방임경제 체제여야 하며, 정부와 의학, 교육에도 자유방임의 원리가 퍼져야 한다. 국교회가 점점 더 무너지고 있으니 조만간 종교에서도 자유방임의 원리가 적용되어야 한다는 말이 나올 것이다. 자유로운 경쟁에는 제한이 없을 것이고 국가의 감독도 없을 것이다. 국가는 그 자체가 그저 부담일 뿐이다. 이러한 상황은 어떠한 제약도 없는 무정부적 사회, 누구나 마음이 흡족할 때까지 타인을 착취할 수 있는 사회에서 최고로 완벽해질 것이다.[4]

20세기 말이 되면, 이 부르주아 경제학은 시카고 학파의 '자유 시장' 경제학에서 정점에 도달한다.

귀족 특권을 억제하는 개혁에 저항하는 자본

하원의 권한을 강화하여 지주 귀족의 권력을 제어하는 것은 중요한 일이었지만, 1846년에 곡물법이 폐기된 후 산업가와 은행가는 정부가 임금생활자에게 유리한 법률을 제정하는 것은 결코 원하지 않았다. 그럼에도 민주적 개혁은 계급의식을 자극했다. 1848년 2월 프랑스에서, 3월에 독일에서 시작된 사회적 항의가 유럽 대륙 곳곳을 휩쓸어 마르크스의 《공산당선언》을 비롯한 여러 글에 영향을 주었다. 오스트리아-헝가리에서 농노제가 폐지되기는 했지만, 이 혁명들은 노동자를 지원하기에는 역부족이었다.

주된 정치적 갈등은 산업자본가와 지주 계급이 누가 경제적 잉여를 차지할 것인지를 두고 벌인 싸움이다. 지주가 가져갈 것인가 산업자본이 가져갈 것인가, 아니면 정부가 토지세로 가져갈 것인가? 1848년 존 스튜어트 밀의《정치경제학 원론, 몇 가지 사회철학에의 적용 사례Principles of Political Economy, with Some of their Applications to Social Philosophy》는 지대에 전면적으로 과세하고자 리카도의 지대 원리를 자유무역 너머까지 확장했다. 마르크스는 1847년의 유럽 정치 지형을 살피면서 이렇게 썼다. "우리는 밀과 셰르빌리Antoine-Elisée Cherbuliez, 힐디치 등 지대를 국가에 넘겨 세금의 역할을 대신하게 해야 한다고 주장하는 경제학자들의 말을 이해한다. 그것은 산업자본가가 지주에게 품은 증오에 대한 솔직한 표현이다. 지주는 산업자본가가 보기에는 쓸모없는 존재, 부르주아적 생산이라는 정상의 몸에 생긴 이상 생성물이었기 때문이다."[5]

산업자본과 도시 부르주아의 강령은 완전히 만개한 사회주의와 생산수단의 공적 소유 직전에서 멈춰 섰지만, 개혁이 노동조건까지 확장되는 기폭제 역할을 했다. 1871년 봄 파리 시민들은 프랑스-프로이센 전쟁이 초래한 경제적 곤궁에 항의하여 거리에서 시위를 벌였다. 블라디미르 레닌이 훗날 설명한 바에 따르면, 파리 코뮌의 행동은 다음과 같았다.

부채와 지대의 지불이 연기되지 않으면 파산할 위험에 처한 소상점주들의 지지를 받았다. (…) 처음에는 반동적인 국민의회('무식한 지주들')가 군주제를 복원할지도 모른다고 두려워한 부르주아 공화파의 공감을 얻었다. 그러나 이 운동의 주된 역할은 당연히 노동자의 몫이었다(특히 파리의 장인들). (…)

오로지 노동자들만이 끝까지 코뮌에 충성했다. 부르주아 공화파와 프티부르주아는 곧 이탈했다. 부르주아 공화파는 그 운동의 혁명적이고 사회주의적인 프롤레타리아 성격을 두려워했고, 프티부르주아는 운동의 패배가 불가피해 보이자 떨어져나갔다. (…) 프랑스의 부르주아 전체, 모든 지주와 증권 중개인, 공장주, 크고 작은 약탈자들, 모든 착취자들이 힘을 합쳐 코뮌에 맞섰다. 이 부르주아 동맹은 비스마르크의 지원을 받아(비스마르크는 혁명 파리를 진압하기 위해 포로로 잡아두었던 프랑스 군인 1만 명을 석방했다) 지방의 소심한 농민들과 프티부르주아를 끌어 모아 파리의 프롤레타리아에 대적하게 하고, 파리의 절반을 쇠붙이로 포위하는 데 성공했다(나머지 절반은 독일군이 장악했다).[6]

5월에 프랑스군은 6000~7000명에 이르는 시위자를 살해하여 진보적인 사회 정책을 도입하려는 그들의 노력을 무산시켰다. 그때쯤 중간계급은 싸움에서 발을 뺐다.

사회주의에 반대하는 반정부적 개인주의의 출현

자유지상주의적인 전문 직업인 계층은 피에르 조지프 프루동이 말한, 이른바 '권력 없는 질서'를 지지했다. 권력 없는 질서는 정부의 권위에서 자유로운 독립적 소생산자들의 세계를 이상화한 것이다. 사회주의자들처럼 이들도 세습 지대 수취자 계급에 반대했다. 그러나 이들은 사회주의자들과 달리 그 계급을 대체할 어떠한 강력한 정부도 원하지 않았다. 임금노동자 계급이 지배하는 국가의 통제는 더욱 원하지 않았다. 일부 자유지상주의자들은 한 나라를 실질적으로 지배하는 힘인 입법권과 경제적 힘을 지닌 국가를 정치 투쟁을 통해 통제하려는 대신에, 유토피아적 공동체(미국에 많았다)로 은거했다.

그들의 이상인 소규모 협동조합 공동체에서는 누구나 정부에 세금을 내지 않고 사업을 할 수 있다. 임금노동자의 고용주인 산업 자본에 관한 논의는 거의 없다. 이것이 1840년대 프랑스에서 프루동이 보여준 접근법이었다. 미국에서는 헨리 조지가 1880년대와 1890년대에 이와 같은 자유지상주의적 주장을 옹호했다.

헨리 조지는 《아일랜드 토지 문제The Irish Land Question》(1881)에서 영국의 지주를 설득력 있게 고발했고, 많은 개혁가가 그의 토지세 옹호를 지지했다. 그를 추종하는 많은 사람이 아일랜드에서 쫓겨나 뉴욕을 비롯한 대도시로 이주했다. 헨리 조지가 1879년 《진보와 빈곤》을 발표하여 유명해진 뒤, 노동 단체들이 그를 1886년 뉴욕시 시장 후보로 내세웠다. 그러나 헨리 조지는 산업 개혁과 사회 개혁을 모조리 배제하도록 정강을 고쳐야 한다고 주장함으로써 그들을 실망시켰다. 헨리 조지는 이전의 지지자들에 의지하여 노동자의 작업장 안전과 주거에 관해 제안된 보호 조치를 전부 제거했다. 토지세 하나만 있으면 임차인과 소비자, 노동자, 채무자를 보호할 법률은 필요가 없고 경제의 모든 문제가 치유될 것이라고 주장한 것이다.

지주 계급과 가톨릭교회, 지대 수취자에게 우호적인 학자들은 토지세와 그것과 비슷한 법률적 조치를 사회주의라고 비난했다. 그러나 헨리 조지는 자신도 사회주의에 반대한다고, 자신이 올곧이 강조하는 핵심을 뛰어넘어 다른 것에 관심을 보이는 자들과는 같이하고 싶지 않기 때문에 독자적으로 정당을 만들었다고 역설했다. 그는 보호무역에 반대하여 자유무역을 지지했고, 정말로 토지세 단 하나를 제외한 모든 세금에 반대했다. 정치적으로 우파로 이동한 그는 노동조합에 반대하고 자본을 지지했으며, 경찰을 동원하여 시카고 아나키스트들을 공격한 일리노이 주지사 존 피터 알트겔드 John Peter Altgend를 극찬했고, 이자를 낳는 채무가 문제이고 이자가 일종의 불로소득이라는 것을 부정했다. 지대에 관해서도 그는 지대와 이윤, 이자에 관한 자신의 생각을 애덤 스미스와 리카도, 존 스튜어트 밀, 마르크스 등 고전적인 사회주의자들의 가치 이론과 지대 이론에 연관시켜 말하지 않았다.

그러므로 자유지상주의적 정치의 범위는 사회주의보다 훨씬 더 협소한 영역에 초점을 맞추었다. 그러나 이 정부 없는 경제를 이야기한 자들의 편협한 관념은, 경제를 복잡하게 발전하는 체계로 설명한 마르크스의 분석보다 논리적으로 더 단순했기에 사람들에게 쉽게 다가갈 수 있었다. 헨리 조지의 책은 마르크스의 책보다 수백만 부가 더 팔렸지만, 그가 점차 종파적인 편협함을 보였기 때문에 그의 초기 글에서 감화를 받은 개혁가 세대는 그가 만병통치약 같은 단일세를 제외한 모든 개혁을 거부하는 것을 보고 고개를 내저었다.

마르크스는 1881년에 헨리 조지의 《진보와 빈곤》을 받고는(출간된 지 2년이 지났을 때다) 곧 "사회주의로 치장하여 자본가의 지배를 구원하고 지금보다 훨씬 더 넓은 기반 위에 자본가의 지배를 새로이 세우려는 시도"라며 일축했다.7 지대를 폐지해봤자 산업의 이윤만 팽창할 뿐이었다. 마르크스는 《공산당선언》에서 옹호한 첫 번째 조치에 과도기 조치로서 토지세를 포함시켰음을 지적하며 헨리 조지를 비판했다. 이유는 그의 "기본적인 신조가" 자본가가 노동과 금융, 상속권, 교육, 기타 기본적인 경제적, 사회적 차원과 맺는 관계를, 다시 말해서 국가가 세금으로 거두어들인 지대로 무엇을 할 것인지를 다루지 않으면서 "국가에 지대가 납부되면 모든 것이 다 괜찮다"고 말하기 때문이었다.

헨리 조지에게는 고전경제학의 가치 이론과 가격 이론의 전통 속에서 글을 써서 지대 수입을 수취한 사람들을 고립시키려 한 당대의 개혁가들과 달리, 지대 개념을 다른 형태의 불로소득까지 확장할 논리가 없었다. 그가 지대 이론을 자유지상주의적 표현법으로 포장한 목적은 개혁가들과 협력하여 공동으로 지대와 이윤, 이자를 비판하는 것이 아니라, 독자들을 사회주의에서 멀어지게 하는 것이었다.

헨리 조지의 단일세 운동에 깃든 정치적 맹점은 19세기 내내 지속된 거대한 싸움, 즉 토지세 입법 투쟁에서 기득권 세력을 제어하기에 충분할 정도로 강력한 정부 없이도 이길 수 있다는 그의 믿음이었다. 지주의 힘을 극복하고 토지세를 입법하려면 포괄적인 동맹이 필요했다. 그러나 헨리 조지는 금융 개혁이나 산업 개혁의 필요성을 전혀 느끼지 못했다. 그는 사회주의에 반대한 만큼이나 은행 제도 비판자들에도 반대하며 이자를 일종의 이윤이라고, 그러므로 근로소득이라고 정당화했다.

1883년에 헨리 조지가 토지개혁연합Land Reform Union의 초청으로 강연하러 잉글랜드를 방문했을 때의 일이다. 둘 다 사회주의자였던 경리부장 챔피언Champion과 간사 프로스트Frost가 헨리 조지를 맞이하여 토지는 물론 자본의 국유화까지 옹호하지 않는다면 그 단체의 사회주의자들이 그의 운동에 반대할 수밖에 없다고 말했다. 이에 헨리 조지는 그들이 초청하기 전에 자신이 책에서 무엇을 대변했는지 알아냈어야 한다고 날카롭게 대답했다. 맞는 말이었다.[8]

헨리 조지의 두꺼운 전기를 쓴 사람은 1889년 네덜란드 강연 여행에 관해 이렇게 썼다. 그는 "유럽의 급진주의가 (…) 이자 수취에 너무 강하게 반대한 나머지 그 적절한 위치를 찾아주지 못한다고 판단했다. 그는 급소를 짚었다. 많은 사람이 자본에 대한 이자가 상당히 잘못되었다고 생각하지만 모든 사업의 국영을 이야기할 뿐 달리 어떻게 이자를 처리할지 아는 사람은 없다는 것이다".[9] 결론은 토지세의 옹호였는데, 그 수익을 기간시설이나 기타 사회적 지출에 공적으로 투자하려는 목적은 없었다. 기간시설은 사사로운 개인과 그에게 돈을 대는 금융가에 맡겨두면 되는 것이었다.

1897년 헨리 조지가 사망한 뒤 단일세론자의 우두머리가 된 사람은 루이스 포스트Louis Post였다. 헨리 조지의 추종자들과 마르크스의 추종자들이 미국을 돌아다니며 서로 논쟁했다. 포스트는 1905년 사회주의자들과의 논쟁에서 이렇게 전망했다. "투표소에서 노동자 사이에서 벌어진 첫 번째 큰 싸움은 단일세 원리와 사회주의 원리 간에 벌어질 것이다." 사회주의자들은 동의했다. 그러나 사회주의자 변호사인 시모어 스테드먼Seymour Stedman이 주장했듯이, "단일세는 하나의 원리가 아니라 (…) 자본주의 체제의 폐해로 추정된 몇 가지를 교정하기 위한 임시변통으로 제안된 것"일 뿐이었다.[10] 《인터내셔널 소셜리스트 리뷰International Socialist Review》의 편집장 앨지 마틴 사이먼스Algie Martin Simons는 그 논지의 요점을 이렇게 설명했다.

> 우리는 그들의 지주를 옹호하지 않는다. 우리는 지주를 위해 탄원하고자 여기에 오지 않았다. 그러나 우리는 그들(단일세론자들)에게 묻는다. 자본가를 옹호하는가? 이것이 핵심적인 문제다. 우리가 말하는 자본가는 (…) 작은 가게를 소유한 사람들이 아니다. (…) 소유권의 힘으로 사는 사람들, 다른 사람을 고용하여 감독과 관리, 경영, 조직의 업무를 시키는 사람들, 프랑스인들이 기업가 계급과 구분하여 랑티에 계급이라고 부르는 사람들, 주식과 채권, 저당물을 보유한 사람들을 뜻한다. (…) 그들(단일세론자들)은 그런 자들을 옹호하는가? 만일 그렇다면, 최후의 커다란 싸움은 사회주의와 단일세 간에 벌어질 것이라는 포스트 씨의 말은 옳다.

러시아부터 독일과 기타 산업경제에 이르기까지 정치적 문제는 이것이다. 중간계급 즉 부르주아는 사회주의 혁명을 지지할 것인가 아니면 지주 계급과 금융 계급에 합세하여 지대 수취자 계급으로의 진입 희망을 끝장낼 개혁에 반대할 것인가? 아돌프 다마시케Adolph Damaschke를 비롯한 독일의 주요 헨리 조지 추종자들은 나치의 지지자가 되어 유명해졌으며, 뉴욕시의 헨리 조지 사회과학학교Henry George School of Social Science는 나치 동조자들과 반유대주의자들의 회합 장소가 되었다.[11] 1937년에 학교의 교장이 된 프랭크 초도로프Frank Chodorov는 헨리 조지의 자유지상주의적 복음을 지키기 위한 그 원리를 이렇게 요약했다.

> 헨리 조지는 개인주의의 사도다. 그는 사유재산의 윤리적 토대를 가르친다. (…) 그는 자유시장 경제에서 자발적 협력이 가져올 커다란 생산성과 국가의 지도와 사회주의적 순응에 종속된 사람들의 도덕적 타락을 강조한다. 그의 원리는 자유로운 기업 활동, 자유무역, 자유로운 인간의 원리다.[12]

헨리 조지의 자본 옹호가 불러온 가장 치명적인 부수적 결과 중 하나는 사회주의자들을 쫓아내 토지세의 문제를 그의 추종자들이 독점한 것이다. 그리하여 사회주의자들은 지대 이론에서 멀어졌다. 주류 사회주의는 고전경제학의 토지와 지대 수취자 문제를 노동과 산업자본 간의 문제에 종속된 부차적인 문제로 다루었다.

지대 개혁과 사회주의에 반대하는 중간계급 정당

파시즘은 언제 출현하는가? 국민이 원하고 받아들일 준비가 되어 있는 개혁에 다른 정당들이 이의를 제기하며 망설일 때다. 1929년 경제 붕괴 이후 히틀러의 나치당이 주도권을 쥔 것에 대해 러시아의 혁명운동가였던 레온 트로츠키가 그렇게 설명했다. 1930년에 독일 공산당이 무장시킨 당원이 100만 명에 달했는데도, 이오시프 스탈린은 그 지도자들에게 나치에 맞서 싸우지 말고 그들과 공동전선을 펼치라고 명령했다. 독일 공산당은 많은 당원이 탈당하여 곧 소멸했다.

일찍이 1927년 코민테른 제5차 대회에서 스탈린은 중국 공산당에 장제스의 국민당과 협력하라고 지시했다. 이는 당 지도부의 대부분이 죽임을 당한 상하이 학살로 이어졌다.

스탈린이 보여준 것 같은 정치적 망설임은 좌파 지도자들의 고질병이다. 급진적이지만 반드시 필요한 국민적 개혁을 망설이는 정당 정치는 1917년 2월 페트로그라드 혁명에 수많은 볼셰비키가 적극적으로 참여했을 때 이미 그 문제점을 드러냈다. 당 지도부는 혁명적 변화를 밀어붙일 것인지 부르주아 정당들과 협력하여 독일과의 전쟁 중단과 농노제 이후의 농촌 지주제 개혁, 임금과 노동조건 개선의 제한적인 정치적 성과를 추구할 것인지를 두고 분열했다.

스탈린과 그리고리 지노비예프 같은 당 지도자들은 알렉산드르 케렌스키가 온건 개혁의 중도 정부를 구성하게 내버려두었는데, 트로츠키는 이를 두고 더 급진적인 노동자 집단이 그들보다 낫다고 말했다. 4월에 그는 이렇게 썼다. "그 순간 대중은 당보다 더 혁명적이었고, 당은 간부진보다 더 혁명적이었다. (…) 타협론자들이 부르주아에게 권력을 넘겨주었다." 스탈린은 멘셰비키와 부르주아를 "놀라서 떨어져나가지 않게" 하려 했다. 그러나 전쟁이 가을까지 지속되면서, "대중은 기다림에, 우유부단함에, 말만 번지르르한 상황에 점점 더 지쳐갔다".[13]

중간계급 정당 지도자들은 상대적으로 편협한 유권자의 관심사를 옹호했다. 그들은 임금생활자의 지지를 얻어 선거에서 승리하려고 했지만, 형식적인 정책을 뛰어넘어 그들을 진정으로 돕는 데에는 거의 관심이 없었다. 트로츠키는 이렇게 요약했다. "일반적으로 부르주아 여론과 직접적으로 대면한 당 고위층에서 혼란이 가장 깊이 스며들어 가장 오래 지속되었다. 두마(의회)의 볼셰비키 파벌은 곧 급격하게 우경화하여 당이 부르주아 공화국에서 야당의 역할을 수행할 준비가 되었는지 아니면 권력 장악의 과업에 나설 수 있는지"에 관하여 "멘셰비키와 함께 모호한 선언을 했다". 레닌만 거의 홀로 남아 당이 대중과 연합하여 케렌스키 정부를 무너뜨려야 한다고 주장했다.[14]

러시아 혁명은 결국 사회주의적인 미래로 가는 길이 아니라 비극적인 우회로가 되었다. 세계 곳곳의 공산당은 친러시아 조직이 되어 스탈린주의에서 벗어난 좌파를 매우 격렬하게 공격했다. 1930년대 내내 스탈린은 트로츠키의 국제주의에 맞서 '일국사회주의'를 위해 싸웠다. 외국 사회주의 세력이 승리하면 세계 혁명의 중심이 자신의 지도력에서 벗어날까 두려웠기 때문이다. 그로 인한 좌파 내부의 싸움은 조지 오웰 등이 생생하게 묘사했듯이 프랑코에 대적한 에스파냐 내전에서 가장 적나라했다.

많은 공산당이 소련에 일체감을 지녔으며 그 지도자들 다수가 유대인이었다는 사실은 사회주의 이데올로기와 더불어 군국주의적이고 민족주의적이며 대체로 반유대주의적인 우파의 공격을 받는 빌미가 되었다. 우파는 제2차 세계대전 발발에 이르기까지 몇 십 년 동안 사회주의적 개혁에 반대했다.

사회주의자들의 정치적 내분 때문에 진보적인 정책은 주로 사회민주주의 정당의 역할로 남겨졌다. 가장 두드러진 것은 미국 민주당 프랭클린 D. 루스벨트 대통령의 뉴딜이다. 제2차 세계대전이 끝난 후, 산업자본주의는 지대 수취자 파이어 부문의 성장과 나란히 높아진 생활수준을 뒷받침하기에 충분할 만큼 개혁을 실행한 것 같았다. 1945년부터 1980년까지 서구 경제는 높은 한계소득세율과 독점금지법, 일련의 사회적 개혁으로 적당히 안정적인 성장을 누린 듯했다(그러나 물밑에서는 확실히 다른 일이 진행되었다. 미국과 영국은 좌파 운동이 그리스와 이탈리아, 그리고 대다수 라틴아메리카 국가에서 미국의 통제력을 해치지 못하도록 은밀하게, 종종 폭력을 동원하여 싸웠다).

주택 구매자와 주식시장의 투자자에게는 은행과 보험, 부동산이 실제로 생산적인 서비스를 제공하는 것처럼 보였다. 중간계급 부가 대폭적으로 증가하고 임금생활자들이 신용으로 자가 소유자가 되면서 노동자가 중간계급으로 신분 상승을 이룬 것 같았다. 교육을 받을 기회도 지나치게 가혹하지는 않은 비용으로 누릴 수 있었고, 새로이 성인이 된 사람들은 부모 세대보다 더 높은 생활수준을 누릴 수 있었다.

제2차 세계대전 이후의 번영은 산업의 성장과 금융 수입의 결합으로 1980년 무렵까지는 효과적으로 이어진 것 같았다. 은행 부문과 금융 부문은 산업자본주의의 강화에 도움이 된 듯했다. 그러나 1980년 이후 지난 40년간은 정부의 사회복지 투자와 가격 통제, 반독점법의 축소와 제거를 목도했다. 규제는 해제되고 정부 고유의 역할로 여겨졌던 것이 사적 영역으로 넘어갔다. 이러한 지대 수취자의 부활은 정치권에서는 주로 노동자와 소상공인과 한편이라고 생각된 정당들이 주도했다. 특히 당시 미국 민주당의 빌 클린턴과 영국 노동당의 토니 블레어가 돋보였고, 유럽 대륙의 사회당과 사회민주당도 마찬가지였다(9장에서 이 사회민주주의 정당들의 행적을 더 상세히 추적하겠다).

반정부적 전략가들이 만들어낸 경제적 신화

1980년대 이후 신자유주의의 이데올로기적 역전은 유권자들과 정치인들, 기업 경영자들이 경제의 작동에 관해 생각하는 방식에 나타난 변화로 더욱 힘을 얻었다. 신자유주의 경제학은 고전경제학의 전통적인 가치와 가격, 지대의 이론을 뒤집어 모든 소득은 근로소득이라고, 모든 형태의 경제적 지대는 단순한 이전가격이 아니라 신자유주의가 다시 정의한 국내총생산 공식에 따라 측정된 대로 산출에 기여한다고 가르친다.[15] 고전경제학 논리의 이러한 전도는 서구 경제는 물론 중국과 러시아의 계획에도 영향을 미칠 만큼 매우 광범위한 현상이었다.

탈산업사회 이데올로기에 기여한 두 번째 요인은 입법과 과세, 기타 정부 정책의 정치적 차원이다. 금융 부문은 전통적으로 노동자와 소수집단의 지지를 노린 정체성 정치를 표방하는 정당을 포함하여 주요 정당을 지배했다. 그 결과 오늘날의 정당 정치는 유권자의 경제적 이익이 아니라 주로 금융 부문의 이익을 반영한다. 과거의 '좌파'는 이제 우파의 신자유주의 이데올로기를 대변한다.

지대 수입에 과세하고 이를 규제하여 노동자와 산업을 위해 일하는 더욱 민주적이고 사회주의적인 정부의 출현을 방지하고자 금융 부문은 세 가지 주요 감시 전술을 통해 금융화한 기업국가를 정당화한다.

(1) 정부의 규제와 공적 투자의 생산적 역할을 전혀 인정하지 않는(앞에서 설명했다) 편협한 경제 이론.

(2) 소득과 부는 어떤 것이든 불로소득일 수 없다고(앞서 4장에서 설명했다) 주장하며 경제적 지대 개념을 포기하는 것.

(3) 모든 구조적인 경제적 변화를 '정치적'인 것으로, 따라서 경제적 논리의 '외부 요인'으로 선언하여 배제함으로써 단기간에 제한한 한계주의적 분석.

조지 번스George Burns 등은 정치와 사업을 이렇게 설명했다고 한다. "모든 것은 진심이 문제다. 진심을 가장할 수 있다면 성공한 것이다." 학문의 세계부터 정치에 이르기까지 그럴듯하게 말을 지어낼 수 있다면, 학생들과 국민을 속일 수 있다. 추상적으로 그럴듯한 말을 날조하여 일견 현실적인 논리를 꾸며내는 것이 지대 수취자 이데올로기의 과제다. 그것은 경제가 정부 없이 자신들끼리 물건을 생산하여 거래하는 개인들에 의해 작동할 수 있음을 내적으로 모순 없는 그림으로 제시한다. 파이어 부문이나 공공 기간시설 투자, 경제적 지대 추구는 뚜렷하게 드러나지 않는다. 그렇게 문제가 있는 실제 세계의 현상을 논의에서 배제하는 것이 표현법상의 속임수다. 이러한 협소한 시각은 오늘날 학계를 파고든 신자유주의의 본질이다.

첫 번째 전술은 정부가 시장의 형성에서 수행하는 생산적 역할을 부정하는 것이다. 오스트리아 학파 경제학부터 그 뒤를 이은 동류의 개인주의적 학파까지 주로 정부의 '간섭'은 민간 부문 시장의 자연스러운 균형을 '왜곡'한다고 공격했다. 시장은 소득과 부의 가장 효율적인 분배를, 나아가 공정한 분배를 낳는다고 이야기된다.

대처는 이 문제에 관해 유명한 말을 남겼다. "사회 따위는 없다." '시장'이 있을 뿐이다. 그녀는 그것을 '사회적 시장the social market'이라고 불렀다. 시장이 사회적이기 때문이 아니라 '시장'이 곧 사회여야 했기 때문이다. 그래서 사적 이윤과 지대 추구를 촉진하지 않는 사회적인 것은 모조리 없애야 했다. 이렇게 범위가 좁아지자 '경제'도 민간 부문의 거래로 그 크기와 정의가 제한된다. 공공 지출은 그 자체로 이윤을 낳지 않는다는 이유로, 마치 경제의 전체적인 잉여에 아무런 기여를 하지 않는다는 듯이 간접비로 계산된다. 기간시설 투자와 교육, 보건, 사회복지는 경제적으로 생산적인 역할을 수행하지 않고 단지 세금과 다른 이전지출을 빨아들이기만 한다는 듯이.

제임스 M. 뷰캐넌James M. Buchanan의 '공공선택' 이론은 지대 추구를 재정의함으로써 그로부터 관심을 빼앗는다. 정부 관료들이 행하는 것, 즉 정부 관료들이 민간 부문에 손해를 끼치며 권력과 부를 확대하는 것이라고 지대 추구의 의미를 바꾼 것이다. 유일하게 인정되는 경제적 지대는 정부가 거두어가는 세입이다(그들의 '선택'이 바로 경제를 착취하는 방법이다). 이 견해에 따르면 지주와 독점가, 기타 지대 수취자가 아니라 정부 관료가 진짜 거물 강탈자다. 지대 수입에 과세하는 것이 아니라 정부의 권한, 특히 규제기구의 권한을 최소한으로 줄이는 것이 지대 추구의 해법이라고 주장된다.[16]

정부의 규제와 사회적 지출, 보조금, 세금과 자원의 분배에 대한 반대에 내재한 함의는 다음과 같다. 민간 부문 시장은 계획되지 않았다는 것이다. 그러나 실제 모든 경제는 다 계획된 것이다. 정부가 우선순위를 정하지 않는다면, 금융 부문이 계획을 세우는 역할을 넘겨받아 사회 전체의 이익이 아니라 자체의 이익을 위해 계획한다. 공적 규제가 없는 곳에서는, 금융 관리자들이 자신들과 고객들을 위해 독점 특권을 가져감으로써 정책의 공백을 메운다.

지대 수취자에게 우호적인 이데올로기의 두 번째 (첫 번째와 연관된) 목적은 모든 소득은 생산적으로 벌어들인 것이라고 주장함으로써 지대 이론을 없애버리는 것이다. 그런 주장을 가장 노골적으로 제시한 사람은 미국 경제학자 존 베이츠 클라크John Bates Clark다. 그는 마르크스뿐 아니라 헨리 조지의 토지세 운동에 대해서도 크게 반응했다. 그는 《부의 분배Distribution of Wealth》(1899)에서 모든 소득은 수취자가 생산에 기여한 바에 비례하여 벌어들인 것이라고 가정함으로써 누구나 번 돈을 가질 만한다고 주장했다. 클라크는 이렇게 쓴다. "사회의 소득 분배가 자연법의 통제를 받고 있음을 보여주는 것이 이 책의 목적이다." 다시 말해서 각 수취자의 수입은 그 형태가 임금이든 이윤이든, 지대든, 이자든 판매된 '생산물'에 부가된 가치와 동등하다는 것이다. 토지는 단순히 일종의 사업 투자 자본으로 설명되었고, 지대와 이자는 지주나 채권자가 생산에 기여한 대가로 지불된 것으로 통계에서는 "그 행위자가 창조한 부의 양"으로 기록되었다.[17] 강탈자들과 지주, 은행가는 경제의 생산 과정의 본질적인 부분으로 설명되며, 가격과 소득은 그 생산비로 결정된다고 추정되고, 순환논법에 따라 생산비는 지대 수취자가 얻어낸 청구권을 무엇이든 다 포함하는 것으로 정의된다. 이러한 논리는 시장이 불공정하고 비효율적이고 비생산적인 방식으로 작동할 수 있다는 인식을 배제한다.

모든 소득을 다 생산적으로 벌어들인 것이라는 이러한 주장은 오늘날의 국민소득생산계정을 만들어낸 지대 수취자에게 우호적인 경제학의 창설 신화다. 불로소득으로서의 경제적 지대 개념을 무시한다면 착취를 측정할 방법이 사라진다. 따라서 고전경제학이 옹호한 개혁의 필요성도 사라진다. 금융 부문과 지대 수취자가 생산에 관여한다는 주장은 기본적인 생산 기술과 융합된다. 클라크와 그를 뒤이은 자유시장 경제학자들에게, '시장'은 이미 존재하는 현재 상태다. 부와 재산권의 분포는 아무리 불공정해도 경제적 본질의 일부로 당연시된다. 수입을 가져오는 자산은 그것이 비록 지대 수취자의 특권일지라도 자본으로 여겨진다.

이것이 금융가와 투자자의 관점이다. 그들에게 토지와 기타 부동산, 석유와 광물 매장량, 특허, 독점 특권과 이에 관련된 지대 추출 기회는 자본 투자로 취급된다. 그래서 이윤과 지대 수입 간의 구분은 사라진다. 이것이 오늘날의 세법이 따르는 접근 방식이다. 양자를 구분하지 않고 실제로 금융과 부동산의 수익에 세금 우대 혜택을 제공하기 때문이다.

고전경제학 이론은 이렇게 밀려났다. 그 세 번째 양상은 한계주의다. 한계주의는 단기적 시간 프레임 안의 아주 작은 변화에만 초점을 맞추어 모든 변수를 일정한 경제적, 정치적 제도 안에서 작동하는 것으로 분석한다. 경제 구조는 장기적으로 변하기 때문이다. 이렇게 현실을 회피하면 구조 개혁에 관한 논의는 '경제학'이라는 편협한 학문의 밖에 있는 '외부 요인'으로 배제된다. 어떻게 하면 기존의 제도를 개선하여 지대 추출을 최소할 수 있을지 고민했던 고전파 정치경제학과 19세기 미국 제도학파의 경제학과는 대비된다. 변화는 고려 대상이 아니다. 변화를 고려하면 개혁 논의의 장이 열릴 것인데, 개혁 자체는 경제적 주제가 아니라 '정치적' 주제로서 배제되기 때문이다.

어땠거나 장기간은 금융 관리자에게는 부적절한 주제다. 그들의 시간 프레임은 단기적인 것으로 악명이 높다. 최대한 빨리 수익이나 자본소득을 짜내는 것이 그들의 목표다. 기본적인 사업 계획은 간단하다. 돈을 굴리는 것이다. 예를 들면 산업의 이윤을 새로운 자본 투자나 연구개발에 투입하는 대신 자사주 매입과 주주 배당금으로 주가를 상승시키는 데 쓰는 것이다.

국민경제의 측면에서는 단기적 시각의 삶이 장기적으로는 뒤처지는 결과를 가져온다는 것이 문제다. 금융 소득 추구는 경제 전체의 힘을 약화시킨다. 금융자산 가격은 자산 박탈을 통해 인위적으로 상승시킬 수 있다. 실질적인 자본 투자를 위축시켜 가격이 부풀려진 주식과 채권의 형태로 금융화한 부를 낳기 때문이다.

신자유주의 경제학의 보증에 정당이 수행한 역할

단순하게 이자와 토지 지대, 독점 지대, 산업자본, 임금의 작동 원리를 토대로 한, 전적으로 경제적인 논리의 전개로만 역사를 설명할 수는 없다. 이 모든 동력은 법률과 공적 규제, 행정의 맥락 속에서, 그리고 때로는 단독 정책 결정 체제 안에서도 일어나지만(중국이나 민주당-공화당 공동 통치의 미국), 일반적으로 최소한 두 개 정당이 특징인 정치 체제에서 전개된다. 정당의 강령과 집권했을 때의 정책 수행은 은연중에 경제 이론 체계를 반영한다. 그 기본적인 구성 개념들이 정치적인 행정관들의 이해를 인도하기 때문이다.

영국과 미국의 유권자들은 지배적인 양당 패권 정치가 제시하는 것을 받아들이는 수밖에 달리 대안이 없다. 왜 그런가? 서구 전역에서 유권자들이 1980년 이후의 양극화와 내핍의 심화 경향(부채 디플레이션, 지대 추구, 국내의 독점, 해외의 종속 과두 체제에 대한 군사 지원)에 대한 실질적인 대안을 선택할 기회가 제한된 이유는 주로 서구 정당 정치의 성격에 있다.

앞서 설명한 대로 신자유주의가 블레어의 노동당과 빌 클린턴의 민주당을 통해 영국과 미국에서 통제력을 확보하는 데 고전경제학 이후의 이데올로기적 변화의 확산은 필수적이었다. 자유지상주의적 '자유시장' 학설은 유복한 중간계급의 일원이 되고 싶은 노동자들에게 매력적이다. 대처는 브리티시 텔레콤을 사영화하는 과정에서 그 독점 기업의 주식을 낮은 가격에 고객(전부 성인)에게 매각하여 소규모 투자자들에게 신속한 수익을 제공함으로써 길을 닦았다. 대처는 추가로 몇 차례 공짜나 다름없는 금융상의 기회를 풀어놓은 뒤 공적 소유인 공공임대주택의 거주자들에게 그 집을, 처음에는 낮은 가격으로 전통적인 중간계급 부의 원천을 약속하면서, 개인 소유로 분양하여 당장에 부동산 소득을 올릴 수 있게 했다.

주택 가격은 실제로 급등하여 민간 분양에 편승한 내부자들(최초 구매자들)에게는 이익이 되었다. 그렇지만 가격이 너무 빠르게 올라 런던의 아파트를 임차하거나 구입할 여력이 있는 노동자는 거의 없었다. 이들은 런던 중심부에서 멀리 벗어난 곳에서 살면서 사영화한 철도 교통에 높은 비용을 지불하며 통근해야 했다. 버스도 사영으로 바뀌었다. 중앙 터미널도 매각되어 부동산 소득을 손쉽게 낳았고, 많은 노선이 축소되어 저소득 주민은 일자리, 쇼핑 등 필요한 욕구를 채울 기회를 박탈당했다. 이것이 자유지상주의적 민주주의의 현실이다.

지대 수취자 권력을 제어하려면
민주적 중도파 정치의 대안이 필요하다

오늘날 미국과 독일 등이 채택해 주요 산업경제를 그 도약기에 성공리에 인도한 공공 정책은 대부분 스스로 포기했다. 하지만 중국은 실질적으로 공공 정책을 채택해왔다. 중국의 성공은 지주제를 폐지하고 화폐 창출과 은행업의 국가 통제를 확립한 혁명의 결과였다. 1980년 이후 중국의 놀라운 경제 성장은 미국과 유럽 국가들, 그리고 이들과 연합한 '시장 민주주의 체제'의 성장률이 점점 줄어드는 것과 날카롭게 대비된다. 그 국가들에서 경제는 양극화하고 생계비와 사업비는 증가하여 탈산업화를 초래했고, 동시에 사영화한 파이어 부문과 기간시설 부문, 독점사업의 부는 1980년 이래로 급증했다. 고전기 고대 이래의 역사를 되짚어보면, 민주주의 체제는 지대 수취자 집단을 제어하는 데에는 좀처럼 성공하지 못했다. 지대 수취자의 지배를 억제하는 데에는 국가 통제 경제가 민주주의 체제보다 더 성공적이었다.

'지대 수취자 민주주의'나 '민주적 과두지배 체제'라는 관념은 19세기 경제학자들의 모순어법으로 보였을 것이다. 어쨌거나 지대 수취자의 입법 권력을 축소하기 위한 싸움은 민주주의를 위한 투쟁을 수반했기 때문이다. 산업자본가들은 임금생활자와 중간계급을 동원하여 봉건제 소멸 이후의 지대 수취자 권력에 맞서려 했다. 경제 정책과 경제적 조직은 산업공학의 논리를 따라 국내 시장과 외국 시장을 풍요롭게 할 것으로 예상되었다. 이 논리에는 산업에 대한 공적 보조금과 사회적 지출이 경제의 생산성을 높이고 국내 시장을 활성화할 것이라는 기대가 동반되었다. 이것이 산업자본주의가 약속한 최소한의 이상이었다.

1980년대 이후 서구 경제의 양극화와 내핍은 그때까지 생각할 수 없던 문제들을 제기했다. 민주주의의 정당 정치는 왜 지대 수취자의 이익을 억제할 수 없었나? 그들의 정치적, 경제적 이데올로기는 산업자본주의의 고전적인 작동 원리를 훼손함으로써 임금노동자와 소상공인, 심지어 산업의 이익과 날카롭게 대조되지 않았는가? 자본주의를 채택한 서구는 어째서 내핍과 부채 디플레이션에 빠질 수밖에 없는가? 화폐와 신용의 창출과 은행업, 교육, 보건, 교통, 오늘날의 인터넷까지 포함하는 통신 등 공익사업으로 예상된 것은 사영화한 독점으로 빠질 수밖에 없는 것인가?

서구 민주주의 체제들은 경제적 한계에 도달했는가? 새로운 지대 수취자 부문이 경제적 통제력은 물론 정치적 통제력까지 차지하는 것을 막지 못해서 결국 성장이 마비된 것인가? 서구에서 19세기에 지주 귀족에 맞선 싸움이 성공했듯이 오늘날의 세습 채권자 계급에 성공적으로 대응하는 것이 가능한가? 아니면 서구는 부채에 짓눌린 로마 제국의 운명을 답습하여 점점 더 가팔라지는 경제적 피라미드의 최상층부에서만 문화와 부가 살아남는, 지대 수취자가 강요하는 내핍의 암흑기로 사라져야만 하는가?

CHAPTER 09

금융 엘리트들이 만든
왜곡된 역사와 경제학

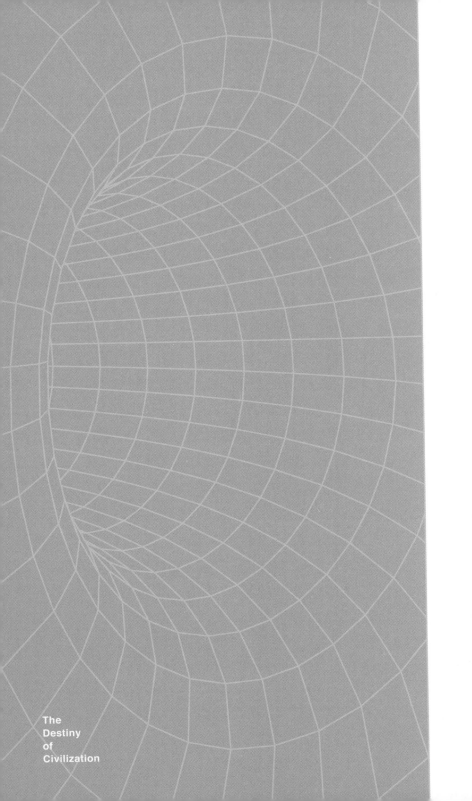

The
Destiny
of
Civilization

제1차 세계대전에서 빠져나오던 유럽 경제는 권력을 상실한 군주제와 귀족의 지배를 무엇으로 대체할 것이냐는 커다란 정치적 문제에 직면했다. 지대 수취자 부에 더 많은 세금을 부과하여 고전경제학에서 주장하는, 이른바 지대에서 자유로운 시장을 만들려면 경제적 지대와 천연자원의 부를 얼마큼 사회화해야 할 것인가?

토지 지대와 천연자원 지대에 과세한다는 논리가 그 시대에는 매우 널리 확산되었지만 오늘날의 정치적 논의에서는 보이지 않는다. 토지 지대와 천연자원 지대, 독점 지대는 사영화하여 소수의 지대 수취자 계급 수중에 떨어졌다. 지대 수취자 계급이 정부의 규제와 과세에서 벗어나면서 그들의 금융 통제력은 봉건제 소멸 이후 유럽 귀족의 통제력처럼 세습되고 있다.

오늘날 새롭게 부활하여 서구 경제의 소득과 부 대비 부채 비율을 급격하게 늘림으로써 지배력을 굳히는 지대 수취자 계급은 민주주의의 언어로 실체를 은폐하고 있다. 자유시장의 수사법 배후에 숨은 그들의 사업 계획은 시장을 공적 규제에서 '자유롭게' 하고 주택부터 교육과 보건에 이르기까지 가장 기본적인 욕구의 충족에 요금을 부과하는 지대 수취자의 독점을 후원함으로써 신新봉건제의 채무 노동과 채무 의존을 강요하는 것이다. 그로 인한 부채 상환금과 독점 지대로 취한 부당 이득은 미국에서 전쟁 이전 도금시대와

1920년대 이후로는 볼 수 없었던 경제적 양극화를 초래했다.

유럽의 농노제에서 주민은 태어난 곳에 묶여 계속 그곳에서 살아야 했지만, 오늘날 사람들은 원하는 곳은 어디든지 갈 자유가 있다. 그러나 어디에 살든 부채를 지고 주택담보대출의 이자를 지불하거나 건물주에 임차료를 내야 한다. 건물주는 그 지대를 재산 구입에 필요한 신용에 대한 이자로 (금융기관에) 넘겨준다.

정당 제도는 가장 중요한 급소가 되었다. 지대 수취자 계급이 입법 권력을 통제하고 있다는 사실은, 여론조사에서 대다수 미국인이 공적 보건 제도를 원한다고 드러나는데도 어떤 정당 지도부도 그 제도를 도입하지 않는다는 점에서 잘 나타난다. 신자유주의적 정치자금 기부자 계급이 관리하는 민주주의는 최상층 부자가 지배하는 일종의 후원관계에 불과하다. 금융자본은 사업과 금융을 규제하기에 충분할 정도로 강력한 국가는 모조리 본질적으로 억압적이라고 규정함으로써, 노동자와 소비자, 환경, 장기적인 사회적 번영이 아니라 자신들의 이익에만 봉사할 강력한 국가를 원한다.

금융 엘리트와 지대 수취자 엘리트는 20세기 초에 세제 개혁과 규제를 가하는 개혁이 실행되면서 정치적 지배력을 상실하기 직전에 내몰렸지만, 종전의 서구 좌파 정당들은 신자유주의적 정책을 채택하여 그들에게 지배력을 돌려주었다. 그리스와 에스파냐의 사회주의 정당은 말할 것도 없고 독일의 사회민주당과 프랑스의 사회주의자들도 1990년대의 블레어의 영국 노동당과 빌 클린턴의 미국 민주당을 따라 이렇게 후퇴했다.

억압적 통치와 가톨릭교회의 특권, 지주 귀족이 장악한 정부에 맞선 계몽운동 개혁가들의 싸움으로 시작된 것이 민주주의 정부의 지대 수입과 부에 대한 규제와 과세를 막으려는 자유지상주의적 투쟁으로 변질되었다. 자유시장이라는 구호는 고전파 정치경제학이 계획한 지대 추구로부터의 해방을 뜻하는 것이 아니었다. 신자유주의자들은 그 구호를 빼앗아 지대를 추구하는 자들의 보호를 뜻하는 것으로 다시 정의했다. 고전경제학의 지대 추구로부터의 자유는 지대 추출의 자유로 전도되었다. 마치 금융 부문의 착취에서 벗어날 자유는 기본적인 권리가 아니라 외계에 속한 것인 양, 신자유주의자들은 자유지상주의적 수사법을 사용하여 공적 규제와 공적 지출은 사회주의라고 경고한다.

경제적 통제의 핵심
화폐, 이자, 부채

아리스토텔레스는 화폐를 법의 산물, 즉 '화폐학numismatics'이라는 오늘날 낱말의 어원인 '노모스nomos'의 산물이라고 설명했다. 부채와 채권자 권리도 법률에 의해 만들어진다. 상품으로 쓰일 때의 금을 제외하면, 모든 화폐는 부채다. 역사적으로 채권자가 가진 힘의 토대는 화폐로 사용되는 금속의 소유에서 비롯되었다. 채권자는 이를 이자를 받고 빌려주었다.

오늘날 상업은행들은 신용대출로 화폐를 창출하는 특권을 지니고 있다. 이들은 정부가 자체적으로 화폐를 창출하는 것에 반대한다. 그러면 은행가와 채권 보유자에 대한 경제 의존도가 약해질 것이기 때문이다. 은행과 채권 보유자는 현대화폐이론MMT, Modern Monetary Theory*에 반대하며 정부가 임의로 화폐를 창출하는 대신 돈을 빌려 이자를 지불하며 재정 적자를 메우라고 요구한다.

화폐의 문제는 결국 부채의 문제다. 화폐와 부채 둘 다 경제 분석에서 배제한 것은 신자유주의의 지적 검열이 거둔 중요한 승리였다. 화폐는 경제의 대차대조표의 대변에 상응하는 부채가 없는 가면veil으로서만, 계산 수단으로서만 취급된다. 주식과 채권, 대출금의 가치를 경제의 기본적인 부에 추가하면 이중계산이라는 것이 이유다. 금융 부채와 실질적인 부는 서로 상쇄하는 거울 이미지로 나타난다. 이유는 이렇다. "우리는 스스로에게 빚을 지고 있다."

물론 99퍼센트가 1퍼센트에 빚을 지고 있다는 것이 문제다. 부채 증가의 형태로 화폐가 창출되면 결국 재화와 서비스에 쓰일 가처분소득은 줄어든다. 부채와 금융 증권(부에 대한 청구권)의 상부구조는 소득과 부의 분배를 양극화한다. 이는 부채 디플레이션을 초래하며, 채권자가 재산을 압류하거나 채무자가 채권자에게 재산을 출혈 투매하는 일이 점점 더 늘어난다.

근동의 통치자들은 수천 년 동안 원상회복을 거듭 선언하여 부채의 규모를 억제했다. 부채를 말소하고 채무 노예를 해방하며 채권자가 몰수한 자영 농지를 되돌려준 것이다. 이러한 행위 때문에 금융 과두집단은 왕실과 경쟁하고 경제에 돌이킬 수 없는 부채를 떠안길 힘을 충분히 확보하지 못했다. 그러나 뒤이은 그리스와 로마의 과두집단은 왕을 내쫓고 채권자에게 유리한 법률을 제정했다. 수백 년에 걸쳐 벌어진 내전도 부채 말소와 토지 재분배에 성공하지 못했다.

• 불환 화폐를 사용하는 통화 주권국의 정부는 세입과 상관없이 필요한 만큼 화폐를 발행하여 지출할 수 있다는 거시경제적 가정.

중세 유럽의 채권자들은 토지와 기타 왕실 자산을 담보물로 잡고 전쟁 수행에 필요한 금과 은을 빌려주어 왕국들을 통제했다. 지금도 채권자들은 비슷한 수단을 이용하여 채무국에 공적 자산을 사영화하여 국제통화기금과 외국의 채권 보유자들에게 빌린 차입금을 갚으라고 강요한다.

미국은 자국의 불환지폐인 달러(재무부 차용증)를 '세계의 통화'로 창출할 수 있는 유일한 국가다. 2008년 부실 주택담보대출로 인한 금융 붕괴 이후, 연방준비제도이사회는 악성 대출을 해준 은행들을 구제하기 위해 수조 달러의 신용을 창출했다. 2020년 코로나 바이러스가 전 세계를 뒤덮은 후, 연방준비제도이사회는 이자율을 낮추고 주식과 채권의 가격을 높이기 위해 다시 화폐를 무더기로 공급했다. 그 결과 독립적인 중앙은행들이 상업은행의 통제에 들어가면서 화폐 정책과 부채 정책은 재무부의 손을 떠났고, 불환지폐 발행이 (노동자와 소비자에 대한 과세와 더불어) 지대 수입에 대한 과세를 대체하여 지대 수취자 부는 산업의 '실물' 경제를 강화할 신용보다 우선권을 얻었다.

위험을 회피하는 채권자, 모두 떠안는 채무자

수천 년 동안 경제 활동은 신용으로 이루어졌다. 수확기에 거래는 신용으로 수행되었다. 예를 들면 바빌로니아인들은 술집에서 외상으로 술을 마셨다. 화폐가 중요하게 쓰인 이른 사례는, 아마도 처음에는 곡물이나 기타 농작물이었을 텐데, 수확을 마친 후 부채를 청산하기 위한 것이었다. 이자는 대개 늦게 갚을 때만 물렸다.

아리스토텔레스는 금속 화폐 자체는 '쓸모없는' 것인데도 채권자가 이자를 부과하는 일견 모순처럼 보이는 현상에 주목했다. 셰익스피어가 말했듯이, 이자는 "불모의 금속이 낳은 자식"이다. 이자를 낳는 대출이 채무 변제를 가능하게 하는 생산수단을 창출하지 못했다는 사실, 대출금은 채무자가 다른 곳에서 생산하거나 벌어들인 소득으로 갚아야만 했다는 사실이 문제였다.

지대 수취자에게 우호적인 태도를 보인 경제학자들은 이자를 채권자들이 기본적인 경제적 필요를 충족시켜 '벌어들인' 것이라고 말한다. 중세의 스콜라 철학자들부터 19세기의 오스트리아 학파까지 이자율은 손실 위험을 비롯한 채권자의 사업 비용을 근거로 정당화되었다. 그러나 실제로 채권자들은 위험을 회피한다. 변제받지 못할 위험성이 보이면 공적 자금을 통한 구제를 요구한다. 2008년 부실 주택담보대출 붕괴를 초래한 대규모 은행 사기 이후에도 그렇게 요구했다. 채권자들은 또한 이자를 청구할 뿐 아니라 채무가 변제되지 않으면 담보물을 압류해서라도 힘을 키운다.

오늘날 중앙은행은 금융 계통에 화폐를 공급하거나 그로부터 화폐를 거두어들임으로써 이자율을 관리한다. 20세기 거의 내내 중앙은행의 목적은 환율을 안정시키는 것이었다. 그러나 2008년 이후 그 목적은 경제가 부채 디플레이션에 빠질 때, 파이어 부문과 상위 1퍼센트의 다른 부문이 부를 잃지 않도록 하는 것이었다. 미국 연방준비제도이사회와 유럽의 중앙은행은 양적 완화를 통해 주식과 채권, 부동산담보대출 묶음의 자산 가격을 부풀렸다. 이제 누구나 알고 있듯이 이들의 '헬리콥터'는 경제 전체가 아니라 월스트리트와 기타 금융 중심지에만 돈을 뿌린다.

오스트리아 학파는 이자를 채권자가 '인내'하고 금욕하는 개인적 희생을 치른 데에 대한 보상으로 취급했다. 돈을 소비에 쓰지 않고 저축했다는 것이다. 이에 마르크스는 로스차일드 가문이 유럽에서 가장 금욕적인 집안임에 틀림없다고 빈정거렸다. 마치 그들이 결국에는 채무자의 지출과 소비 여력을 제한하는 대출이 아니라 소비 억제로 재산을 형성한 것인 양.

사람은 부유해지면 부의 중독에 굴복한다. 채권자와 나머지 다른 금융자본도 인내심이 없기로 악명이 높다. 그런데도 채무자를 '인내심이 없다'고 비난하는 것은 주객이 전도된 위선의 극치다. 채무가 개인의 책임이라는 신조는 마치 빈민의 부채가 단순히 생존하기 위한 것이 아니라 '지금 써버리자'는 선택을 반영하는 것처럼 가난의 책임을 개인에게 묻는 것이다. 진짜 문제는 양극화하는 경제의 시장과 부채관계다.

이와 관련된 오스트리아 학파의 견해는 이자 청구액을 채무자가 대출금을 생산적으로 투자하여 생긴 이윤을 정당하게 나누는 것으로 설명한다. 이 '생산성 이자론productivity theory of interest'에는 작황 실패와 가축의 사망 등으로 인한 상환 불능의 위험성에 대한 보상이 포함되었다. 그러나 인류학자도 아시리아 학자도 그러한 가축과 곡물의 대여 증거는 찾지 못했다. 역사적으로 그러한 위험성은 채무자에게서 볼 수 있다. 채무자는 종종 채권자에게 저당 잡혀야 했던 가축을 빼앗겼기 때문이다. 채권자가 그냥 강탈하는 경우도 있었다. 채무자는 또한 자신이나 가족의 인신의 자유를 잃었고, 결국 토지 소유권, 즉 부양수단을 상실했다. 그 결과로 자유로운 소유자이자 점유자였던 이는 차지인으로 처지가 바뀌었다.

농작물은 실제로 청동기시대(기원전 3500~기원전 1200년)에 소출이 감소했다. 가뭄이나 홍수, 질병이 닥치면 사람들은 빚을 갚을 수 없었다. 그러나 대부분의 부채는 왕궁과 사원, 그리고 세금을 걷는 관리에게 진 것이었다. 따라서 근동의 통치자들은 앞서 설명한 원상회복선언으로 지대와 미납 채무를 소멸시켜 안정을 유지할 수 있었다. 그러한 부채는 대부분 스스로에게 진 것이므로, 고대 그리스와 로마의 경우처럼, 금융 기득권 세력의 강력한 저항은 있을 수 없었다. 원상회복선언 덕분에 작황 실패와 기타 장애에도 경제의 불안정을 막을 수 있었다. 채무 노예와 토지의 독점이라는 거래비용을 최소한으로 줄일 수 있었던 것이다.

채권자-채무자 관계의 이러한 역효과도 금융 옹호자들을 막지 못했다. 그들은 금융 주도 경제가 거래비용을 최소화하며 정부의 규제와 세금은 그 비용을 증가시킨다고, 그것이 자명하다고(순환논법에 의해서) 설명한다. 더글러스 노스Douglass North는 이와 같은 대처 방식의 반정부적 접근법으로 노벨경제학상을 받았다. 그의 시각에서 보자면 부채를 말소하여 회복력을 유지하는 정부 정책은 채권자의 위험도를 증가시킨다. 따라서 노스는 이 정책에 반대했다. 지대 수취자의 부 추구에 대한 규제를 해제한다는 이러한 목표는 악성 부채의 말소가 채무자의 위험도와 거래비용을 최소한으로 줄이며, 따라서 경제의 대부분이 빚을 진 상황에서는 사회 전체의 위험도와 거래비용까지 줄인다는 사실을 못 본 체한다.

고전기 고대 이래로 서구 문명은 금융의 원상회복선언을 채권자에게 우호적인 법률로 대체했다. 중세의 채권자들은 정부에 천연자원과 광산을 매각하거나 공적 독점사업을 만들어내거나 매각하여 빚을 갚으라고 요구했다. 영국의 남해회사와 영국은행은 물론, 유럽 여러 나라의 동인도회사와 서인도회사도 바로 이런 이유로 설립되었다.

마찬가지로 오늘날의 금융 부문도 지불 불능의 위험성을 공공 부문에 떠넘긴다. 신자유주의 경제학은 이를 '거래 비용'으로 취급하기를 거부하며 채권자의 특권에 동반되는 부정적 귀결을 보지 않으려 한다. 1980년 이후 서구의 지대 추구 경제를 괴롭힌 주된 비용 부담은 민간 부문 신용의 급증과 이로 인한 경제 양극화다. 금융 간접비와 이와 연관된 지대 간접비는 역사를 통틀어 가장 파괴적인 비용이요, 양극화를 초래하는 비용이었다. 상위 1퍼센트가 나머지 99퍼센트를 점점 더 깊은 채무의 늪에 빠뜨리며 부를 늘리기 때문에 사회는 점점 빈곤해진다. 그 목적은 마치 금융의 지배권을 획득하여 얻은 성과가 아니라 자연스러운 권리인 듯이 사회의 부와 소득을 독점하는 것이다.

부의 중독을 경제의 추진력이라 찬미한 사람들

밀턴 프리드먼Milton Friedman은 기업의 경영자라면 모든 사회적 책임을 무시하고 단순하게 주주의 이익만 생각해야 한다고 주장했다.[1] 그 함의는 이렇다. 정부는 그러한 책임을 기업에게 지워서는 안 된다는 것이다. 기업이 원래 정부 정책을 위해 경제를 돕는 역할을 하라고 특허장을 받았다는 사실은 고려 대상에서 빠진다. 19세기에 기업들은 그 책임을 벗어던졌다.[2] 그들의 특허장에는 아무런 사회적 책임이 적시되어 있지 않다. 시카고 학파에 따르면 '해야 한다

should'는 양심이 없다. 프리드먼은 1962년에 발표한 책《자본주의와 자유Capitalism and Freedom》에서 이렇게 주장했다. 기업의 이익 추구를 제한하려는 시도는 전부 전체주의로 나아가는 발걸음이다! 그는 정부가 환경과 기간시설, 교육과 여가, 노동자 안전과 공중보건을 사회적으로 우선시해야 한다는 논리를 거부했다.

그의 탐욕의 신조가 명목상 민주주의 체제를 얼마나 견고하게 장악했는지는 거의 날마다 확인할 수 있다. 다음을 살펴보자.

오스트레일리아 최고 부자인 지나 라인하트는 정치인들이 코로나 바이러스에 대응하면서 지출을 크게 늘렸다고 심하게 비난했으며 이 때문에 광산업이 조만간 세금 인상에 직면할 수 있다고 경고했다. (…) 라인하트는 생활수준을 새로운 고점으로 끌어올렸다며 정치권의 지출 정책을 비판했다. (…) "그들이 쓰는 돈이 누구 것인지 짐작해보라. 그들 자신의 돈인가? 당연히 아니다. 그것은 납세자의 돈이다. (…) 그래서 우리의 세금은 늘 더 많이 늘어나는 것이다."[3]

지대 수취자의 세계관은 정부가 지대 수입과 부에 과세하고 규제를 가하는 힘을 없애려고 한다. 지대 수입과 부에 과세하거나 공적 자금으로 지구 온난화나 기타 사회적 붕괴를 막으려는 것은 하이에크가 말한 예종에 이르는 길을 따라 내걷는 발걸음이 되리라는 것이 이유다.

지대 수취자 집단은 그 이데올로기를 지키려고 경제적 지대로 대중매체의 통제권을 장악하고 대학의 교과 과정을 후원하여 학생들에게 금융자본의 세계관을 주입함으로써, 정부의 정책 입안자들에게 영향력을 행사하고 경제가 실제로 어떻게 움직이는지에 관한 유권자의 인식과 가치 판단을 주무르려 한다. 라인하트가 돈을 기부한 것처럼, 홍보 '두뇌집단'은 자금을 지원받는다. 노벨경제학상 위원회같이 상을 주는 기관들도 그렇다. 그러한 선전에 기부한 자로 가장 악명 높은 자는 찰스 코크Charles Koch다. 그는 500억 달러를 넘는 것으로 추산되는 순자산으로 로비스트들과 두뇌집단, 대학교 연구기관에 재정을 지원했다. '번영을 원하는 미국인들Americans for Prosperity(일반인으로 구성된 정치활동가 집단)', 카토 연구소Cato Institute, 미국기업연구소American Enterprise Institute, 아인 랜드 연구소Ayn Rand Institute 등이다. 최근 어느 기자는 이들의 공통된 철학을 이렇게 요약했다.

1974년, 코크는 인문학연구소Institute for Humane Studies라는 자유지상주의적 두뇌집단에서 신랄한 말로 연설하며 미국의 규제 국가에 관한 자신의 시각과 다가올 몇 십 년 동안 그 시각을 실현하기 위해 쓸 전략을 간략하게 이야기했다. 그가 비난한 정부의 개입 조치들은 이러했다. "몰수나 다름없는 과세, 임금과 가격의 통제, 상품 할당 계획, 무역 장벽, 외국인 투자 제한, 이른바 공평한 기회의 요구, 안전과 보건 규정, 토지 사용 통제, 허가제 법, 기업과 산업의 완전한 정부 소유." 이러한 목록이 전부 다 포괄하지 못했다는 듯이 그는 이렇게 덧붙였다. "(…) 그 밖의 많은 개입 조치들." 요컨대 코크는 아무런 규제를 받지 않는 자유시장이 인류 사회가 유일하게 유지할 수 있는 구조라고 믿는다.[4]

이러한 세계관이 서구 문명의 회복력을 얼마나 위협하는지는 토머스 홉스가 《리바이어던》(1651) 29장 〈공화국을 약화시키거나 그 해체를 조장하는 것들에 관하여〉에서 한 말이 잘 보여준다.

공화국의 해체를 조장하는 다섯 번째 신조는 모든 사적 소유자가 재화의 소유에서 이를테면 주권자의 권리를 배제하는 것처럼 절대적인 정당성을 갖는다는 것이다. 모든 사적 소유자는 실로 다른 모든 신민의 권리를 용납하지 않는 정당성을 지니고 있다. (…) 공화국에 늑막염을 닮은 질병이 발생할 때가 종종 있다. 흉막 안으로 혈액이 침투하여 고열과 급격한 통증을 동반하는 염증을 일으키는 늑막염처럼, 공화국의 자금이 세입이 투입된 독점사업이나 농장에 의해 그 마땅한 진로에서 벗어나 한 명이나 소수의 개인 소유자의 수중에 지나치게 많이 쌓일 때다.

하이에크의 반정부적 저서인 《노예의 길》은 오늘날 서구에서 금융 부문이 정부를 장악한 결과로 발생하는 일이 진정한 예종에 이르는 길임을 깨닫지 못했다. 토머스 제퍼슨은 200년 전에 이미 그러한 가능성에 대해 경고했다. 그는 1825년에 "새로 등장한 젊은 세대의 힘이 엄청나게 커지는 것"에 대해 불평했다. "그들은 지금 (…) 자신들이 아끼는, 제조업과 상업, 해운업의 분야로 위장한 기업에 돈을 몰아주는 금융 제도를 토대로, 약탈당한 농장 노동자와 거지가 된 자영농을 괴롭히고 지배하는 화려한 귀족정 정부 하나만을 기대하고 있다."[5]

프랭클린 D. 루스벨트는 1938년 의회의 독점 제한 연설Message

to Congress on Curbing Monopolies에서 비슷한 지적을 했다.

사사로운 권력이 민주주의 국가 자체보다 더 강해질 때까지 성장하는 것을 국민이 용인한다면, 민주주의 체제의 자유는 안전하지 않다는 것이 첫 번째 진실이다. 그것은 본질적으로 파시즘이다. 개인이나 집단, 기타 통제력을 확보한 사사로운 세력이 정부를 소유하는 것이다. (…) 오늘날 우리 사회는 역사상 유례가 없는 사사로운 권력 집중의 심화를 목도하고 있다. (…) 불행하게도 산업 제국의 건설은 은행의 산업 통제로 변질되었다. 우리는 그것에 반대한다.

정부가 경제 규제를 삼가는 한(아니면 규제에 방해를 받는 한), 금융 계급이 산업은 물론 외견상 민주적인 국가까지 압도하며 삶을 지배할 것이다. 2010년 1월 21일 시티즌스 유나이티드 대 연방선거관리위원회 소송의 연방대법원 판결은 기업을 '사람'으로 취급하여 기업과 그 소유주를 선거운동에 무제한의 자금을 제공할 수 있는 기부자로 만들었다. 그 결과로 투표의 힘은 부와 비례하게 되었다. 부자들은 자유지상주의적으로 재산권을 옹호하고 공적 세금에 반대하여 지대 수입을 보호한다.

포퓰리즘적 동원을 통해 지대 수입 과세 반대에 성공한 가장 두드러진 사례는 주거용은 물론 상업용까지 포함하여 모든 부동산에 대한 세금을 동결한 1978년 캘리포니아 주 주민발의 조례안 제13호다. 그로 인해 부동산 가격이 엄청나게 상승했다. 세금이 부지 가치 상승분을 거두어들이지 못하게 되자, 상업용 부동산 소유자가 횡재했다. 임대료가 이자로 지불되면서 은행도 횡재 대열에 합류했다. 반면 주정부와 자치단체는 공공 서비스를 축소해야 했다.

2020년, 신자유주의자들의 세금 반란이 시작된 지 42년이 지났을 때, 세금 동결을 끝내고 "공립학교와 커뮤니티 칼리지, 시 정부와 카운티 정부에 쓸 자금을 연간 65억 달러에서 115억 달러"가량 거두기 위한 주민발의 조례안 제15호가 투표에 부쳐졌다. 어느 옹호자는 이렇게 설명했다. "우리는 기간시설과 응급구조대, 공중보건, 공교육에 투자할 돈이 절실히 필요한데, 거대 기업에 필요하지도 않은 세금 감면을 계속 부여할 여력이 없다."⁶ 그러나 캘리포니아 주민들은 세금 우대를 폐기하지 않기로 결정했다.

이들은 또한 우버와 기타 택시 회사들에게 운전자를 고용인으로 대우하여 의무적으로 건강보험과 사회보장, 기타 직장 수당을 제공하게 할 법률을 거부했다. 그들을 자영업자로 대우하면서 우버는 고용주가 정상적으로 이행해야 할 의무에서 '해방'되었다. 그러므로 임금노동자는 마침내 전문 직업인처럼 보이게 되었다. 일반적으로 사회계약으로 여겨진 것의 보호를 받지 못하는 도급업자가 된 것뿐인데 말이다.

1980년 이래로 노조 가입이 꾸준히 감소한 탓도 있을 것인데, 임금률은 정체한 반면, 지대 수취자의 소득과 부는 급증했다. 이것이 바로 금융 부문의 사업 계획이다. 20세기의 민주적 개혁을 되돌리고 경제를 예종과 채무 노예 노동의 길로 끌어내리는 것이다.

| (미국 중심의)
| 세계적 기업국가라는 이상

1930년대에 루이지애나 주의 선동 정치가 휴이 롱Huey Long은 파시
즘이 미국에 진출할 수 있다고 생각하느냐는 질문에 이렇게 대답했
다. "물론이다. 다만 우리는 그것을 반파시즘이라고 부를 것이다."[7]

베르톨트 브레히트Bertolt Brech는 이렇게 설명했다. "지식인들은
특히 민주주의를 부르주아 독재 체제가 좀 더 개방적 형태로 드러
나는 파시즘의 자연스러운 단계가 아니라 파시즘의 절대적인 대립
물로 제시함으로써 부르주아 민주주의의 독재적 성격을 가린다."[8]

신자유주의 정책은 민주적인 법률이 기업에 공공복지를 고려
하라고, 기업이 스스로 초래한 손실에 책임을 지라고 강요한다면
이는 자유를 침해하는 것이라고 본다. 그들에게 이상적인 것은 7장
에서 설명했던 투자자·국가분쟁해결제도 법정이다. 국민국가의 민
주적 법률 제정 권한을 인정하지 않는 것이다. 신자유주의자들이
박수를 보내는 '정부의 개입'은 세계은행이 최근 권고한 대로 정부
가 위험을 사회화하여 이익을 보장함으로써 외국인 투자를 유인하
는 것이다.[9]

지대 수취자에게 우호적인 새로운 국제 질서의 발전에 필요한
것은 기업국가를 이상화하여 선전하는 것이다. 그 논리는 1961년부
터 1966년까지 케네디 행정부와 존슨 행정부에서 국무부 경제 담당
차관을 지낸 민주당 출신 관료 조지 볼George Ball의 자유주의적 발언
에 잘 표현되었다. 볼은 "국민국가는 심히 시대에 뒤진 관념으로 현
재의 복잡한 세계의 욕구를 충족하기에 적합하지 않다"고[10] 덧붙여
설명하면서, 현대에는 더 현대적인 계획가인 다국적 기업이 정부를

대체하여 세계 시장의 새로운 조직자가 될 필요가 있다고 강조했다. 상하원합동 경제상임위원회의 청문회에서 그는 정부가 "편협한 (지역적이거나 이기적인) 고려 사항을 토대로" 정책을 결정한다고 불평하며 주권 개념 자체를 공격했다. 그는 자원을 배분하고 시장의 형태를 결정할 권한을 다국적 기업으로 이전하는 것의 장점을 설파하면서 다음과 같이 실행할 것을 옹호했다.

> 다국적 기업은 그 잠재력을 온전히 펼치기 위해서 개별 국가의 정부가 부과한 규제를 (…) 존중하지 않고 활동할 수 있어야 한다. (…) 물론 그렇게 하려면 국가 주권이라는 완고한 관념이 상당히 침해된다. (…) 나는 결코 세계정부처럼 매우 비현실적이고 이상주의적인 것을 제안하지 않는다. (…) 세계의 대부분이 갖추고 있는 낡은 정치적 구조는 그 자체가 무시할 수 없는 정치적 사실이지만, 현대의 기술로 유지되고 강화되는 현대의 사업은 너무 커져서 그 낡은 정치적 구조의 좁은 한계에 가둘 수 없다는 것이 분명해 보인다. 국경을 뛰어넘는 사업이 급증하면서 새로이 대두되는 욕구와 압력은 정치적 구조를 현대 인간의 요구에 현재의 누비이불같이 어지러운 작은 국민국가들의 체계보다 훨씬 더 잘 들어맞게 바꾸도록 박차를 가할 것이다. 동시에 상업 정책과 화폐 정책, 반독점 정책은, 심지어 세계 곳곳에 퍼져 활동하는 기업에 대한 현지의 감독도 초국적 기관에 맡겨야 할 것이다.[11]

그렇게 세계적인 기업국가는 국민국가의 이상적인 대안으로 제시되었다. 국민국가 간의 경쟁이 제1차 세계대전과 제2차 세계대전을 일으켰다는 것이다. 그러나 실제로 이는 지대 추구 경제를 만들어 미국 중심의 세계 경제라는 수레바퀴의 부속품으로 삼기 위해 다른 국가들을 감독하는 미국의 국가주의로 드러났다.

기업국가로 통제권을 넘기기 위해 꾸며낸 핑계는 회사가 기술에 투자하여 생산성을 높임으로써 사람들의 생활수준을 향상시키는 것을 뒷받침하리라는 주장이었다. 그러나 1980년 이래로 생산성이 급격하게 증가했는데도 임금은 정체했고 미국의 고용인들은 더욱 열악해지는 작업 환경에서 더 힘들게 일하고 있다. 금융 부문이 경제의 잉여를 독점하고 전유하면서, 대부분은 깊은 부채의 수렁에 빠지고 있다. 풍자적인 간행물 《디 어니언The Onion》은 우스꽝스러운 머리기사로 이 문제를 다루었다. "생계비는 지금 이익보다 무겁다."[12]

민주적인 정당 정치로부터 지대 수취자 집단을 억제할 힘 빼앗기

미국 의회에서는 사실상 공식적인 두 정당만이 중요한 역할을 수행할 수 있다. 샌더스 같은 독립적인 후보자는 민주당이든 공화당이든 하나를 선택하여 코커스를 거쳐야 한다. 그러한 제도의 목적은 유럽의 의회 제도에서 볼 수 있는 것 같은 대안 정당의 비례대표 의석 획득을 방지하는 것이다. 두 공식 정당의 공동 통제 때문에 유권자들은 엘리트층의 심사를 거친 자들 중에서만 후보자를 선택할 수 있다. 기껏해야 둘 중 차악으로 보이는 자를 선택하는 것이다.

매사추세츠 주 상원의원 엘리자베스 워런Elizabeth Warren은 은행의 악습에 맞서 소비자 금융 보호 운동을 펼치고 미국을 지배하는 상위 1퍼센트에 부유세를 부과하라고 촉구했는데, 최근 두 명의 기자가 그 후 민주당 지도부가 어떻게 그녀의 재무부 장관 임명을 방해했는지에 관해 의견을 나누었다.

폴 제이Paul Jay: 나는 '정치에 들어간 돈'에 관해 많은 연구를 한 톰 퍼거슨Tom Ferguson에게 이렇게 물은 적이 있다. "금융 세력은 트럼프가 가고 있는 길인 일종의 파시즘과 함께할 것인가 아니면 워런을 받아들일 것인가?" 그는 이렇게 대답했다. "부유세가 논의 대상인 한, 그들은 파시즘과 함께할 것이다." 사실상 이는 그녀의 전술적 실수 중 하나였다. 부유세 말이다. 지금은 우파 세력이 너무도 강력하기 때문에 부유세를 도입할 때가 아니다.

맷 타이비Matt Taibbi: 내 생각에 그들은 분명히 워런보다 트럼프를 더 좋아했을 것이다. 그들이 보기에 트럼프는 끔찍하리만큼 위험한 인물은 아니었기 때문이다. 트럼프는 세계적 유행병 상황에서 구제금융과 세금 정책, 군사비 지출로 그들에게 원하는 모든 것을 주었다. 워런의 부유세는 문제였다. (일단 제기하고 나면) 빠져나갈 구멍이 없기 때문이다. 이것이 그 제안의 가장 중요한 점이다. 그 제안은 회사들이 어디서 얼마를 벌었다고 밝힌 것이 아니라 실제로 벌어들인 것을 토대로 세금을 납부하도록 확실히 해두기 위한 것이었기 때문이다.[13]

2016년 민주당 전국위원회는 대통령 선거에서 트럼프에 상원의원 샌더스로 승리하는 것보다 차라리 힐러리 클린턴으로 패배하는 것이 더 낫다고 판단했다. 그들은 2020년에 다시금 두 번째로 대통령 예비선거를 샌더스에게 불리하게 조작하여 노쇠한 바이든을 내세웠고(똑같이 인기 없는 부통령 후보 카멀라 해리스를 부통령 후보로) 트럼프에 승리했지만 하원 의석을 잃어 과반수가 위태로워졌다.

바이든의 선출에 뒤이어 민주당의 '긴 칼의 밤'이 이어졌다. 의회의 좌파 '분대'는 괄시를 받았다. 민주당 전국위원회는 그들에게 자금을 지원하지 않았고 그들을 의미 있는 직책에 임명하지 않았다.

지대 수취자 계급의 정치권력이 부활하면서 서구 문명은 금융에 기반한 한 줌의 계급이 경제와 사회의 나머지 집단을 지배하여 통제하는 문명으로 퇴보할 것 같다. 가장 소란스러운 정치적 위기는 신자유주의자들이 자신들에게 이상적인 시장을 무에서 자유롭게 창조할 수 있는 곳에서 발생했다. 예를 들면, 그들은 1991년 이후 구소련에 충격 요법을 쓰라고 조언했다. 위기를 조장하여 천연자원지대를 사영화하고 공익사업에 순응하는 내부자들에게 작은 금액만 받고 매각하는 것이었다. 그 내부자들은 받은 몫의 큰 부분을 서구의 구매자들에게 판매하여 수익의 가치를 달러로 바꾸었다. 이러한 행태는 부의 창출이라고 박수를 받았다. 소련의 해체 이후 그곳의 주식시장과 부동산에 투자한 미국인들에게는 부를 창출한 것이 맞다. 소련 해체 이후에 신자유주의화한 국가들은 서구 모델에서 무엇을 피해야 할지에 관하여 객관적인 교훈을 준다. 이에 관해서는 11장에서 설명하겠다.

1920년대의 상황과는 다르게 미국과 유럽의 경제, 소련 해체 이후의 경제에서 산업자본주의가 사회주의로 발전하는 것을 막는데에는 무력이 필요하지 않았다. 왜곡된 역사와 경제학의 이야기 때문에 대중은 오늘날 지대 수취자 기반의 금융자본주의가 어디로 가는지에 대해 이해할 수 없었기 때문이다.

그러므로 우리는 이 문제를 사회주의와 야만 사이의 선택의 문제로 요약한 룩셈부르크를 돌아봐야 한다. 사영화한 도둑정치를 만들어 종속국가 과두집단으로서 봉사하게 하는 것, 국제적인 통화 제도와 금융 제도를 통제하여 그 힘을 고착시키는 것이 미국 외교의 기본적인 목적이다. 이것이 바로 우리가 10장에서 다룰 주제다.

CHAPTER
10

달러 헤게모니,
'종이 금'을
만드는 특권

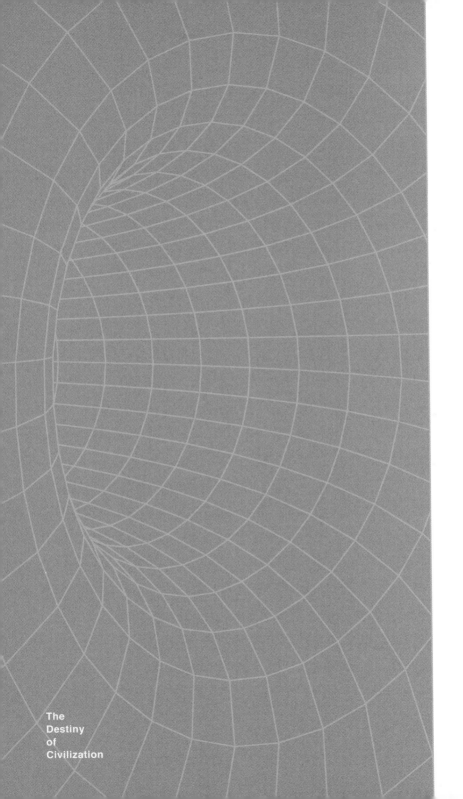

The
Destiny
of
Civilization

판매자들에게 간단히 차용증을 써주는 방식으로 가게에 가서 식료품을 사고 식당에 가서 밥을 먹고 임차료를 지불하고 자동차와 가구를 구매할 수 있다고 상상해보라. 실제로는 그렇게 할 수 없다. 아무도 차용증을 받고 무한정 기다리지는 않을 것이기 때문이다. 은행이 대출 계약을 체결할 때 하듯이 약속어음에 서명한 사람의 소득과 재산을 압류할 법적 수단을 갖는다면 모를까.

그런데 잡화점이나 기타 사업체가 그냥 당신의 차용증을 받는다면? 그들에게 물품을 공급하는 자에게 그 차용증으로 대금을 지불하여 그것을 마치 진짜 화폐처럼 유통시킨다면?

이것이 바로 미국이 국제관계에서 누리는 화폐의 무임승차다. 미국의 군사 경제와 민간 경제가 외국에서 마구 소비하는 달러는 대부분 외국의 중앙은행으로 들어간다. 외국의 수출업자들은 이 달러를 받아 중앙은행에서 자국 화폐로 바꿔 사업을 수행한다. 외국의 중앙은행들은 이 달러로 미국 재무부 차용증을 구입하는 수밖에 달리 아무런 방도가 없다. 그들은 유입된 달러를 미국 경제의 핵심 부문을 매입하는 데 쓸 수 없다. 예를 들면 석유수출국기구 회원국들은 여분의 달러를 미국 주식을 사들이는 데 사용함으로써 하위 출자자가 될 수는 있지만, 미국의 필수적 자산에 대한 실질적인 통제권을 매입하는 데 쓸 수는 없다는 말을 들었다. 마찬가지로 중국

도 중요한 정보기술 회사의 매입이 차단된다.[1]

역사 속의 모든 제국은 종속국들로부터 자금과 자원을 빨아들였다. 그 능력은 언제나 군사력의 뒷받침을 받았고, 조공은 대부분 그 군대의 유지에 쓰였다. 세계 곳곳에 포진한 750개 미국 군사 기지는 이 전통 속에 있다. 미국의 군사 기지는 외국에 자금을 요구하며, 국내의 군산복합체는 재무부 예산의 큰 몫을 빨아들인다.

미국은 국제 금융 제도를 통제함으로써 이 군사력을 지탱한다. 그 덕분에 미국은 연간 1조 달러를 군사 활동 수행에 쓸 수 있다. 이 무임승차는 타국의 환율을 붕괴시킬 수 있으며 실제로 1971년에 달러의 금본위제 이탈을 초래했다. 미국은 1950년 한국전쟁으로 국제 수지 적자 폭이 확대되고 뒤이어 베트남 전쟁에서 군사비 지출로 적자가 급증했는데도 외교를 통해 금융상으로 세계 경제를 계속 지배할 수 있었다. 이제는 세계의 주된 채권국이 아니라 세계 최대 채무국으로서. 미국 정부와 민간 투자자들이 해외에서 군사적으로, 경제적으로 세계를 포위하는 데 쓰는 달러는 외국 중앙은행에 외환 보유고로 쌓인다. 그들이 달러를 원하든 원하지 않든 상관없다. 이렇게 미국 밖으로 유출되는 달러가 미국의 군사적 모험주의를 키운다는 우려가 심해지는데도, 이를 막을 수 없다.

이러한 금융 질서가 미국을 '예외적인 경제'로 만든다. 다른 나라가 심한 부채에 시달리면, 국제통화기금과 채권 보유자들은 금융상의 압박을 가하여 그 나라의 경제 정책을 좌우하려 한다. 천연자원과 공기업을 사영화하고 국내 노동자들에게 내핍을 강요하라고 한다. 그러나 미국의 관료들은 언제나 외국이 자국의 국내 정책이나 외교 정책을 결정하려는 시도를 거부했다.

미국은 군사 정책 수행에 타국의 화폐를 확보하여 이에 의존해야 할 필요가 없기 때문에 화폐와 관련하여 고대 아테네와 유사한(3장에서 설명했다) 좋은 위치를 누린다. 아테네는 라우리온의 광산에서 채굴한 은으로 올빼미 은화를 주조하여 값비싼 삼단노선을 건조하고 용병을 고용하여 군사 동맹국들을 지원할 수 있었다. 미국 재무부는 은이나 금을 채굴하거나 판매할 필요가 없다. 달러를 '종이 금'으로 찍어내 외국에서 쓰면 된다. 재무부 차용증이다.

타국의 외채와 달리, 미국이 그 차용증의 빚을 갚으리라고는 누구도 기대하지 않는다. 실제로 미국의 공식적인 달러 채무는 상환 가능성이 거의 없다. 바로 이것이 미국을 그토록 예외적인 국가로 만드는 것이다. 미국은 지난 50년간 이 자체적 자금 조달로 아무런 제약 없이 공짜 점심을 누렸다.

그러나 달러 외교의 목적에 다른 나라들이 점차 이의를 제기하고 있다. 점점 더 많은 국가가 자국 경제를 달러에서 해방시키려 한다. 미국이 군사적으로 자국 영토를 에워싸는 데 더는 자금을 대지 않고 미국 투자자들이 자신들의 수익성 좋은 산업과 천연자원을 구입하는 것을 막으려고 한다.

정부 간 제국주의 대 민간 부문 제국주의

제1차 세계대전 이전에 정부의 외국 영토 개입은 민간의 무역과 투자를 따라갔다. 정부는 무력을 사용하여 광물과 열대작물, 기타 원료가 풍부한 땅을 강탈하고 지역 내에서 자국민의 이익을 확대했다. 민간 자본이 주도했으며, 정부 정책은 그 뒤를 따라갔다.

그러나 제1차 세계대전 이후 채무 청산 과정에서 정부 간 부채가 민간 외국인 투자의 가치를 크게 초과한다는 사실이 드러났다. 정부는 민간 투자자와는 확연히 다른 전략적 목표가 있었다. 정부의 지불 요구는 민간의 투자 기회를 밀어냈다. 현대사에서 처음으로 국제 금융은 하나의 정부가 지배하게 되었다. 미국 정부는 세계적으로 압도적인 채권국이 되었다. 주된 채무국은 미국이 참전하기 전에 무기를 확보하느라 빚을 진 동맹국들이다. 미국 정부의 청구권은 민간의 대부와 투자를 크게 압도했다.

사적 이익보다 정부가 우선권을 지니는 것이 당연시되었다. 따라서 미국 정부에 진 부채의 상환이 민간 부문의 관심사보다 우선해야 했다. 이러한 견해는 결국 실업과 대공황, 제2차 세계대전을 초래했다. 세계는 민간 채권자뿐 아니라 공적 채권자의 요구를 들어주기로 동의함으로써 성장과 안정을 희생했다. 그 요구는 너무나 커서 채무국들은 경제의 긴축을 통해서만 충족할 수 있었다. 외국 정부들은 경제적 잉여를 빨아들여 미국 정부에 진 빚을 갚았다.

민간 자본이 아니라 정부가 안정을 해치는 주된 착취 요인이 되리라고 예상한 사람은 없었다. 전쟁 중에 레닌은《제국주의, 자본주의의 최고 단계Imperialism: The Highest Stage of Capitalism》(1917)에서 사적 자본과 그 집중이 향후 분쟁의 주된 원인이 될 것이라고 예상했다. 많은 평자에게 세계 평화의 큰 희망은 정부 간 협력으로 상업과 금융의 경쟁을 억제하는 데 있는 것 같았다.

그러나 전후에 출현한 금융자본주의에서 민간의 정책과 정부의 정책은 정반대의 목적을 가지고 있었다. 미국 외교의 최우선 관심사는 세계 패권이었다. 번영이 중단되어도 상관없었다. 은행과 투자자의 이익이 훼손되어도 괜찮다는 말이었다. 그래서 1931년 허버트 후버 전 대통령이 연합국이 미국에 진 채무와 독일이 내놓아야 할 배상금의 일시적인 지불 정지를 선언했을 때 세계 전역에서 주가가 급등한 것은 당연했다. 정부 간 청구를 중지한 채무 면제로 외환 안정성은 회복되었다. 미국은 중단된 부채 상환으로 명목상 2억 5000만 달러를 손해 보았지만 그 이상으로 보상을 받았다.

월스트리트의 은행가들은 민간 신용이 재개되도록 정부의 청구권이 소멸하기를 바랐다. 1933년 런던경제회의London Economic Conference 직전에 미국의 차기 대통령 프랭클린 D. 루스벨트가 후버를 대신하면서 갈등이 터졌다. 후버는 공화당 출신 재무부 장관 오그던 밀스Ogden Mills와 함께 동부의 은행가 집단을 지지했다. JP모건의 파트너 러셀 레핑웰Russell Leffingwell이 이끈 월스트리트의 국제주의자들은 민주당 출신의 국무부 외교관 노먼 데이비스Norman Davis를 유력한 지위에 앉히려 했다. 그러나 프랭클린 D. 루스벨트의 고문 레이먼드 몰리Raymond Moley는 불신을 드러내며 이렇게 썼다. 데이비스는 "민간의 유럽 대출 재개를 촉진하기 위해 채무를 처리하기를 원한다". 프랭클린 D. 루스벨트는 데이비스의 조언을 거부했다.[2]

미국의 목적은 외국의 이해관계를 미국 정부의 채권 청구권에 종속시키는 동시에, 미국의 보호관세와 수입할당제를 강화하는 것이었다. 평자들은 루스벨트 행정부가 '아메리카 퍼스트' 정책으로써 채무국이 미국에 수출을 더 많이 해서 달러를 벌어들이는 것을 방해하여 세계의 지도자 자리는 물론 세계의 회복까지 거부하고 있다고 불평했다. 그러나 프랭클린 D. 루스벨트와 그 고문들은 영국과 프랑스 등 외국 정부와 그 경제를 되살려 미국과 대등한 상대로 만들 이타적인 국제주의적 지도력을 원하지 않았다. 미국의 시각에서 보자면 유럽을 미국에 전시 채무를 갚아야 할 상황에서 벗어나게 해주면 유럽 정부들은 그 돈으로 재무장하여 세계를 다시 전쟁에 몰아넣을 것이었다.

실제로 전쟁은 발발했다. 미국 정부는 종전 후 전쟁의 여파를 이용하여 유럽과 일본에 대해 훨씬 더 강경한 태도를 취했다. 미국의 국가주의적 시각에서 보면, 그 어떤 국가나 국가들의 모임도 미국에 경제 정책이나 외교 정책을 지시할 수 있는 위치에 오르는 일은 없어야 했다. 미국 외교관들은 자신들의 국가만 자율성을 가져야 한다고 주장하며 대등한 국가들의 집결을 원하지 않았다. 그들은 미국의 단극 지배 체제를 원했고 그때 이후로 계속 그 목표를 추구했다.

미국 관료들은 제2차 세계대전 막바지에 세계 질서를 설립할 계획에 착수하면서 한 번 더 채권국이라는 지위를 전후 외교를 결정하는 지렛대로 썼다. 추축국이 사라졌기에 이제는 그 동맹국들을 굴복시킬 차례였다. 그러나 미국 관료들은 전시 채무의 직접적인 상환을 추구하지 않고(그랬다면 제1차 세계대전 후 채무와 관련하여 일어난 분란이 되풀이되었을 것이다) 좀 더 진전된 방법으로 동맹국들을 점령하는 데 착수했다. 상업적이고 정치적인 성격의 양보를, 특히 미국의 수출업자와 투자자에 대한 시장 개방을 요구한 것이다.

미국은 영국 제국의 이익과 자국의 이익이 충돌한다고 보았기에 달러를 파운드를 대신할 세계의 주요 통화로, 세계 통화 체제의 토대로 만드는 것을 전후의 첫 번째 목표로 삼았다. 미국의 채권국 지위는 그 주된 수단이 되었다. 전쟁 초기에 재무부 장관 헨리 모건소 주니어Henry Morgenthau Jr.는 "영국에 셸 오일, 레버 브러더스, 브라운 앤 윌리엄슨 타바코 같은 그들의 큰 미국 회사들을 매각하라고 압력을 가하기 시작했다."* 1941년 1월 28일 상원 외교위원회는 이렇게 밝혔다. "애스터 경 부부가 뉴욕에 부동산을 갖고 있다면, 그들의 자산은 다른 것들과 함께 경매에 붙여질 것이다."³

미국의 경제 지배에 대한 대안을 봉쇄하는 무기대여법과 브레턴우즈 협정

첫 번째 싸움은 미국의 무기대여법 차관으로 영국의 전쟁 자금을 대는 문제를 둘러싸고 벌어졌다. 무기대여법의 기본적인 원칙은 자유무역이었다. '다자주의multilateralism'라고 부른 그것은 미국의 관점에서는 국가주의적이었다. 비차별적 무역을, 그리고 영국과 그 식민지 또 과거에 식민지였던 영연방 국가들 사이의 특혜관세 제도인 영국제국특혜British Empire Preference의 종식을 확실하게 약속하라고 요구했기 때문이다.

그 보호무역 체제가 끝나면서 영국과 유럽의 식민지 원료 자원과 수입품의 시장은 새로이 참여하는 모든 나라에 개방되었다. 당연히 미국이 그 선두에 섰다. 영국은 중국을 무력으로 개방시켰지만, 미국은 영국이 전쟁 탓에 곤궁한 처지에 놓였을 때 "돈이냐 목숨이냐"의 제안으로 영국과 그에 속한 제국을 개방시켰다. 무기대여협정 제7조 제2항은 "국제 교역에서 모든 형태의 차별 대우 제거"를, "3항은 관세와 기타 무역 장벽의 축소"를 요구했다.⁴ 존 메이너

• 이 영국계 회사들이 미국에 직접 투자로 설립한 자회사들을 가리킨다.

드 케인스는 1941년 7월 28일 무기대여협정 제7조의 초안을 받고 이렇게 썼다. "미국 정책에 필수적으로 따라야 할 대응, 즉 관세 인하와 전후의 심각한 경기 침체 회피에 관해서는 아무 말도 하지 않았다."[5]

1943년 11월 당시 상원의 전쟁조사위원회War Investigating Committee 위원장이었던 트루먼은 이렇게 요구했다. 무기대여협정에 따른 지원금과 기타 미국이 영국에 제공한 신용의 상환 시기가 왔을 때, "만일 영국이 필요했던 석유를 확보하기 위해 우리에게 빌려간 달러를 갚을 수 없거나 선박 부족이나 기타 사정을 이유로 아시아와 남아메리카, 네덜란드령 동인도에서 통제하고 있는 석유자원에서 석유를 가져올 수 없다면, 외국에 보유하고 있는 석유 매장량이나 그러한 매장량에 권리를 갖고 있는 기업의 영국 보유 주식 중에서 우리에게 빌려간 석유에 상응하는 가치만큼 소유권을 이전하여 그 부채를 상환할 수는 없는지 고려해봐야 한다."[6]

미국 정부는 무기대여협정에 따른 지원이 적대행위의 종식과 더불어 끝나야 한다고 주장했다. 1945년 무기대여협정에 따라 미국이 영국에 청구할 금액은 200억 달러에 이르렀다. 미국의 협상자들은 평화 선언으로 전쟁이 끝나자마자 영국에 대한 무기대여협정을 해지하고 1946년 영국에 대한 차관 37억 5000만 달러를 준비했다. 무기대여협정의 종결은 영국 경제를 지불 불능에 빠뜨릴 위험이 있었다. 영국은 차관 조건에 동의하는 수밖에 달리 대안이 없었고, 그 차관은 제국특혜관세의 빗장을 여는 지렛대가 되었다. 1944년 말까지 전시에 인도와 이집트, 아르헨티나, 기타 국가들이 축적한 파운드 블록의 신용거래는 거의 100억 달러에 이르렀다. 이 파운드 잔고

sterling reserves(전시에 영국이 파운드 권역 국가들로부터 물자를 제공받아 그 나라들에 진 채무)는 원래 영국 수출품의 대금 결제에만 쓰이도록 용도가 제한되었다.

어떤 나라든 경제 이론과 경제 외교는 목전의 상황과 자국의 이익을 반영하기 마련이다. 미국 외교관들이 국제통화기금(영국은 차관을 받는 조건으로 이에 합류하라는 요구를 받았다)을 위해 제정한 규칙은 파운드 잔고를 외국(주로 미국)의 수출품에 쓰일 수 있도록 족쇄를 풀려 했다. 미국의 관점에서 보면 외국 시장에 진입할 권리는 국내 완전고용 달성의 전제조건이었다. 그러나 외국이 자국 경제를 격리하여 자국 내 경제 성장만을 촉진할 수 있게 한다면, 미국의 수출은 억제될 것이다. 따라서 외국이 보호관세와 수입할당제를, 경쟁적인 평가절하나 복수 환율multiple exchange rates, 양자 간 청산 협정bilateral clearing agreement, 짧은 이행기를 넘어 지속되는 불환통화blocked currency 등의 금융 장벽을 도입하는 것을 막기 위해, 미국은 국제통화기금 창설을 주도하여 전후의 고정된 통화 평가平價, currency parities 체제를 보장하려 했다.

미국이나 국제통화기금, 세계은행의 지원(국제통화기금 체제에 합류하는 대가로 제시된 일종의 장려금이었다)을 받는 영국 등 다른 나라들은 자립 개념을 포기하고 보호무역주의적인 정책과 통제로의 복귀를 거부할 수밖에 없었다. 세계은행에 참여하고 싶은 나라는 국제통화기금에 가입하고 향후 외국 채권자들에 대한 정부의 공식적인 차관과 정부가 보증하는 채무를 이행하겠다는 조항에 동의해야 했다. 국제통화기금은 회원국들이 자국 통화로 분담금을 출자하여 자금을 마련하기로 했다. 의결권은 출자금에 비례한다. 전쟁으로 피폐해진 국가들에서 미국 달러 수요가 가장 많을 것으로 예상된다는 논리에 따라 미국이 가장 많은 의결권(거부권도)을 가졌다.

영국은 차관을 제공받는 조건에 따라 1949년까지 파운드의 평가절하를 단행할 수 없었다. 그래서 파운드는 계속 과도하게 높게 평가되었고, 영국의 국제수지는 적자 폭이 커질 수밖에 없었다. 그 조건은 또한 파운드 권역의 파운드 보유고(파운드 잔고를 포함하여)를 영국 상품과 영국 제국 상품에 쓸 수 없도록 했다. 파운드는 미국 달러의 위성 통화로 전락했다. 19세기의 상황이 역전된 것이다. 존 메이너드 케인스는 국제적인 문호개방 경제라는 미국의 계획이 "자유무역과 금본위제를 위해 국내 고용을 희생시켰다"고 보았다. 영국은 고환율(파운드에 대한 달러 환율)에 묶인 탓에 수입품에 대한 지출을 제한하려면 국내 생활에 내핍을 강요할 수밖에 없었던 것이다.[7]

영국은 이러한 조건에 굴복함으로써, 브레턴우즈 체제와 새롭게 제안된 국제무역기구의 운영 방침 협상에서 미국에 합세하여 유럽 대륙 국가들에 대해 공동전선을 펼쳤다. 그다음, 경제적 협박에 직면하여 미국의 요구 조건을 수용한 선진국들이 하나의 집단으로서 개발도상국들과 대결했다. 정해진 수순이었다. 이로써 전쟁으로 폐허가 된 시장들이 미국의 수출품에 문을 활짝 열었으며, 미국의 지도와 지배를 고착시키는 원칙에 따라 세계 대부분의 지역에 전후 질서가 확립되었다.

달러와 미국 금으로부터의 통화 독립을 반대하는 미국

1944년 존 메이너드 케인스는 영국 재무부 대표로서 국제결제동맹ICU,

International Clearing Union의 계획을 들고 브레턴우즈 회의에 참석했다. 적자 경제(예를 들면 영국)가 아닌 채권국 경제(주로 미국)에 조정을 압박하여 다자간 지불을 해결하려는 의도였다. 그의 계획은 국제통화기금이 '방코르bancor'라는 불환통화를 발행하여 국제수지 적자를 보전하게 하고 결제동맹이 그러한 국가들에 신용을 공급하여 생산적인 경제 팽창 투자를 돕자는 것이었다.

존 메이너드 케인스의 방안은 달러와 기타 국가 화폐로 기금을 조성하려는 미국의 계획과 달리 각국에 자국 통화로 분담금을 출자하라고 요구하지 않았다. 방코르가 포괄적인 당좌대월 약정이 되어야 했다. 결제동맹이 지불 국가의 차변 잔고를 늘리고 수취 국가의 대변 잔고를 늘려, 국가 간 지불을 처리할 것이었다.

가장 중요한 것은 존 메이너드 케인스가 희소통화Scarce Currency 조항을 집어넣으려 했다는 사실이다. 그 기본적인 취지는 채권국이 의무적으로 채무국의 상품을 수입하여 그 부채를 상환할 수 있도록 하자는 것이었다. 채권국의 국제수지가 관리하기 어려울 정도로 큰 흑자를 내면, 그 채권은 완전히 무효화되어 적자 국가들은 갚을 수 없는 것이 되어버린 채무에서 해방될 수 있다. 그렇게 된다면 채권국이 세계의 통화를 독점하지 못하게 막을 수 있다.

그러나 그러한 금융상의 독점이 바로 미국 관료들이 원한 것이었다. 미국은 새로운 달러 신용을 공급하여 유럽의 고갈된 금 보유고를 보충함으로써, 케인스가 제안한 관리통화제도 대신 금을 국제 금융의 토대로 계속 유지할 수 있었다. 달러는 금과 다름없는 것이 되었다. 금-달러 기준 환율에 따라 달러는 온스당 35달러로 금과 맞바꿀 수 있었다. 그러므로 미국 정책의 목적은 달러와 거의 독점에 가까운 자국의 금 보유를 그 무엇도 대체할 수 없게 만드는 것이었다.

유럽이 국제수지 적자에 시달리면서 그 금은 미국 재무부로 빠르게 유출되었고, 미국 재무부의 금 보유고는 꾸준히 증가했다. 1945년에 전쟁이 끝났을 때, 미국의 금 보유고는 약 200억 달러에 달했다. 전 세계 금 보유고의 59퍼센트에 해당하는 것이었다. 미국의 금 보유고는 1948년까지 43억 달러가 증가했고, 1949년에는 역사상 최고치인 248억 달러에 이르렀다. 종전 후 거의 50억 달러에 가까운 금이 유입된 것이다.

세계은행의 재건 차관도 국제통화기금의 국제수지 균형 차관도 유럽의 부흥에 필요한 자금을 충족시키기에는 충분하지 않았다. 프랑스는 1946년에서 1947년까지 금과 외환 보유고의 60퍼센트를 상실했고, 스웨덴의 금과 외환 보유고는 75퍼센트가 하락했다. 그 결과로 어느 나라에 어떤 조건으로 얼마큼의 국제 차관을 제공할 것인지에 관한 중요한 결정이 대체로 미국 정부의 손에 넘겨졌다.

미국의 과도한 전쟁으로 고통받는 다른 산업들

1950년 한국전쟁 발발 이후로 미국의 국제수지는 지속적으로 적자로 빠져들었다. 민간 부문의 무역과 투자는 균형 상태에 가까웠고, 미국의 대외 원조는 미국 수출품 구매와 연계되어 실제로는 자금의 유입을 낳았다. 적자는 전적으로 군사비 지출의 결과였다.

유럽과 다른 지역 국가들은 처음에는 미국 밖으로의 달러 순유출을 환영했다. 그 덕에 국제 거래에 쓸 준비금이 늘어나고 성장 정책을 수행할 여유가 생겼기 때문이다. 미국의 적자가 확대되면서, 유럽과 여타 국가들은 금 보유고를 다시 늘리기 시작했다. 수입을 제한하려면 경제를 둔화시켜 환율 하락을 방지해야 했는데, 금 보유고의 증가로 그러한 압력에서 벗어날 수 있었다.

1960년대 베트남 전쟁과 이와 연관된 아시아에서의 군사비 지출로 미국의 금 손실은 심각한 지경에 이르렀다. 매주 금요일 연방준비제도이사회는 금 보유고 통계를 발표하여 미국 지폐를 뒷받침하는 재무부의 금 보유량이 어느 정도 되는지 밝혔다. 미국 법은 지폐 대비 금 보유량이 최소한 25퍼센트는 되어야 한다고 규정했다. 금 유출로 인해 이 법정 금 보유고는 잉여 달러를 금으로 바꾸려는 외국에 넘겨줄 금괴가 충분히 남아 있지 않는 수준까지 감소했다.

드골De Gaulle 장군은 미국 은행이 거의 없는 베트남과 라오스 등 프랑스 식민지에서 본국으로 유입된 잉여 달러의 금 태환을 매우 강경하게 요구했다. 체이스 맨해튼 은행은 베트남의 사이공에 지점을 세워 이 문제의 해결을 도와달라는 요청을 받았다. 사이공 지점은 요새처럼 건축되었다. 이는 사업상의 결정이 아니라 데이비드 록펠러David Rockefeller가 애국심을 과시하기 위해 내린 결정이었다. 그에게 은행장 직을 넘겨준 조지 챔피언George Champion은 베트남 전쟁과 그에 따른 군사비 지출을 재정적으로 무책임한 일이라며 아주 거리낌 없이 비판한 사람이다. 미국의 군사 정책을 정치적으로 지지한 것은 월스트리트가 아니라 노동운동과 냉전 시기의 안보국가 옹호자들이었다. 유럽에서는 베트남 전쟁에서 미군이 저지른 잔학행위 때문에 대규모 반미 시위가 벌어졌다.

1965년 1월 상황은 위기로 치달았다. 당시 미국 대통령 린든 존

슨이 '자발적' 국제수지 관리를 선언했기 때문이다. 미국의 은행과 회사는 돌아오는 해에 외국에 대한 대출이나 투자를 5퍼센트 이상 늘리지 말라는 지시를 받았다. 그래서 사업 계획에 차질이 생겼다. 미국 은행들은 대출을 늘려 수익을 거두는데, 그것이 제한된 것이다. 석유 산업도 큰 영향을 받았다. 그들은 외국의 경쟁 회사들이 신규 투자로 우세를 점할 것을 걱정했다.

미국 정부는 동남아시아에서 전쟁을 수행할 때 그 전쟁이 미국 내 기업에 얼마나 영향을 미칠지는 거의 고려하지 않았다. 회사들은 해외 '투자'로 보고된 것의 대부분은 실제로 국제수지 유출이 아니라고 지적했다. 석유 회사들(항공 회사나 제조업 회사)이 외국의 지점이나 자회사로 미국의 설비와 기계를 옮기거나 달러를 빌려주어 미국인의 경영에 대한 대가와 이자, 미국 장비 수입 대금을 포함한 기타 비용을 지불할 수 있게 할 때, 그 달러는 결코 미국 경제를 떠나지 않았다. 그러나 무역과 국내총생산에 나타난 수치를 보면 무역과 투자는 미국의 상품과 서비스의 수출로써 상쇄되는 것으로 처리된 뒤, 실제의 유출 없이 대체로 대차대조표 항목으로만 남는 것이 아니라 '마치' 전부 현금으로 지불된 '것처럼' 나타났다. 석유 산업이 로비를 통해 이러한 국제 거래의 실상을 의회에 알리자, 석유 산업은 존슨의 '자율적' 프로그램에서 면제를 받았다.

그러나 은행과 다른 일반적인 산업은 고통을 당했다. 미국 내에서의 산업은 미국 군사 정책의 금융상 효과 때문에 계속해서 방해를 받았다. 이자율은 상승했고, 국민의 전쟁 반대로 존슨 대통령이 어쩔 수 없이 1968년에 재선에 나서지 않겠다고 선언한 뒤, 민주당은 종전 계획을 천명한 리처드 닉슨에게 압도적인 패배를 당했다.

그러나 국무부 장관 헨리 키신저는 당시 닉슨 대통령을 설득하여 라오스와 캄보디아로 전쟁을 확대하게 했다. "적에게 폭격을 가하여 평화 협상에 나오게" 할 수 있으리라고 기대한 것이다. 미국의 군사력이 증강되면서 다른 나라들은 금을 더 많이 획득했다. 독일은 드골주의자들이 표현한 것처럼 공개적인 말로써 대결하지는 않았지만 프랑스와 보조를 맞추어 잉여 달러를 금으로 교환했다.

공짜 점심으로 군사비 적자를 보전하려는 미국의 전술

1960년대 말, 미국의 외교관들은 국제통화기금으로 하여금 불환지폐인 방코르를 발행하게 하자는 존 메이너드 케인스의 발상을 되살려 특별인출권Special Drawing Rights을 제안했다. 국제통화기금 회원국들에게 출자금에 비례하여 당좌대월을 허용하자는 생각이었다. 특별인출권이 제도화하면 미국은 국제통화기금을 국제수지 적자의 원인인 국제적 군사비 지출에 자금을 공급하는 수단으로 이용할 수 있었다. 차이가 있었다. 존 메이너드 케인스의 계획은 유럽 경제의 회복과 팽창에 자금을 공급하여 생산수단을 만들어내는 것이 목적이었던 반면, 미국의 경우 적으로 규정한 국가들을 파괴하는 데 필요한 군사비를 얻어내는 것이 목적이었다.

1971년 8월 마침내 미국이 전쟁을 계속하면 재무부가 지속적으로 줄어드는 금 보유고를 더 잃거나 달러의 금태환을 중지해야 하는 대가를 치러야 한다는 점이 명백해졌다. 닉슨 대통령은 금 가격을 끌어내리기 위해 재무부의 금을 런던공동금보유고London Gold Pool˙에 푸는 일을 그만두기로 결정했다. 그렇게 해도 금 가격은 곧

치솟았기 때문이다. 이로써 온스당 35달러로 실행되는 달러의 금태환은 사실상 중단되었다.•

많은 정치인이 이것으로 세계 금융 체제를 지배할 미국의 외교적 수단이 사라질 것이라고 걱정했다. 제1차 세계대전 이후로 미국은 채권국의 지위에서 세계 외교를 지배했고, 세계의 금 대부분을, 따라서 세계의 본원통화를 독점했다. 금 유출을 겪는 다른 나라들은 국민에게 내핍을 강요해야 했다. '경화' 경제학자들은 국제수지 적자가 계속되면 달러 가치가 하락하고 인플레이션이 발생할 것이라고 예견했다. 실제로 재무부 장관 존 코널리John Connally는 금 매각을 중단하는 동시에 달러 가치를 5퍼센트 떨어뜨렸다. 그로서 유럽 국가들의 통화로 평가된 그 나라들의 달러 보유고 가치가 줄어들자, 존 코널리는 유럽인들에게 이렇게 빈정거렸다. "달러는 우리의 통화이고 당신들의 문제다."

그러나 1971년 달러의 금태환 정지에 뒤이은 결과는 전혀 예상치 못한 것으로 밝혀졌다. 새로운 형태의 달러 헤게모니로의 길이 열린 것이다. 그 헤게모니는 세계의 큰 금융 채무국으로서의 미국의 레버리지를 토대로 한 것이다.

미국의 달러 외교가 타국 중앙은행에 제기한 딜레마

타국의 중앙은행들은 미국이 군사비 지출과 외국 회사의 투자 매입

• 1961년 브레턴우즈 체제의 고정환율과 온스당 35달러의 금 가격을 유지하기 위해 미국과 유럽 7개 국가의 중앙은행이 합의하여 공동으로 관리하는 금 보유고.

으로 세계 통화 체제에 퍼부은 달러 과잉을 어떻게 처리해야 할지 알 수 없었다. 그들에게는 별다른 선택지가 없었다. 중앙은행들은 주식을 매입하지 않았고, 미국의 회사나 부동산을 매입할 뜻도 없었다. 국부펀드는 아직 출현하지 않았다. 그래서 큰 질문이 생겼다. 더는 달러를 금으로 바꿀 수 없게 된 상황에서, 유럽과 여타 경제는 넘치는 달러를 어떻게 처리할 것인가?

최근까지도 중앙은행들이 일반적으로 구입한 것은 타국 정부의 채권에 국한되었다. 1970년대부터 비교적 최근에 이르기까지 그러한 유가증권의 큰 공급처는 미국 재무부 채권과 차용증이 유일했다. 외국의 중앙은행들이 넘치는 달러로 매입한 것이 바로 그것이다. 금본위제가 사라진 상황에서 세계는 미국 재무부 차용증 본위제로 이동했다.

여기에 외국 경제들이 직면한 문제가 있다. 외국 중앙은행들이 유입된 달러를 미국 재무부 유가증권을 매입하여 미국 경제로 되돌리지 않으면, 그 나라들 통화의 달러에 대한 환율이 내릴 것이다. 그러면 달러 권역 경제로 수출하는 물품의 가격이 상승할 것이다. 달러를 지나치게 많이 보유한 국가들은 달러 권역이 수출에서 가격의 이점을 갖지 못하도록 미국 재무부 유가증권을 매입하여 달러의 가치를 떠받쳤다.

이와 같은 달러의 순환은 일반적인 경험과는 반대로 대체로 군사비에 기인한 미국의 국제수지 적자가 미국 국내 재정 적자를 보전하는 데 도움이 되었음을 의미한다. 두 경우에 공히 적자는 대체로 군산복합체에 지출한 비용 때문에 발생했다.

이와 같은 새로운 성격의 국제적 자금 순환은 외국의 중앙은행들을 속박하는 경향이 있었다. 그들은 미국의 유가증권을 더 많이 구입할수록, 달러의 평가절하가 단행될 경우에 (자국 통화로 평가한 가치에서) 손해를 볼 가능성이 더 커졌다. 미국의 관료들은 외국 중 앙은행들에 재무부 유가증권뿐 아니라 미국의 주식과 사채를 매입하라고 권유하여 그 순환을 조장했다. 단 주요 미국 회사의 지분을 절반 이상 보유할 수는 없었다. 오직 미국만이 세계의 '예외적 국가'로서 타국 경제에 그런 일을 할 수 있었다(이따금 민족주의적 반발에 직면하기는 했다).

1973년 말에서 1974년 초가 되면 미국은 외국에 보유한 달러를 미국 채권 시장에 투입하라고 노골적으로 요구한다. 석유수출국기 구 산유국들이 미국의 곡물 가격 네 배 인상에 대응하여 구매력을 잃지 않기 위해 유가를 네 배 올린 때였다. 국무부 관료들은 사우디아라비아와 아랍 지역의 다른 산유국들의 외교부 관료들에게 넘치는 달러 유입을 미국 금융 시장에 되돌리기로 동의한다면 유가 인상에 반대하지 않겠다고 말했다. 그러지 않는다면 이는 곧 전쟁을 의미하게 될 것이었다(나는 관료들이 백악관과 국방부 회의에서 이러한 협정의 세부 내용을 다듬을 때 수없이 많이 불려갔다).

미국의 달러 유출의 종착지는 석유수출국들과 유럽이었고, 유출된 달러는 기업의 주식과 채권, 재무부 유가증권 등 유동성 금융 자산 투자로, 미국 상업은행들에 전례 없이 많이 유입된 달러로 미국으로 되돌아왔다. 이렇게 미국으로 되돌아온 달러는 제3세계 국가로 많이 대출되었다. 그 나라들은 그렇게 빌린 달러로 국제수지 적자를 보전하느라 떠안은 외채를 상환하고 점점 더 비싸지는 곡물과 석유의 값을 치렀다.

워싱턴 합의의 목적은
국제적인 지대 추구 경제의 창출

미국의 관료들은 새로운 채권자-채무자 외교의 양편에서 기민하게 움직였다. 무역에서 흑자를 본 국가들을 상대로는 채무자 기반의 새로운 달러 외교를 이용한 반면, 제3세계 국가들과 기타 국제수지가 적자인 나라들을 상대할 때에는 채권자에 유리한 입장을 취했다. 1980년 이후 워싱턴 합의에 따라 국제통화기금과 채권 보유자들은 제3세계 국가들에 긴축을 강요했다. 국영기업의 사영화와 통화의 지속적인 평가절하를, 즉 그 노동력 가격의 인하를 강압적으로 요구한 것이다.

그 결과는 공공연한 유럽 제국주의만큼이나 파괴적이고 약탈적이었다. 유럽 제국주의가 식민지와 보호령을 무역과 통화의 위성국가로 만들어 천연자원과 지대를 낳는 독점사업을 강탈하여 유럽 투자자들에게 넘겼듯이, 국제통화기금의 정책에 지침이 되는 신자유주의적인 워싱턴 합의도 유사한 효과를 냈다. 제3세계와 여타 국제수지 적자에 허덕이는 국가들은 외화 부채 간접비 때문에 미국과 서유럽이 걸은 길을 따라 산업자본주의를 발전시킬 능력을 빼앗겼다. 워싱턴 합의는 서구의 선진국 경제를 금융화하여 부의 획득 방식을 점차 지대 추출로 바꿔놓을 뿐 아니라, 이러한 국가들도 지대 추구 경제로 변모시킨다.

이러한 현상은 '탈산업사회' 시대를 여는 것으로 환영받고 있다. 그러나 애덤 스미스부터 존 스튜어트 밀, 마르크스, 마셜, 베블런에 이르기까지 고전경제학자들은 바로 그것을 피하고 싶었다. 그들의 생각에 산업자본주의의 작동 원리는 경제와 시장을 지대 추구에서 해방하는 것이었다. 부유한 국가들이 발달이 뒤처진 국가들에 투자하여 따라잡기를 지원하고, 민주주의 정치와 공적 투자를 확대하여 식민지를 비롯한 덜 발달한 경제를 근대화할 것으로 기대되었다. 그러나 미국 외교와 워싱턴 합의의 효과는 이 나라들이 산업경제에 합류하도록 돕는 대신, 불평등을 심화하고 억압적인 종속 과두집단의 독재 체제를 안겨주는 것이었다. 이것은 진보가 아니다. 새로운 형태의 후진성이요, 봉건적인 재산소유 채권자 계급으로 돌아가는 역행에 가깝다.

미국의 관료들은 제3세계에 대해 채권자에 우호적인 태도를 취하여 미국의 채권 보유자들과 자국의 달러 표시 채권을 보유한 외국의 종속 엘리트들을 보호한다. 벌처펀드vulture-fund는 어떤 것이 되었든 정부 자산을 처분하여 이익을 거둘 수 있기를 바라면서 기관들이 내놓는 채권을 푼돈을 내고 거두어들인다. 그러한 사례 중에서 가장 악명 높은 것은 폴 엘리엇 싱어Paul Elliot Singer가 아르헨티나 정부를 상대로 취한 조치다.*

2020~2022년 코로나 바이러스 위기로 서구의 산업 생산이 축소되어, 제3세계 채무국들은 만기 도래한 부채를 상환할 방법이 없었다. 그리하여 1982년 멕시코가 외채를 상환할 수 없다고 선언한 후 나타난 라틴아메리카의 부채 위기와 비슷한 상황이 전개되었다. 당시에는 그 때문에 국제 차관이 중단되어 1990년 아르헨티나와 브라질은 달러 빚에 대해 연간 45퍼센트의 이자를 지불해야 했고(주

---

* 국가의 부실 채권을 인수하여 재판을 통해 액면가의 완전한 상환을 이끌어내는 행태. 행동주의 헤지펀드인 엘리엇 매니지먼트 회장인 폴 싱어가 1996년 페루, 2002년 아르헨티나가 채무불이행에 빠졌을 때 써먹은 수법이다.

로 조세피난처 계좌로 움직이는 국내 과두집단에 진 빚이다) 멕시코는 중기 달러 표시 채권에 22퍼센트 이상의 이자를 지불해야 했다. 코로나 바이러스가 초래한 세계 경제의 침체로 원료와 기타 수출품에 대한 수요가 하락하여 제3세계는 다시금 국제수지 적자에 빠졌다.

오늘날 부채를 떠안은 제3세계 국가들은 경제의 회복을 방해한 긴축을 다시 받아들여야 하는가의 문제에 직면해 있다. 어쩔 수 없이 천연자원과 공기업을 사영화하여 국제수지 흑자를 내는 나라들과 미국의 투자자들에게 매각해야 하는가?

과거에 그러한 경제적 요구는 군사적 정복으로만 강요할 수 있었지만 오늘날에는 금융상의 정복으로 강요되고 있다. 수명 단축과 자살률, 이민으로 야기된 인구 감소를 감안하면 군사적 정복과 똑같이 파괴적이다. 금융을 통한 파괴이자 지적인 파괴이지 군사적인 파괴가 아니다. 달러 외교 덕분에 미국은 긴축과 금융 제재라는 치명적인 화폐의 무기를 이용하여 경제적 통제력을 확보할 수 있다. 더불어 공짜 점심도 받는다.

이것이 바로 지대 추구 금융자본주의가 국제적으로 작동하는 원리다. 채무국은 "인플레이션으로써 빚에서 빠져나올" 수 없다. 부채는 그들의 중앙은행이 찍어낼 수 없는 달러나 기타 외환으로 표시되어 있기 때문이다. 채무국은 국내 통화를 창출할 수 있지만, 외채 상환에 필요한 달러나 다른 경화는 찍어낼 수 없다. 국내의 세금을 인상해도 외화 표시 부채를 갚는 데에는 도움이 되지 않는다. 세금은 자국 화폐로만 징수하기 때문이다.

이것이 바로 1920년대에 존 메이너드 케인스가 말한 이전문제 Transfer Problem다. 그때 유럽 연합국들은 독일이 경제를 부숴서라도 배상금을 지불해야 한다고 주장했다. 채권자에 우호적인 입장은 세금을 인상하면 노동자와 기업이 가난해져 소비재와 자본재의 수입이 둔화된다고 가정한다. 이는 지어낸 말일 뿐이다. 채무국을 채권국에 더 많이 의존하게 만들기 위한 핑계다. 빈곤은 결코 성장의 길이 아니다. 빈곤은 오직 약탈자에게, 그것도 단기적으로만 이익이 될 뿐이다.

제1차 세계대전 후 유럽의 외채 규모는 너무나 커져서 상환이 불가능했는데, 이를 강제하려는 시도는 헛수고로 돌아갔다. 케인스는 연합국이 독일의 수출품을 구매하기로 동의하지 않는다면 독일제국은행이 화폐 발행으로든 과세로든 배상금을 지불할 방법이 없음을 증명했다. 그러나 오늘날 국제통화기금과 미국 외교는 이 파괴적인 '경화' 정책을 추구하며 재정 긴축과 공공자산 매각으로 외채를 상환할 수 있다고 주장한다. 그 결과는 채무국의 자산을 박탈하여 그 나라를 빈곤에 몰아넣는 것뿐이다.

오늘날 유로 권역 국가들은 장기간에 걸쳐 긴축을 강요당하고 있다. 유로는 달러의 위성 통화가 되었다. 재정 적자를 유로 권역 역내총생산의 3퍼센트 이하로 제한해야 하므로, 유로를 중앙은행 준비금의 수단으로 달러와 경쟁할 수 있을 만큼 많은 양을 발행하지 못한다. 이러한 원리에 따라 유로 권역 국가들은 케인스주의적 지출로써 경제 침체에서 벗어나는 길이 봉쇄된다. 경제 성장을 촉진할 사회적 지출이 제한된 것이다. 아마도 인구와 생활수준이 크게 하락한 뒤에야 유권자들은 그러한 제한이 쓸데없고 긴축이 불필요하다는 사실을 알게 될 것이다.

유럽의 정부들이 계속해서 한계량을 초과하여 화폐를 발행하는 일을 삼가고 다른 대안적인 통화 블록도 출현하지 않는다면, 전세계의 화폐 창출은 미국의 군사비 지출에, 세계의 중앙은행들에 쌓이는 미국 국제수지 적자에 쓰일 것이다. 이것이 오늘날 달러 본위제와 미국의 거의 단극적인 세계적 화폐 창출 지배의 본질이다.

오늘날 민족주의와 세계화 간의 대비는 1940년대와 1950년대와는 완전히 다른 맥락에 있다. 그때는 제2차 세계대전의 여파가 논의의 틀이었고 다시는 유럽 국가들 간의 전쟁으로 고통받지 않으려면 유럽 통합이라는 발상이 좋아 보였다. 7개 국가가 모여 유럽공동시장(유럽경제공동체)을 만들었다. 외국(주로 미국)의 식량 생산자들에게 의존하지 않기 위해 공동농업정책CAP 수립이 특별한 주안점이 되었다.

미국은 지속적으로 공동농업정책을 무산시키려고 했고, 영국(여느 때처럼 미국 외교 정책의 대리인 역할을 했다)과 스칸디나비아가 주도하는 경쟁 기구인 유럽자유무역연합EFTA, European Free Trade Association의 창설을 후원했다. 미국은 이 자유무역지대가 사회민주주의적이거나 사회주의적인 진보적 유럽 대륙의 대안을 제공하기를 바랐다.

오늘날 영어권 국가들과 스칸디나비아 지역은 북대서양조약기구의 우파 동맹에 속한다. 북대서양조약기구와 유로 권역이 동쪽으로 팽창하여 발트 국가들과 폴란드를 포함했기에, 브뤼셀의 유럽연합 정치인들은 특히 러시아와 중국, 기타 미국이 적성국이나 잠재적 무역 경쟁자로 보는 국가들과의 관계에서 미국의 계획과 어긋나는 정책을 추진할 수 없게 되었다.

미국의 신자유주의 정책에 제재를 당하거나 적대국으로 여겨진 국가들은 국제수지 흑자나 적자를 미국 재무부 채권 본위제 이전에 존재한 방식으로 돌아가 처리하여 대응하려 한다.

달러 헤게모니에 대한 전 세계의 저항

모든 경제는 외환 보유고가 필요하다. 달러 보유고는 주로 미국의 군사비 지출과 냉전 외교, 외국 경제를 탈취하는 투자로 발생하는 미국의 부채다. 그러한 투자의 대표적인 사례는 천연자원 지대 추출과 공공 기간시설 사영화로 발생하는 독점 지대에 대한 투자다.

외국에서는 미국의 군사비 지출과 경제 탈취 투자로 인한 달러 유입의 홍수에서 어떻게 자국을 보호할 것인지가 문제가 된다. 그들이 받는 것은 '종이 달러'일 뿐이기 때문이다. 위에서 언급했듯이, 미국의 군사 정책과 미국의 자국 경제 자산 탈취에 동의하지 않는 국가들은 딜레마에 처한다. 유입된 달러를 미국 자본시장에 되돌리지 않으면, 자국 통화 가치가 상승하여 세계 시장에서 수출품의 가격 경쟁력이 떨어질 것이다.

러시아와 중국, 기타 국제수지 흑자 국가들이 취한 최소한의 저항 방법은 탈달러화다. 그 정책의 한 가지 요소는 금을 국제수지 적자를 해소하는 수단으로 되살리는 것이다. 금은 순자산으로 대차대조표의 반대편에 상응하는 부채가 없다. 따라서 달러 헤게모니의 버팀목이 되는 미국 재정 적자와 국제수지 적자에 자금을 제공하지 않는다. 금을 국제수지 적자 해소에 사용하는 것은 대안적인 통화 블록으로 이행하는 가장 순조로운 방법이 될 가능성이 크다.

제3세계 채무국들의 문제는 1920년대에 독일의 배상금과 연합국 간 무기대여 부채가 유럽 경제를 파괴한 것처럼 채권국의 요구가 경제를 파괴하는 것을 어떻게 피할 것인가다. 국제통화기금과 미국의 외교가 제안하는 것은 이자율 인하와 할부 상환 기간 연장, 분할상환금 지불을 위한 추가 대출 따위의 보잘것없는 임시방편뿐이다. 그러나 갚아야 할 기본적인 부채 규모가 늘어나기 때문에, 결국 부채 상각만이 유일한 해법이다. 이를 위해서는 국제법의 새로운 원칙이 필요하다. 어떤 나라도 자국 경제를 망가뜨리면서 외채를 갚아서는 안 된다는 규정 말이다. 그러한 원칙은 채권자에 유리한 법률이 전쟁 행위나 다름없는 조공의 요구라는 점을 인정한다.

결국 문제는 독립국가의 자격을 판단하는 기준이다. 잔인했던 유럽의 30년전쟁을 끝낸 1648년 베스트팔렌 조약의 현대판이라고 할 수 있다. 그 조약은 타국 정부의 정책이나 내정에 간섭하지 말아야 한다고 결정했다. 쟁점은 한 국가의 정치적, 경제적 독립성이다. 외국의 내정 간섭을 막아 스스로 운명을 결정할 것인지 아니면 오늘날 금융 '시장'의 딜레마, 즉 '돈이냐 목숨이냐'의 선택에 대면할 것인지가 핵심이다.

미국의 금융 외교는 오랫동안 유지된 1648년의 국제관계 원칙을 거부하고 세계의 무역과 투자의 외교를 통제하겠다고 일방적으로 요구하면서, 자국의 정책에 대한 외국의 통제나 감시를 피할 거부권을 받지 못하면 어떠한 국제기구에도 참여하지 않겠다고 한다. 그런 이유로 미국은 제1차 세계대전 후 창설된 국제연맹 가입을 거부했으며, 그 이후 설립된 국제연합에는 거부권을 갖는다는 조건으로 합류했다. 미국은 1944년 세계은행과 국제통화기금과 관련하여 유사한 권한을 보장받았다. 미국의 대표들이 자국의 국익을 반영하지 못한다고 생각하는 결정에 대해 거부권을 행사하기에 충분할 만큼 미국의 분담금을 많게 정한 것이다. 그러한 논리에 따라 미국은 국제사법재판소에 합류하지 않았다.

미국의 관료들은 규칙에 입각한 전통적인 질서를 희화화하여 타국의 외교 정책뿐 아니라 국내 정책의 규칙까지도 좌우할 일방적 권리를 가져야 한다고 주장한다. 이 문제는 2021년 3월 18일 미국과 중국의 관료들이 알라스카의 앵커리지에서 대면했을 때 곪아터질 지경에 이르렀다. 미국 국무부 장관 앤터니 블링컨Antony Blinken은 미국의 제재와 타국 선거에의 정치적 개입, 그리고 독재자와 종속 과두집단, 신자유주의적 도둑정치에 대한 군사적 지원을 세계의 새로운 '규칙에 입각한 질서'의 본질임을 사실상 인정했다. 요컨대 그는 중국의 국내 정책이 산업에 보조금을 지급하고 사영화를 억제함으로써 미국 중심의 신자유주의적 질서를 위협한다고 비난했다. 그는 이렇게 주장했다. "규칙에 입각한 질서의 대안은 힘이 정의요 승자가 모든 것을 독식하는 세계이며, 그 세계는 훨씬 더 폭력적이고 불안정한 세계가 될 것이다."[8]

수십 년간에 걸친 군사적 대결과 폭력, 세계적인 규칙 파괴와 불안정의 주된 원인이 미국에 있다는 사실은 전혀 인정되지 않았다. 중국 대표인 공산당 정치국원 양제츠杨洁篪는 미국이 자국의 이익을 위해 일방적으로 강요하는 '규칙에 입각한 질서'는 받아들일 수 없다고 반박했다.

나는 세계 국가들의 압도적 다수가 미국이 옹호하는 보편적 가치나 미국의 견해가 국제적 여론을 대변할 수 있다고 인정한다고는 생각하지 않는다. 그 나라들은 몇몇 사람이 만든 규칙이 국제 질서의 토대가 될 수 있다고 인정하지 않을 것이다.

양제츠는 미국이 옹호하는 이른바 '규칙에 입각한' 신자유주의 원리의 국제 질서가 아니라 국제법의 뒷받침을 받는 국제연합 중심의 질서를 지지하라고 촉구했다.

러시아 외교부 장관 세르게이 라브로프는 이러한 중국과 미국의 설전을 거론하며 미국의 목적은 균형 잡힌 공동의 질서를 만드는 것이 아니라 일방적 지배를 보장하려는 것이라는 중국의 입장을 지지했다. 그는 이렇게 말했다. 미국의 외교관들은 "국제법을 자신들의 규칙으로 대체하기를 원한다. 그들의 규칙은 보편적 차원의 세계적인 법의 지배와는 아무런 공통점이 없다." 세르게이 라브로프는 전임 국무부 장관 렉스 틸러슨Rex Tillerson에게 미국이 러시아의 푸틴 반대 운동을 지원하는 것과 우크라이나 지원법에 대해 불만을 표했다고 말했다. "그는 내게 완전히 다른 이야기를 했다. 그에게 이유를 물었더니 우리는 권위주의 체제를 장려하고 자신들은 민주주의를 확산시키기 때문이라고 말했다. 그것으로 끝이었다."[9]

미국은 타국에게 자신들의 일에 간섭하지 말라고 주장하지만, 미국 외교관들은 자신들이 '예외적 국가'로서 타국의 정책을 좌우할 권리를 가져야 한다고 억지를 부린다. 선거로 합법적으로 선출된 자라도 미국의 신냉전 목적에 보탬이 되지 않는 정치적, 경제적 정책을 옹호하는 지도자는 제거하겠다는 것이다. 미국은 어떤 무역협정에서든 순이익을 거두어야 한다는 주장도 예외적이다(트럼프 전 대통령이 아주 당당하게 밝혔다). 이러한 단극적 세계 지배의 요구는 공정과 균형이라는 전통적인 규범을 거부하며, 더욱 다극적인 세계 경제를 원하는 반발을 자극했다.

미국의 외교관들은 독실한 척 자신들의 정책을 《성서》를 인용하여 설명하기를 좋아한다. 기독교 교부 락탄티우스(250~325년경)가 로마 제국에 관해 기술한 《신의 원리Institutiones Divinae》에서 한 말이 더 적절하다. 그의 설명은 미국을, 실로 오늘날 금융자본주의의 본질적 작동 원리를 설명한 것이라고 해도 무방하다.

그 탐욕스러운 자들은 많은 사람을 노예로 삼으려고 생필품을 착복하여 축적하고 엄히 지켰다. 자신들만 쓰려고 한 것이다. 이들의 행위는 인류를 위한 것이 아니라(그들에게 인류애 따위는 전혀 없었다) 모든 것을 갈취하려는 욕심과 탐욕의 소산이다. 그들은 정의의 이름으로 부당하고 불공정한 법을 만들어 다수의 힘에 맞서 자신들의 절도와 탐욕을 용인한다. 이런 식으로 그들은 무력과 노골적인 악행만큼이나 권위로써도 이익을 취했다.[10]

CHAPTER
11

화폐와 토지를
공공재 취급하는 나라를
겨냥한 전쟁

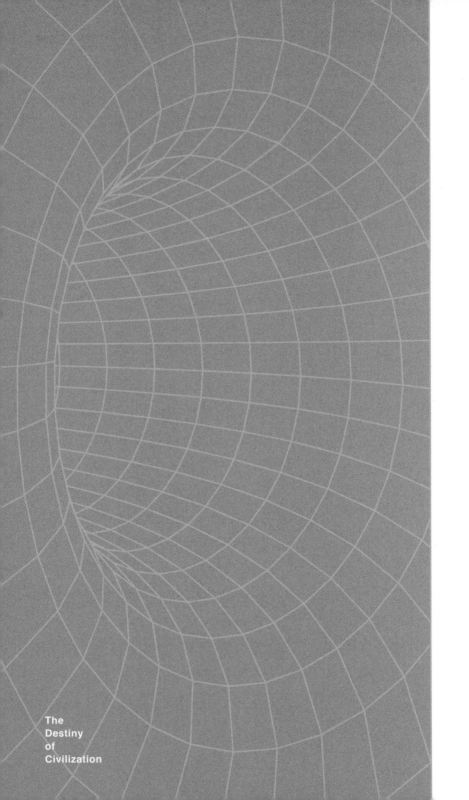

The
Destiny
of
Civilization

거의 500년 전 니콜로 마키아벨리는 자신의 저서 《군주론》에 전쟁에서 승리한 국가가 패했으나 "자신들의 법에 따라 자유롭게 사는 데 익숙한" 국가를 대우하는 방법에 대한 내용을 세 가지로 정리해 제시했다. "첫째는 그들을 파멸하는 것이고, 그다음은 그곳에 들어가 거주하는 것이고, 세 번째는 자신들의 법에 따라 살게 하면서 조공을 받고 우호적인 과두지배 체제를 세우는 것이다."[1]

마키아벨리는 로마의 카르타고 파괴를 이야기하며 첫 번째 방법을 선호했다. 2001년 이후 미국이 이라크와 리비아를 처리한 방법이 바로 그것이다. 그러나 오늘날의 세계에서 미국은 군사적 무력 충돌보다 비용이 훨씬 적게 드는 방법으로도 치명적인 파괴를 가할 수 있다. 러시아와 중국에 대해서는 큰 성공을 거두지는 못했지만 쿠바와 이란, 베네수엘라에 가한 무역 봉쇄와 금융 제재의 방법이다. 적성국이 필수적인 기술과 정보처리 능력, 원료, 신용을 획득하지 못하게 하는 것이 그 정책에 깔린 의도다.

두 번째 방법은 경쟁국을 점령하는 것이다. 이는 750여 개에 달하는 미국 해외 군사 기지에 군대가 주둔함으로써 부분적으로만 실행되고 있다. 기업들이 외국의 기본적 기간시설, 토지와 천연자원, 은행과 공익사업을 인수하는 것이 더 효과적이고 수지맞는 점령이다. 그 효과는 경제적 지대와 이윤, 이자를 제국 중심부로 뽑아내는 것이다.

　트럼프 전 대통령은 이라크와 시리아 사회를 파괴한 비용에 대한 보상으로 두 나라의 석유를 장악하기를 원한다고 말했다. 후임자인 바이든 대통령은 2021년 취임하자마자 힐러리 클린턴의 충실한 지지자인 니라 탠던Neera Tanden을 정부의 고위직에 임명하려 했다. 그녀는 미국이 리비아의 막대한 석유자원을 빼앗아 냉전 비용으로 써야 한다고 촉구했던 인물이다. "우리는 엄청난 적자를 보고 있다. 그들은 석유를 많이 갖고 있다. 대다수 미국인은 우리가 큰 적자를 보고 있으니 세계의 일에 관여하지 않기를 원할 것이다. 만일 우리가 세계의 일에 지속적으로 관여하기를 원한다면, 우리가 석유 부국들로부터 일부 자금을 빼내는 것 같은 행위가 내게는 미친 짓처럼 보이지 않는다."[2]

　미국의 전략가들은 일반적으로 마키아벨리의 세 번째 방법에 주목한다. 패배한 적국을 명목상으로는 독립국가로 남아 있게 하되, 앞서 언급한 기업을 점령하고 지역에 군사 기지를 배치함으로써 종속 과두집단을 뒷받침하여 그들을 통해 지배하는 것이다. 지미 카터 전 대통령의 국가안보 보좌관 즈비그뉴 브레진스키Zbigniew Brzezinski는 그러한 국가들을 주인인 미국에 충성할 의무가 있고 종속 국가 경제의 사영화와 금융화에 공동의 이해관계를 지닌다는 고전적 의미에서 '종속국vassal'이라고 칭했다.

　나중에 말한 두 방법의 첫 단계는 대개 적국을 파멸하는 것이다. 1991년 이후 구소련 공화국들에서는 충격 요법으로 종속 과두집단이 사영화를 단행할 무대가 마련되었다. 그러한 강탈은 소련 경제를 하나의 통일체로 결합한 경제적 상관관계를 완전히 파괴했다. 결과적으로 경제의 잉여를 국내에 묶어두어 번영을 촉진할 국가적 자립이 봉쇄되었다. 브레진스키는 이렇게 설명했다. "더 잔인한 고대 제국들의 시대를 떠올리게 하는 어법으로 말하자면, 제국의 지정학적 전략에서 반드시 지켜야 할 세 가지 큰 과제는 종속국들이 서로 충돌하지 않고 안보에서 서로 의존하게 하며, 종속국들을 순응하게 하고 보호하며, 미개한 국가들의 단합을 막는 것이다."[3]

제2차 세계대전에서 독일과 일본에 패배를 안긴 미국은 외교로써 1946년에 영국과 파운드 권역을 예속적 지위에 밀어 넣었다. 뒤이어 서유럽의 다른 나라들과 과거의 식민지들이 영국의 뒤를 따랐다(10장에서 설명했다). 다음 단계는 러시아와 중국을 고립시켜 이 "미개한 국가들의 단합"을 막는 것이었다. 브레진스키는 다음과 같이 경고했다. 만일 그들이 힘을 합치려 한다면 "미국은 유라시아에서 미국을 몰아내 그 세계 강국 지위를 위협하려는 지역적 동맹에 어떻게 대처해야 할지 결정해야 할 것이다"[4] 이것이 오늘날 냉전 2.0의 밑바탕에 깔린 논리다.

지대 수취자 도둑정치를 장려하려는 신자유주의의 이데올로기적 정복

마르크스는 공산주의로 이행하는 과정에서 사회주의 경제를 어떻게 관리해야 하는지에 대한 청사진을 제시하지 않았다. 마르크스의 글은 자본주의가 어떻게 산업과 금융을 효율성을 토대로 자연스러운 과정을 거쳐 사회화되도록 조직함으로써, 사회주의의 기초를 놓았는지 집중적으로 다루었다. 러시아에서, 뒤이어 중국에서 공업과 노동, 농업의 가장 효율적인 조직을 향한 이러한 발전에는 경제를 옛 기득권 세력의 통제에서 해방할 혁명이 필요했다. 1917년 10월 러시아에서 일어난 혁명이 바로 그것이다.

그러나 러시아의 관료들은 전기 공급과 산업공학의 논리를 필두로 자국 경제를 어떻게 만들어낼 것인지 고민할 때, 마르크스가 자본주의에 관해 쓴 내용을 충분히 읽지 않았다. 국영기업은 노동자에게 식량과 여가를 제공할 책임과 기타 의무를 지닌 공익사업으로 운영되었다. 주거와 교육, 보건, 여타 기본적 욕구는 가구를 은행 부문에 빚을 지게 만드는 지대 추구의 기회가 아니라 공익사업으로 취급되었다. 주택 공급은 제한적이기는 했지만 최소한 부동산 투기꾼들로부터는 해방되었다.

화폐와 신용도 공익사업으로 취급되었다. 국가는 신용을 공급하여 공장을 건설하고 경제에 전기를 공급하고 여타 기본적 욕구를 충족시켰다. 이자는 부과되지 않았다. 국가는 이윤을 추구하지 않았기 때문이다. 바로 이것이 고전경제학자들이 강력히 주장한 것이다. 소련의 지도자들은 또한 노동자의 노동 시간을 제한했고, 유급휴가와 교육을 제공하여 문해력을 키우고 노동생산성을 높였다.

소련의 거대 회사들은 일종의 축소판 정부로 주택과 식량, 오락을 제공했다. 러시아의 최대 자동차 생산 공장 아우토바즈가 있는 사마라 주의 톨리야티 같은 몇몇 도시는 도시 전체가 지역의 기업국가였다. 그러한 기업을 사영화하면서 그들이 제공한 사회적 기능은 사라졌다. 기업이 의무적으로 수행하던 역할이 사라졌지만, 직원들은 이를 벌충할 아무런 보상도 받지 못했다.

소련이 갖지 못한 것은 시장의 피드백이었다. 중국이 덩샤오

평의 개혁(1982~1987)과 그 후임자들인 장쩌민, 주룽지, 후진타오, 2012년 이후 시진핑의 개혁으로 허용한 것 같은 새로운 생산의 혁신 기회를 놓친 것이다. 1980년대 말, 소련은 중앙계획의 비효율성 탓에 미국의 소비자가 누리는 풍요를 가져오는 데 실패했고, 관료들은 이에 크게 기가 꺾였다. 이들은 시장이 필요하다는 점을 알았지만 금융화와 지대 추구가 시장의 가격과 소득과 부의 분배를 어떻게 왜곡할지는 예상하지 못했다. 부동산과 산업에 대한 지대와 이자의 폐지라는 소련 최고의 긍정적인 업적도 인정받지 못했다.

지대 수입으로부터, 그리고 지대 수취자 계급으로부터 해방되어 있었다는 사실 때문에 구소련의 관료들은 신자유주의적 충격 요법이 (아무런 실제적인 치료가 없었는데도) 마치 소련 관료제의 유일한 대안인 것처럼 서구의 금융자본주의를 도입하기로 동의했을 것이고, 아마도 금융화와 지주 제도의 함정을 이해하지 못했을 것이다.

소련의 경제적 상호관계와 상호 간의 의무를 벗어던지면, 효율성과 생산성에서 가장 앞선 기업가가 미국과 비슷한 경제를 만들어낼 적자생존의 세계가 도래할 것이라는 기대가 있었다. 국유 재산을 내부자들에게 넘겨주면 경제적으로 합리적인 방침에 따라 사업을 운영하여 이윤을 극대화하려는 경영자 계급이 등장할 것으로 생각한 것이다. 신자유주의자들은 러시아를 중앙계획에서 '해방하면' 소비재와 주택, 생활수준에서 국가는 더욱 풍요해질 것이라고 주장했다. 그렇지만 독점금지법과 1980년대 이전에 서구에서 일반적이었던 작업장의 노동자 보호나 누진세는 없어야 했다. 그러한 정책은 러시아에 서구의 새로운 경제적 이상으로 제시된 신자유주의적 '자유시장'을 '침해'한다고 주장되었다.

이러한 조언에 따라 러시아의 부와 축적된 자본 투자는 시장에 풀렸고, 미국 지향적인 종속 지대 수취자 계급은 토지 지대와 천연 자원 지대, 독점 지대, 이자를 마음껏 뽑아냈다. 소련의 중앙화한 산업계획의 대안은 도둑정치의 지대 추구로 드러났다. 그 결과는 나오미 클라인Naomi Klein이 자신의 저서 《자본주의는 어떻게 재난을 먹고 괴물이 되는가》(2007)에서 설명한 붕괴다.[5]

이 충격요법에 뒤이은 신자유주의적 '개혁'으로 러시아의 생계비와 사업비는 급격하게 증가했다. 사영화하지 않은 상품과 서비스는 생산이 중단되었다. 러시아의 계획가들은 연방 국가를 구성하는 공화국들에 생산시설을 분배했는데, 이러한 상관관계는 동독부터 태평양 연안에 이르기까지 완전히 제거되었다. 이제 러시아가 수출할 수 있는 것은 천연자원뿐이었다. 그 지대는 소련 해체 이후 공적 지출에 쓰이지 않고 사영화했다. 러시아는 제2차 세계대전에서 사망한 사람만큼이나 많은 인구를 잃었다. 물가는 치솟았고, 공장이 멈추면서 노동자는 임금을 받지 못했다. 임금 지급이 중단되었을 뿐 아니라 기본적 서비스와 식량, 보건, 기타 소련의 산업 체제에 굳건히 뿌리 내린 의무적인 사회적 서비스의 공급도 중단되었다. 빈곤에 대한 고전적인 대응, 즉 마약 중독과 매춘, 자살률 증가가 겹친 가운데 에이즈도 확산되어 출생율이 하락하고 사람들의 건강 상태도 나빠졌다.

러시아의 1990년대 10년은 사영화를 통한 자산 강탈을 촉진한 워싱턴 합의가 어떠한 경제적·사회적 손실을 초래하는지 보여주는 객관적인 교훈이다. 신자유주의자들의 지지를 받은 도둑정치 계급은 러시아의 천연자원과 토지를 자신들의 이름으로 등기하고 세금을 내지 않았다. 이들은 극소수로 이루어진 집단이다.

이 미친 짓에는 방법이 있었다. 냉전 계획가들은 국부를 장악한 과두집단이 작을수록 그 구성원들의 처세는 더 세계주의적이며 그들의 자본도피는 더욱 규모가 크다는 사실을 알아챘다. 이 특권 계급이 사영화를 통해 공짜 점심을 획득하는 것이 쉬울수록, 그 구성원들은 자신의 몫을 외국에 매각하여 현금화하는 데 더욱 열성적이었다. 그로부터 생긴 수입으로 외국의 부동산과 금융자산을 매입하는 것은 러시아의 도둑정치인들이 국내의 과세(그리고 검사의 기소)를 피하는 가장 손쉬운 방법이었다.

30년이 지난 오늘날, 러시아와 구소련 공화국이었던 국가들의 운명은 그 토지와 광물자원, 공기업이 어떤 방식으로 사영화했는가에 따라 결정되었다. 노르만의 잉글랜드 침입과 에스파냐의 페루와 멕시코 정복과는 달리, 공공 자산의 소유권을 강탈하는 데 군사적 침공은 필요하지 않았다. 구소련의 주요 자산은 금융수단으로 박탈되어(노르만의 정복과 에스파냐의 신세계 정복에 따른 토지 강탈처럼, 소련 해체 이후 자산 강탈에도 지대와 천연자원 지대를 뽑아낼 권한을 확보한 신귀족의 출현이 동반되었다) 미국과 여타 외국의 주주들과 투기꾼들의 손아귀에 떨어졌다.

러시아인들은 이를 '강탈(그리흐바티자치야grikhbati-zachiya)'이라고 부르지만, 서구의 신자유주의자들은 이를 성공담으로 축하한다. 이로 인해 러시아는 1994년부터 1997년까지 세계에서 가장 많은 수익을 내는 주식시장이 되었다. 내부자들은 국영기업을 자신들의 이름으로 등기했고, 세미방키르시나семибанкирщина*가 주요 천연자원을 푼돈으로 확보했다(대체로 러시아 중앙은행 예치금으로 값을 치렀다). 그러나 이들이 자신의 몫을 '현금화'하는 방법은 서구의 구매자들에게 높은 가격에 매각하는 것뿐이었다. 국내의 저축은 미국이 후원한 충격요법으로 하이퍼인플레이션이 발생하여 사라졌기 때문이다. 새로운 강탈자들은 주로 미국의 금융기관에 의존하여 자신의 몫을 팔아치웠다.

러시아 정부는 서구의 사영화 정부들과 벤처 캐피털이 기업공개 때 쓰는 일반적인 관행, 즉 처음에는 개인 청약자에게 소량의 주식만 할당하고 나머지 주식의 가격을 현실적으로 정하는 방식을 따랐다면 사영화로 최대의 수익을 얻어낼 수 있었다. 사우디아라비아가 아람코의 주식을 사영화할 때 쓴 방법이다. 그러나 서구의 컨설팅 회사와 중개 회사는 러시아에 기업 공개를 늦추어 스스로를 보호하라고 조언하지 않았다. 미국인 조언자들은 가격 수익을 거의 전부 미국인 투자자들에게 몰아주려고 새로운 천연자원 회사들과 독점 기업들의 주식을 전부 한꺼번에 매각하라고 강력히 권고했다. 새로운 경영자가 이윤(또는 경제적 지대)을 내서 이를 자산 가격 수익으로 자본화할 때까지 기다리지 말고 헐값에 매각하라는 것이었다. 기업공개 주관사들은 고객과 그 자금 관리자들이 지대를 낳는 특혜를 최대한 많이 장악하기를 원하기 때문에 발행 주식 전체를 값을 후려쳐 단번에 신속하게 강탈하고, 미국인 투자자들이 가격을 밀어 올려 발생하는 이익의 일부를 가져간다.

사영화를 주장하는 자들과 외국인 투자자들이 가장 좋아하는

• '일곱 명의 은행가'라는 뜻. 1996년부터 2000년까지 옐친을 배후에서 조종하여 러시아의 정치와 경제를 지배한 자들.

것은 산업 기업이 아니라 원료와 부동산이다. 산업의 구조조정에 투자하여 효율성을 제고함으로써 이윤을 내는 것과는 대조적으로, 신속하고 손쉽게 경제적 지대를 뽑아낼 수 있는 분야이기 때문이다. 러시아의 산업은 해체되었고 경제는 미국 상원의원 존 매케인 John MaCain이 말한 이른바 "국가로 위장한 주유소"가 되어 그 나라의 군사적 잠재력도 약해졌다. 이러한 산업의 해체와 토지와 천연자원의 해외 매각이 바로 신자유주의의 목표였다. 손쉬운 돈벌이라는 서구의 궁극적 목적 말이다.

공장들이 폐쇄되어 고철 덩어리로 팔려나가는 동안, 구소련은 현대사 최대의 부동산 버블을 경험했다. 새로운 주택과 사무용 건물, 상점, 호텔이 생겨났다. 그러나 국민이 아니라 사영화 주창자들과 외국인들을 위한 것이었다. 고용은 추락했고, 1990년대 내내 러시아의 자본도피는 연간 약 250억 달러에 이르렀다. 이러한 현상은 21세기에 들어선 후로도 지속되었다.

구소련의 비극은 서구의 신자유주의자들이 권고한 급격한 구조조정의 대안을 생각해내지 못한 지도자들의 무능력에 있다. 구소련의 지도자들은 미국의 조언자들이 자국을 약탈하여 현지의 종속 과두집단이 통치하는 속국으로 만드는 것이 아니라, 미국을 번영하게 한 것과 같은 자본주의를 모방할 수 있도록 도울 것이라고 생각했다. 그들은 다양한 자본주의가 있다는 것을, 미국의 금융자본주의는 1945년 이후로 크게 팽창했지만 이제 끝에 도달했다는 것을, 1980년대 이후 신자유주의를 받아들임으로써 더욱 빠르게 끝에 다가가고 있다는 것을 이해하지 못했다.

소련 해체 이후
상호 연결의 단절을 통한 경제의 사영화

돌이켜 보면 구소련의 산업에 대한 약탈 시나리오가 얼마나 명확하게 미리 준비되었는지 놀라울 정도다. 1990년 12월 19일, 국제통화기금과 세계은행, 경제협력개발기구OECD, Organization for Economic Co-operation and Development, 유럽부흥개발은행EBRD, European Bank for Reconstruction and Development은 공동 보고서 〈소련 경제. 휴스턴 정상회담의 요청으로 수행한 연구The Economy of the USSR. A study undertaken to a request by the Houston Summit〉(이하 〈휴스턴 보고서〉)를 발표했다.[6] 국제통화기금이 간행한 그 보고서는 제1차 세계대전 후 독일에 강요한 것을 소련에 강요했다. 그리하여 1917년 러시아혁명 이후로 지속된 냉전에 최후의 일격을 가했다.

사기가 꺾인 러시아의 지도부는 "구체제로 성과를 개선"하거나 개혁할 방법은 없다는 신자유주의자들의 주장을 받아들였다. 휴스턴 정상회담°은 공정한 사회를 만들려는 사회민주주의의 시도는 틀렸다고 말하며 이렇게 주장했다. "현대의 중앙계획경제가 성공한 사례는 없다." 마치 도둑정치의 과두지배가 진정으로 자유로운 시장을 만들어낼 수 있다는 듯이, 정부의 계획은 일견 어디서나 "비생산적인 것으로 판명되었다"는 것이다.

역사를 보건대 실제는 다르다. 지대 추구 경제는 오로지 상류층의 약탈 계급에만 성공적이라고 할 수 있다. 견제와 균형을 갖춘 혼합경제만이 경제적 양극화와 부의 집중이 사회를 빈곤에 빠뜨리

• 1990년 7월 9일에서 11일까지 미국 휴스턴에서 열린 제16차 G7경제정상회담.

지 못하도록 막아냈다. 그러나 보고서에 드러난 자유시장이라는 협소한 시각은 "경제적 혼란을 최소화하며 경제의 효율성이라는 성과를 조기에 수확할 (…) 점진적 개혁의 길"은 없다고 주장했다. 내부자 과두집단이 사실상 자유롭게 사영화한 기업들을 법이나 규정의 제한을 받지 않고 소유할 수 있게 하는 극단적 충격만이 마법을 부릴 수 있다는 말이었다.

그 결과로 나타난 '자유시장'에서는 고용인들도 정부 기관도 할 역할이 없었다. 〈휴스턴 보고서〉는 "노동자들이 기업을 소유하면 (…) 기업 개혁의 바람직한 목표에 역행할 것"이라고 경고하며 소유권의 민주화에 반대했다. 고용인들의 경영 간섭을 피해야 효율성을 최대한으로 끌어올릴 수 있다고 주장한 것이다. 대체로 상징적인 수준에 머문 '쿠폰' 제도는 자산 강탈의 기회를 제공했다.** 대부분의 쿠폰은 보드카 한 잔 값에 팔렸다고 한다. 적어도 그것은 손에 잡히는 것이었기 때문이다.

〈휴스턴 보고서〉는 최적의 시장 경제에는 "급속하고 포괄적인 가격 자유화가 반드시 동반되어야 한다"고 주장했다. 그 결과로 나타난 하이퍼인플레이션으로 러시아의 저축과 연금, 이에 연관된 사회적 지원 제도는 과도한 부담이라는 딱지가 붙어 사라졌다. 자본 도피로 루블의 환율이 붕괴하여 수입품은 더욱 비싸졌고, 화폐 공급을 제한하라는 국제통화기금의 요구는 고용과 생산을 위축시켰다. 소득에 대한 누진세는 거부되고 대신 일률적인 세금이 지지를

** '바우처 사영화' 또는 '쿠폰 사영화'는 1990년대 초중반 과거 공산주의 국가들의 이행기 경제에서 쓰인 방법으로, 국민에게 국영기업의 소유권을 의미하는 쿠폰 북을 분배하거나 그들이 매입할 수 있게 했다.

받았다. 재산세는 거의 없는 것이나 마찬가지였다. '개혁'이라는 낱말은 대다수 러시아인에게 부정적인 함의를 지녔다.

그렇게 신자유주의자들은 미국과 유럽에서는 완벽하게 만들어낼 수 없었던 것, 즉 지대 수취자들의 기업국가를 소련 권역에서 이루어냈다. 지대 추구 경제가 초래한 긴축은 1970년대에 국제통화기금과 시카고 보이즈Chicago Boys ● 미국이 후원하는 콘도르 작전 Operación Cóndor, Operation Condor ●●이 라틴아메리카에 강요한 것보다 훨씬 더 철저했다. 신자유주의자들은 가격이 오르면 더 많은 산출을 자극하여 물자 부족이 사라질 것이고, 동시에 주민의 구매력을 줄이면(소련 시절의 저축을 없앰으로써) 더 많은 산출이 수출될 것이라는 허언을 일삼았다. 실제로는 러시아의 산업이 붕괴하여 수출할 산출이 전혀 없었다.

정부가 이러한 기업들을 자체적으로 운영했다면 많은 수입과 훨씬 더 많은 외화를 획득할 수 있었을 것이다. 그러나 러시아는 실제로는 10년을 잃어버렸고 자본도피와 조세 회피로 1조 5000억 달러를 잃었다. 산업의 해체와 잃어버린 기회에 비하면 관료제 국가의 간접비는 초라해 보인다. 2020년, 개혁이 시작된 지 30년이 지났을 때, 러시아인들은 얼마나 큰 실수를 저질렀는지 깨달았다.

서방은 워싱턴이 칭찬한 미하일 고르바초프 대통령의 1985년 기

● 1970년대와 1980년대 시카고 대학교 경제학과에서 프리드먼에게 배운 칠레의 경제학자들로 군사독재정권에서 경제 고문으로 활동했다.

●● 미국이 후원한 정치적 억압과 국가 테러로 1975년 아르헨티나와 칠레, 우루과이에서 공식적으로 실행되어 수만 명의 사망과 실종, 수십 만 명의 투옥을 초래했다.

함 페레스트로이카 정책을 두 팔 벌려 환영했다. 2020년 거의 절반에 가까운 러시아인이 그런 일이 일어나지 않았다면 나라가 더 부유해졌으리라고 믿는다. 레바다 연구소Levada Center의 조사에 따르면, 러시아인의 47퍼센트가 페레스트로이카 이전의 삶이 더 좋았다고 믿으며, 이에 동의하지 않는 비율은 39퍼센트다. 1985년 개혁이 시작될 때 성인이었던 55세 이상만을 대상으로 하면 응답자의 약 3분의 2(61퍼센트)가 과거의 삶이 더 나았다는 데 동의했다.[7]

다른 나라를 경제적 위성국가로 만들려는 신자유주의자들의 계획

신자유주의자들은 러시아인들에게 광물 채굴권과 토지, 공공 기간 시설, 산업 회사를 외국인에게 매각하면 효율성이 높아질 것처럼 이야기했다. 외국인의 경영이 생산성을 높이고 그로써 러시아에 더 많은 외화를 벌어준다고 가정한 것이다. 그렇지만 새로운 경영자들은 러시아 기업의 피를 빨아먹고 그 수익을 외국으로 빼내갔다. 미국과 기타 서방의 구매자들이 소유권을 매입한 것이다.

금융자산과 부동산, 기타 지대를 낳는 자산을 사영화하는 것, 그러한 지대 수취자 수익의 급소를 공적 규제에서 '해방하는 것', 그들의 소득에 과세하지 않는 것은 지대 추구를 합법화하는 미국 중심의 '법치'의 초석이다. 미국 국제개발처AID, Agency for International Development와 세계은행, 국제통화기금이 이를 후원한다. 그 동력으로 인해 외국 경제는 미국의 은행과 채권 보유자들에게 빚을 졌다. 현지의 공공 은행이 없기 때문이다. 금융과 재정의 부담이 심화되면서 본국 경제는 붕괴한다. 금융상의 부담은 사영화와 국유 자산의 해외 매각, 새로운 채무를 더욱 촉진하는 지렛대 작용을 한다.

이러한 신자유주의 정책에는 열한 가지의 큰 목적이 있다.

(1) **공적 영역의 자산을 제거하는 사영화.** 은행과 신용 제도의 사영화는 부동산과 천연자원, 기본적 기간시설을 주로 정치적 내부자들에게 이전하는 열쇠다. 이 횡령자들은 자신의 몫을 미국과 서유럽의 구매자들에게 상당한 차액을 남기고 판매하여 자본소득을 얻는 것이 이익임을 알 것이다.

(2) **기본적 공익사업의 사영화.** 대개 고도로 자본집약적인 교통과 통신 부문부터 시작한다. 그 부문의 서비스는 독점 지대를 포함하여 부풀려진 가격으로 제공될 수 있다. 보건과 교육도 마찬가지로 사영화하고 독점화할 수 있다. 기간시설 사영화 세력과 금융 부문이 상호 간에 이익이 되는 부채 조달을 통해 공생함으로써 공적 규제 기구를 장악하는 데 필요한 정치적 지원을 얻을 수 있다.

(3) **노동자와 소비자, 환경을 보호하는 규제의 최소화.** 채권자와 지주, 고용주가 지대와 이윤을 최대한으로 늘리고 자본도피를 통해 런던과 뉴욕, 델라웨어, 키프로스 등 해외 조세피난처로 수익을 이전할 수 있게 한다.

(4) 중앙은행은 정부와 은행, 회사에 필요한 신용을 스스로 창출할 수 있는데도 **미국과 유럽의 은행에 의존하여 신용을 창출한다.** 부채 상환으로 외화와 향후 몇 년간의 수입이 유출되는 대가가 따른다.

(5) **부채 부담.** 특히 부동산과 기업, 금융에 투입된 외화(달러나

유로 등) 표시 부채의 부담. 현지 통화의 가치 하락에 비례하여 부담은 증가한다.

(6) **부동산과 기타 지대를 낳는 재산에 대한 거의 이름뿐인 세금.** 주로 토지 지대와 천연자원 지대, 독점 지대에 세금을 부과하는 고전경제학의 누진세 원리의 역전.

(7) **노동자에게 부과되는 단일세율 역진 소득세**는 노동자의 비용을 늘려 외국 시장의 상품을, 조만간 국내 시장의 상품도 구매할 수 없게 하는 반면, 종속 과두집단과 외국인 투자자들의 지대 수입과 부에는 유리하다.

(8) **부동산 버블**은 주택과 상업용 공간의 가격을 올리며, 따라서 경제의 비용 구조를 높이지만 은행의 담보대출 시장은 키운다. 이 때문에 국내 경제는 증가하는 주택담보대출을 떠안고 생계비와 사업비는 늘어난다.

(9) **탈산업화.** 금융화, 다시 말해서 단기금융과 사영화, 경제적 지대에 대한 과세 대신 역진소득세와 소비세, 과도한 부채 부담의 결과다(전부 생계비와 사업비를 늘려 국내 노동자와 산업이 세계 시장에서 제품을 구입할 여력이 없게 만든다). 이는 탈산업사회 경제를 향한 진보라고 완곡하게 표현된다.

(10) **무역 의존 심화.** 탈산업화의 결과요, 기본적인 경제적 자립을 방해하는 단일경작 경향의 결과다. 둘 다 구조적인 국제수지 적자를 야기한다. 그 때문에 늘어난 외채로 국제통화기금과 외국의 채권 보유자들에 대한 의존이 심해진다. 그들은 신자유주의를 더욱 강화하라고 요구하여 경제적 악순환에 빠지게 한다.

(11) **자본도피와 노동자**, 특히 숙련노동자의 이민.

이러한 경제적 자살의 처방은 19세기 말과 20세기 초 혁신주의 시대의 개혁을 파기하는 것으로, 그 목적은 국민과 기업을 미국의 세력권 안에 있는 지대 수취자 계급에 점점 더 많은 빚을 지게 만들고 의존하게 하는 것이다.

러시아가 소련 해체 이후
번영의 토대를 놓을 수 있었던 방법

소련의 자원은 대부분 산업과 군대에 투입되었다. 만성적인 주택 부족과 과밀에 시달렸지만, 적어도 주거비만큼은 서구에 비해 훨씬 낮았고 투기 시장도 없었다. 러시아의 토지 감정가격은 1928년 이래로 변하지 않았다. 낮게 고정된 지대는 1991년 "가구 소득의 3퍼센트 미만을 가져갔다".[8] 주택담보대출이나 부재 지주는 없었다. 주택 공급은 공익사업으로, 자연권으로 취급되었기 때문이다.

1991년 이후 소련 공화국들이 이 원칙을 지키고 주택과 사무실을 기존의 점유자와 사용자에게 넘겼다면, 그 국민은 주거비가 거의 들지 않아 중간계급의 지위를 유지했을 것이다. 그러나 가장 중요한 부동산은 공짜나 다름없는 가격에 내부자들과 부패한 기회주의자들에게 넘겨졌다. 소련 해체 이후의 정부들이 부동산 가격 상승분에 과세했다면, 부정하게 얻은 수익을 회수할 수 있었을 것이다. 토지세를 부과했다면, 은행들이 신용(부채)을 창출하여 부동산 가격을 떠받칠 여력은 최소한으로 줄어들었을 것이다. 그러나 부동산 가격은 급격하게 상승하여 소련 해체 이후, 소련 도시들의 부동산은 세계에서 가장 비쌌다.

발트 지역에서 주택 구매자들에게 신용을 공급한 것은 대체로 스웨덴의 은행들이었다. 그들은 대출자들에게 담보대출을 달러나 유로, 스위스 프랑으로 표시하여 아주 약간 낮은 이율로 돈을 빌리라고 설득하여 부채 문제를 더욱 악화시켰다. 구소련 해체 이후 그 지역 통화의 경화 환율은 급격하게 인상되었기에 외화 표시 부채의 부담이 늘어났다. 따라서 나쁜 선택이었다.

민주주의에 포함시킨 조세 회피와 돈세탁의 자유

고르바초프가 소련 경제의 사영화를 돕겠다는 미국의 '조언' 제의를 수용한 주된 이유는 무겁게 짓누르는 냉전에 대한 지출을 그만둘 수 있으리라는 희망이었다. 군사적 대결의 종식은 정부의 지출을 사회적, 경제적 투자에 돌림으로써 '평화 배당peace dividend'을 가능하게 할 것으로 생각되었다. 당시 미국 대통령 조지 H. W. 부시(1989~1992)와 국무부 장관 제임스 베이커James Addison Baker는 고르바초프에게 "러시아가 바르샤바조약기구를 해체하고 동독과 서독의 통합에 동의한다면, 북대서양조약기구는 동진하지 않을 것"이라고 약속했다. 그러나 차기 정부의 빌 클린턴(1993~2000) 대통령은 이 약속을 깼고, 그 소련의 지도자는 아무것도 문서로 보장받지 않았음을 떠올렸다. 고르바초프는 순진하게도 미국을 신뢰하고는 국제 조약 체결의 가장 기본적인 원칙을 무시했다. 19세기에 아메리카 원주민 부족들과 맺은 약속을 어긴 것부터 오늘날 이란과 체결한 포괄적 공동행동계획Joint Comprehensive Plan of Action의 철회까지 미국은 탄생한 순간부터 수없이 조약을 어겼다.

미국의 냉전 전사들은 민주주의를 보호한다고 주장하며 러시아에 국제통화기금 차관을 제공하는 조건으로 강력한 인물인 예브게니 프리마코프Yevgeni Primakov를 해임하라고 요구했다.[9] 옐친 시대의 부정 거래를 끝낸 푸틴 대통령에게 실망한 미하일 호도르콥스키Mikhail Khodorkovsky는 민주주의의 영웅으로 치켜세워졌다. 러시아 과두집단의 최고 부자였던 그는(《포브스》는 호도로콥스키가 세금 사기와 횡령으로 체포된 2003년 그의 재산을 150억 달러로 추산했다) 수입 무역을 통해 번 돈으로 사영화 쿠폰을 매입했고 메나텝 은행 설립을 지원하여 더 많은 것을 입수했다. 유코스 석유 회사의 막대한 시베리아 석유 매장량이 그 정점을 찍었다. 호도로콥스키가 그 석유 회사를 엑슨에 매각할 준비를 하자, 푸틴이 이를 막았다.

당시 오바마 대통령은 마그니츠키 법Magnitsky Act에 서명하여 허미티지 펀드가 러시아 최대 외국인 주식 투자자였을 때, 그 수장이었던 빌 브라우더Bill Browder에게 지지를 보냈다. 금융 사기로 투옥된 브라우더의 변호사이자 문제 해결사인 세르게이 마그니츠키Sergei Magnitsky의 이름을 딴 법이다.[10] 서구가 러시아에 가한 제재는 겉으로는 '민주주의'를 보호하기 위한 것이었지만, 민주주의의 정의에 은연중에 종속 도둑정치가들의 조세 회피와 돈세탁의 자유를 포함시켰다.

전시의 고립이나 관세처럼, 미국과 북대서양조약기구의 러시아에 대한 무역 제재도 국내 생산을 자극하는 효과를 냈다. 예를 들면 농업에서 러시아는 자체적으로 치즈를 생산하여 리투아니아와 여타 외국의 낙농업자들로부터 들여오던 수입을 대체했으며 세계 최대의 곡물 수출국이 되었다. 미국이 주도한 제재는 또한 러시아의 주된 수출품인 석유와 가스의 수출을 방해하려는 시도였다. 7장에서 설명했듯이, 미국의 관료들은 독일이 노르트스트림 2 가스관을 통해 러시아의 저렴한 가스를 공급받는 것을 막으려고 독일을 압박했으며, 유럽에 약 10억 달러를 들여 선박 터미널을 건설하여 미국의 액화천연가스를 훨씬 더 비싼 값에 수입하라고 요구했다.

러시아를 굴복시킨 미국의 다음 상대는 중국

러시아와 다른 구소련 공화국들의 경제적 해체 이후, 국가안보보좌관을 지낸 브레진스키는 이렇게 의기양양하게 떠벌렸다. "그리 머지않은 과거에 위협적인 초강국이었던 나라의 경제적 운명은, 심지어 정치적 운명도 지금 점차 사실상의 서구 위임통치를 받고 있다." 이는 중국이 구소련처럼 쉽게 속아 넘어가 신자유주의 정책을 채택하여 그 부를 사영화하고 미국인에게 매각할 수 있다는 미국의 희망에 유리한 환경을 조성하려는 것이다. 6장에서 설명했듯이, 레이건 행정부에서 상무부 보좌관을 지낸 프레스토위츠는 최근 그러한 희망을 드러냈다. "자유세계가 2001년 중국을 자유무역 조직(세계무역기구)에 받아들일 때 기대했던 것"은 "1979년 덩샤오핑이 시장의 방법을 약간 채택했을 때부터, 1992년 구소련이 붕괴한 뒤로 더욱 (…) 중국과의 무역 증대와 대중국 투자의 증가가 필연적으로 그 경제의 시장화와 국영기업의 소멸로 이어지는" 것이었다.[11]

2001년 미국은 중국에 세계무역기구 가입을 권유하면서 그 나라가 '민주주의'를 받아들일 것으로 기대했다. 이때 민주주의란 미국의 금융을 통해 그 경제의 주요 부문을 장악하는 것을 완곡하게 표현한 것이다. 어쨌거나 중국은 1997~1998년의 아시아 위기 이후 이윤이 나지 않는 국영기업 몇몇을 매각하거나 재편했다.

세계무역기구는 중국의 가입에 특히 특허와 '지식재산권'에 관하여 어려운 조건을 내걸었다. 그러나 중국은 외국 제조업 회사의 자회사가 국내에 생산 시설을 세우려면 기술을 공유해야 한다고 주장했다.[12] 국민에 대한 애정이 거의 없는 미국 회사들과 다국적 기업들은 중국의 풍부하고 저렴한 노동력으로 미국 노동자들을 대체할 기회를 포착하고 이에 동의했다. 노동 비용 이익은 매우 커서 회사들은 기꺼이 자국 경제를 탈산업화하고 중국과의 무역으로 더 부유해지려고 했다. 미국의 노동자로 생산하는 데 드는 비용의 절반에 가까운 가격으로 미국에서 생산품을 판매함으로써 '노동 지대'로 이득을 취하려는 의도였다.

미국 은행들이 미국의 중국 투자에 참여하여 현지의 사업과 부동산, 심지어 정부 예산에도 신용을 공급할 것으로 생각되었다. 이 시나리오에 따르자면 중국은 무역에서 얻은 수익을 외국인 투자자들과 미국 은행들에 넘겨줘야 했다. 중국의 국제수지는 적자가 났을 것이고, 그랬다면 국제통화기금과 외국의 대출자들은 소련 해체 이후 러시아와 구소련 공화국들의 경제에서 일어났고 1997~1998년 아시아 위기에서 되풀이된 것처럼 중국이 공공 기간시설을 매각해야 한다고 요구했을 것이다. 미국에 종속된 중국의 억만장자들은 경제를 옐친 방식의 도둑정치로 변모시켰을 것이다.

그러나 중국 정부는 1991년 이후 구소련 경제에 강요된 신자유주의 노선을 따르지 않았다. 그 대신 산업 투자를 통제했고 화폐와 부채를 국가가 관리했다. 프레스토위츠는 이것이 "규칙에 입각한 자유주의적 세계 체제와 상충한다"고 불평했다. 그는 이렇게 요약했다(6장의 인용문을 반복한다).

> 더욱 근본적으로 중국의 경제는 오늘날 세계무역기구와 국제통화기금, 세계은행, 그 밖의 많은 자유무역협정에 구현된 세계적 경제 체제의 주된 전제와 양립할 수 없다. 이러한 협정들은 국가의 역할을 제한하고 거시경제적 결정을 대체로 법치 제도 안에서 활동하는 민간 이익집단에 남겨두는, 기본적으로 시장에 기반한 경제를 가정한다. 이 체제는 국영기업이 생산의 3분의 1을 담당하는 중국과 같은 경제를 전혀 예상하지 않았다. (중국에서는) 민간 경제와 전략적-군사적 경제의 융합은 정부에 필수불가결한 요소이며, 5개년 경제계획은 목표로 설정한 분야로 투자를 이끌었고, 영구 지배의 정당이 주요 기업의 3분의 1 이상에서 최고경영자를 임명하며, 관리통화제도를 시행하고, 정부가 기업과 개인에 관한 자료를 세세히 수집하여 경제적, 정치적 통제에 사용하고, (…) 국제 무역은 언제라도 무기화하여 전략적 목적에 쓰인다.

이러한 위선에 입이 다물어지지 않는다. 마치 미국의 민간 경제는 그 나라의 군산복합체와 융합되지 않는 것처럼, 미국은 그 통화를 관리하지도 않고 국제 무역을 전략적 목적을 달성하는 수단으로서 무기화하지 않는 것처럼 말한다. 미국 산업이 정부의 개입에서 자유롭다는 것은 환상이다. 프레스토위츠는 바이든 대통령에게 "국방물자생산법에 의거하여 의약품과 반도체, 태양광 패널 같은 중요한 물품을 미국 영토 내부에서 더 많이 생산하라고 명령하라"고 촉구했다.

지대 추구 금융자본주의와
사회주의 간의 미중 갈등

2016년 브레진스키는 팍스 아메리카나의 파탄을 내다보고 이렇게 인정했다. 미국은 "이제 더는 세계 제국이 아니다".[13] 미국이 중국과 러시아를 향해, 더불어 이란과 베네수엘라에 대해 집요하게 적의를 품고 반대하는 이유가 여기에 있다. 그 갈등은 단순한 국가 간 무역 경쟁보다 더 심하다. 화폐와 신용, 토지, 천연자원, 독점사업이 사영화되어 지대 수취자 과두집단의 수중에 집중될 것인지 아니면 전체적인 번영과 성장의 촉진에 쓰일 것인지가 근저에 놓인 문제다. 이는 기본적으로 경제 체제로서의 금융자본주의 대 사회주의 간의 싸움이다.

미국의 무역 전략가들은 자유세계 '민주주의'와 중국의 독재 체제를 나란히 놓고 대비시키지만, 실제의 큰 갈등은 정부의 화폐와 신용 통제에 관한 것이다. 중국은 기간시설 투자를 서구 지대 추구 경제의 특징인, 도로와 통신, 천연자원 독점에서 지대를 추출하는 요금소로 바꾸기를 거부함으로써 외국에 대한 의존을 피했다. 중국은 기본적 기간시설을 공기업으로 유지하여 낮은 가격으로 서비스를 제공했다.

중국이 중앙은행인 인민은행과 그 지점들을 사영화하여 비금융 경제를 장악하도록 내버려두지 않고 국가의 소유로 유지한 것은 더욱 중요하다. 미국 경제가 금융화하고 탈산업화하면서, 중국은 금융화의 위험성을 인식하고 있음을 보여주었고 이를 억제할 조치를 취했다. 지금 북아메리카와 유럽은 부채 부담 때문에 특히 코로나 바이러스의 여파로 공장 폐쇄와 노동자 해고에 시달리고 있지만, 중국 정부는 국가의 통제를 유지함으로써 부채 부담을 적절히 해소하여 큰 고난을 모면했다.

중국은 19세기에 미국과 독일이 영국의 산업 선도국 지위를 넘겨받을 때 했던 것과 같은 방식으로 노동과 자본의 생산성을 끌어올렸다. 교육과 보건, 교통, 기타 기간시설에 대한 공적 투자로써 그 서비스를 보조금을 통한 낮은 가격이나 무상으로 사람들이 이용할 수 있게 한 것이다.[14] 이는 화폐와 신용의 공적 통제와 더불어 산업 자본주의의 고전적인 가르침이었다. 그 덕분에 중국은 소련 해체 이후 그 경제를 앗아가고 1980년대 이후 서구 국가들이 자국 경제에도 적용한 워싱턴 합의를 피할 수 있었다. 결과적으로 서구 경제의 성장은 위축되고 국가가 떠받치는 중국 경제의 도약은 날카로운 대조를 이룬다. 오늘날의 세계가 경제적이고 준군사적인 냉전 2.0에 빠지는 이유가 여기에 있다.

시야를 최대한 넓히면, 지대 수취자 과두집단과 경제의 회복력을 유지하려는 우월한 중앙권력 간의 싸움은 2500년 전 근동의 왕정과 그리스와 로마의 과두지배 체제 간의 현저한 차이에 이미 나타났다. 고전기 고대 이래로 서구 경제는 화폐와 금융(압류한 담보물의 처분을 규정한 채권자 지향적인 규칙), 토지, 천연자원 등 지대를 낳는 자산의 사적 소유자들이 지배했다.

지대 수취자 과두집단은 역사적으로 왕권 개념에 반대하여, 최근에는 민주주의적 정부나 사회주의적 정부의 권력에 반대하여 싸웠다. 그리스와 로마의 과두집단은 왕권이, 또는 '참주'와 민주적 개혁가들의 권력이 부채를 말소하여 주민을 채무 노동이나 의존 상태(궁극적으로는 노예 상태)에 빠지지 않게 하고 토지를 재분배하여 그 소유권이 채권자와 부유한 지주의 수중에 집중되지 않게 할까 두려웠다.

중국은 대체로 실용성에 입각하여 국민의 복지와 생산성을 제고하는 데 성공했기에 성공을 가져온 논리를 바꾸려 하지 않았다. 그 논리는 산업공학자들의 중앙계획을 전기 공급부터 시작하여 상수도와 기타 기본적인 공익사업까지 확장한 소련 출범 당시의 논리와 매우 비슷하다. 이는 마르크스주의의 공식 정책이 사회적 평등의 정치적이고 도덕적인 이상과 이자와 지대를 수취하는 지대 수취자 계급의 회피를 강조했다는 점을 예외로 하면 결코 이데올로기적이지 않고 순전히 실용주의적인 논리였다.

모든 경제는 다 계획적이다. 그 작동 원리를 이해하는 열쇠는 누가 누구의 이익을 위해 계획하느냐는 것이다. 의사결정을 내리는 사람들의 기본적인 관심사가 어디에 있는지에 따라 달라진다. 국가의 발전과 국법에 지침이 될 현실주의적인 경제적 이해를 지닌 선출직 관료나 임명직 관료의 수중에 의사결정권이 있는가, 부실한 체제를 만들어 사회를 양극화하고 빈곤에 빠뜨릴 특수 이익집단의 수중에 의사결정권이 있는가? 노동과 산업이 국가를 통제할 것인가, 금융과 부동산 독점 체제가 국가를 통제할 것인가? 국가는 소수의 엘리트층을 위해 운영될 것인가, 일반 국민을 위해 운영될 것인가? 오늘날의 세계는 미국 중심의 세계가 될 것인가, 다극화된 세계가 될 것인가?

어떤 경제든 내적으로 전반적인 번영을 위협하는 가장 큰 요인은 지대 수취자 계급이 특히 부동산 버블을 자극하는 금융 부문을 발전시킬 것이라는 데 있다. 누구나 평생토록 빚에 시달리지 않고도 집을 가질 수 있어야 한다. 구소련의 공화국들은 주택 가격 상승이라는 '서구의 질병'을 피할 수 있었다. 4장과 5장에서 설명했듯이, 그 서구의 질병은 이미 집을 소유한 자들의 명목상 부를 증가시키지만 생계비를 늘리며, 따라서 새로운 구매자는 기본적 임금의 인상이 필요하고 결국 이는 고용주들이 지불해야 한다.

지대 추구 자본주의가 중국의 사회주의적 경제를 실존적 위협으로 인식하는 이유

미국은 1945년 세계 경제의 재건을 주도한 이래로 다른 나라들에게 화폐와 무역에서 단극적 자유세계 세력권에 남는 대가로 워싱턴 합의를 수용하는 방향으로 경제 형태를 바꾸라고 강요했다. 1971년까지는 금본위제로, 그 이후로는 달러 본위제(재무부 채권 본위제)로 금융상의 의존은 고착되었고, 동시에 무역에서는 식량부터 정보기술까지 중요한 수입품을 미국에 의지하게 만들었다.

오늘날 많은 국가가 미국의 경제 통제에 대한 대안을 찾고 있다. 그러한 이탈은 1960년대와 1970년대의 비동맹 운동의 활동 범위를 넘어섰다. 비동맹 국가들은 인구는 많지만 자주성을 확보하기에는 무역 다각화와 자급 능력이 부족했다. 그러나 1990년대 이후로, 특히 중국이 세계무역기구에 가입한 이래로, 미국에 남은 유일한 수단은 포함砲艦 외교다. '정권 교체' 쿠데타를 획책하거나 북대서양조약기구 위성국가들을 조종하여 러시아와 중국 등 정책적으로 워싱턴 합의를 따르지 않는 나라들에 제재를 가하는 것이다. 동시에 미국은 세계에 신용을 공급하는 대신, 외국 중앙은행에 달러차용증(미국 재무부 유가증권)을 무제한으로 받아들여 미국을 지원하라고 요구한다. 미국과 투자자들과 은행가들은 통제할 수 없는 것은 무너뜨리고 고립시키려 한다.

금융자본은 이윤과 지대를 잠식하여 노동자와 소비자, 환경, 사회적 진보에 봉사하는 국가가 아니라 자체에 도움이 될 강력한 국가를 원한다. 바로 그렇기 때문에 미국의 외교는 중국과 러시아를 미국 중심의 지대 수취자 부의 세계적 확산에 대한 실존적 위협으로 본다. 따라서 두 나라와 상하이협력기구의 참여국들이 자국의 금융 제도와 토지, 천연자원을 사회화하지 못하도록 막는 것, 기간 시설을 공익사업으로 유지하여 사적 독점을 막고 경제적 지대를 빼내가는 것을 방해하는 것이 미국 외교의 목적이다.

점점 더 공격적이고 군사적인 성격을 띠는 이 갈등은 세계의 무역관계와 화폐관계를, 심지어 미국과 유럽 간의 관계도 깨뜨리고 있다. 독일이 노르트스트림 2 가스관에 반대하는 미국의 천연가스 경쟁에 굴복한 것은 러시아가 아시아, 특히 중국으로 선회하는 데 크게 기여했다. 러시아 외교부 장관 세르게이 라브로프는 2020년 12월 8일 이렇게 설명했다. "유럽연합이 다극 세계 질서의 출현에서 하나의 중심이 되려는 시도를 포기한 것은 분명하다. 이제 유럽연합은 그저 미국의 지시를 받고 있을 뿐이다."[15]

미국 경제는 중국의 경쟁과 무관하게 탈산업화하고 있다. 미국의 정책은 한편으로는 중국의 성공적인 체제에 반대하고 동시에 자국 경제의 금융화한 지대 추구 사영화를, 다시 말해 '종속국'을 통제하기 위해 썼던 것과 동일한 정책을 지지한다는 점에서 자멸의 길로 가고 있는 듯하다. 골드만삭스의 회장과 미국 재무부 장관을 역임한 헨리 폴슨Henry Paulson은 미국의 정책이 직면한 딜레마를 설명했다. 미국의 경제력은 쇠퇴하는데 중국의 경제력은 성장하고 있다는 것이다. 2001년 중국이 세계무역기구에 가입했을 때, 미국 회사들은 생산 시설을 해외로 옮기면 이윤이 늘어날 것이라고 보았다. 실제로 이윤은 증가했지만, 미국의 공업 중심지가 러스트벨트로 변하는 대가를 치렀다.

미국의 대응은 경제의 재건이 아니었다. 미국은 신자유주의적 금융화를 따르지 않고 자국 노동자에 출혈경쟁을 강요하지 않는 나라들을 향해 더욱 호전적인 태도를 보였다. "세계 도처의 투자자들이 중국의 지분증권에 투자하여 이익을 얻는 반면, 미국 정부는 미국의 투자자들이 그렇게 이익을 얻는 것을 더 어렵게 만들고 있다. (…) 급격한 변화가 일어나지 않는다면, 중국은 조만간 규모에서 미국을 능가하는, 세계에서 가장 빠르게 성장하는 큰 경제로 남을 것이다." 반면 국내에서 "미국 정부는 비용을 치를 수 없을 것이다".[16]

설상가상, 미국의 경제 전쟁과 경제 제재 때문에 중국과 러시아 등은 경제의 탈달러화를 통해 스스로를 보호하려 한다. 이로써 미국 재무부 단기채권본위제의 국제수지 공짜 점심이 끝날 조짐이 보인다.

중국은 또한 필수품의 자급을 추구함으로써 미국이 주도하는 무역과 금융의 제재로부터 자국 경제를 보호하고 있다. 여기에는 기술의 독립과, 미국의 블록에서 벗어나 경제를 뒷받침하기에 충분할 만큼의 식량과 에너지 자원을 공급할 능력이 포함된다. 스위프트SWIFT의 은행 간 결제 시스템을 대체할 전산망을 만드는 것도 그것에 포함된다.

1990년대 말 이후 러시아도 런던과 서구로의 자산 박탈과 자본도피로 국가의 부가 사라지는 것을 지켜보는 대신, 그것을 어떻게 국익을 위해 투자할 것이냐는 과제에 직면했다. 문제는 푸틴 대통령이 비교적 소수의 수중에 집중된 부를 처리해야 한다는 것이다. 폭넓은 기반의 번영을 달성할 수 있는 규제 정책과 조세 정책을 만들려면 한 번의 혁명이 더 필요할 것이다.

지대 수취자 계급을 막아야 한다는 오래된 정책 과제

중국을 비롯한 역사상 모든 나라는 외세를 등에 업고 권력을 이용하여 고리대금과 지주 제도, 친족이권 정치로 주민을 착취함으로써 금전적으로 부유해지기를 원하는 가문들의 위협을 받았다. 이는 수천 년간 내려온 문명의 특징이었다. 그들은 전통적으로 정부가 신용과 부채관계, 토지 보유, 기간시설을 통제하는 데 반대했다.

그러한 통제권은 사회주의의 기본 원리이지만, 그 기원은 청동기 시대 근동의 왕궁 경제까지 수천 년을 거슬러 올라간다. 통치자들은 과두집단이 출현하여 왕궁 중심의 경제를 위협하는 것을 막았다. 막대한 부를 축적한 집단에 과세하고, 그 부를 재분배함으로써 왕궁에 맞설 수 없게 한 것이다. 왕궁은 자급 농지와 번영을 최대한 넓게 확산시켜 조세 수입과 인구 성장을 최대화하는 것이 이익임을 깨달았다.

서양의 역사는 기원전 7세기와 기원전 6세기에 에게 해와 지중해에서 그 독특한 경로를 시작하면서 이 전통에서 이탈했다. '신정 통치'의 유산은 없었지만, 초기의 자연발생적 혁명들이 일찍부터 부유한 지배 가문들의 위협을 처리했다. 개혁가 지도자들('참주')은 지원을 이끌어내 상고기 곳곳의 도시국가를 지배한 군사 지도자들을 무너뜨렸고, 과두지배 가문들의 전복 기도를 막기 위한 조치를 취했다. 민중(데모스demos)을 자기편으로 끌어들여 과두집단에 맞서 민주적인 견제와 균형을 뒷받침하는 것이 핵심적인 조치였다.

기원전 7세기 밀레토스(사모스 섬 맞은편의 소아시아에 있다)의 트라시불루스는 동료인 코린토스의 개혁가 페리안드로스가 보낸 사자를 영접했다고 한다. 두 사람은 부채를 말소하고 토지를 재분배한 정책 때문에 적들로부터 비난조로 '참주'라는 말을 들었다. 헤로도토스에 따르면 트라시불루스는 코린토스의 사절을 들판으로 데려가 낫으로 이삭의 가장 높은 부분을 잘랐다.[17] 페리안드로스는 이를 추방이나 기타 수단을 통해 코린토스에서 가장 부유한 귀족의 콧대를 납작하게 해주라는(오늘날 '키 큰 양귀비 신드롬Tall Poppy Syndrome'이라고 부른다) 조언으로 이해했다.

10세기 비잔티움 제국에도 비슷한 정책이 있었다. 976년 황제 이오안네스 1세 트지미스케스가 사망했을 때 내전이 벌어졌다. 부유한 가문 출신의 장군 바르다스 스클레로스가 제위를 노렸다. 군사 귀족의 지지를 받은 스클레로스는 977년 군대에 의해 황제로 추대받았다. 황제 바실레이오스 2세와 콘스탄티노폴리스의 궁정은 바르다스 포카스를 고용하여 스클레로스에 맞서 도시를 지키게 했지만, 987년(많은 전투를 치른 후) 두 장군이 한패가 되었다. 그러다가 포카스가 스클레로스를 감금했고, 988년 군대를 이끌고 콘스탄티노플로 진격했으나 이듬해 전투에서 사망했다. 스클레로스가 시작한 13년간에 걸친 공격은 결국 989년에 실패로 끝났다.

얼마 지나지 않아 스클레로스는 바실레이오스 2세에 항복했고,

반란을 일으키지 않겠다는 약속의 대가로 황제에 버금가는 제2인자의 지위를 받았다. 11세기 연대기 작가 미하일 프셀로스에 따르면 두 지도자는 991년 화해의 식사를 함께하며 긴 대화를 나누었다. 대화중에 바실레이오스 2세는 어떻게 하면 장래에 제국에서 "분란을 방지할 수 있을지" 물었다.

스클레로스는 그 문제에 대한 해답을 지니고 있었는데 장군에게서 기대할 수 있는 성격의 조언은 아니었다. (…) 그는 이렇게 말했다. "자부심이 과한 총독들을 죽이시오. 어떤 장군도 전투에 너무 많은 자원을 갖고 나가지 못하게 하시오. 부당하게 세금을 뜯어내 그들을 피폐하게 만들고 자신의 일로 바쁘게 하시오. (…) 아무나 쉽게 받아들이지 마시오. 매우 은밀한 계획은 다른 사람들에게 알리지 마시오."[18]

이는 바실레이오스 2세의 정책이 되었다. "그의(황제의) 복지나 국익에 우연히 기여하게 된 것은 무엇이든 법령에 남을 수 있었다. 반면 선물이나 고위직의 하사를 뜻하는 법령은 전부 폐기되었다." 지주 엘리트층에 과세한 결과로 소농은 종속적인 지위로 추락하지 않고 군대에서 복무하고 세금을 납부할 수 있었다.

이러한 성격의 다툼은 오늘날 조금도 변하지 않았다. 러시아 대통령 푸틴은 과두집단을 휘어잡아 그 부를 경제 건설에 쓰고자 한다. 서구에 자신들의 부가 배당금과 이자, 자본도피로 유출되어 사라지는 것을 보고 싶지 않기 때문이다. 중국 혁명의 유산은 큰 번영을 낳았지만, 이로 인하여 몇몇 가문은 다른 자들보다 앞서 나갔고 확보한 이익을 정치권력으로 전환하려 했다. 신자유주의적 자유시장은 과두지배 도둑정치와 지대 추출을 조장할 위험성이 있다.

국민경제는 일견 영원할 듯한 이러한 경향에 어떻게 대처해야 하는가? 키 큰 양귀비를 전부 잘라내 모두 동등하게 하라고 조언하는 자는 거의 없다. 누구나 생산적인 경제적 역할로써 부를 획득할 수 있는 시장 구조를 만들어 지대 추구를 통한 타인의 착취를 피하고 공동체 전체를 부유하게 하는 것이 목적이어야 한다. 혁신가들이 필수적인 생산비, 즉 노동자와 기계, 물자에 들어가는 비용(비용 가격)을 토대로 이윤을 내는 것이 고전경제학의 이상이다. 금융상의 대출이나 압류로써, 또는 지주제나 채권자와 독점의 권력으로써 기본적인 가치를 초과하는 가격을 부과하는 것이 아니다.

지대 수취 체제를 억제하는 정책 강령 11가지

공정한 경제의 성장에는 근로소득과 불로소득을 분명하게 구분하고 생산적인 자본과 신용·부채를 비생산적인 자본과 신용·부채와 뚜렷하게 구분하는 강력한 규제 국가가 필요하다. 앞서 설명한 신자유주의 정책 과제에 대립되는 반지대 수취자 정책 조치로는 다음의 열한 가지를 들 수 있다.

(1) **자연독점의 공적 소유.** 특히 화폐와 신용의 창출 특권을 사적 소유자가 독점하여 지대를 추출하는 일이 없도록 공적 소유로 둔다.

(2) **(은행업과 더불어) 기본적 기간시설을 공적 소유로 두어** 교통

같은 필수 서비스를 보조금을 지급한 가격으로나 무료로 제공하여 생계비를 최소화한다. 양질의 교육과 보건을 기본적 인권으로 제공하면 그러한 서비스가 사적 소유와 경영에 따른 독점 지대 추구와 금융화의 수단이 되는 것을 막을 수 있다.

(3) 화폐와 신용 창출의 **국내 자급**으로써 타국이 제멋대로 신용을 창출하지 못하게 하고 국제통화기금과 미국 중심의 국제 금융 체제로부터의 대출에 동반되는 정치적 부대조건을 피한다.

(4) **소비자와 노동자를 보호**하여 지대 추구 행태와 착취적 고용 조건을 피한다.

(5) **자본 통제**로써 외채나 부채의 외화 표시를 막는다. 외화를 빌려 국내에서 사용하려면 중앙은행은 여하튼 국내 신용을 창출하여 현지 경제에 쓰이도록 해야 한다. 그러한 경우라면 외화는 필요하지 않다. 외화는 단지 부채일 뿐이다. 정부가 환율 안정을 위해 외국의 신용이 필요하다면, 어떤 정부도 내핍과 경제적 위축의 희생을 감수하면서까지 외채를 상환할 수는 없음을 보장하는 국제법의 원리가 필요하다.

(6) **세금은 주로 불로소득(경제적 지대)에 부과되어야 한다.** 불로소득은 필수적인 생산비가 아니기 때문이다. 경제적 지대에 과세하면 그것이 간접비가 되는 것을 막을 수 있다.

(7) 소득과 재산에 **누진세를 적용**하면 경제적 양극화와 그로 인한 불안정을 예방할 수 있으며 노동자와 산업에 과세하지 않아도 되기 때문에 산업의 비용과 노동 비용을 최소한으로 줄일 수 있다.

(8) **토지세를 부과**하여 지주의 투자가 가져온 결과가 아니라 공공 기간시설 지출과 전반적인 번영의 산물인 지가 상승분을 환수한

다. 토지세를 부과하면 은행이 부동산 가격을 밀어 올린 신용을 공급한 대가로 토지의 임대 가치 상승분을 담보로 잡는 것을 막을 수 있다.

(9) **경제적 잉여를 실질적인 자본 투자에 사용**하면 경제에 대한 청구권의 형태로 금융의 부를 늘리는 것이 아니라, 생산성을 향상시키고 생활수준을 개선하며 경제와 환경의 회복력을 얻을 수 있다.

(10) **식량과 기타 기본적 필수품의 국내 자급**으로 식량과 기타 필수품의 세계 가격의 불리한 변동은 물론, 외국의 강압적인 무역과 이와 연관된 경제적 제재로부터 경제를 보호한다.

(11) **재정과 자본의 통제**로써 국내 통화에 대한 투기적 공격을 예방하고, 역외 금융 중심지를 통한 자본도피와 조세 회피를 방지한다.

지대 수취자의 탈취를 막기 위한 통화 주권

주권의 필수적인 요소는 은행과 신용을 공익사업으로 유지하는 것이다. 아르헨티나와 여타 빚의 덫에 빠진 나라들의 부채와 마찬가지로 그리스가 국제통화기금과 유럽연합에 진 공식 부채는 채권자에게 의존하는 것이 얼마나 위험한지 보여준다. 금융 집단은 노동자에게 불리한 긴축이 채무국의 경쟁력을 높이고 "빚에서 벗어날" 수 있게 해준다고 주장하지만, 그 진짜 목적은 금융의 탈취를 촉진하는 것이다.

그러한 운명을 피하려면 국민경제는 (앞서 언급했듯이) 채무자들이 이자율을 낮추려고 국내 부채를 외화로 표시하는 일을 막아야 한다. 환율이 약해지면 상환 비용이 늘어나기 때문이다. 또한 외국 은행과 채권 보유자들에게서 돈을 빌려 국내에서 지출이나 투자에 쓰는 일을 피해야 한다. 외채가 유입되면 환율이 하락하여, 수출품은 외국인에게 지나치게 비싸지고 국내로 들어오는 수입품 가격은 하락하여 무역수지가 악화한다. 그러한 차관을 들여오면 또한 중앙은행은 그에 상응하는 국내 화폐를 발행해야 하지만, 중앙은행에 비축된 달러 보유고는 미국 재무부에 무상으로 신용을 공급한다. 미국은 자국 화폐를 발행하는 간단한 방법으로 포함 외교에 필요한 자금을 확보할 수 있다. 사실상 전 세계에서 세금을 걷는 셈이다.

외국 채권자의 요구에 맞서 국가의 주권을 보호할 포괄적인 국제법 원리를 어떻게 수립할 것이냐가 문제다. 어떤 나라도 국민에게 내핍을 강요하고 공공 자산을 매각함으로써 외국인 채권자들에게 빚을 갚는 일은 없어야 한다. 그것이 부채 상환의 유일한 길이라면, 그 대여금은 악성 부채로 취급해야 하고 채권자가 위험 부담을 떠안아야 한다. 이러한 방침에 따른 국제법이 존재한다면, 이는 유럽의 파괴적인 30년전쟁을 끝낸 1648년 베스트팔렌 조약 이래로 국제법을 지배한 국가의 권리라는 신조의 논리적인 연장선상에 있는 것이다.

미국은 자신들은 국제법을 따르지 않고 내정 '간섭'을 용인하지 않으면서도, 타국 정부의 정책에 간섭하지 말아야 한다는 주권의 원리를 부정한다. 미국은 스스로 '예외적 국가'라고 주장하며 세계 곳곳에서 쿠데타 후원과 기타 개입을 통해 자국의 신자유주의적인 '규칙에 입각한 질서'를 강요하는 것을 정당화한다. 오늘날 세계경제를 파괴하는 정치적, 군사적 긴장의 근저에는 바로 이 예외론이 자리 잡고 있다.

미국은 타국이 자신들의 외교 정책과 국내 정책을 통제할 수 있다면, 자신들이 그러한 요구에 대한 거부권을 보유하지 못한다면, 외교적이든 사법적이든 경제적이든 어떠한 국제기구에도 가입하지 않았다. 그런 이유로 미국은 제1차 세계대전 후 국제연맹에 가입하지 않았으며 거부권을 갖는다는 조건에서만(러시아와 중국, 영국, 프랑스의 다른 안전보장이사회 상임이사국들에 그러한 권한을 부여함으로써 획득했다) 국제연합에 가입했다. 1944~1945년 세계은행과 국제통화기금에서는 미국의 대표가 국익을 반영하지 않는다고 생각하는 정책을 막기에 충분한 의결권을 갖도록 미국의 지분을 높게 설정함으로써 그러한 거부권을 확보했다.

미국의 거부권에 종속된 국제연맹은 미국의 전쟁 범죄를 처벌할 수 없고 타국에 대한 생물학전(미국은 베트남 전쟁에서 고엽제를 썼고 콜롬비아에서 그와 유사한 발암성 독극물을 사용했다)과 환경 파괴(석유 누출과 오염), 미국 전략가들이 강탈하고 싶은 자원을 가진 이라크 같은 나라의 침공을 막을 수 없다. 미국은 국제법의 면제를 받는다고 선언하고 외교적 약속을 위반하기에, 푸틴의 말을 빌리자면 협정이 불가능한 나라가 되었다.

실제로 미국의 외교는 '협정 파기의 기술'이라고 부를 수 있다. 앞서 언급한 공화국 탄생 초기 아메리카 원주민 부족들과의 토지 조약부터 1990년 소련이 독일 통일에 동의하면 북대서양조약기구를 확장하지 않겠다는 약속까지, 트럼프 전 대통령의 이란 핵협정 철회부터 파리기후협약 탈퇴까지, 무기 균형을 위해 아이젠하워 행정부가 러시아와 체결한 탄도미사일 협정 철회부터 2002년 탄도탄

요격미사일 제한협정ABM Treaty 철회와 2019년 중거리 핵전력 제한협정INF Treaty 철회까지, 미국은 <u>스스로</u> 서명한 조약을 준수할 의무를 느끼지 않는다.

현대판 베스트팔렌 조약이 있다면 지대 추출 기회를 사영화하라는 외국의 금융상 요구로부터 나라를 보호할 것이고 그러한 경제적 요구를 추구하고자 환율 공세와 무역 제재, 기타 경제적 강압 수단으로 위협을 가하는 것을 절대적으로 불법화할 것이다. 미국이 그러한 현대판 베스트팔렌 조약에 동의할 것이라고는 결코 기대할 수 없다. 그러한 주권의 원리는 미국 외교 정책이 천명한 목표와 충돌하기 때문이다. 이라크 침공을 지지한 미국의 극단적 매파가 후원하는 두뇌집단 '새로운 미국의 세기를 위한 계획PNAC, The Project for a New American Century'은 미국 국제 관계의 기본적 철학에 대해 다음과 같이 칭찬했다.

> (그 철학은) 중국과의 전략적 대결과 세계 구석구석 더 큰 상설 군기지 설치(를 계획한다). 목표는 단순히 힘을 위한 힘이 아니다. 세계의 천연자원과 시장을 통제할 힘, 세계 모든 나라 경제를 사영화하고 규제를 해제할 수 있는 힘, 북아메리카를 포함한 도처의 국민들의 등에 무제한의 세계적 '자유시장'의 축복을 내려줄 힘이다. 최종적인 목적은 세계적 자본주의의 패권을 보장하는 것에서 그치지 않는다. 경쟁의 잠재력이 있는 다른 초강국의 출현을 예방함으로써 미국의 세계적 자본주의가 패권을 차지하는 것이다.[19]

이 제국주의적 사명을 뒷받침하는 것이 바로 달러 중심의 금융·화폐 체제다. 그 체제가 달러 외교를, 실로 달러 헤게모니를 가능하게 만든다. 달러 헤게모니는 부채를 진 타국의 근로 대중과 기업으로부터 점점 더 많은 부채 상환금을 뽑아내고자 내핍을 강요하면서 부채 레버리지를 통해 그 나라의 주식과 채권, 부동산 가격을 부풀리는 것을 국제적 '조정'이라고 규정한다.

그 결과는 국가 내부의 불평등 심화와 국가 간의 불평등 심화다. 국가가 이러한 작동 원리에서 벗어나 자유를 찾으려면, 미국 달러와 미국 은행의 이용을 피해야 하고 더불어 국제통화기금과 세계은행의 신자유주의적 요구를 거부해야 한다. 달러 권역의 단극 외교가 겉으로 표방하는 것처럼 개선될 수 있는 체제가 아님을 인식하여 그로부터 이탈해야 한다는 뜻이다. 새로운 출발이 필요하다. 러시아 외교부 장관 세르게이 라브로프는 미국이 세계에 강요하는 요구에 대응하여 이렇게 말했다.

서구의 주요 국가들은 국제연합의 틀 안에서 타국에 일방적으로 자기 진영의 우선적인 권리를 강요하는 것이 불가능함을 깨닫고 다중심적 세계를 만드는 과정을 되돌리고 역사의 진행을 늦추려 했다.

이 목적을 위해 (그들은) 국제법의 대용물로 규칙에 입각한 질서라는 개념을 제시했다. 국제법 자체가 이미 일군의 규칙이라는 사실에, 보편적인 차원에서 찬성을 받은, 합의와 폭넓은 동의를 반영하는 규칙이라는 사실에 주목해야 한다. 서구의 목적은 세계 공동체의 모든 국가들의 집단적 노력과 자신들이 폐쇄적이고 배타적인 형식으로 전개하여 다른 나라들에 강요한 다른 규칙을 대립시키는 것이다. 국제연합을 무시하고 세계적인 타당성을 주장할 수 있는 유일한 의사결정 과정을 찬탈하려는 그러한 행위에서 우리가 볼 수 있는 것은 해악뿐이다. (…)

'탐탁지 않은 정권'을 처벌하거나 경쟁자들을 배제한다는 단 한 가지 목적으로 국제법상의 근거 없이 일방적으로 제재를 가하는 관행은 서구가 휘두른 전횡의 다른 사례다. (…) 우리는 세계의 일에 전체주의를 강요하려는 그러한 활동은 받아들일 수 없다고 생각하지만 우리의 서구 동료들, 특히 미국과 유럽연합, 그 동맹국들에게서 그러한 행태를 점점 더 많이 목도한다. 그들은 세계 무대에서 민주주의와 다자간 상호주의의 모든 원칙을 거부한다. 마치 자신들의 길을 따르지 않으면 뒤끝이 좋지 않을 것이라고 말하는 듯하다.

서구 지도자들은 공공연히 국제법을 훼손하면서도 "규칙에 입각한 질서를 바꾸려는" 러시아와 중국의 시도에 맞서는 것이 세계 정치의 주된 과제가 되어야 한다고 망설임 없이 주장한다. 참으로 놀랍다. (…) 달리 말하자면 대체 개념은 오래전부터 존재했다. 다시 말해서 서구는 이제 국제법의 규범에 관심이 없으며 모든 나라에 자신들의 규칙과 질서를 따르고 준수하라고 요구한다. 게다가 미국의 대표들은 미국과 영국이 이러한 규칙의 수립에 가장 큰 영향력을 행사했다고 거리낌 없이 인정한다.[20]

세르게이 라브로프가 밝힌 바에 따르면, 러시아는 독일과 프랑스, 이탈리아 같은 개별 국가의 정부를 기꺼이 대등한 조건으로 상대할 뜻이 있지만 범유럽 정책으로 미국의 냉전적 적대 정책을 지지하는 브뤼셀(유럽연합)을 통해 유럽을 상대하려는 시도는 포기했다. 미국이 지휘하는 세계주의globalism를 이렇게 거부한 것은 제2차 세계대전 종전 후 확산된 단일 세계One World라는 이상주의로부터의 철저한 이탈을 반영한다. 사람들은 대체로 전쟁을 민족주의의 산물로 보기 때문에 세계주의가 교정 수단으로서 세계 평화와 경제적 상호 이익을 가져올 것이라고 기대했다. 세계주의가 자국의 기업과 은행에 좋으면 곧 세계에 좋다는 듯이 자기 이익만 추구하는 미국 국가주의가 전 세계에 강요되는 형태를 띨 것이라고는 누구도 예상하지 못했다.

신냉전은 대안이 될 수 있는 체제를 모조리 파괴하고 전 세계에게 미국에 종속된 지대 수취자 계급의 독재 체제를 떠안기려 한다. 지금도 민족주의를 뒷걸음질로 생각하는 경향이 있지만, 이러한 신냉전의 기도에 저항할 수 있는 생존 가능한 대안을 만들어낼 유일한 방법은 미국 중심의 금융화라는 오늘날의 단극 세계 체제로부터 이탈하는 것이다. 그러므로 국제 경제의 상황을 보면 집단적인 세계정부의 출현은 아직 멀었다.

가장 논리적인 대안은 몇몇 국가가 한데 모여 무역과 투자를 토대로 지역적으로 상호 번영을 도모하는 것이다. 이러한 목표를 달성하려면 그 정부들은 은행업과 신용 창출을 공익사업으로 삼아 스스로 통제하여 성장에 필요한 자금을 공급하고 약탈자들과 적대적 국가의 투기적 공격을 견뎌낼 수 있을 만큼 외환 보유고를 충분하게 유지해야 할 것이다.

그러한 체제가 효과적으로 작동하려면 자체적으로 화폐를 발행할 권한을 지닌 광역권의 은행을 통해 양자 간 국제결제 제도를 확립해야 한다(1944년 존 메이너드 케인스가 방코르 신용으로써 제안한 것이다). 유로 권역이 회원국 정부들을 위해 만들어내려 했으나 실패한 것이 바로 그렇게 광역 차원으로 확대된 신용이다. 결과적으로 유로 권역은 북유럽의 채권국들과 지중해 연안의 빚의 덫에 빠진 피그스PIIGS(포르투갈, 이탈리아, 아일랜드, 그리스, 에스파냐)로 분열하기만 했다.

미국은 물론 유럽과 기타 달러 권역 위성국가들도 그러한 광역권 제도를 승인할 가능성은 없다. 달러 중심 체제가 유지되려면 다른 자유세계 국가들이 공공자산의 사영화를 통한 매각, 반노동 정책, 미국에 유리한 무역 특혜(그리고 당연하게도 세계 화폐 보유고의 미국 재무부 채권 본위제로 획득한 공짜 점심)를 묵인해야 한다. 대안은 19세기 고전경제학의 목표인, 지대 간접비로부터 해방된 세계를 만드는 것이다. 국가들이 필요한 개혁을 실행할 수 있는가 없는가는 달러 체제에서 벗어난 대안적 제도를 만들어낼 능력에 달려 있다.

대안은 있다

CHAPTER
12

가치와 지대,
의제자본의
고전적 개념 부활

The
Destiny
of
Civilization

오늘날의 탈산업사회 경제는 종종 교육을 잘 받은 의욕적이며 생산적이고 효율적인 사무직 노동자가 '미숙련(낮은 급여를 받는다는 뜻이다.)' 육체 노동자를 대체한 경제라고 완곡하게 표현된다. 이러한 현상은 이제껏 서비스 경제라는 이름으로 불렀다. '서비스service'의 어원은 '서번트servant(하인)'와 마찬가지로 '서바일servile(노예의)'이다. 그 낱말은 의존 상태를 뜻한다. 오늘날의 탈산업사회 서비스 경제는 실제로 의존의 경제, 금융상 의존의 경제다. 노동자는 빚을 지지 않고는 살아갈 수 없기 때문이다. 새로이 등장한 지대 수취자 귀족의 자격을 물려받은 운 좋은 사람들만 예외다.

세습적 성격이 점점 더 심해지는 이 귀족 계급은 자칭 실력자 계층이다. 그 부는, 따라서 경제적 양극화는 더 나은 교육과 기술의 자연스러운 결과라는 것이다. 그러나 이익이 가장 많이 나는 '서비스'는 점점 더 심하게 부채에 짓눌리는 경제에서 이자와 지대를 수취하는 것이다. 이 수입은 기술적 진보에 따른 현상이 아니며, 생산적인 것이 아니라 착취적이고, 금융 정책 장악과 경제적 규제 해제, 자칭 실력자 계층에 부와 지위를 부여하는 법률적 특권의 창출이 낳은 결과물이다.

그들은 이를 '자유시장'으로 축하한다. '자유무역'처럼 이것도 기존의 부의 분배 형태가 지배하는 현상을 완곡하게 표현하는 말이다. 기업의 고용주들은 생산 시설을 해외로, 주로 아시아로 이전함으로써 미국 경제를 공장 노동자의 고된 노동으로부터 '해방'했다. 실업자들은 컴퓨터 코딩을 배우고 우버 택시를 몰거나 방문 요양 서비스 등의 탈산업사회의 서비스를 배우라는 말을 듣는다. 엘리트 층의 소득과 부는 급증한 반면, 생산성 수익(대체로 더욱 강도 높은 노동에 기인한다)에 관한 통계가 무색하게 대다수 사람들의 임금과 생활수준은 높아지지 않았다. 승자들이 진보라고 부르는 것은 과두지배를 향한 퇴보이자 그것과 연관된 노동 착취로 드러났다.

코로나 바이러스 위기가 부채 위기를 가속화하면서, 1945년 이후 75년간 지속된 서구의 발전은 파산 행렬로, 미국에서는 연방정부와 지방정부의 재정 적자로, 임차인과 주택담보대출 채무 불이행자의 퇴거로 이어지는 임대료와 주택담보대출의 체납으로 끝났다. 1980년 이후 지난 40년간 상위 1퍼센트는 신자유주의 이데올로기에 힘입어 부동산과 산업, 공공 기간시설의 통제권을 독점함으로써 경제를 지대와 천연자원 지대, 독점 지대를 추출하는 수단으로 바꾸었다.

지대 수취자 계급은 그 소득과 부가 사회를 이롭게 한다고 설명한다. '낙수 효과'라는 일반적인 이미지는 마치 국내총생산이 클수록 모든 사람이 더 부유해질 것처럼 모든 배를 다 밀어 올리는 솟구치는 조수의 이미지다. 그러나 비판자들은 이렇게 야유를 퍼붓는다. "주식 중개인의 배는 보이는데, 고객들의 배는 어디 있나?" 금융 재산의 과도한 성장은 빈곤의 확대와 연결되어 있다. 주로 금융 재산이 소비와 고정 자본 투자를 희생시키며 기업과 부동산, 개인에게서 이자를 빼가는 부채와 배당금을 청구하는 주식 보유의 형태를 띠기 때문이다. 그 결과로 소득과 부가 양극화되지만, 수혜자들은 (그리고 언론은) 국내총생산의 분배가 아니라 그 전체적인 규모에만 초점을 맞춘다.

국내총생산과 국민총소득의 공식 통계에 따르면 미국 경제는 성장하고 있지만, 이 성장은 2008년 은행 붕괴 이후 최상위 부자 5퍼센트에만 집중되었다.[1] 오바마 전 대통령이 부실 담보대출 부채를 현실적인 가치에 맞게 상각하기를 거부하여 월스트리트의 은행들과 증권 중개업자들을 그들에 희생된 자들 대신 구제한 뒤, 수백만 명이 집에서 쫓겨났다. 연방준비위원회는 2008년 금융 붕괴에 대응하여, 그리고 2020~2022년의 코로나 바이러스 위기 가운데 다시 화폐를 창출하여 이자율을 낮춤으로써(사실상 제로금리정책ZIRP, Zero Interest Rate Policy으로 바뀌었다) 은행의 유동성을 지원하여 부동산과 주식, 채권 시장을 팽창시켰다. 연방준비제도이사회는 역사상 처음으로 정크 본드까지 매입했지만 경제의 회복을 위한 지출은 아니었다. 연방준비제도이사회의 정책으로 상위 1퍼센트는 오늘날 미국의 자본소득으로 보고된 액수의 75퍼센트에 해당하는 전대미문의 가격 수익을 얻었다. 2020~2022년의 코로나 바이러스 위기로 사업체들이 문을 닫고 대다수 국민의 생활수준이 하락한 이래로 부유한 금융 계층의 부는 한층 더 급증했다.

인위적으로 낮춘 금리는 고용에 도움이 되지 않았다. 개인 저축자의 안전한 고정 수익은 줄어들고, 연금 기금은 은퇴 시의 목표 급여액 수준을 맞추기 위해 더 많은 액수를 떼어놓아야 한다. 기업에 관해 말하자면, 저금리에서는 기업 사냥꾼들의 인수 위협이 커진다. 따라서 표적이 될 가능성이 있는 회사는 빚을 져 신용으로 다

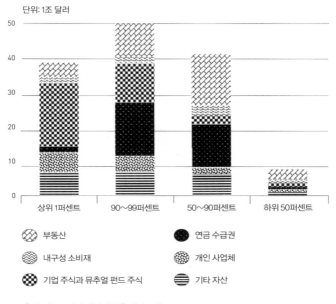

미국 가구 재산의 분포[2](2020년 기준)

단위: 1조 달러

상위 1퍼센트 | 90~99퍼센트 | 50~90퍼센트 | 하위 50퍼센트

- 부동산
- 연금 수급권
- 내구성 소비재
- 개인 사업체
- 기업 주식과 뮤추얼 펀드 주식
- 기타 자산

출처: 미국 소비자 재정 및 금융 계좌 조사

른 회사를 매입하는 '극약poison pill' 처방을 내릴 수밖에 없다. 그렇게 하면 사냥꾼들이 정크 본드 구매자들에게서 빌린 인수 자금을 상환하기 위해 추가로 더 많은 자금을 빌려야 하기 때문이다. 물론 제로에 가까운 금리는 대출을 더욱 조장하여 부동산과 주식, 채권을 매입하게 만들었고, 따라서 앞서 언급한 대로 부자들의 자본소득은 늘어났으며 경제는 전반적으로 부채의 홍수에 오염되었다.

최상층의 풍요와 하층의 깊어지는 고통 간의 대조는 결코 새로운 현상이 아니다. 1776년 애덤 스미스는 이를 자본주의에 고유한 작동 원리라고 설명했다. "지대와 임금은 사회의 번영과 더불어 상승하고 사회의 쇠퇴와 더불어 하락하지만, 이윤율은 그렇지 않다. 오히려 그 반대다. 이윤율은 부유한 나라에서 낮고 빈곤한 나라에서 높은 것이 자연스럽다. 이윤율은 언제나 가장 빠르게 몰락하는 나라에서 가장 높다."[3] 오늘날 자본소득은 매우 크지만 경제는 위축되고 있다.

애덤 스미스는 당대의 대자본가들(상인들과 제조업자들)이 사회 전체가 아니라 자신들에게만 이득이 되는 법률과 정책을 장려한다고 지적했다. 그 제안은 "그 이익이 결코 국민의 이익과 정확히 같지 않은 자들, 일반적으로 국민을 속이고 나아가 억압해야 이익을 얻는 자들, 따라서 많은 경우에 실제로 국민을 속이고 억압한 자들의 집단에서" 나왔다.

오늘날의 세계에서 그러한 속임수는 신자유주의적 '자유시장' 경제학의 형태를 띤다. 그 옹호자들은 경제 성장을 추동하는 것이 금융자본과 소유권이기 때문에 소득과 부의 평등을 추구하면 경제가 해를 입는다고 주장한다. 마치 부자들이 경제적 지대를 뽑아내는 것이 아니라 실제의 산출을 내놓는 것처럼, 부자는 생산에 기여했으므로 재산이 늘어나는 것이 마땅하다는 뜻이다.

이러한 견해를 뒷받침하기 위해 경제학이라는 학문은 지대를 추출하는 파이어 부문이 착취적이라는 현실을 가리려는 추상적이고 초자연적인 시도로 변질되었다. 실제로 부자들의 자본소득 증가는 고용 증대와 상관관계가 있다고 제시될 뿐 아니라 은연중에 (뛰어난 낙수 효과로) 고용 확대 요인으로 취급된다. 이러한 주장이 오바마 행정부가 월스트리트를 지원하는 토대가 되었다. 당시 오바마 대통령의 경제자문위원회 위원장인 제이슨 퍼먼Jason Furman은 이른바 '불평등의 거래'*에 관하여 태평하게 논평했다. "나는 주식시장의 불황과 높은 실업률을 원하지 않는다." 그를 인터뷰한 사람은 이렇게 말했다. "달리 말하자면 부자들의 늘어나는 재산은 금리를 낮게 유지하여 경제를 부양하고 일자리를 창출하려면 피할 수 없는 부작용이다."[4]

그러나 지금껏 나타난 추세는 정반대 방향으로 움직였다. 국민 대다수가 채권자들에게 점점 더 많은 빚을 지고 주택 보유율은 하락하는데 주식과 채권의 보유는 미국 국민의 부유한 상위 10퍼센트의 수중에 고도로 집중되고 있으니, 이유는 분명하다.

미국의 소득 불균형의 배후에는 극소수 지대 수취자에게 부가 집중되는 현상이 있다. 이들이 그 착취적 행태를 정당화하고 아전인수 격의 신화를 뒷받침하려면, 경제의 국내총생산 통계에서 모든 소득은 반드시 생산적으로 기여하여 벌어들인 것으로 설명해야 한다. 이것이 바로 19세기 말 존 베이츠 클라크John Bates Clark와 오스트리아 학파가 이끈 반反고전경제학 혁명이다. 그들은 생산적 노동과 투자와 비생산적 노동과 투자 간의 고전적인 구분을 부정했다.

모든 소득은 생산적으로 벌어들인 것이라는 주장은 모든 부가 금융 조작과 부채 레버리지, 중앙은행 보조금으로 부풀려지거나 기타 비생산적인 방식으로 획득한 것이 아니라 생산적 소득의 축적으로서 정당하게 획득한 것임을 뜻한다. 국민소득생산계정과 국가의 자산과 부채 대차대조표는 실질적인 부와 간접비, 근로소득

---

* 빈곤 감소를 위해서는 불평등을 수용해야 한다는 빈곤과 불평등의 거래poverty-inequality trade-off를 말한다.

미국 가구 재산의 분포

기업 주식과 뮤추얼 펀드 주식[5](1989~2020년)

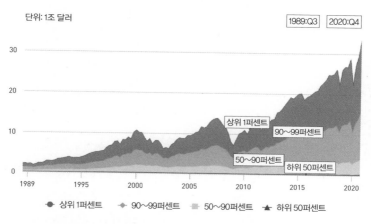

(출처: 미국 소비자 재정 및 금융 계좌 조사)

과 경제적 지대, 생산적 자본 투자와 약탈적이고 착취적인 금융을 구분한 고전경제학의 방식을 회피하여 그러한 작동 원리를 모호하게 한다.

서론에서 언급했듯이 플라톤과 아리스토텔레스 등 고전기 그리스의 철학가들은 사회를 분석할 때 부의 중독이라는 현상을 중심으로 삼았다. 오늘날의 지대 수취자에게 우호적인 경제학은 그 보편적인 현상을 한계효용체감이라는 가정으로 대체한다. 마치 부자는 바나나 초콜릿 케이크를 먹을 때처럼 금융상의 부에도 물리게 된다는 듯이 말하는 것이다. 그러나 현실은 그렇지 않다. 지대 수취자는 부유해질수록 자신의 부를 다른 사람들과 나누기를 원치 않는다. 그들은 전부 다 독차지하고 한층 더 많은 부를 갖기를 원한다. 이를 위해 그들은 정부가 규제를 통해 자신들의 재산 획득을 제한하거나 덜 부유한 99퍼센트에 이로운 법률을 제정하는 데 반대한다.

정부는 늘 부자들과 사회의 나머지 사람들 간의 갈등을 중재했다. 모든 경제는 혼합경제다. 경제를 이해하고 국민소득통계의 형식을 설계하는 열쇠를 찾으려면 정부와 민간 부문의 관계에서 출발해야 한다. 그리고 민간 부문이 파이어 부문의 '서비스'와 그 파이어 부문에 경제적 지대와 이자를 지불하는 생산적 경제로 구분된다는 사실에서 출발해야 한다. 공공 정책은 언제나 최상층의 부자들이나 경제 전반 중에서 하나를 지지한다. 정부가 '중간 경로'를 타는 척한다면, 이는 공공 정책이 부자들에 유리한 현재 상태를 영속시키고 있음을 감추려는 핑계에 다름 아니다. 부자들은 늘 부를 이용하여 정부와 공공 정책을 통제해왔으며, 그것에 큰 영향을 미쳤다.

정치적 민주주의는 금융화한 과두지배 체제로 변질되는 경향에 그다지 효과적으로 저항하지 못했다. 그러한 운명을 피하려면 유산 금융 계급에 장악되지 않는 강력한 중앙 권력이 필요하다. 역사를 통해 보건대 그러한 권력은 (청동기 시대 근동의) 왕궁 지배자나 오늘날의 사회주의 경제에서만 출현했다.

경제 부문들의 모델

국내총생산 통계는 국내총생산에서 은행과 채권 보유자, 부재 지주와 건물주, 독점자에 돌아가는 지대 수입이 차지하는 비율이 증가함을 보여준다. 지대 수취자의 이자 청구, 채무자에 물리는 위약금,

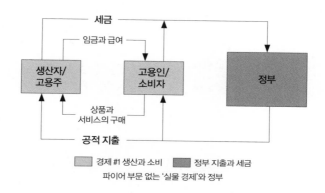

부동산 임대료와 독점 지대는 '금융 서비스'나 지주와 건물주의 지대 수취나 그와 유사한 지대 추출의 서비스 형태로 생산물을 반영한다고 이야기된다.

이러한 것들을 지불하고 나면 임금생활자와 기업이 '실물' 경제의 생산과 소비에 쓸 가처분소득은 줄어든다. 이것이 바로 4장과 5장에서 설명한 부채 디플레이션이요, 지대 디플레이션이다. 그러므로 그러한 지불은 진짜 생산물을 더하는 것이 전혀 아니다. 이는 근로소득자에게서 지대 수취자로의 이전지출이다.

정부 재정은 경제에 화폐를 공급하고 세금으로 이를 회수한다

정부의 경제에 대한 지출과 세금을 통한 환수 사이에는 순환의 흐름이 존재한다. 정부가 기본적 서비스와 보조금을 제공하여 경제에 돈을 지출하는 것과 과세로써 그 돈을 흡수하는 것 사이의 이 순환

관계가 현대 경제의 소득과 부의 분배를 분석하는 출발점이다. 돈을 받아 세금을 내는 것, 그것이 바로 화폐에 공적 가치를 부여한다.

미국은 세금-지출 정당(민주당)과 이와 대립하는 대출-지출 정당(공화당)의 두 정당 체제를 갖고 있다는 농담이 있다. 그러나 정부가 지출에 필요한 자금을 확보하기 위해 반드시 돈을 빌리거나 세금을 부과해야 하는 것은 아니다. 돈을 찍어 쓸 수 있기 때문이다. 그것이 가격에 미치는 영향은 부유한 투자자에게서 빌리거나 국민에 과세하는 것과 동일하다. 두 경우에 공히 돈은 소비된다.

그러나 재정 효과와 소득 효과는 다르다. 부유한 저축자에게서 돈을 빌려도 그들은 소비를, 심지어 생산적 지출도 줄이지 않으며, 물가도 내려가지 않는다. 그러나 그들에게 이자를 지불하면, 이는 정말로 디플레이션 효과를 낸다. 빚을 진 정부가 이자 지불의 의무를 다하려면 경제에 들어가는 재정 지출을 줄여야 하기 때문이다.

가장 중요한 독점 특권은 신용과 화폐를 창출하는 특권이다. 부채 상환을 규정하고 전반적인 경제적 번영보다 채권자의 권리를 우선시하는 법률이 이 특권을 뒷받침한다. 그런 이유에서 화폐와 신용의 제도는 공익사업이 되어야 한다. 현대화폐이론이 설명하듯이, 정부가 재정 적자를 메우기 위해 창출한 자금은 이자 비용이 필요하지 않으며 심지어 상환도 필요하지 않다. 화폐와 신용의 제도를 정부가 장악한 것은 중국이 서구의 금융화한 경제보다 크게 유리한 점이다.

정부는 돈을 찍어 활동에 필요한 자금을 공급할 능력이 있지만, 그래도 세금을 부과할 이유는 충분하다. 임금과 생산적 자본 투자가 아니라 주로 토지 지대와 천연자원 지대에 과세함으로써 경제적 지대를, 따라서 경제의 비용 구조를 최소화하는 것이 세금 부과의 대표적인 목적이다. 더 현대적인 이유로는 사치스러운 소비와 공해, 기타 사회적으로 바람직하지 않은 행위에 대한 과세와 인플레이션 관리를 들 수 있다. 또한 사영화 주창자들이 기본적 기간시설 같은 자연독점 부문을 지대 추구 기회로 삼는 것을 막음으로써, 또 공적 투자와 공적인 가격 결정으로써 지대 추구를 방지할 수 있다.

공적 화폐 창출과 공공 은행에 반대하여 로비하는 은행

신자유주의 이데올로기는 정부가 공적 화폐 창출의 이점을 버리고, 대신 민간 신용 창출에 의존해야 한다고 주장한다. 자체적으로 화폐를 창출하여 재정 적자를 메울 것이 아니라, 민간 저축과 은행 신용에서 돈을 빌리고 이자를 내라는 것이다. 이와 같은 금융 부문의 정부 기능 장악은 화폐와 신용의 창출 역할을 은행으로 이전하는 결과를 낳는다.

금융 부문은 또한 세금 인하를 옹호한다. 공공 예산이 부족하게 되면, 거대 금융자본과 그 고객들이 정부가 더는 제공하지 않는 기능을 넘겨받아 시장 조작의 폐해를 막기 위한 공적 가격 규제를 최소화함으로써, 그때까지는 공공 부문에 속했던 기간시설로부터 독점 지대를 뽑아낼 길이 열린다.

정부가 자체적으로 화폐를 창출하여 재정 적자를 메우는 것을 방해하기 위해, 오스트리아 학파와 시카고 학파의 사영화 주창자들은 그렇게 하면 인플레이션을 피할 수 없다고 주장한다. 더 극단적인 로비스트들은 바이마르 공화국과 짐바브웨, 베네수엘라를 예로 들며 하이퍼인플레이션을 경고한다. 그러나 하이퍼인플레이션은 거의 언제나 국내 화폐 창출이 아니라(외채를 상환하려는 필사적인 노력의 경우는 예외) 통화 평가절하의 결과다.[6] 정부는 외채를 상환하려면 외화를 입수해야 하는데, 화폐 창출로 외화를 얻을 수는 없다. 국제수지가 적자가 되면 환율이 오를 것이고, 수입 비용이 늘고 전반적인 물가 수준이 인상되면서 부채 상황은 더욱 악화될 것이다.

그렇기 때문에 정부는 스스로 창출할 수 없는 화폐로 빚을 져서는 안 된다. 부채를 자국 화폐로 표시하면 파산의 위험성을 피할 수 있다. 돈을 찍어내 부채를 갚을 수 있기 때문이다. 1920년대의 독일처럼 덫에 걸리지 않으려면, 국제 금융의 규칙이 어떤 정부도 자국 경제에 내핍을 강요하고 양극화를 초래하는 희생을 치르며 채권자에게 돈을 갚아서는 안 된다는 기본적인 원리를 채택하도록 해야 한다.

정부의 화폐 창출을 반대하는 자들은 은행 신용이 강력한 인플레이션을 유발한다는 사실을, 상품과 서비스의 소비자 가격이 아니라 주로 자산 가격을 부풀린다는 사실을 외면한다. 상업은행은 주로 자산 구매자들에게 신용을 공급한다. 미국과 영국의 은행 대출은 약 80퍼센트가 부동산 구매자에게 간다. 그들이 구매하는 부동산은 담보물로 잡히고, 그 부동산에서 나오는 임대료와 이윤은 은행에 이자로 지불된다. 이것이 바로 지금 은행이 경제의 지대 대부분을 이자로 빨아들이는 방식이다.

이자 비용은 경제로부터 구매력을 빼간다. 세금의 기능과 똑같다. 아래에서 논의하겠지만, 은행의 신용 창출에 기인하는 자산 가격 인플레이션은 생산-소비 부문의 부채 디플레이션으로 이어진다. 주택 가격과 기타 자산 가격을 신용을 밀어 올리면 생산과 소비에 쓸 돈이 줄어든다.

그러므로 은행 신용의 효과는 정부 지출의 효과와 다르다. 미국과 유로 권역 중앙은행들은 2008년 이후 양적 완화에 빠져 은행에 자금을 공급했다. 금리를 거의 제로에 가깝게 낮추어 채권과 부동산, 주식의 가격을 부양하기 위한 것이었다. 신자유주의 정부들은 이전에는 산업경제, 즉 생산과 소비의 실물 경제를 떠받치는 데 현대화폐이론을 적용하기를 거부했지만 지대 추출 부문의 성장에 자금을 공급하는 데 그 이론을 쓸 수 있음을 깨달았다.

지대를 추출하는 파이어 부문 대 생산적인 가치 생산 경제

고전경제학 이후의 이데올로기는 임금과 이윤의 순환(생산과 소비의 경제)이 파이어 부문과 그 한패인 지대 추출 부문, 즉 천연자원 지대를 추출하는 석유 산업과 광업, 독점 지대를 획득하는 부문에 압박당하고 있음을 인정하지 않는다. 이러한 경제적 지대는 진짜 '생산물'이 아니라 경제로부터 추출한 이전지출로서 특권('사적인 법칙')의 소산이다. 다음의 두 도표는 신용의 공급과, 정부와 파이어 부문, '실물' 경제를 관통하는 부채 상환의 상호적 흐름을 추적한다.

자산 가격 인플레이션이 부채 디플레이션을 일으키는 방식

적자 재정을 운용한다는 것은 경제에 직접적으로 돈을 쓴다는 것이

'실물' 경제와 파이어 부문, 정부 사이의 상호 작용

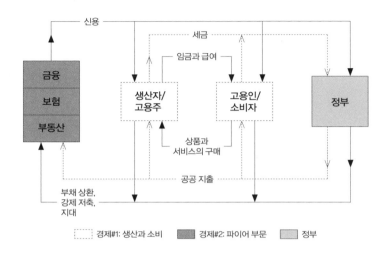

파이어 부문과 생산자, 소비자, 정부의 종합적 모델

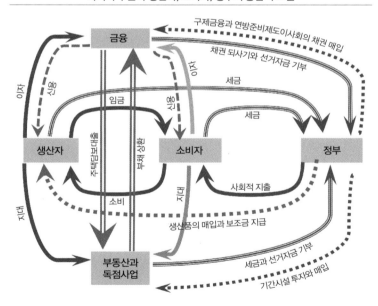

다. 공급과 고용을 제약하는 요인들에 따라 달라지겠지만, 이는 상품과 서비스의 가격을 올릴 수 있다. 그러나 앞에서 설명했듯이 은행은 대출자에게 신용을 공급하여 기투자자산을, 대체로 부동산과 주식, 채권을 매입할 수 있게 한다. 부채 레버리지의 확대는 이러한 자산의 가격 상승을 더욱 촉진한다. 실제로 지가 상승은 국내총생산이나 소비자 물가를 크게 뛰어넘었다. 부는 소득(임금과 이윤, 지대)의 저축이 아니라 주로 토지와 부동산, 주식, 채권, 채권자의 대출('가상의 부')의 평가로 나타난 자산 가격('자본') 수익으로써 획득된다.

이 사실은, 그리고 자본소득 과세의 느슨함은 부동산 투자자들이 기꺼이 임대료 수입의 대부분을 은행에 이자로 지불하는 이유를 설명해준다. 이들은 언젠가 자산 가격 수익을 남기고 부동산을 매각하기를 바란다. 현대의 금융자본주의는 경상소득에 자산 가격 수익을 더한 것으로 규정되는 총수익에 초점을 맞춘다.

은행이 주택이나 기타 부동산을 담보로 얼마를 빌려주든 간에, 그 자산의 가치가 있는 한, 부는 주로 금융 레버리지를 통해 창출된다. 은행이 저당 잡은 자산의 평가 대비 대출액의 비율을 높이는 것이다. 이것이 바로 부채 레버리지 경제를 만들어낸다. 자산 가격 수익이 대체로 부채로 발생한다는 사실은 미국과 유럽에서 주식시장과 부동산 가격이 신용으로 팽창하는데도 경제의 성장 속도가 느려지고 있는 이유를 설명해준다.

각국 중앙은행이 금리를 제로에 가깝게 인하함으로써, 금융 소득이 차익거래를 통해 '제한 없이' 발생한다. 낮은 이자율로 돈을 빌려 자산을 구매하여 높은 수익을 거두는 것이다. 이는 생산과 소비

국내총생산의 연도별 변화와 자산 가격 수익의 주요 구성 요소
(명목 국내총생산)

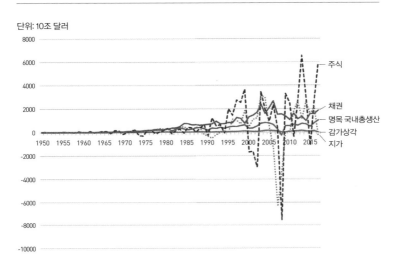

단위: 10조 달러

의 과정과는 아무런 관계가 없다. 부채 레버리지는 금융 간접비(부채 상환금과 지대)를 급격하게 증가시킴으로써 '가상의' 부를, 즉 유가증권과 부동산의 경제에 대한 청구권의 가격을 증가시킨다. 그 결과로 채권자와 임대용 부동산과 주식, 채권의 소유자에게 부가 집중된다. 2장에서 설명했듯이, 이들의 부의 토대는 부채 상환과 이에 연관된 금융 비용, 실물 경제에 부과된 위약금과 간접비에서 나오는 수입이다.

이러한 조건에서는 은행 신용이 많아지면 실제로 소비자 물가가 하락하는 경향이 있다. 부채 레버리지로 주택 가격이 상승하면, 새로운 구매자와 임차인의 소득에서 은행과 건물주에게 지불해야 할 주택담보대출의 이자와 임차료가 점점 더 큰 부분을 차지한다.

이렇게 파이어 부문에 돌아가는 이자와 임대료는 상품과 서비스에 쓰일 소득을 줄인다. 따라서 경제의 부채 레버리지가 확대되면서 자산 가격 인플레이션은 부채 디플레이션을 초래하게 된다.

그러므로 부채 디플레이션은 자산 가격 인플레이션의 부산물이다. 주택 가격 상승은 가처분소득을 줄여 소비자 물가에 하방 압력을 가하지만, 생계비는 계속 높은 수준을 유지한다. 그렇기 때문에 정부는 자산 가격 수익을 올리려는 파이어 부문의 욕구를 억제하여 주택 가격을 낮추는 것을 목표로 삼아야 한다.

은행 신용이 주식과 채권에 쓰여 그 가격을 상승시킬 때에도 이와 비슷하게 자산 가격 인플레이션의 디플레이션 효과가 나타난다. 주식과 채권의 가격이 상승한다는 것은 특정 자산의 수익률이 낮아진다는 뜻이다. 중앙은행이 금리를 인하하여 자산 가격 상승을 떠받치면(주로 은행의 지불 능력을 유지하기 위해), 자산에서 발생하는 수익이 감소하므로 연금 기금이 일정한 경상소득을 확보하기 위해 따로 적립해놓아야 하는 금액이 증가한다. 따라서 공적 고용주와 사기업은 연금 기금에 더 많은 수입을 할당해야 한다. 그렇게 되면 새로운 자본 투자에 쓸 돈은 줄어들고, 그들도 금융시장에 투기하여 자본소득을 얻으려 한다.

지대가 감소해도 주택 가격 버블은 계속될 수 있다. 부동산 소유주들은 자산 가격 상승으로 발생한 새로운 '가치'를 담보로 돈을 빌려 이자를 지불할 수 있으리라고 기대하기 때문이다. 중앙은행은 빚을 낸 건물주와 투기꾼의 지불 능력을 유지하기 위해 자산 시장에 새로운 신용을 계속 퍼붓는다. 그리하여 은행 고객들은 "빚을 져서 빚을 갚을" 수 있다. 금융 제도의 붕괴를 막으려면 그렇게 대출로써 부채를 상환하는 비율을 급격하게 늘려야 한다. 이것이 '복리의 마법'에 내재한 수학적 작동 원리다. 금융화한 경제의 지불 능력을 유지하는 유일한 방법은 그 경제를 폰지 사기에 집어넣어 새로운 신용의 유입을 유인하는 것이다. 그렇게 하려면 중앙은행의 협조와 부추김이 필요하다.

연방정부 예산과 주정부와 시의 예산 간의 관계

많은 국가가 같은 문제로 고통을 받고 있다. 바로 재정 긴축이다. 주와 도시는 화폐를 창출할 수 없다. 오직 중앙정부만이 할 수 있다. 국가의 정부만 화폐를 창출할 수 있다. 지방정부는 지출이 세입을 초과할 때면 과세나 차입을 통해 예산 균형을 맞추어야 한다. 균형 예산의 제약 안에서 살아가거나 장래의 세입을 예상하고 자금을 빌리거나 공공 재산을 매각해야 한다. 운이 좋으면 중앙정부로부터 교부금을 받을 수 있다.[7]

　종종 그러한 재정 문제를 어떻게 다루는가에 따라 향후 몇 년간 주와 지역의 경제적 운명이 결정된다. 미국의 많은 도시는 궁지에 몰렸을 때 장래의 세입을 금융 부문에 매각할 수밖에 없다고 판단했다. 시카고가 75년 치 도로 주차 요금 징수권을 월스트리트에 매각한 것은 악명 높은 사례다.

　2008년 시장 리처드 M. 데일리Richard M. Daley는 모건 스탠리와 알리안츠 캐피털 파트너스, 아부다비 국부펀드가 포함된 투자 컨소시엄인 시카고 파킹 미터스 유한회사와 우리의 주차요금 징수기를 사영화하는 계약을 체결했다. 주차 요금은 급증했고 단속도 엄청나게 강해졌다. (…) 시의회 의원들은 수십 억 달러에 해당하는 75년 치 계약을 겨우 이틀 숙고한 뒤 계약서에 서명했다. 시카고 감찰관이 먼저 추산한 바에 따르면, 시는 그 재산을 원래 가치의 대략 절반 값만 받고 팔아치웠다. 그다음 어느 시의회 의원은 그 가치가 받은 돈의 약 네 배에 이른다고 말했다. 마지막으로 2010년에 《포브스》는 실제로 도시는 10분의 1밖에 받지 못했다고 밝혔다.[8]

그러한 사영화로 시카고의 차량 유지비는 급격하게 증가했다. 이웃한 인디애나 주는 간선도로를 유료로 전환했다. 통행료 징수권을 획득한 금융 회사들이 통행료를 크게 인상하자 많은 차량이 시간이 더 걸리는 샛길을 이용했다. "2014년 매우 유명한 공사합동기업인 인디애나 톨 로드의 민간 사업자가 부분적으로는 통행료 인상 때문에 수요가 급락한 뒤 파산을 신청했다. 캘리포니아 주 샌디에이고와 버지니아 주 리치먼드, 그리고 텍사스에서도 공사합동기업이 파산하여 세간의 주목을 받았다."[9]

중국의 농촌 지역과 소도시도 비슷한 재정 긴축을 경험했다. 많은 지역이 부동산 개발업자에게 공유지를 장기임대로 내주었다. 계약 기간은 보통 75년이나 되어서, 지역은 토지의 임대소득과 평가의 증가분을 반영하여 토지세를 인상할 수 없었다. 원톄쥔溫鐵軍은 이렇게 요약한다.

재정의 제약은 몇몇 발전한 성省과 자치구를 제외하면 많은 지방정부에 장기적인 문제였다. (…) 2020년 초 경제 봉쇄로 문제는 더욱 악화했다. (…) 국가 세입은 2020년 2월과 3월에 각각 전년 대비 21.4퍼센트와 21.6퍼센트가 감소했다. 2008년 이후 가장 나쁜 수치였다. (…) 지방정부의 재정 적자는 2020년 첫 사분기에 56퍼센트에 달했을 것이다.[10]

이 문제를 어느 정도나마 해결하는 방법은 중앙정부가 지역에 자금 공급을 확대하는 것이다. 미국에서는 그런 방법이 연방정부와 주정부 간의 세입공유협정을 통해 오랫동안 시행되었다. 유럽중앙은행도 유사한 방법을 채택하여 유로 권역 국가들의 국가 예산과 지역 예산에 자금을 공급하라는 압박을 받고 있다. 중앙정부의 그러한 지원이 없으면 지역은 주요 자산인 토지를 헐값에 매각하는 수밖에 도리가 없어 보인다. 원톄쥔은 그러한 재정 문제가 경제 전반에 미치는 영향을 이렇게 설명한다.

지방정부를 토지 (매각) 수입에 대한 과도한 의존에서 자유롭게 하려면, 사회의 부의 재분배 기제 역할을 하는 조세 제도의 개혁이 지극히 중요하다. 토지 수입은 일반적으로 농촌의 토지 자원을 도시 부문에 이전하는 대가를 치러야 발생한다. 지가의 상승은 잠재적으로 하층계급과 중간계급에 토지세가 부과됨을 뜻한다. 동시에 그들의 생계비와 상업 비용도 크게 증가하고 있다. 중국의 현재 조세 제도는 주로 개인의 소득과 상품 거래(부가가치세), 서비스에 세금을 부과한다. 그러한 제도 때문에 사람들은 실물 경제로의 참여를 단념하고 투기에 나선다. 그 결과로 계급 간에 부담이 불공정하게 분배된다. 추산에 따르면, 중국의 부 전체의 50퍼센트 이상을 소유한 부자 계층이 납부하는 소득세는 10퍼센트에 미치지 못하는 반면, 임금생활자가 납부하는 소득세는 60퍼센트에 달한다. 현재의 방식은 확실히 계급 간에 공정하게 부를 재분배하지 못한다. 합리적인 조세 제도라면 제조업과 상업의 임금과 이윤을 포함하여 실물 경제의 근로소득에는 낮은 세율을 적용해야 한다. 대신 재산세나 자산보유세 등으로 지대 수취자 계급의 비생산적인 불로소득(지대 추구)과 자본소득에 과세해야 한다. 투기에 유리한 현재의 조세 구조를 개조해야만 중국은 경제 부실을 막고 사회를 하층계급과 중간계급에 유리한 부의 재분배로 이끌 수 있다.

중앙정부가 세입을 공유하거나 직접 보조금을 지급한다면 지역은 공공 토지 소유권을 사영화 주창자들에게 넘기지 않을 수 있다. 그들은 "공유지의 인클로저를 단행하여" 사용료로 지대를 부과할 것이다. 이렇게 중앙정부는 보조금을 지급하여 곤경에 처한 지역이 토지와 징세권을 임대하거나 매각해야 하는 상황에서 구원할 수 있다. 그밖에 지대 수취자 계급이 지방정부를 지배하지 못하게 막는 방법은 지대와 지가소득에 과세하는 것이다.

지대 추구 경제에서 벗어나기 위해 피해야 할 문제

정부로서는 생산적 서비스를 제공하여 벌어들인 것이 아닌 지대 수입에 과세해야 이익이지만, 이는 본질적으로 상업은행의 내적인 사업계획, 다시 말해 토지와 천연자원의 지대와 독점 지대를 전부 먹어치울 때까지 대출하여 이자를 청구한다는 계획과 충돌한다.

이러한 지대의 세율이 높을수록, 은행이 부채시장을 확대할 여지는 줄어들 것이다. 은행과 기타 대출 기관의 시각에서는 소득과 자산 대비 대출액의 비율을 높여 대출 조건을 완화함으로써 대출시장을 확대하는 것이 좋다. 그로 인한 부채 레버리지는 주택과 기타 지대 수취자 자산의 가격을 부풀리며, 경제의 나머지 부문은 은행과 채권 보유자(정크 본드 매입자), 기타 채권자에 점점 더 많은 빚을 지게 된다. 결과적으로 세입은 줄어들고 경제는 둔화하지만 지대 수취자 계급은 부유해진다.

부채의 급증과 이에 연결된 자산 가격 인플레이션을 피하는 가장 확실한 방법은 화폐와 신용의 창출을 공적 영역에 두는 것이다. 중앙정부의 재무부에 두거나 최소한 재무부가 엄격하게 통제해야 한다. 똑같이 확실한 다른 방법은 경제적 지대에 과세하여 그 근원을 제거함으로써 경제적 지대의 금융화를 제한하는 것이다. 과세 당국이 포기하는 것은 무엇이든 은행에 지불되는 데 쓰일 수 있으며, 무엇이든 과세 대상이 되면 자본화하여 은행의 대출로 전환될 것은 줄어든다. 1920년대 이래로 경제적 지대에 부과된 세금은 줄어들었는데, 이러한 세금은 그러한 축소를 역전시킬 것이다.

토지와 천연자원, 자연독점을 공적 소유로 삼는 것은 전통적으로 지대 추구를 최소화하는 방법이었다. 중국 정부는 명목상 나라의 모든 토지의 소유주이지만 지대를 전부 수취하지는 않는다. 그 때문에 주택과 기타 부동산의 가격이 그토록 크게 올랐다. 경제적 지대를 징수하지 않고 사영화하게 내버려두면 경제 전반의 비용 구조가 확대될 위험성이 있다. 대처와 블레어가 총리였을 때의 영국에서는 그런 일이 발생하여 주택 가격과 버스와 기차, 상수도 요금, 기타 사회적 필수 서비스의 요금이 상승했다.

토지와 장래의 징세권이 미리 매각되었더라도, 연방정부는 임차권의 평가 상승에 횡재세(자본소득세)를 부과할 수 있다. 정부가 '공짜 점심'을 도로 빼앗으려면 지가와 임대료 지도를 작성하고 단일한 토지세율과 임대소득세율을 규정하여, 각 지역이 다른 지역으로부터 사업체를 끌어들이기 위해 출혈경쟁에 뛰어드는 것을 막아야 한다.

그러한 도시 간의 경쟁은 미국에서 심각한 문제가 되었다. 도시들은 거대 기업에 공장을 이전하여 지역민을 고용하라고 설득하고자 세금 감면을 제안한다. 뉴욕시가 2018년 아마존에 롱아일랜드 시티에 본사를 이전하면 막대한 세금 감면의 혜택을 주겠다고 제안하자, 대중이 들고일어나 부당한 거래를 멈추라고 시위를 벌였다. 미국의 모든 주가 특별 면세 기간과 기타 인센티브를 누가 더 많이 줄 것인지 경쟁하는 것 같다. 이러한 출혈경쟁으로 많은 기업이 델라웨어 주에 본사를 두었다. 기업 친화적인 규제 완화 법률이 있고 소득에 과세하지 않기 때문이다. 마찬가지로 신용카드 회사들도 사우스다코타 주로 몰려들었다. 그곳에서는 다른 지역에서 고리대금 금지법으로 금지되었던 고율의 이자를 챙길 수 있기 때문이다.[11]

그러한 지역주의를 허용한 결과, 국민의 현재와 미래의 발전을 짓누르는 부당거래의 유산이 만들어졌다. 만일 중국이 낮은 토지세와 임대료의 임대 계약을 60년 남짓 더 연장한다면, 성장은 방해를 받고 반면에 지대 수취자는 정치적 수단을 획득하여 그 유리한 지위를 영원히 유지하려 할 것이다.

오늘날 채권자의 힘과 국제적 은행의 힘, 국제통화기금과 세계은행, 미국 국제개발처 같은 국제 금융기관의 힘을 확대하는 신자유주의적 단극적 외교를 성공적으로 대체하려면, 신자유주의 이데올로기의 지대 수취자에게 우호적인 가정을 현실에 기반한 경제학으로 바꾸어야 한다. 경제 모델이라면 모름지기 경제의 양극화와 불균형의 경향을 드러내야 한다. 그러한 원리를 이해해야만 정부는 균형이 파괴될 때 이를 회복하려면 무엇이 필요한지 알 수 있다.

경제의 균형을 되찾으려면
원상회복선언이 필요하다

사회를 양극화하고 균형을 해치는 기본적인 동력은 부채의 급격한 증가다. 앞서 언급했듯이, 이러한 부채의 급증은 복리라는 원리(배가시간을 뜻한다)와 미결제 청구액의 증가, 은행의 내인성 신규 신용의 결과물이다. 이러한 작동 원리는 장기적으로 자기파멸적 성격을 지닌다. 부채 총비용의 증가는 부채 디플레이션을 초래하여 경제 성장을 낮추고, 경제가 원금 상환은 고사하고 이자조차 지불할 수 없게 만들기 때문이다.

폰지 사기 단계에 들어선 지대 추구 경제의 밑바탕에는 은행이 계속해서 더 많은 돈을 빌려주는 한(담보물로 제공된 자산의 가격이 급증한 부채의 힘으로 더욱 상승하기만 한다면) 대출금은 갚을 수 있다는 허구가 도사리고 있다. 채권자는 채무자가 지불 불능에 빠질 경우, 채무자의 부동산과 기타 담보물을 처분할 수 있기 때문에 절대로 손해를 볼 일이 없다는 것도 이와 연관된 믿음이다. 게다가 채권자들은 중앙은행을 장악했기에 2009년에서 2016년 사이에 거대한 압류의 물결이 밀어닥쳤을 때에도 구제를 받을 수 있었다. 당시 오마바 행정부의 은행 구제와 연방준비은행의 지원으로 채권자들과 블랙스톤 같은 사모펀드 투자자들은 부자가 되었다.

2020년 코로나 바이러스가 전 세계를 강타했을 때, 미국과 유로 권역 경제는 이미 1945년 이후 지속된 팽창의 종착점에 도달하여 부채 디플레이션 시기에 접어들고 있었다. 재정 긴축에 들어간 서구 경제는 "빚을 내서 빚을 갚을" 수 없다. 기존의 소득에 대한 청구권의 압박 때문에 새로운 직접 투자가 가능할 만큼 잉여가 충분하지 않기 때문이다. 남은 길은 하나뿐이다. 악성부채 비용을 말소하는 것이다.

부채를 말소해도 경제의 순자산은 변하지 않는다. 대차대조표의 한편에서 부채가 줄어들면, 자산 항목에서 그것과 동등한 규모의 채권자 청구권이 소멸한다. 채무자의 순자산은 회복되고, 채권자의 순자산은 악성 대출과 전환 대출, 이와 연관된 금융 비용의 폭발적 증가 이전의 수준으로 돌아간다.

대차대조표의 자산 항목에서 저축(채권자 청구권)을 지우기는 정치적으로 어렵다. 기득권 세력인 채권자가 권력을 행사하기 때문이다. 중국은 금융 제도를 공익사업으로 유지하여 이러한 어려움을 최소화했다. 채권자가 채무를 상각하기는 쉽다. 곤경에 처한 회사들을 문을 닫게 하는 대신 공익을 위해 그 부채를 정기적으로 상각한 것이다.

경제가 균형을 회복한 후에도, 양극화 과정이 재개되는 것이 자연스럽다. 부채는 복리로 급증하고 기업 활동과 개인 소득이 중단되어 체불이 초래된다. 이러한 경제적 현상의 역효과는 주로 지대 수입에 과세하는 조세정책으로써, 중앙정부와 그 은행이 최종적인 채권자가 되는 정책으로써 막을 수 있다.

외국의 채권자들에게 빚을 진 나라들은 이러한 선택지가 없다. 정부는 자국 경제 내부의 부채만 말소할 수 있다. 공식적인 국제기구들에 진 빚이나 그들이 보호하는 빚은 말소하기 어렵다. 국제통화기금의 중앙 계획가들과 미국 외교를 주관하는 관료들의 채권자에게 우호적인 규칙은 1920년대 이후로 채무국으로부터 그 지불 능력과 무관하게 부채 상환금을 짜내기 위해 썼던 모델을 여전히 따르고 있다. 주된 원리는 채권국에 내핍을 강요하는 것, 다시 말해 수출할 산출을 낳을 것이라는 기대로 노동자와 산업에 무거운 세금을 부과하여 채무국 내수 시장을 위축시키는 것이다.

실제로 그러한 긴축 정책은 새로운 자본 형성을 방해하며 교육과 보건 등 국민의 생활수준을 잠식한다. 그리고 외국의 공급자와 채권자에 대한 의존을 심화시켜 국제수지 균형을 돕기는커녕 오히려 해친다. 경기는 급락한다. 이 정책은 계속 강요되어 거듭 동일한 결과를 낳는다. 1920년대 독일의 배상금 지불 문제가 발생한 이후로 늘 그랬다. 당시 금융 긴축 논리는 논박을 당했고 치명적인 재앙이었음이 입증되었다.

노동자에 반하는 이러한 긴축이 100년에 걸쳐 그 효과가 낱낱이 밝혀진 후에도, 그 희생자들의 수십 년간에 걸친 '국제통화기금 반대 폭동IMF riots'• 이후에도 계속 적용되고 있다는 사실은 그것이

• 1980년대와 1990년대에 많은 개발도상국이 위기에 처해 국제통화기금의 차관에 의존할 수밖에 없었을 때 그로 인한 고통에 항의하여 일어난 일련의 시위를 말한다.

금융 정복자들의 의도적인 정책임을 보여준다. 그 약탈적이고 파괴적인 효과는 지금도 주류 경제 정책의 중심으로 남아 있다. 아마도 20세기의 가장 성공적인 정책 '오류'일 것이다.

　물론 약탈적 은행과 채권 보유자에게는 '오류'가 아니다. 제3세계 경제의 파괴는 그 프로그램의 버그가 아니라 두드러진 특징이다. 그래서 국제통화기금과 세계은행, 미국 국제개발처는 적어도 그들이 미국의 통제에 복종하고 그 파괴적 정책의 토대인 신자유주의 신조에 헌신하는 한 개혁이 불가능하다.

CHAPTER 13

과두집단을
제어할 만큼 강한
정부와의 전쟁

The
Destiny
of
Civilization

산업의 성장을 촉진하고 사람들의 생활수준을 향상시키려는 중국의 시장 개입은 예종에 이르는 독재의 길인가, 아니면 서구의 탈산업화와 경제적 양극화, 채무 노예 노동의 길을 빠르게 앞지르는 고전적인 번영의 정책인가? 신자유주의자들은 지대 추구를 억제하고 경제적 불평등을 줄이는 공기업과 보호관세, 보조금을 '자유시장'보다 효율적이지 않다고 비난한다. 이제 우리는 이런 질문을 던져야 한다. "무엇에 효율적이라는 말인가?"

지대 수취자는 경제적 지대를 최대로 키우는 효율성을 기대하며 자신들과 상위 1퍼센트의 재산을 기준으로 경제적 성공을 평가한다. 금융과 부동산에 투자한 자들은 중국의 경제적 잉여를 이자와 지대, 배당금으로 빨아내고 싶을 것이다. 조지 소로스George Soros는 미국 회사들에게 그러한 목적을 가지고 있다면 중국에 투자하지 말라고 강력히 촉구했다. "부자의 재산을 국민 전체에 분배하여 불평등을 줄인다"는 시진핑 주석의 목적에 반대하라는 것이다. 왜? 국민의 이익을 최우선의 목표로 삼으면 이는 "외국인 투자자들에게는 좋은 징조가 아니다."[1] 조지 소로스가 보기에 지대 수입은 노동자의 임금과 생활수준의 향상을 방해해야 최대로 커질 수 있다.

공공 서비스에 보조금을 지급하여 생계비와 수출품의 시장 가격을 최소화하는 것도 수용할 만하다고 생각된다. 미국 외교관들은

'공정 무역'과 '공평한 경쟁의 장'을 주장하면서 이런 식으로 사람들의 기본적 욕구를 낮은 비용으로 채울 수 있도록 국가가 지원하는 것은 불공정한 무역 경쟁이라고 불만을 토로한다. 그러나 이는 미국과 유럽이 산업의 도약기에 추진했던 바로 그 정책이다. 중국은 미국이 19세기 말과 20세기 초에 했던 것, 실제로 당시의 서구 사회민주주의가 달성하리라고 예상되었던 것을 하고 있을 뿐이다. 중국의 시장 '개입'은 지대 수취자의 '공짜 점심' 소득을 최소화한다는 고전경제학의 목적을 따르고 있다. 그로써 중국은 자본 투자와 생산성, 생활수준의 놀라운 성장을 이루어냈다. 대체로 공적 투자와 경제('시장')의 규제로써, 특히 화폐와 은행 신용의 창출, 기타 주요 기간시설을 사영화하여 이윤과 지대 추출의 기회로 만드는 대신 공익사업으로 유지함으로써 이루어낸 성과다.

미국의 통상 담당 외교관들은 중국이 미국을 탈산업화한다고 비난한다. 그러나 중국이 존재하지 않는다고 해도 미국이 과거의 산업적 지배력을 되찾을 길은 거의 없어 보인다. 클린턴 행정부가 1994년 멕시코와 캐나다와 북미자유무역협정을 체결하고 뒤이어 2001년 중국에 세계무역기구 가입을 권유한 목적은 저임금 국가들로 미국 제조업의 이전을 촉진하는 것이었다. 당시 부채에 기인한 부동산 버블과 더불어 교육과 보건, 기타 기본적 기간시설의 사영화로 미국의 생계비가 크게 상승하여 고용주들은 고용과 생산을 해외로 이전하는 수밖에 달리 도리가 없었다. 그러므로 탈산업화는 불가피한 결과였다.

19세기 미국학파 경제학은 투자와 경제적 수익을 지대 수취자 계급과 그들이 만들어낸 독점 기업이 통제하는 '시장'에 맡기지 않고 공공 기간시설 투자 정책으로써 국가를 부강하게 했다. 미국이 이러한 정책을 거부한 것이 왜 중국의 잘못인가? 그러나 지금 미국에서도 공공 부문과 민간 부문이 뒤섞인 혼합경제의 필요성이 다시 대두되고 있다. 2021년 5월 27일 미국 하원은 470쪽에 달하는 '미국의 세계적 지도력과 관여 보장법EAGLE, Ensuring American Global Leadership and Engagement Act'을 통과시켰다. 상원은 재계의 뒷받침을 받아 이 산업에 대한 공적 보조금을 지지했다.《뉴욕타임스》는 다음과 같이 요약했다.

> 정통 이데올로기는 (…) 중국이 화웨이 같은 '국가 선도 기업national champions•'에 자금을 공급하여 나타난 현실적 결과에 의해 떠밀려 사라졌다. 정보통신 거대 기업인 화웨이는 전 세계 여러 나라를 베이징으로 트래픽을 보낼 수 있는 5G 네트워크로 연결하고 있다. (…) 과거에 정부가 산업에 자금을 공급하는 것을 비판했던 텍사스 주의 보수적인 공화당 상원 의원 존 코닌John Cornyn은 반도체 자금 마련에 관해 이렇게 말했다. "솔직히 나는 중국 때문에 우리가 이 투자를 하는 수밖에 달리 대안이 없다고 생각한다." (…) 지난 시절 미국은 프랑스의 에어버스든 중국의 화웨이든 정부가 민간 산업에 보조금을 지급하는 데 반대했지만, 이제 이 법안은 지지를 받고 있다. 무역 단체인 소비자기술협회CTA, Consumer Technology Association의 국제 무역 담당 부의장인 세이지 챈들러Sage

---

• 정부의 지원 정책으로 국민경제에서 지배적인 위치에 오른 기업들로 이윤뿐 아니라 국익도 증진하라는 기대를 받는다.

Chandler는 이렇게 말했다. "우리는 중국과 그 나쁜 산업 정책을 응징하려 하고 있다. 그러나 얄궂게도 우리는 그들을 벌한 뒤 바로 그들이 하고 있는 것을 다양한 방법으로 모방하기 시작한다."[2]

공적 투자의 필요성에 대한 이러한 인식은 환영할 만하지만, 문제는 미국과 대부분의 서구 경제에서 산업자본 형성이 이제는 부를 획득하는 가장 유리한 방법이 아니라는 데 있다. 재산은 금융의 방법으로, 주로 신용으로 구매된 부동산과 주식, 채권의 가격을 은행 신용이 부풀리면서 획득된다. 다시 말해 이자 비용으로 경제를 짓누르는 부채 레버리지로서, 그리고 회사들이 이윤과 지대를 실질적인 신규 자본 투자와 연구개발 대신에 자사주 매입과 고배당에 써서 주가를 끌어올림으로써 획득된다. 금융화한 부는 공공 기간시설의 사영화에 따른 독점 지대 추출로 더욱 늘어난다.

이러한 금융화와 지대 간접비 때문에 자본 투자와 효과적인 공공 보조금으로 경제의 비용 구조를 낮추는 일은 방해를 받는다. 미국 정부는 실제로 자체적으로 연구개발을 수행하여 이를 낮은 가격으로 제공하지만, 민간 제약 회사와 정보통신기술 회사, 기타 선거운동에 기부한 회사들이 경제 전반으로부터 독점 지대를 뽑아낼 수 있게 할 뿐이다.

이 모든 것은 미국과 기타 서구 경제를 탈산업화하고 지대 수취자 엘리트층에 부를 집중시킨 효과다.

이와 같은 서구의 탈산업화와 양극화를 중국의 경제적 성공과 비교하면 무슨 질문을 해야 할지 분명해진다. 정부는 (자유시장을 이야기한 고전경제학자들이 촉구했듯이) 민간 부문의 지대 추구를 제한

해야 하는가, 아니면 (신자유주의자들의 요구대로) 지원해야 하는가? 어떤 성격의 사회 체제가 지배적인 체제로 등장할 것인가? 이것이 오늘날 미국과 중국 간의 경쟁을 초래한 기본적인 문제다.

이 갈등은 산업 무역의 경쟁이 아니라 상반되는 경제 체제 간의 싸움이다. 중국이 '더 잘하고' 싶은 것은 가계 살림과 산업 회사에 부채 상환금과 토지 지대, 독점 지대의 부담을 지워 더 많은 지대 수취자 억만장자들을 만들어내는 것이 아니다. 중국의 정책 입안자들에게 미국 경제는 무엇을 모방하지 말고 피해야 하는지를 보여주는 구체적인 사례다.

번영이 아니라
내핍을 강요하는 금융화한 시장

신자유주의자들은 자신들이 중앙 계획에 반대하여 자유시장을 옹호한다고 말하지만, 그 목적은 바로 신용을 장악하여 거대 금융 중추에 자원을 집중시키는 것이다. 오늘날에도 큰 정부Big Government는 있지만, 그 역할은 경제 전체의 번영을 가져오는 것이 아니라 공적 규제와 지대 수입의 과세로부터 상위 1퍼센트의 부를 보호하는 것이다. 금융 부문의 목적은 19세기 내내 지주 귀족이 했던 것처럼 부를 이용하여 국가 정책을 통제하여, 은행가들이 지배적인 역할을 수행하는 지대 수취자 과두지배 체제를 증진하는 것이다.

클린턴 행정부는 1994년 옐친이 러시아 천연자원의 가장 귀한 보물을 '세미방키르시나'에 넘겨주는 것을 지지함으로써 이 원리의 핵심을 보여주었다. 러시아 정부는 이 은행가-내부자의 은행에 자금을 맡겼다. 은행들은 이 돈을 다시 정부에 빌려주었고, 정부는 은행들이 발행한 수표를 그 은행들에 재예치했다. 사실상 공짜나 다름없다. 이렇게 빤한 수작을 부리는 이유는 정부가 석유와 가스, 니켈, 등의 자산을 담보물로 맡기게 하려는 데 있다. 외국의 조언자들은 중앙은행에 간단하게 돈을 찍어 만기 대출을 상환하는 일은 삼가라고 설득했고, 은행은 담보물을 압류했다.

압류된 담보물은 미국 등 외국의 투자자들에게, 즉 사영화한 지대 추출 회사들의 지분을 매입할 자금이 있는 투자자들에게만 매각되었다. 그 결과로 미국의 은행과 투자자, 기관 채권자가 러시아의 새로운 중앙계획가가 될 수 있었고, 이들은 자산 강탈로 횡재했다. 기능 부전의 국가 계획은 사영화한 금융 계획으로 대체되어 기능이 완전히 멈추었다. 미국의 관료들은 이러한 강탈이 중앙계획의 대안이라며 박수를 보냈다. 그러나 이 계획가들이 한 일이라고는 정부를 은행가로 만든 것이 전부다.

은행가들의 목적은 냉전 시대 미국 전략가들의 목적에 정확히 들어맞았다. 그들이 소련 해체 이후 러시아 경제에 품은 꿈은 러시아를 '핵무기를 가진 주유소'로 폄하한 상원의원 존 매케인의 신랄한 발언이 잘 보여주었다. 주요 군수품 공급 회사를 매입하여 폐쇄하고 구소련의 광범위한 공급 체계를 무너뜨림으로써 이 무기를 해체하는 것이 계획이었다.

미국의 조언자들은 새로운 과두집단이 갈취한 것을 외국인에게 매각하여 현금화하고 그 수익을 정부의 손이 닿지 않는 외국에 안전하게 보관할 수 있게 도왔다. 석유와 가스, 니켈, 토지의 천연자원 지대와 공익사업의 독점 지대가 정부에 귀속되었다면 소련의 해체 이후 경제를 재건하는 데 쓰였겠지만, 그러지 않았기 때문에 대신 주주와 채권 보유자에게 배당금과 이자로 지급되었다. 미국의 투자자들은 2001년 중국이 세계무역기구에 가입한 이후 경제에 대해서도 이와 비슷한 신자유주의적 야심을 품었다.

미국 안에서는 2008년 부실 주택담보대출로 인한 금융 붕괴가 퇴거의 물결을 초래하여 주택 보유율이 하락했고, 설상가상 2020~2022년 코로나 바이러스 위기로 임차인 퇴거의 물결과 주택담보대출자의 파산이 한 번 더 이어졌다. 수백만 명의 실직자가 임차료와 담보대출 상환금을 체불했고, 부채의 덫에 빠져 집을 잃을 위기에 처했다. 홈리스 위기를 방지하기 위해 일시적으로 퇴거를 중지했지만, 청산의 날이 다가오고 있다. 2020년 8월부터 2021년 8월까지 대도시 권역에서는 임대사업 투자자 보유 주택의 몫이 커지면서 주택 가격이 20퍼센트 인상되었다. 그 결과로 미국의 주택 보유율은 (영국의 경우처럼) 급락했고, 주택은 임대 투자수단으로 변질되었다.

한편 미국의 가장 부유한 상위 1퍼센트는 코로나 바이러스가 확산된 후 12개월 동안 주식과 채권으로 1조 달러를 벌어들였다. 그 결과로 최상위 1퍼센트에게는 상승이요, 나머지 99퍼센트에게는 하락인 K형 경제가 출현했다. 주택과 주식의 보유자는 주택과 주식의 시장 가격이 상승하면 자신들을 포함하여 경제 전체가 부유해지리라고 생각한다. 그러나 미국의 주택 보유율은 2006년 이래로 하락했고, 미국의 전체 주택에서 담보대출액은 주택의 순자산가치를 넘어섰다. 은행은 임대료 상승에 편승하여 주택 가격 대비 대출의 비율을 높임으로써 더 많은 돈을 빌려준다. 주택담보대출을 늘림으로써 가격 상승을 부채질하는 것이다. 부채로 인한 부동산 가격 폭

등으로 은행과 투기꾼은 부자가 되었지만, 부채 디플레이션이 심화하면서 대다수 주택 보유자들은 주택 시장 평가의 수익을 아주 조금밖에 얻지 못했다.

국가 예산과 지방정부 예산도 부동산 가격 상승의 이익을 나눠 갖지 못했다. 교통과 기타 편의시설에의 공적 투자는 도로와 유리한 주택 지구를 따라 부동산 소유자의 위치 지대를 늘려주었지만, 위치 지대 과세로 이 횡재를 환수하여 그 지대를 증가시킨 시민생활 개선비용을 되찾아오는 일은 없었다. 토지 소유는 생활과 안식처의 공적 필요를 최소한의 비용으로 충족시키는 대신, 은행 신용으로 지대를 뽑아내는 투자수단이자 시장으로 변모했다.

지대 수취자의 문제는 일종의 풍토병이 되었다. 미국 교육의 금융화는 학생들을 학자금 융자의 덫에 빠뜨렸다. 노동시장에 진입하기도 전에 학생들을 부채에 의존하게 만들어 고등교육을 통한 상향 이동의 전통적인 길을 사실상 봉쇄한 것이다. 대학 학위는 금융화한 상품이 되었다. 학생들은 공적 권리로서 무상으로 교육을 받는 대신에 학자금 융자로 비용을 지불해야 했다. 미국 밖에서는 '사회화한 의료'를 볼 수 있지만 미국의 노동자와 고용주는 사영 건강보험으로 많은 비용을 지불해야 한다. 자칭 실력주의가 출현하고 있지만, 그 실력이라는 것은 신탁기금을 통한 부의 상속이요, 이와 연관된 과두집단의 상호 지원의 교육과 고용 네트워크다.

주택과 교육, 보건의 기본적 욕구가 금융화하면서 생계비가 크게 증가하여 모든 미국인은 식량과 의복 등의 소비재를 무상으로 받는다고 해도 금융자본주의를 짓누르는 지대 수취자 비용을 최소화한 중국 등 다른 나라들과 경쟁할 수 없을 것이다.

중국이 미국의
금융 질병을 피한 방법

1. 중국은 천연자원과 핵심 기간시설을 사영화하는 대신, 가장 중요한 공익사업인 은행업을 공공 소유로 두었다. 중앙은행인 중국인민은행은 고속철도와 학교, 교통망, 연구소의 실질적인 투자에 자금을 공급하여 생계비와 사업비를 낮추었다.

2. 중국은 고임금경제 정책을 추구했다. 이로써 사람들에게 양질의 교육과 높은 수준의 보건을 제공하여 노동생산성을 높였고, 임금 수준은 낮으나 생산성은 떨어지는 경제와 고비용의 지대 추구 경제보다 낮은 가격에 제품을 판매할 수 있었다.

3. 중국은 사회주의 경제로서 지대를 추구하는 은행의 고리대금에서 벗어나는 것을 목표로 삼아 독립적인 금융 과두집단이 이기적인 지대 추출 정책을 들고 나오지 못하도록 정부가 강력히 규제했다. 앞으로도 지대를 비롯하여 주로 지대 수입에 누진세로 과세해야 한다.

4. 중국과 러시아는 미국으로부터, 기타 무역과 금융의 제재와 이에 연관된 파괴 시도로부터 스스로를 보호하기 위해 미국 달러와 스위프트 결제 제도를 사용하지 않아도 되도록 대안적인 국제 결제 제도를 만들고 있다. 자국 통화와 대외 무역, 투자의 탈달러화 정책에는 식량과 기술, 기타 기본적 필수품의 자급 확보가 포함되어야 한다.

미국은 지대 수취자 특권을 보호하고
외국의 개혁에 반대한다

신자유주의는 과거에 서구 전역에서 옹호되었던 고전경제학과 미국 혁신주의 시대의 이데올로기를 공격한다. 미국은 재정과 규제로써 지대 추구를 억제하는 것을 지대 수취자의 국민경제 탈취에 대한 실존적 위협으로 보기 때문에, 금융화와 사영화에 저항하는 중국과 다른 나라들을 고립시키려 한다.

1. 1980년대에 대처 총리와 레이건 대통령이 시행한 사영화의 본질은 공공 자산을 투자은행에 공짜나 다름없는 헐값에 양도하여 자본소득과 엄청난 인수 수수료를 안기는 것이다. 그러한 수익은 궁극적으로는 노동자와 고용주에 부과되는 독점 지대에서 나온다. 1990년대에 신자유주의자들은 러시아와 여타 구소련 공화국들에서 서구에 우호적인 도둑정치 과두집단이 천연자원과 부동산, 공공 기간시설을 차지할 수 있도록 자유롭게 도울 수 있었다. 서구 전역에서 금융 부문이 정부의 규제기구를 장악하면서 독점금지법의 시행과 기타 사영화의 결과물인 약탈적 독점 지대의 억제가 방해를 받았다.

2. 미국에서 1980년대 이래로 노동권이 약해지고 노동조합 조직률이 하락하고 확정급여형 연금이 사라지면서 임금과 생활수준이 정체되었다. 빚을 진 노동자들은 파업이나 여타 형태의 저항에 나서기를 두려워한다. 만약 그들이 해고되면 늘어나는 부채와 임차료를 체납하고 고용주가 보조하는 건강보험을 상실할 수 있기 때문

이다. 임금생활자는 우버 운전사처럼 '단기gig' 자영업 노동자로 변하고 있다. 그들에게는 기업이 책임지는 건강보험과 사회보장, 휴가, 초과근무 수당이 없다.

미국에서는 파이어 부문 비용 증가에 직면하여 임금과 노동 조건이 열악해지고 있는데, 인종과 민족, 젠더, 종교에 입각한 정체성 정치가 임금생활자라는 공동의 정체성을 대체한 탓에 그러한 현실은 주목 받지 못하고 있다.

3. 고전경제학의 재정 정책은 지대와 천연자원 지대에 과세하고 독점금지법과 자연독점의 공적 소유로써 독점 지대를 최소화할 것으로 생각되었다. 그러나 조세와 규제에 관한 혁신주의 시대의 개혁은 역전되었고, 신자유주의적 반개혁 시대가 도래했다.

미국 금융 세력의 주된 시장은 (부동산을 비롯한) 기투자 자산 담보대출과 기업 사냥, 회사의 매매, 공적 자산의 사영화와 해외 매각, 주식시장 투기다. 은행 부문의 주된 시장은 지대를 낳는 자산을 담보로 한 대출인데, 지대마저 거의 전부 담보로 잡힐 때까지 대출이 이루어진다. 과세를 회복하거나 지대 추구를 다시 규제하는 조치는 무엇이든 이러한 자산, 특히 주식과 채권, 부동산의 가격을 낮출 수 있다. 그렇게 되면 자산 가격을 떠받치는 부채의 상부 구조가 무너질 것이다.

고전경제학자 개혁가들은 19세기 내내 경제를 지대 수취자로부터 해방하려 노력했다. 그러나 이들의 노력은 서구에서는 실패했다. 민주적 개혁으로는 지대 수취자의 선거 정치와 정당 정치 지배를 막을 수 없었다. 지대 수취자가 되고 싶은 열망을 지녔기에 경제적 지대에 과세하거나 이를 제한하기를 주저한 자유주의적 성향의 중간계급이 그들 편에 섰기 때문이다. 고전경제학의 과세와 규제를 점진적으로 입법하자는 개혁 제안은 효과가 없을 것 같다. 은행을 비롯한 지대 수취자는 지대 추구를 제한하려는 고전경제학의 개혁에 맞서 반혁명을 수행하는 동안 정치적 권력을 구축했다. 그들이 이 권력을 휘두를 시간은 충분하다.

　금융 부문이 각국의 중앙은행과 재무부를 어느 정도로 장악했는지는 2008년 금융 붕괴 이후 증명되었다. 미국 연방준비제도이사회와 유럽중앙은행은 양적 완화를 추진하여 부채 레버리지를 통한 금융 투기와 부동산 투기를 장려했다. 이어 2020~2022년 코로나 바이러스 위기에 대응하여 대출자들에게 거의 제로에 가까운 금리를 제공하여 자산 가격을 재차 밀어 올렸다. 이자율을 정상적인 수준으로 되돌리거나 금융 부문에 흘러들어가는 지대에 과세하면 부동산과 주식, 채권의 가격은 폭락할 것이고, 부채 레버리지를 이용한 투자자와 은행은 지급 불능에 빠질 것이다. 그래서 주택을 비롯한 자산 가격이 높게 유지되는 것이다.

　4. 미국은 민주주의를 확산시킨다고 주장하며 외국의 일에 간섭하지만, 이는 시카고 학파의 자유시장 근본주의를 촉진하기 위한 것이었다. 칠레의 피노체트 군사독재에서 보듯이 라틴아메리카 전역에 테러 집단을 퍼뜨릴 뿐이었다. 지대 추구 금융자본주의의 대안이 될 만한 것은 제재로 방해를 받았다. 미국은 금융자본과 지대를 추구하는 졸개들을 위해 필요하다면 무력까지 사용하여 신자유주의적인 '자유시장'을 강요했다. 미국 외교관들은 중국이 미국 경

제를 악화시켰다고 비난하면서 중국과 상하이협력기구 회원국들을 겨냥하여 군사적 대결과 제재를 점차 강화했다.

신자유주의의 탈취에 저항하는 나라들을 적대시하는 신냉전

경제를 불로소득에서 해방한다는 산업혁명의 내재적 논리와 운명이 추구한 조세 정책과 규제 정책은, 지금 다른 나라에 기간시설을 사영화하고 경제 계획을 미국 등의 은행에 넘기고 미국의 '규칙에 입각한 질서'가 국제적으로 지지하는 지대 수취자 계급에게 경제를 맡겨 양극화시키라는 미국의 요구로 파기되었다.

신자유주의자들에게 '자유시장'은 지대 수취자 계급을 경제 계획자로 세운다는 뜻이다. 정부가 이러한 탈취에 저항하면 '독재국가'라고 비난받는다. 마치 그런 나라에는 '민주주의'라는 꼬리표를 붙일 수 없으며, 상위 1퍼센트 지대 수취자가 경제적 소득을 독점하는 것이 자연스럽고도 효율적인 탈산업사회 단계의 경제 발전인 것처럼 이야기한다. 이것이 바로 신자유주의가 그 탈취에 반대하는 국가들에 맞선 세계 정복의 복음주의적 동력으로 자처하는 근거다.

그러나 중국의 산업적 성공은 금융화와 사영화 독점 지대가 자연법이 아님을, 부채 디플레이션과 기본적 욕구의 사영화, 이와 연관된 부와 소득의 양극화는 일어나면 안 되는 일임을 증명한다. 국가들이 지대 수취자의 지도를 따를 필요가 없다는 인식은 결국 미국을 토대로 하는 세계 질서를 위협한다. 그러므로 지대 수취자가 자국의 천연자원 지대와 화폐와 신용의 제도를 통제하는 것을 막을 수 있을 만큼 강력한 정부를 고립시키는 것이 오늘날 신냉전 무역 제재와 금융 제제, 그리고 이와 연관된 것으로 중국과 러시아를 비롯하여 미국이 떠받치는 '규칙에 입각한 질서'를 거부하는 나라들을 향한 조치의 본질이다.

미국은 정권 교체가 이루어질 수 있다는 희망에서 그러한 나라들을 경제 제재로 고립시키고 '색깔 혁명'으로 그 안정을 해치려한다. 미국은 러시아의 남쪽과 서쪽을 따라, 중국의 서부와 홍콩에서 그러한 기도를 지원했다. 그뿐 아니라 미국 외교관들은 유럽에 2020년 말 중국과 체결한 무역협정을 철회하라고 압박했다. 유럽을 경제적으로나 정치적으로 미국에 종속시키려는 의도다.

그러나 이러한 대결의 비용은 너무도 크다. 여러 나라에서 달러와 파운드, 유로는 미국 냉전 외교의 수단으로 여겨져 국제 결제 통화의 지위를 잃고 있다. 어느 러시아인은 브뤼셀의 유럽의회의 적대적 태도에 관하여 논평하면서 러시아를 스위프트 결제 제도에서 차단한다는 위협으로 이어진 종속 위성국가들의 태도가 어떤 결과를 가져왔는지 이렇게 지적했다. "유럽연합은 유로를 더욱 바람직한 국제 결제수단으로 역할을 강화하고 드높일 기회를 잃어버리고 있다."[3] 파운드에 관해 말하자면, 영국은행이 베네수엘라의 금보유고를 강탈하여 미국이 지명한 야당 인사에게 넘겼을 때, 국제적인 금융 피난처로서의 영국의 역할은 흔들렸다.

중국과 러시아는 그러한 음모에 맞서 스스로를 지키기 위해 무역과 투자의 탈달러화를 추진하고 있다. 2020년 말, 러시아 외교부 장관 세르게이 라브로프는 이 문제의 요점을 짚어 "러시아는 유럽의 개별 국가와는 관계를 유지하겠지만 유럽연합과의 관계는 끊을 것"이라고 선언했다. 유럽연합이 미국-북대서양조약기구가 러시아를 적대하는 것을 지지하기 때문이었다. 그는 이렇게 결론 내렸다.

> 우리는 우리만의 외교 정책을 추진하고 있다. 이는 지난 20년이 넘
> 는 기간 동안에 구체화했다. (…) 러시아의 성장을 촉진할 수 있는
> 외적 기회를 망치려는 시도는 조금도 줄지 않았지만, 어쨌거나 서
> 구보다는 세계에 더 많은 기회가 있다. 소련이 몰락한 뒤 1990년대
> 에 우리는 중요한 것의 일부가 되기를 원했지만, 지금 우리는 우리
> 가 들어갈 수 있는 것이 많지 않다는 사실을 깨닫는다. 적어도 서
> 구는 스스로 무엇도 만들어내지 못하고 있다. (…)
> 만일 우리가 서구의 발전 모델을 취한다면, 우리에게 적당한 자리
> 는 없을 것이다. 코로나 바이러스는 마치 다른 모든 것으로도 충
> 분하지 않다는 듯이, 그 점을 아주 설득력 있게 보여주었다. 우리
> 는 무엇이든 스스로 건설할 필요가 있다. 이는 매우 복잡하고 야
> 심찬 목표이지만 즉각적으로 행동에 나설 것을 촉구한다.[4]

미국은 총부리를 들이대고 강압적으로 지대 수취자에게 유리
한 '규칙에 입각한 질서'를 장려하면서, 외교적으로는 수십 년 동안
그래왔듯이 세계에서 가장 억압적인 정부들과 가장 폭력적이고 편
협하며 광적인 운동을 지원한다. 민주주의와 인권을 말하면서 동시
에 종속국가 과두집단 내부자의 도둑정치적 강탈을 '자유시장'이라
고 에둘러 말하는 것은 참으로 이상하다. 온두라스와 과테말라, 에
콰도르에 군벌과 군사독재 체제를 수립한 결과 수많은 난민이 발생
했으며 미국과 사우디아라비아의 동맹은 시리아와 이라크, 아프가
니스탄에서 살라피즘 지하디스트들을 지원했다. 크리스 헤지스Chris

Hedges는 이렇게 요약한다.

> 1941년 이래로 쿠데타와 정치적 암살, 선거 부정, 흑색선전, 공갈, 납치, 잔인한 폭동 진압, 미국이 승인한 학살, 전 세계에 산재한 미국의 비밀군사기지에서의 고문, 대리전, 미국의 군사적 개입이 민주적 정부의 수립으로 끝난 사례는 단 하나도 없다. (…)
> 미국이 민주주의와 자유, 인권의 수호자라는 관념은 파나마(1941)와 시리아(1949), 이란(1953), 과테말라(1954), 콩고(1960), 브라질(1964), 칠레(1973), 온두라스(2009), 이집트(2013)에서 민주적 선거를 통해 수립된 자신들의 정부가 미국에 의해 전복되고 무너지는 것을 본 사람들에게는 엄청난 놀라움으로 다가올 것이다. 남베트남과 인도네시아, 이라크의 경우처럼 비록 포악한 독재 정권이었을지언정 미국의 이익에 반한다는 이유만으로 파괴된 일군의 정부들을 이 목록에 덧붙여야 한다. 정권 파괴의 결과로 그 나라들의 주민들의 삶은 한층 더 비참해졌다.[5]

민주주의의 권한을 제한하려는 과두집단의 싸움

로마 제국부터 오늘날의 세계에 이르기까지 과두집단의 주된 자원은 돈이었다. '재산의 안전'이라는 완곡한 표현은 실제로는 채무자 재산권의 불안전이다. 이는 그들 재산의 압류나 강제 매각으로 이어진다. 궁극적으로 무력의 지배가 뒷받침하는 '재산의 안전'은 시대를 막론하고 과두집단이 토지와 지대를 장악하고 빚을 진 노동자들을 채권자에 의존하게 만드는 방법이었다.

서구 민주주의 국가들은 채무자와 차지농의 하층계급을 만들어내는 채권자와 지주, 독점자의 힘으로부터 시민을 보호할 수 없었다. 그러한 운명을 방지하려면 정부가 화폐와 신용의 제도를 공익사업으로 삼고, 부채를 떠안은 국민을 보호하는 신용법률로써 이를 뒷받침해야 한다.

　　과두집단은 그러한 정부의 통제권을 거부하면서 '민주주의'의 의미를 정치적 영역에 국한하려 한다. 모든 시민에게 투표권을 허용하되, 그들이 투표로써 결정할 수 있는 것을 제한하는 것이다. 로마 공화정의 법은 모든 등록된 시민에게 민회에서 투표할 수 있게 했지만 소유 재산의 크기에 따라 시민을 별개의 집단으로 나누었다.

　　시민들이 자신들을 위하는 지도자를 선출하거나 개혁을 승인한다고 해도, 역사적으로 과두지배 체제는 (개혁가들에게 폭력을 사용하는 것은 물론) 투표 결과를 무효화할 수 있는 대비책을 갖고 있었다. 오늘날 미국에서 그러한 준종교적 기능을 수행하는 것은 의회에서 통과된 개혁을 무효화할 권한을 지닌 연방대법원이다. 연방대법원은 1913년 이전 수십 년 동안 소득세법 통과를 방해했다.

　　8장과 9장에서 설명했듯이, 미국의 과두지배 체제는 정치 활동에 대한 사사로운 자금 지원을 '언론 자유'의 한 형태라며 허용한다 (2010년 연방대법원의 시티즌스 유나이티드 소송 판결). 공화당과 민주당으로 구성된 양당의 정치 지배 체제에서 선거에 나서는 후보자들은 기부자들로부터 얼마나 많은 자금을 끌어 모을 수 있는가에 따라 지명을 받는다. 그러므로 기부자 계급은 파이어 부문의 금융화와 지대 추구에 과세하고 이를 규제하려는 후보자를 실질적으로 탈락시킴으로써 사실상 뜻깊은 민주주의를 부정할 수 있다. 그 결과로 시민이 투표로써 결정할 수 있는 것은 제한된다. 이는 과두집단이 지배하는 정치적 민주주의의 본질적인 특징이었다.

경제적 과두집단에 가려져 존재가 희미해진 정치적 민주주의

한 사회가 민주적인 사회인지 아닌지를 결정하는 일견 가장 분명한 방법은 유권자들이 원하는 정책이 법으로 제정될 수 있는지 묻는 것이다. 최근 여론 조사는 미국인의 다수가 공공 건강보험과 학자금 융자의 탕감에 강력히 찬성한다는 것을 보여주지만, 어느 정당도 이러한 정책을 지지하지 않는다. 민주적 결정에 열려 있는 선택지의 범위를 벗어났기 때문이다. 이름뿐인 정치적 민주주의는 지대 수취자 권력을 제한하고 국민 대다수에게 이익이 될 정책을 입법하는 데 주저한다.

서구의 민주주의 체제들은 채권자와 지주, 독점가로 구성된 과두집단들을 낳는 경향이 있다. 이들은 중간계급 유권자들의 지지를 받는다. 중간계급은 소규모 투자자이자 재산 소유자로서 급진적인 정책 때문에 지대 수입을 얻겠다는 목표가 무산될 것을 두려워하기 때문이다. 베르너 좀바르트Werner Sombart는 이러한 부르주아가 99퍼센트에서 가장 야심적인 계층이라고 보았다. "경제라는 풍요의 수프 위에서 지방 덩어리처럼 떠다닌다."[6] 일부 전문 직업인과 혁신가, 예술가는 저축을 하고 주택과 주식 시장에서 수익을 얻을 수 있다. 그들은 임금생활자 계급에 발을 담그고 있지만, 자산 계급의 대변자요, 봉사자이자 그들을 즐겁게 해주는 사람으로서 그 계급에 다가서고 있다.[7]

상위 1퍼센트는 이 부유한 계층의 역할을, 마치 부가 그 하층의 경제로부터 더 많은 수익을 뽑아내는 것이 아니라 아래로 흘러내리는 것처럼, 국민 대중의 생활수준을 향상시킬 사회적 상향이동의 기회가 충분하다는 희망을 조장하여 보통의 임금생활자를 한편으로 끌어들이는 것으로 본다. 이러한 음모를 알아챈 철학자 존 듀이는 "특권과 권력을 지닌 자들이 스스로 망가뜨린 것을 고칠 것이라는 믿음"을 조롱했고, 미국 정치의 특징을 "거대 기업이 사회에 드리운 어두운 그림자"라고 설명했다.[8]

과두집단은 자신들이 통제할 수 있을 때에만 강력한 정부 권력에 반대하지 않는다. 그리스의 과두집단은 '참주'를 두려워했다. 기원전 7세기에서 기원전 6세기에 코린토스와 메가라 등의 도시국가에서 개혁가들이 부채 말소와 토지 재분배로 민중의 지지를 얻었기 때문이다. 비판자들이 연이어 이러한 개혁가 유형의 참주들을 권력욕에 사로잡혔다고 비난했지만, 대다수 그리스 철학자들은 부자들이 중독적인 화폐 욕구에 굴복하고 재산을 지키기 위해 폭력에 의지하는 경향이 사회적으로 더 큰 위험이라고 경고했다.

로마는 민주주의 체제가 아니었다. 그 전설적인 왕들은 부유한 가문들을 제어한 공이 있지만, 기원전 509년 과두집단이 쿠데타로 왕을 내쫓은 이후 500년간 부채 말소와 토지 재분배를 둘러싼 내전이 이어졌다. 원로원의 과두집단은 실현 가능한 개혁안을 들고 나온 가장 위협적인 개혁가들을 "왕이 되려 한다"고 비난하며 살해했다. 율리우스 카이사르도 그러한 비난을 받았다. 그가 인기를 등에 업고 로마의 부채를 말소할 수 있을지도 모른다는 두려움 때문이었다. 한 세대 전에 카틸리나*가 그렇게 하려 했다가 지지자들 대다수와 함께 죽임을 당했다. 100년 전 그라쿠스 형제는 토지 재분배를 옹호하다가 살해당했고, 술라는 병사들을 위해 토지를 원했던 포풀라레스(민중의 지지자) 장군 마리우스의 추종자들을 죽였다.

서구 문명은 지대 수취자의 지배를 억제할 뜻이 없다

그리스와 로마의 시민들은 부채와 이에 연관된 채권자의 예속에서 해방되기를 원했다. 그러나 과두집단이 부채 말소와 토지 재분배를 거부하면서 경제는 양극화하고 붕괴되어 암흑기에 빠졌다. 이후 서구의 민주주의 체제는 복리로 증가하는 부채와 경제적 지대 추구에 기인한 토지와 부의 집중이 결합하여 경제를 양극화하고 빈곤에 빠뜨리는 유사한 동력에 경제가 굴복하지 않도록 막는 데 실패했다.

19세기 개혁가들은 지주 계급이 봉건시대로부터 물려받은 특권을 줄이기 위해 투표권을 더 많은 사람에게 확대했다. 그러나 로마시대의 채권자에 유리한 정서와 법률 제도가 남긴 유산은 오늘날 서구 세계에 이르기까지 전혀 훼손되지 않았다. 금융자본의 국가 장악력에 맞서는 과제, 다시 말해서 화폐와 신용, 토지 보유, 기본적 기간시설의 통제권을 정부에 되돌려주어 지대 수취자 세력을 밀어내는 일은 경제에 남겨졌다.

그러한 사회주의의 노력은 긴 역사에 걸쳐 되풀이된 실수를 끝내고 있다. 청동기시대 근동의 통치자들은 부유한 가문들이 독립적

• 기원전 63년 이듬해에 집무를 시작하는 콘술직 선거에서 패한 뒤 농촌의 가난한 평민들을 규합하여 폭력으로 공화국을 장악하려 했다가 실패했다. 카틸리나가 부채 말소와 토지 개혁을 지지했다는 기록이 있다.

인 과두집단이 되어 빚을 진 소농들을 보호하는 국왕에 맞서지 못하게 했다. 이는 수천 년 동안 정상적인 관행이었다. 9세기와 10세기의 비잔티움 제국 통치자들도 그러한 목적을 달성했다. 원상회복 선언으로 소농의 부채를 탕감했고 채무자들을 예속 상태에서 해방했으며 빼앗긴 토지를 되돌려주었다.

이는 이상주의적인 정책이 아니라 실용적인 정책이다. 경제적 자립과 재정 수입의 흐름, 경제로의 물품 공급을 안정시키는 방향으로 신용관계와 토지 보유를 규제하는 것이 그 목표다. 잉여 작물을 왕궁이 아니라 채권자에게 넘겨주고 신민이 그들을 위해 일을 해야 하는 상황을 막기 위해, 통치자들은 원상회복선언으로써 신민이 다른 것에 앞서 세금을 납부하고 공공 건설 사업에서 일하고 일반적으로 토지 보유와 연계된 군역을 수행해야 한다고 주장했다.

토지와 노동을 '자유시장'의 일부로 삼아야 한다거나 부자가 부채의 늪에 빠진 소농의 재산을 빼앗아야 시장이 효율적으로 된다고 주장하는 프리드먼 같은 사람은 없었다. 그러한 정책을 채택한 왕국은 주민의 도피로 인구가 감소하거나 타국에 점령당하거나 정권이 무너지거나 혁명을 겪었을 것이다. 통치자가 부채관계와 토지 보유관계를 '시장'에 맡겼다면 소농의 자유 회복이라는 목표는 달성할 수 없었을 것이다. 소농을 예속에 빠뜨리고 그들의 토지를 채권자에게 넘기는 신용과 부채의 동력을 주기적으로 무너뜨리는 데에는 강력한 권한이 필요했다.

로마법은 '재산권'을 지지했기에 채무자의 재산을 수용할 채권자의 권리를 뜻하는 것으로 그 용어의 의미를 바꿔놓았다. 이는 그 이후로 서구 문명을 규정하는 특징이 되었다. 바빌로니아와 비잔티움 제국의 통치자들이나 20세기 사회주의 정부처럼 강력한 통치 세력만이 금융 집단과 기타 지대 수취자 집단을 억제할 수 있었다. 중국을 적대하는 오늘날의 신자유주의는 그러한 힘에 반대하기에 과두집단의 확고한 지배를 받지 않는 왕권이나 정부를 증오한 로마의 과두집단을 닮았다. 고대부터 작금의 세계에 이르기까지 왕과 참주, 혁명 정부만이 성공리에 억압적인 부채를 말소하고 많은 사람에게 토지 보유권을 부여할 수 있었다. 그러나 그러한 권력은 전제적인 지배라고 비난을 받았다. 역사적으로 부채라는 폭정이 훨씬 더 억압적이었는데도 그러했다.

다음의 도표는 현대의 사회주의와 고전경제학 출현 이전의 군주제가 지대 수취자 금융 계급의 통제력 장악을 막는 능력에서 얼마나 비슷한지 보여준다.

신용과 부채를 자연적인 공공재로서 규제한다

기원전 3000년대 메소포타미아와 이집트에서 시장의 기본적인 경제적 요소들이 출현했을 때, 농사철의 거래는 농업 투입 요소(비료, 종자, 기계)부터 술집에서 맥주를 마시는 것까지 거의 전부 신용으로 이루어졌다. 왕궁은 화폐와 신용 제도를 만들어 재정 회계와 자원 배분을 촉진했고, 보유자에게 공공 기간시설 건설의 부역과 군역을 의무적으로 제공하는 조건으로 토지를 임대했다.

화폐는 보유자가 이러한 경제적 질서를 망가뜨릴 수 있는 상품이 아니라 노동과 작물 생산, 사원의 수공예품, 외국 무역을 할당하는 행정적 장치로서 발명되었다. 수확기는 소농이 농사철에 진 빚

고대와 과두지배 체제와 사회주의의 경제적 관계		
청동기 시대 근동 군주제	서구 민주주의/ 과두지배 체제	사회주의
토지 보유와 신용 조건, 이자율을 관리하는 왕궁이 시장을 규제한다. 그러나 무역과 기타 활동은 상인에게 위임된다. 그 결과는 왕궁이 지배하는 혼합경제다	금융과 토지를 장악한 과두집단은 국왕을 몰아내고 국가 권력과 공적 지출, 공적 규제를 최소화한다. 국가가 공동의 번영에 해를 끼치며 부자들에게 봉사하면서 경제는 양극화한다	국가가 규제하는 경제는 기본적인 물가와 공공 서비스를 관리한다. 기업의 혁신이 제한적으로 개인의 재산을 형성할 여지를 주지만, 부유한 가문들이 국가의 성장과 번영을 독점하는 것을 허용하지는 않는다
토지는 공공재로서 표준화한 크기로 할당되며 보유자들은 부역과 군역의 의무를 지며 경우에 따라 왕궁에 생산물을 납부해야 한다. 소농이 채무 노예로 전락하지 않고 납세자로 살아남도록 하는 것이 목적이다	견고한 과두집단이 되어가는 부재 지주의 수중에 작물의 잉여가 집중되면서 토지는 '상품화'된다. 라티푼디움은 차지농(초기에는 부채를 청산하기 위해), 노예, 그리고 이후에는 농노가 경작한다. 주택은 부채로 구입되며, 그 가격은 신용으로 부풀려진다	국가가 토지를 소유하기에 토지는 공공재로 관리되지만 임대될 수도 있다. 토지세와 임대소득세는 임대료를 세입이 아닌 이자 지불로 돌리는 부재 소유와 부채 금융을 억제하기에 자가거주를 장려한다
시민은 토지에 의지하여 자급하지만 채권자를 위해 일하고 수확한 작물을 양도하여 빚을 갚는다	채권자에게 유리한 법률 때문에 채무자는 예속적인 지위로 전락하여 채무 노예가 되고 최종적으로 농노제가 출현한다	시민은 기본적 필수 서비스를 인권으로서 보장받기에 주택과 보건, 교육 때문에 빚을 질 필요가 없다
화폐는 부채와 공공 서비스, 세금, 특히 왕궁과 사원에 내는 세금을 표시하기 위해 만들어졌다. 그러한 지불을 위해 생산물 가격을 표준화한 것이다	화폐 재산, 즉 신용은 개인 소유자에게 이전된다. 은화는 세금과 조공으로 받아들여지기에 여전히 가치를 지닌다	국가는 화폐와 신용을 공공재로서 창출한다. 중앙은행은 금융 투기가 아니라 공익 목적으로 신용을 확대한다
주요 물품의 가격은 세금 납부와 공동체와 왕궁 경제 간의 기타 거래를 위해 관리된다	식량 같은 기본적 필수품의 가격은 통제될 수 있다. 그러나 대부분의 서비스와 가격은 사유화하여 독점 지대와 독점 이윤을 낳는다	기본적 필수품과 서비스는 무상으로나 가격 보조를 받아 사람들에게 제공된다. 이윤의 발생이 아니라 폭넓은 성장을 지원하는 것이 목적이다

부채와 이와 연관된 것으로서 채권자에 대한 예속은 되돌릴 수 있다. 왕좌를 차지한 새로운 통치자가 취소하거나 경제적 붕괴나 전쟁 때에 취소될 수 있다	부채는 시간이 지나며 누적되어 되돌릴 수 없다. 부채 말소의 옹호자들은 과두집단의 비난을 받으며 살해되기도 한다. 현대의 파산법은 사례별로 개별적으로만 부채를 말소한다	대규모 조업 중단과 경제적 붕괴를 피하기 위해 필요하면 부채를 상각할 수 있다
초기에는 왕궁과 사원이 주된 채권자다. 따라서 국왕의 원상회복선언은 주로 왕궁 경제에 진 부채를 탕감한다	신용이 사유화했기에 부채는 오로지 내전이 일어나야만 말소된다. 부채 의존, 종속적 지위, 토지의 몰수는 돌이킬 수 없다	국가가 공공 은행을 통해 돈을 빌려주는 주된 채권자로서 신용을 공공재로 취급하여 실질적인 투자와 성장에 자금을 공급한다
'신성한 왕권'은 통치자가 수호신에, 강자(채권자)로부터 약자(과부와 고아)를 보호하는 정의와 공평의 윤리에 복종할 때 인정된다	화폐 재산과 돈에 대한 사랑(부의 중독)은 공적 규제에서 '자유롭게' 벗어난다. 부자가 이데올로기와 종교를 통제하기 때문이다. 사사로운 자선이 공적 사회복지 지출을 대신한다	국가와 관료들은 전체의 번영을 보호하고 부유한 개인이 공공 정책과 번영에 역행할 힘을 제한하는 데 전념한다
많은 사람이 자립과 생존 능력을 회복하면 탄력적인 경제가 유지된다. 국왕의 원상회복선언과 왕궁의 규제는 독립적인 채권자-지주의 힘이 장기적으로 지속되는 것을 방지한다	채권자-지주의 과두집단이 국가를 장악하여 채권자에 유리한 법률을 제정하고 법정을 지배하며 부채 말소와 토지 재분배를 방해하면서 사회적 회복력이 상실된다	사사로운 부의 추구, 특히 금융과 토지 보유를 통한 부의 추구를 사회적 목적보다 하위에 둠으로써 회복력을 유지한다. 부유한 개인은 공적 감시를 받는다
상인에게는 왕궁이 주된 소비자이자 채권자다. 소농의 곡물 부채와 달리 상인의 은화 부채는 원상회복선언으로 말소되지 않는다	국가와 지방정부는 채권자 과두집단에게 순채무자가 된다. 채권자 과두집단은 징세를 사유화하고 국가권력을 동원하여 채무자에 대한 청구권을 집행한다	국가는 화폐와 신용을 공공재로 조직하여, 부채 상환을 경제의 붕괴를 초래하지 않으면서 지불 능력에 맞게 조정한다
순환적 시간관: 통치자는 원상회복선언으로써 경제의 균형을 이상적인 현재 상태로서 회복하기에 '시장' 밖에서부터 개입한다. 그러므로 부채의 증가, 예속 상태, 부채 미상환으로 인한 토지의 몰수는 역전된다	직선적 시간관: 부채와 금융상의 저축이 급증하면서 경제적 불평등과 부채로 인한 예속, 토지 소유권의 상실은 누적적이고 불가역적인 일이 된다. 그로 인한 경제적 양극화는 오직 혁명으로써만 되돌릴 수 있다	국가가 보증하는 안정이 금융상 부채 순환의 출현을 막는다. 부채가 경제를 파괴할 것 같으면 부채를 상각하여 지불 불능 위험에 처한 개인과 회사를 구할 수 있다

을 청산하는 때였다. 이 부채는 곡물로 표시되었고 타작마당에서 상환되었다. 그때가 실제의 화폐 지불이 필요한 시점이었다. 농업의 부채는 대부분 왕궁과 사원에, 그들을 대리하는 관료에게 진 것이다.

은은 상인의 회계 단위였다. 상인은 대개 계약된 항해나 모험적 거래가 끝날 때(일반적으로 5년) 빚을 갚는다. 왕궁은 왕궁 밖의 경제와의 관계를 대차대조표로 작성하기 위해 은 한 단위와 등가인 곡물 단위를 정함으로써 회계 장부를 통일적으로 기록했다. 이로써 그 다양한 활동을 통합하여 정리하고 수입과 지출을 추적하며 기관의 전체적인 흑자와 적자를 계산할 공통분모가 만들어졌다.

농민이 빚을 졌다가 수확기에 곡식이나 기타 작물로 이를 청산할 수 없으면, 보통 채권자를 위해 노동을 수행함으로써 남은 부채를 갚아야 한다. 이 때문에 왕궁 경제와 개별 채권자 간에 재정과 관련된 긴장이 초래되었다. 초기 사회들은 개인 채권자에게 '자유롭게' 주민을 노예로 삼고 그 노동과 생산물에 대한 왕궁의 필요를 해치면서 작물을 취할 권리를 줄 여유가 없었다. 또한 조만간 채무자의 토지 보유권을 수용하여 토지와 그 소출을 독점할 권리도 줄 수 없었다. 수천 년 동안 통치자들은 개인의 작물 부채를 말소하고 채무 노예를 해방하며 자급 토지를 관습법상의 원 소유자에게 되돌려줌으로써 경제적 균형을 회복시켰다. 이로써 상고기의 경제는 회복력을 유지했다. 채권자가 사적 소유권을 바탕으로 토지와 노동력, 이자를 낳는 채권을 몰수하여 최초의 재정 기반이었던 경제적 지대를 추출할 급소로 영구적으로 전환하는 것을 막아낸 것이다.

이 재분배적인 재정 원리는 서구 경제가 아니라 현대 사회주의의 토대다. 고대 그리스와 로마가 원상회복선언이라는 근동의 관행을 폐지한 이래로, 서구 경제는 채권자와 채무자, 지주와 소작농, 후원자 귀족과 예속 평민 간의 양극화에서 벗어날 수 없었다. 오늘날 사회민주주의에 적대적인 신자유주의의 반응은 그러한 양극화를 확실하게 한다. 우선 부채를 상환 능력보다 더 빠르게 증가하게 만들어 부가 채권자의 수중에 집중되게 하며, 뒤이어 그 기본적인 공공재가 하나의 인권으로서 제공되는 것이 아니라 사영화되어 금융 관리자들에 의해 운용되는 것을 옹호한다.

지금까지 공적 영역에 있었던 기능의 금융화와 사영화는 동시에 진행되었다. 그 과정에서 지대 추구와 자산 가격 수익은 오늘날 금융자본주의의 핵심이 되었다. 미국은 교육과 은행업, 기타 기본적 필수 서비스를 통제하는 사영화한 독점사업을 '시장'에 맡긴다. 주택 공급이 최대의 금융화 부문이고 사영화한 보건이 뒤를 잇는다. 보건의 사영화로 제약 회사는 독점 지대를 청구할 수 있으며 나아가 정부가 약값을 흥정하여 독점 지대를 축소하는 것을 막을 수 있다. 한편 건강관리기구HMO, Health Management Organizations는 영리 의료 사업을 독점한다(더 정확히 말하자면 독점 지대를 차지한다).

서구는 부채 상각과 탈사영화로 회복력을 되찾을 수 있는가

오늘날의 서구 경제는 선택에 직면해 있다. 금융화로 인한 긴축으로 움츠러들 것인가? 아니면 부와 소득의 분배를 양극화하는 부채를 상각하는, 일견 불가능해 보이는 조치를 취하고 나아가 지대 수취자 불로소득의 지배를 끝낼 것인가?

이러한 개혁을 방해하는 것은 지대 수취자 집단이 세워놓은 정치와 법률, 정보의 장애물과 신자유주의적 사영화와 금융화에 반대하는 정치적 운동이나 정부에 맞서 온 힘을 다해 자신들의 특권을 지키려는 그들의 의지(가히 열정적이라고 할 수 있다)다. 지대 수취자와 착취자가 자신의 수입을 지킬 때 보여준 의지는 거의 언제나 자신을 보호하고 실질적인 개혁을 달성하기 위해 싸우려는 희생자의 의지보다 훨씬 더 강고했다.

이것이 오늘날 세계에서 라틴아메리카 등지의 종속국가 과두집단에 대한 미국의 지원이 가지고 있는 본질이다. 고대사에서는 로마의 과두지배 체제의 본질이었다. 기득권 세력이 개혁을 방해하기 위해 경찰과 군대, 정치인, 법원을 동원하였으니 희생자들은 이런 사실을 직시해야 한다. 역사를 통틀어 지대 수취자 계급과 그 옹호자들은 너무도 강력하여 그 지배 체제의 대안을 세우려면 정치적 혁명이 필요했다는 사실을 직시해야 한다.

오늘날 미국은 독자적인 길을 걸으려는 나라들을 겨냥하여 군사적, 경제적 공격에 적극적으로 나서고 있다. 거의 기독교를 전파하려는 선교사에게서나 볼 수 있는 이러한 열의는 그러한 나라들이 얼마나 큰 대항력을 키워야 하는지를 잘 보여준다. 미국의 공격에 맞서려면 군사력에 투자하여 리비아와 이라크, 시리아 같은 나라의 운명을 피해야 하고, 자국 경제를 외국의 식량과 기타 필수품에 대한 의존에서 벗어나게 하여 경제의 안정을 해치려는 미국의 제재에 맞서 스스로를 지켜야 한다. 이란과 러시아, 중국이 지금 그러한 제재에 고통을 받고 있다.

미국을 중심으로 한
서구 금융자본주의의 대안

중국이 지대 수취자의 부활과 탈취에 맞서 경제적으로 성공하자 미국의 관료들은 그 나라를 미국의 생존을 위협하는 실존적인 적으로 선언했다. 화폐와 신용의 창출, 채무자의 권리와 채권자 영업, 토지보유, 교육 제도와 보건의료 제도를 지대 추출의 급소로 삼는 대신, 그것들을 관리하는 공공 부문을 둔다는 생각은 오늘날 미국이 지지하는 금융화한 경제 체제에 대한 공격으로 여겨진다.

독점과 이에 연관된 지대 추구를 공적으로 규제하는 국가들은 단지 사영화와 이에 연관된 미국의 금융을 통한 탈취 기도에 맞서 자국 경제를 보호할 뿐인데, 미국의 외교관들과 정치인들은 그러한 나라를 독재국가라고 비난한다. 미국 국무부 장관 블링컨은 2021년 8월 과장된 표현으로 이렇게 주장했다. "특히 중국 정부와 러시아 정부는 미국이 쇠락하고 있으니 민주주의적 미래상보다 권위주의적 미래상에 운명을 거는 것이 더 나을 것이라고 공개적으로 또 은밀하게 주장하고 있다."[9]

이러한 주장은 세상을 분열시키는 가장 중요한 경제적 문제를 호도하려는 수법이다. 대다수의 사람이 원하는 것을 반영한다는 점에서 진정한 민주주의를 제안하는 것은 둘 중 무엇인가? 지대 추출 부문을 억제함으로써 경제를 번영하게 하고 그 불평등을 줄이기 위해 공적 규제와 사회적 투자에 몰두하는 강력한 자주적 국가인가(적들은 이를 '독재 체제'라고 비방한다), 아니면 금융 세력과 지대 수취자 세력이 채무자와 고용인, 소비자, 임차인을 보호하려는 정부의 노력을 방해하는 과두집단의 의사민주주의인가(겉으로는 정치적 민주주의이지만 진정한 경제적 민주주의는 아니다)?

블링컨이 과장된 주장을 내놓고 얼마 지나지 않은 2021년 8월, 문제가 심각해지자 중국 국가주석 시진핑은 세계의 이 기본적 문제에 관하여 견해를 밝혔다. "현재 소득 불평등은 세계 전역에서 첨예한 문제로 대두되고 있다. 몇몇 국가에서는 중간계급이 몰락하여 부자와 빈민 간의 양극화를 초래했다. 그 결과는 사회의 붕괴, 정치적 분열, 만연한 포퓰리즘이다. (…) 우리나라는 결연히 양극화에 대비하고 공동 번영을 추진하며 사회적 조화와 안정을 유지해야 한다."[10]

그리고 2021년 10월, 러시아 대통령 푸틴은 이러한 대립을 오늘날 세계가 직면한 주된 위기라고 말했다. 그 위기는 "개념상의 위기이며 나아가 문명과 관련된 위기다. 이는 기본적으로 지구상에서 인간의 생존 자체를 결정하는 접근방식과 원칙의 위기다". 그는 최근 몇 십 년 동안 "국가의 역할이 시대에 뒤쳐져 사라지고 있다"는 주장이 제기되었지만 강력한 국가만이 지구의 경제적 분할과 빈곤화에 저항할 수 있다고 강조했다. "세계화는 국경선을 시대착오적인 것으로, 주권을 번영의 장애물로 만든 것 같다. (…) 그런 얘기를 하는 사람들은 타국의 국경을 열어 자신들의 경쟁우위를 이용하려는 자들이다."[11]

폭넓은 경제적 복지와 지대 수취자의 복지 강탈 사이의 해묵은 싸움

오늘날 맞닥뜨린 세계적 위기는 서구 문명이 고대에서 출발할 때의 특징이었던 싸움을 되풀이하고 있다. 자유세계-북대서양조약기구라는 연합세력에는 고대의 '신성한 왕권'에 상응하는 국가 권력이 없다. 지대 수취자 과두집단이 출현하여 지대를 뽑아내는 금융상의 힘을 이용하고 자신들만의 이익을 위해 경제의 틀을 바꾸는 것을 막는 것이 주된 관심사였던 로마와 스파르타의 왕들이 가졌다고 알려진 권력이다. 오늘날의 신자유주의 세계에서 가장 강력한 독재정권은 금융화가 고도로 진척된 과두지배 체제와 그들에게 종속된 보호국에서 볼 수 있다. 서구에서는 부자들과 미국의 졸개들, 군사력을 지닌 카우디요가 새로운 지배자가 되었고, 대다수 시민은 자신들이 가장 원하는 것을 반영하는 정책을 실행할 정부를 세울 기회도 갖지 못한다. 그렇기 때문에 명목상의 정치적 민주주의는 아무런 실질적 의미가 없다.

이는 고대 이후로 사라지지 않은 문제다. 기원전 509년부터 기원전 27년까지 수백 년간의 로마 공화정 시대 내내 켄투리아 회의 투표 방식은 상위 1퍼센트에 권력을 몰아주었다. 이 투표 제도는 로마의 과두집단이 왕정을 무너뜨린 뒤 만든 것이다. 그들은 부채 말소와 토지 재분배를 요구하는 민중의 외침을 무시했다. 그 결과로 나타난 독재정치는 로마의 왕들이 이주자를 끌어들이기 위해 선포하여 결국 초기의 놀라운 성장을 이끌었다는 정책, 즉 기본적 필수 서비스를 제공하는 정책과 날카로운 대조를 이루었다.

근동의 '신성한 왕권'은 수천 년 동안 부채 말소를 선포하여 소농을 보호했다. 통치자들이 원상회복선언으로 경제에 질서를 되돌려줄 수 있었던 것은, 과두집단이 출현하여 채무자에게서 그 자급 토지를 빼앗는 것을 막을 수 있을 만큼 강력했기 때문이다. 오늘날 중국 등의 나라에서 사회주의 운동이 그와 유사한 보호 조치를 약속하고 있다. 그러나 미국의 외교관들은 경제적 회복력을 확산시키려는 나라를 '독재국가'라고 부른다.

지대 수취자 세력을 억제하기 위한 규제는 미국식 민주주의의 반정립으로 여겨진다. 미국의 '자유시장' 개념은 실제로는 보편적 가치를 증진하는 것이 아니라 기부자 계급으로서 정치적 권력을 행사하는 월스트리트 금융 관리자들의 중앙계획을 의미한다. 생산성 증가와 경제 성장의 혜택을 누가 가져갈 것이냐가 중요하다. 현실을 호도하는 금융자본주의의 어법에 따르면, 자유시장이란 부유한 지대 수취자 계급이 토지, 신용 창출, 독점권의 이용에 청구하는 모든 것을 의미한다. 오늘날 금융자본주의의 신자유주의적 이상은 1970년대 칠레가 피노체트의 '자유시장' 독재 체제일 때에 시카고 보이즈가 총부리를 들이대고 강요한 것과 1990년대 옐친 대통령 시절의 러시아에서 미국의 신자유주의자들과 네오콘이 만들어낸 것이 간명하게 보여준다.

신자유주의
지대 수취자 이데올로기의 군사화

신자유주의 이데올로기는 서구 엘리트 사회와 대중매체에서 거의 종교적인 양상을 띠었다. 종교적 다툼이 종종 폭력과 무력으로 해결되었듯이, 오늘날 미국도 다른 나라들의 금융과 상업의 자립 노력을 단념시키려고, 나아가 자유시장을 옹호하는 미국의 금융 투자자들과 계획가들의 후원을 받지 않는 사회민주주의 체제에 대해서도 군사적으로 압박을 가했다.

러시아는 1990~1991년 신자유주의 신화에 굴복했다. 당시 고르바초프를 비롯한 러시아의 지도자들이 냉전 종식의 전망에 마음을 빼앗겼기 때문이다. 세계에서 가장 군사화한 두 나라 사이에 국제적 평화의 시대가 열릴 것이라고 기대한 것이다. 그러한 희망이 어떻게 꺾였는지 푸틴이 설명했다. 가장 최근의 발언은 앞서 언급한 2021년 10월 발다이 클럽 연설이다.

> 인류는 군사적, 정치적, 이데올로기적 대결을 끝낼 중대한 조건들이 마련된 30년 전에 새로운 시대에 진입했다. (…) 우리는 그러한 지원을 구했지만, 찾지 못했다고 말할 수밖에 없다. 적어도 지금까지는 (…) 서구 정치사상의 인도주의적 원리는 어디 갔나? 쓸데없는 말만 있을 뿐 아무것도 없는 것 같다. (…) 지금 보듯이, 냉전 종식 이후 서구의 지배를 토대로 (지극히 유망한 선례) 만들려는 시도는 실패했다. 현재의 국제 정세는 바로 그 실패의 산물이며, 우리는 이로부터 배워야 한다.

1980년대 이래로 서구의 지도자들은 자유시장을 옹호하는 시카고 학파의 주장, 즉 신자유주의 경제는 당연히 자기조절 능력이 있고 정부가 기본적 기간시설을 규제하고 소유하는 혼합경제보다 더 생산적이라는 주장을 강조했다. 하이에크는 그러한 정부의 '개입'은 예종에 이르는 길이라고 선언했다. 이것이 바로 영국의 대처 총리와 미국의 자유지상주의적 시장주의자들과 탈규제론자들의 혼을 빼앗고, 신냉전의 과정된 어법을 떠받친 허황된 논리였다. 공적 '개입'이 동반된 '시장'은 경제적 '자유'를 '침해한다'고 비난을 받는다. 이때 자유란 부자들이 채무자와 빈민, 소비자로부터 고유의 경제적, 인신적 자유를 박탈할 자유를 의미한다. 고대 로마 이후 2000년간의 경험은 그러한 자유, 즉 부자를 위한 '자유시장'은 과두지배 체제로 이어지며 그 과두지배 체제가 사실상 예종에 이르는 길임을 보여준다.

오늘날 우리가 마주한 문명의 갈림길

사회에는 기본적으로 두 가지 유형이 있다. 공적 견제와 균형이 동반된 혼합경제가 하나요, 국가를 해체하고 사영화하여 그 화폐와 신용의 제도, 토지, 기본적 기간시설을 탈취하는, 그래서 자신들은 부자가 되지만 경제를 질식시켜 그 성장에 도움이 되지 않는 과두지배 체제가 다른 하나다. 과두지배 체제가 사유화로 양극화를 초래하고 결국 실패한 국가가 된다는 것이 역사의 교훈이다. 사회와 국민을 지대 수취자의 약탈적 착취로부터 보호할 수 있을 만큼 강력한 정부를 지닌 혼합경제는 성공적이고 회복력이 있다.

정부의 목적이 경제적 발전과 사회적 안정을 결합하는 것인 혼합경제는 공권력을 장악하여 스스로 정부를 대신하려는 부유한 가문들의 시도를 저지해야만 살아남을 수 있다. 그러한 과두집단을 저지하지 못하면 어떤 결과가 초래되는지 잘 알고 있는 중국의 국가주석 시진핑은 위에서 인용한 2021년 8월의 글에서 이렇게 지적했다. "몇몇 선진국은 수백 년 동안 산업화를 지속했지만, 그 사회 체제 때문에 공동 번영의 문제를, 즉 빈부 격차의 악화라는 문제를 해결하지 못했다." 그러한 운명을 피하기 위해 중국은 "공적 소유 체제를 근간으로 유지해야 한다. (…) 어떤 사람들이 먼저 부유해지는 것을 허용해야 하겠지만, 먼저 부유해진 사람들이 아직 그렇지 못한 사람들을 이끌고 도와줘야 한다는 점을 강조해야 한다."[12]

신자유주의의 냉전 전사들은 중국이 이러한 입장을 취했다고 자신들의 생존을 위협한다고 본다. 그들이 우려하는 것은 중국이 미국 중심의 지대 수취자 세력이 자국을 희생시키며 과도한 지대를 뽑아내는 것을 막는 것, 신자유주의적 금융자본주의를 성공적으로 대체할 방법이 있음을 보여주어 다른 나라들을 미국 정책의 영향권에서 이탈하게 만드는 것이다.

지대 수취자 세력이 사회에 제기한 위협은 오늘날 모든 나라가 대처해야 할 큰 도전이다. 정부는 금융자본주의의 동력을 억제할 수 있는가? 과두집단이 국가를 지배하여 노동자와 산업에 내핍을 강요함으로써 부유해지는 것을 막을 수 있는가? 지금까지 서구는 그러한 도전에 대처하지 못했다. 금융화와 지대 추구는 오늘날 서구 경제의 지배적인 특징이다. 그들은 지대 수취자 과두지배 체제를 감추는 가리개 용도로 허식적인 정치적 민주주의를 내세운다.

푸틴을 비롯한 러시아인들은 바로 그것을 거부하겠다고 말한다. 서유럽은 표트르 대제 시대와 혁신주의 시대에 자신들을 '서구West'로 만들어준 것을 거부했다고 할 수 있다. 그 시대의 고전파 정치경제학과 의회 개혁의 목적은 사회민주주의적 정부의 힘을 강화하여 봉건사회에서 물려받은 지대 수취자 계급을 억누르는 것이었다.

그러므로 오늘날의 신냉전은 경제 체제 간의 충돌이다. 세계는 지대 수취자의 부와 특권의 급증과 진보에 역행하는 이 반혁명에 맞설 정부의 힘 사이에서 선택해야 하는 상황에 처해 있다. 룩셈부르크는 100년 전 이를 야만이냐 사회주의냐의 선택이라고 설명했다. 오늘날 그것은 금융화한 내핍 경제와, 사회가 착취적 수단으로 부를 획득하는 특수 집단보다 전체의 번영과 성장을 우위에 둘 수 있는 능력을 회복하는 것 사이의 선택이다.

서구 금융자본주의는 금융화와 사영화, 부채 디플레이션으로 쇠퇴하고 있다. 그러나 서구의 쇠락은 필연적이지도 않고 역사적으로 불가피하지도 않다. 그것은 지대 수취자 세력이 강요한 정책을 선택한 결과다. 지대 수취자 과두집단이 지대 추출이 생산적인 활동의 대가이며 지대 수취자의 부는 나머지 경제에 간접비 부담이 되는 것이 아니라 사회의 번영을 더한다는 그릇된 논리를 바탕으로 우세를 차지하여 정부의 규제 권한과 과세 권한을 해체하게 내버려 두면, 국가는 실패한다. 서구가 이렇게 잘못된 논리를 받아들인 결과는 내핍과 양극화였다.

미국을 비롯한 서구 국가들은 중국의 성공적인 국가 주도 발전에 자극을 받아 과거에 자신들의 산업 발전 동력이었던 것을 되찾으려 할 수도 있다. 19세기에 꽃을 피운 고전파 정치경제학은 근로소득과 불로소득을 구분하기 위해 가치와 가격, 지대의 개념을 만들어냈다. 혁신주의 시대는 화폐 창출을 공공재로 삼고 보건과 교육, 기타 기본적인 공공 서비스를 인권으로서 제공하여 지대 추출에 대한 대안을 제시했다. 이는 산업자본주의가 사회주의로 발전해 나가는 것처럼 보이던 시절부터 오랫동안 유럽과 북아메리카의 사회민주주의적 이상이었다.

오늘날 중국의 사회주의 정부는 전통적으로 민주주의와 연결된 경제적 목표를 바로 이러한 이상을 통해 실현하려 한다. 그 목표는 지대 수취자 과두집단이 생산적 역할이 전혀 없는 소득(경제적 지대)을 뽑아내 사회를 양극화하고 빚더미에 짓눌리게 하는 것을 막는 것이다. 이는 고전파 정치경제학자들이 세습 지주 계급과 약탈적 은행, 사유화한 독점 특권으로부터 경제를 해방하려 싸운 19세기에 서구가 오랫동안 지녔던 목표와 정확히 똑같다. 그러나 서구에서 이러한 노력은 실패로 돌아갔다. 20세기 초에 지주와 독점가, 은행가, 다시 말해 고전경제학자들이 국유화로써(아니면 최소한 과세로써) 민주화하기를 바랐던 지대를 낳는 특권이 반격을 가했다. 고전경제학으로부터의 이탈을 장려하여 '공짜 점심'의 불로소득이라는 경제적 지대 개념을 치워버린 것이다.

그래서 민주적 혁명으로 출발한 경제 개혁 운동은 서구에서 실패했다. 오늘날의 경제 이데올로기는 기본적으로 상위 1퍼센트의 경제학으로 생산적 소득과 신용을 비생산적 소득과 신용과 구분하는 고전경제학의 방식을 없애버렸다. 지대 수입은 '이전지출'로서 사회로부터 간접비 지대를 추출하는 것인데도 마치 (국내총생산으로 측정되는) 산출을 더하는 것처럼 이야기되고 있다. 그 결과는 민주주의 체제가 아니다. 과두지배 체제다.

질문을 던져야 한다. 서구는 민주적 개혁을 되살려 과거의 진보적 경로로 되돌아갈 수 있는가? 아니면 그 '최종적인' 개혁에는 혁명이 필요한가? 혁명은 확실히 가능해 보이지 않는다. 그렇다면 서구 경제는 어디로 갈 것인가?

오늘날의 지대 수취자 동력을 억제하지 못하면 서구의 신자유주의 경제는 부채와 지대에 짓눌려 내핍을 감내해야 할 것이다. 그렇게 되면 미래는 정치적으로 견고한 지위를 확보한 최상층의 지대 수취자 계급에 지불하는 금융 비용과 사영화 비용 때문에 서서히 무너져 절룩거리게 될 것이다.

미국은 국내의 산업과 경제가 힘을 잃어가는 상황에서 유럽과 기타 종속국가의 경제를 군사력과 정치적 제재로써 더욱 강하게 통제하여 대응했다. 그 결과는 새로운 철의 장막이다. 미국은 유라시아의 핵심으로 부상하는 러시아와 중국의 경제에 동맹국들이 무역과 투자를 확대하지 못하게 막는다. 미국이 다른 국가들에 어떠한 지정학적 세력권에 속할 것인지 선택을 강요하면서 많은 나라가 달러화한 무역과 투자의 궤도에서 놀랍도록 빠른 속도로 이탈하고 있다.

이 책을 다 쓰고 나니 우크라이나가 신냉전의 격전지가 되었다. 그리하여 세계는 지금 빠르게 두 세력권으로 분열하고 있다.[13] 미국이 베네수엘라와 아프가니스탄, 러시아의 금 보유고와 외환 보유고를 강탈하면서 1945년에 시작된 달러 중심의 무역과 금융 제도는 종말을 고했다. 이 체제가 (미국 재무부 채권과 은행 부채를 외국의 화폐 보유고의 토대로 만들어) 미국 경제에 이롭기는 하지만, 바이든 행정부(2021~2024)가 주도적으로 이러한 미국 세력의 세계화를 끝내고 있다는 것은 명확해 보인다.

문명의 미래를 결정할 새로운 대결

이 책은 1980년대 이후 미국 중심 금융자본주의가 어떻게 작동하는지를 파헤치고 그 대안을 제시한다. 일련의 강의를 토대로 쓴 책인지라 기본적인 주장은 여러 차례 반복되고 있어서 이해에 어려움이 없다. 금융자본주의의 특성과 해악에 대한 지적은 대체로 수긍할 만하다.

핵심적인 개념은 '경제적 지대'다. 경제적 지대는 비용가격을 넘어서는 불로소득으로 산업의 성장에 방해가 되며 노동자와 소비자에게 해를 끼친다. 그 형태는 이자와 금융 간접비, 보험료, 임차료, 그리고 공공 서비스의 사영화로 인한 비용이다. 임금과 이윤에서 점점 더 큰 몫이 이러한 불로소득으로 빠져나간다. 그로 인해 산업생산의 비용이 증가하여 경제는 탈산업화한다. 또한 경제가 양극화하고 국민 대부분은 내핍 생활을 강요받는다. 이로 인한 부채 디플레이션은 결국 사회를 파탄으로 몰고 갈 것이다. 미국은 달러를 기축통화로 삼고 때로 군사력을 이용하여 전 세계에 지대 추구 경제를 강요하여 이득을 취하려 한다. 미국은 이에 저항하는 베네수엘라와 칠레, 리비아, 이란에서 합법적인 권력을 무너뜨리고 그 자산을 강탈했다. 중국을 중심으로 이러한 달러 지배 체제에 저항이 일자, 미국은 '규칙에 입각한 질서'와 '가치관의 동맹'을 거론하며 그러한 나라들을 '독재국가'라고 비난한다. 누구의 '질서'인가가 중요하다. 결과적으로 '새로운 냉전' 체제가 서서히 모습을 드러내고 있다. 저자 허드슨에게 이 싸움은 문명의 미래를 결정할 대결이다.

저자는 이 몰락의 길에서 벗어나려면 가치를 생산하는 실물 경제와 다른 부문의 소득을 빼앗아올 뿐인 지대 추출 금융 부문을 이론적으로 구분해야 한다고 주장한다. 19세기 고전경제학자들은 경제적 지대 개념을 확립하고 시장에서 지대 추구 계급을 내몰고자 경제적 지대에 과세할 것을 주장했는데, 근자의 신자유주의자들은 이 개념을 없앴다. 그다음으로 신용 공급과 토지, 공공 서비스, 천연자원을 공공재로 취급하여 국민의 생계비와 산업의 사업비를 줄여야 한다. 또한 경제적 지대가 발생하면 이에 과세하여 지대 추출을 막아야 한다. 이는 국가적으로는 그러한 목표를 실행할 의지와 능력이 있는 강한 정부를, 국제적으로는 달러를 기반으로 타국의 자산을 강탈하는 미국을 견제할 세력을 필요로 한다.

저자의 주장에 고개가 끄덕여지는 이유는 우리나라 경제에서도 그와 같은 지대 추구 경제의 모습을 확인할 수 있기 때문이다. 대표적인 것이 집값이다. 낮은 금리로 인한 과도한 신용 공급으로 주택 가격이 상승하여 부채를 안고 주택을 구매한 사람들은 금리가 오를 때 소득의 상당 부분을 이자로 지불해야 한다. 일부 사람들은 자산 가격이 이자율보다 빠르게 오르는 상황에서 이득을 보았을 것이다. 이는 결국 다단계 사기에 다름 아니라는 것이 저자의 설명이다. 정책을 통해 대출을 제한하는 것은 지대 추구 행위를 억제하는 방법의 하나였다는 생각이 들지만, 어떤 이들은 이를 두고 자산 소득을 올릴 기회를 제한하는 불공정한 조치로 이해했을지 모르겠다. 그렇지만 내가 사는 지방의 작은 도시에서도 서울에서 내려와 이른바 갭 투자로 한두 해 만에 보통 사람의 연봉을 넘는 수익을 올리는 사람이 많았다. 직접 보고 들은 얘기다. 이것이 정당한 소득은 아니다. 어쨌거나 미국 달러가 기축통화인 상황에서 국내의 금리는 미국의 금리와 연동될 수밖에 없고 우리나라의 경우 지정학적 이유로도 미국의 영향력에서 벗어나기가 쉽지 않다는 것이 문제다. 정책의 선택지가 제한적이라는 뜻이다.

'위치 지대'의 문제도 있다. 저자는 새로운 지하철의 개통을 예로 든다. 새로 지하철이 건설되면 주변 토지의 가치가 늘어난다. 저자의 주장에 따르면 그 지대에 과세하여 건설비용을 충당해야 하지만, 실제로는 공적 자금이 투입된다. 도로 개설이나 도심의 공원 설치 등 토지 가치를 상승시키는 것은 많지만, 그로써 생기는 지대에 제대로 과세가 이루어지지는 않는다. 이른바 혐오 시설이 들어선다고 예고되면 집값과 땅값이 떨어지고 지역 경제도 쇠락한다고 주민들이 항의하는 일이 있다. 그러면 정부에서는 이에 대한 보상을 제시한다. 때로 이를 받아들이자는 측과 계속 반대하는 측 사이에 갈등이 일기도 한다. 어떤 시설을 받아들이는 대가로 보상이 주어져야 한다면, 시설이 들어서서 생긴 가치 상승분을 과세로써 환수하는 것도 당연한 일이 아닌가?

저자는 1980년대 이후 서구 경제가 양극화와 내핍을 겪으면서 그때까지 생각할 수 없던 문제들이 불거졌다고 말하는데, 그중 하나는 정치 체제의 문제다. 민주주의의 정당 정치는 왜 지대 추구를 막지 못했나? 저자는 서구의 중도파 정치가 개혁에 나서기를 두려워하는 것이 이유라고 본다. 저자는 여기에 사회민주당과 노동당까지도 포함시키는데, 그들을 지지하는 유권자가 개혁이 자신들의 이익을 해칠 것이라고 보기 때문이라는 것이다. 이른바 빚을 내서 집을 사고 유가증권 투자로 수익을 거두어 중간계급으로 상승할 수 있다고 믿는 사람들이 많다는 이야기다. 신용 공급과 토지, 공공 서비스, 천연자원을 공적 소유로 두면 생계비가 낮아져 보통 사람들이 굳이 지대를 추구할 필요가 없지 않을까? 교육비와 의료비가 기본적인 공공 서비스로 제공된다면? 거기에 주거까지도 필요한 경우 국가가 공적 비용으로 저렴하게 보장한다면?

그러나 미국에 반대하면 그것으로 충분한가? 저자는 불로소득에 과세하여 확보한 자금으로 노동자와 소비자를 보호하는 국가, 공적 규제와 사회적 투자를 통해 불평등을 줄이려는 국가를 옹호한다. 그러면서 비록 정치적 민주주의에서 벗어났어도 이러한 국가가 겉으로는 민주주의 체제이나 그러한 노력을 방해하는 국가보다 진정한 민주주의에 가깝다고 주장한다. 중국이 미국과 달리 화폐 공급과 토지, 공공 서비스를 공공재로 삼아 놀라운 경제 성장을 이루었다는 것은 인정할 수 있다. 그렇지만 중국의 정치 체제를 민주주의라 할 수 없고 푸틴의 장기 집권도 비록 선거를 통해 합법적으로 수립된 권력이라고는 하지만 민주주의로 보기는 어렵다.

저자는 현재의 민주주의 체제들이 지대 추출의 금융자본주의를 제어하지 못한다는 판단 때문인지는 몰라도 역사적으로도 고대 근동의 왕정과 고대 로마의 왕정, 고대 그리스의 참주정이 백성의 안녕을 위해 부채 말소와 토지 재분배를 위해 애썼고 오히려 공화정에서는 과두집단이 채권자 즉 지대 수취자의 이익을 도모했다고 한다. 민주정이란 그 의미와 다르게 다수의 지배가 아니라 소수 과두집단의 지배로 귀결되었다는 것이다. 19세기 서구에서 정치의 민주주의를 위해 싸운 사람들은 소수 지배 집단의 권력 독점에 맞섰다. 20세기 말의 민주주의가 저자가 말한 대로 개혁의 의지도 능력도 없다면 결과가 역설적이기는 하지만, 민주주의를 위한 투쟁이 과두지배 집단의 경제적, 정치적 지배를 위한 것이었다고는 말할 수 없다. 작금의 민주주의 정부들이 마음에 들지 않는다고 왕정으로 돌아가야 한다거나 차라리 '선한' 독재자의 출현을 기다리자고 말할 수는 없다. 저자가 합법적인 선거를 통해 구성된 정부를 미국이 자국 금융 세력의 이익을 위해 무너뜨린다고 비난하고 있으니 민주주의 자체를 부정하는 것은 아니라고 본다.

또한 중국의 국내 경제적, 사회적 상황이 저자가 이상적으로 평가하는 것에 일치하는지 의문이다. 빈부격차는 없는가? 중앙과 지방 간의 격차는? 자치 운동의 탄압은? 그리고 중국의 해외 투자와 지원이 미국의 경우와 완전히 다른 성격을 띠고 있는지도 잘 모르겠다. 러시아가 미국의 자산 강탈에 저항한다고 해서 그들의 우크라이나 침공을 지지할 수는 없다. 미국이 북대서양조약기구의 동진은 없을 것이라는 약속을 지키지 않은 것이 러시아의 우려를 키웠다고 해도 침공과 민간인 학살을 지지할 수는 없다. 미국의 칠레나 베네수엘라 개입이 비난받아야 하는 것과 마찬가지다.

그렇다면 중요한 것은 미국과 미국에 대항하는 세력 사이에서 선택하는 것이 아니다. 어떻게 하면 민주주의 체제의 정부가 국민

대다수의 편안한 삶을 위해 노력하게 만들 것이냐가 질문이 되어야 한다. 다시 말해 지금보다 더 나은 민주주의를 만드는 것이 중요하다. 현재의 국가들 중에서 선택한다면 차라리 북유럽 모델이 최선이 아닐까 생각한다. 미국 중심의 신자유주의적 금융 질서에서 완전히 벗어날 수 없어도 보편적인 복지를 근간으로 하는 사회질서를 유지하고 있는 곳이다. 그 힘은 유권자에게 있다.

이른바 갭 투자가 사회적으로 용인되는 분위기라면 현재의 민주주의 정치에서 다른 세계를 상상하기란 쉽지 않을 것이다. 어린 초등학생들 사이에서도 어떤 사람이 되고 싶으냐는 질문에 건물주라는 대답이 나온다면 이는 참으로 애석한 일이지만 어쨌거나 현실을 반영하는 것이라고 할 수 있다. 젊은이들을 코인 투자와 주식 투자에 내몬 것도 현실이다. 왜 그렇게 되었는지 깊이 생각해볼 일이다. 그러한 현실을 바꾸어야 마땅한데 지대 수취 기회의 평등을 외치는 것은 본말이 전도된 것이지만, 앞날이 어떻게 될지 몰라 불안한 사람들에게 옳고 그름의 잣대를 들이대고 행동을 요구하기는 어려울 것이다. 국가가 제도적으로 안정된 삶을 보장하지 않는다면 불안에서 비롯한 필사적인 이익 추구를 비난할 수 없다.

저자는 소련 해체 이후 국내와 외국의 지대 수취자들에 의한 자산 강탈이 가져온 결과로 여러 가지를 지적하는데, 그중에는 인구 감소도 있다. 우리의 경우 급격한 정치적 변화로 인한 인구 감소는 없지만 결혼도 하지 않고 아이도 낳지 않는 추세가 심하여 인구 절벽과 인구소멸을 걱정할 지경이다. 현실의 변화 없이 어떻게 이런 위기를 타개할 수 있는가? 어쨌거나 정치인에게만 맡겨놓을 수 있는 문제는 아닐 것이다. 그들에게 국민의 안위가 최우선이라는 믿음은 없다. 그렇다고 저자의 말마따나 오늘날의 세계에서 혁명으로 해결할 일도 아니다. 민주주의가 불완전하다고 다른 대안을 찾기는 어려우니 이 체제 안에서 방법을 찾아야 할 것이다. 그리고 달러 체제에서 벗어나는 것은 가능할까? 케인스가 제안한 방코르 같은 것을 도입할 수 있을까?

과문한 탓인지 몰라도 고대 그리스의 참주에 대한 해석은 새로웠다. 일부 참주가 토지 재분배의 개혁을 시도했다는 것 정도는 알고 있었지만 참주 일반에 대해 과연 그렇게 해석할 수 있을지는 모르겠다. 고대 아테네의 민주정과 로마 공화정이 진정한 민주주의가 아니었고 아테네와 로마 제국이 제국주의적 착취를 기반으로 성장하고 유지되었음은 개설서의 일반적인 서술이지만, 이를 지대 수취자의 지배라는 긴 시각에서 보는 것은 새롭다. 개인적으로 생각하기에 이 책은 경제학도가 아니라 일반 독자를 대상으로 하고 있다. 그렇지만 경제학적 이해가 어느 정도는 필요하다. 전공자가 아닌 옮긴이의 번역이 독서에 방해가 되지 않기를 바란다. 편집부의 이지은 편집자가 까다로운 옮긴이와 작업하느라 고생하셨다. 그리고 바쁜 와중에도 질문에 답해준 나의 친구, 매경비즈 장종회 대표에게 고마운 마음을 전한다.

2023년 6월
조행복

주석

서문

1 *Trade, Development and Foreign Debt: A History of Theories of Polarization v. Convergence in the World Economy*(new ed., Dresden: 2010; Chinese translation, Beijing: 2012).

CHAPTER 01　　　　　왜 억만장자는 끊임없이 등장하는데 낙수효과는 없는가
---

1 Speech of June 24, 1877. 그는 라틴어로 "사니타스, 사니타툼Sanitas, Sanitatum"이라고 말하고 이를 "위생, 위생이 전부다Sanitation, all is sanitation"라고 번역했다. 이는 더 유명한 금언을 이용한 말장난이었다. "바니타스, 바니타툼Vanitas, vanitatum", "헛되다, 모든 것이 헛되다Vanity, all is vanity."

CHAPTER 02　　　　지대 추구와 지대 수취자의 세금 회피를 조장하는 금융자본주의
---

1 나는 현대의 경제학적 정설의 교묘한 표현법을 다음에서 자세히 설명했다. *J is for Junk Economics: The Vocabulary of Economic Deception and Reality* (Dresden: 2017).

2 루돌프 힐퍼딩의 《금융자본론Finance Capital: A Study of the latest Phase of Capitalist Development》과 이보다 더 날카로운 분석인 레닌의 《제국주의, 자본주의의 최고 단계Imperialism: the Highest Stage of Capitalism》는 제1차 세계대전 발발 이전 세계의 특징이며 1920년대 이후로 한층 더 강해지는 제국주의의 금융적 성격을 강조했다.

3 "Private Health Insurance Spending Per Capita by State", for 2014, Kaiser Family Foundation. https://www.kff.org/private-insurance/state-indicator/private-health-insurance-spending-per-capita-by-state/?currentTimeframe=0&sort-Model=%7B%22colId%22Location%22,%

22sort%22:%22asc%7D.

4 나는 *Killing the Host*(Dresden: 2015) 4장에서 '복리의 마법'을 설명했다. 복리의 작동 원리와 부채의 기하급수적 증가에 관한 상세한 논의는 5장을 볼 것.

5 William K. Black, *The Best Way to Rob a Bank is to Own One: How Corpo-rate Executives and Politicians Looted the S&L Industry*, 2nd ed. (Austin: 2014(2005)).

6 나는 다음에서 배경을 설명했다. "How the U.S. Treasury avoided Chronic Deflation by Relinquishing Monetary Control to Wall Street", *Economic & Political Weekly* (India), May 7, 2016.

7 나는 다음 책에서 그러한 중심지들에 관해 이야기했다. *Finance Capitalism and its Discontents* (Dresden: 2012), 9장.

8 나는 다음 책에서 상세한 내용을 다루었다. *The Bible and Beyond* (Dresden : 2012), 8장, pp. 215~246.

9 나는 다음에서 경제적 지대의 국내총생산 귀속과 '허구적 생산'을 검토하여 도표로 설명했다. "Rent-seeking and Asset-Price Inflation: A Total-Returns Profile of Economic Polarization in America", *Review of Keynesian Economics*, Vol. 9 (2021): pp. 450~460.

10 다음을 볼 것. Jacob Assa, *The Financialization of GDP* (London and New York: 2017); Jacob Assa and Ingrid Harvold Kvangraven, "Imputing Away the Ladder: Implications of Changes in GDP Measurement for convergence Debates and the Political Economy of Development", *New Political Economy*, January 11, 2021.

11 금융 부문의 '잉여 수익'을 지대로 규정하기가 어려울 때가 종종 있다. 하이먼 민스키는 '버블' 형태의 금융 소득은 소득 증대 형태의 '기초적 조건 fundamentals'이나 독점 특권이 아니라 벌떼같이 몰려드는 버블 사고방식으로 설명할 수 있다고 지적했다. 이는 2000년에 터진 인터넷 버블과 그것과 유사한 2020~2021년의 정크 본드 붐의 경우에 해당한다.

12 Shiela Bair and Lawrence Goodman, "Corporate Debt 'Relief' Is an Economic Dud", *Wall Street Journal*, January 7, 2021. 다국적 식료품 회사 시스코가 직원의 3분의 1을 해고하면서 그 자금으로 주주들에게 배당금을 지급했다는 사실을 안 두 사람은 이렇게 결론 내렸다. "연방준비은행의 회사채 매입이 사회

에 이롭다는 증거는 없다."

13 Radhika Desai, "The Fate of Capitalism Hangs in the Balance of International Power", *Canadian Dimension*, October 12 2000. https://canadiandimension. com/articles/view/the-fate-of-capitalism-hangs-in-the-balance-of-international-power; Geoffrey Gardiner, *Towards True Monetarism* (Dulwich: 1993) and *The Evolution of Creditary Structure and Controls* (London: 2006). 포스트케인지언 그룹인 갱 오브 에잇이 1990년대에 '신용 경제학creditary economics'이라는 용어를 널리 퍼뜨렸다.

14 Nomi Prins, "War of the (Financial) Worlds: Or Let the Markets Go Wild While the People Go Down", *TomDispatch*, January 10, 2021. https:// tomdispatch.com/war-of-the-financial-worlds/.

CHAPTER 03 금융자본의 민주주의적 제국주의

1 William Mauldin, "Biden Defends Democracy at Summits with European Allies, Seeing China as 'Stiff' Competition", *Wall Street Journal*, February 19, 2021.

2 Cinnamon Janzer, "Data Reveals United States Ranks Last in Labor Benefits", *Workest by Zeneca*, February 1, 2021. https://www.zenefits.com/workest/data-reveals-united-states-ranks-last-in-worker-benefits/.

3 David E. Sanger, Steven Erlanger and Roger Cohen, "Biden Reaffirms Alliances' Value for U.S. Politics", *The New York Times,* February 20, 2021.

4 Graham Allison, *Destined for War: Can America and China Escape Thucydides's Trap?* (Boston: 2017).

5 Thucydides, *History of the Peloponnesian War*, 3.82.1.

6 Andreas Andreades, *A History of Greek Public Finance* (Cambridge, Mass.: 1933), p. 286. 로마는 속주로부터(속주는 자주권이 없었기에 동맹국이 아니다) 훨씬 더 극단적으로 착취했다. 안드레는 기원전 1세기 로마는 예산의 90퍼센트 이상을 속주에서 징수한 세금으로 충당했다고 계산한다. 아우구스투스 시절 이집트가 세금을 납부하던 때, 이탈리아에서 거둔 세금은 로마 예산의 5퍼센트에도 미치지 못했다.

7 Thucydides 1.96~99 and 2.9, and Pausanias, *Description of Greece* 8.52.

8 Sallust, Historiae 4.69, transl. J. C. Rolfe (Cambridge: 1960), pp. 435~441, quoted in Aldo Schavione, *Ancient Rome and the Modern West* (Cambridge, MA: 2000), p. 84.

9 Ernst Badian, *Publicans and Sinners* (Ithaca: 1972), p. 12, citing Livy, *History of Rome* 45.18.4 and Cicero.

10 Tacitus, *Agricola* 30.

11 John Goldberg, "Baghdad Delenda Est, Part Two", *National Review*, April 23, 2002. 러딘이 1990년대 초에 한 연설을 인용. 자료는 다음에서 논의하고 있다. https://historynewsnetwork.org/blog/6772, and by Simon Mars' interview with Noam Chomsky, April 2, 2005, at https://chomsky.info/20040402/.

12 내가 작성한 통계를 볼 것. "The Balance of Payments of the Petrolium Industry (Chase Manhattan Bank, 1966)". "1964년 자유세계의 석유 투자 총액은 1360억 달러를 넘었는데, 미국 석유 회사의 투자는 국내에서 710억 달러, 외국에서 230억 달러였다."

13 Ervand Abrahamian, *The Coup, the CIA, and the Roots of Modern U.S.-Iranian Relations* (New York: 2013), James Risen, *State of War: The Secret History of the CIA and the Bush Administration* (New York: 2006), and Stephen Kinzer, *All the Shah's Men: An American coup and the Roots of Middle East Terror* (New York: 2003). 앵글로-페르시안 석유 회사는 1954년 브리티시 퍼트롤리엄으로 이름을 바꾸었다.

14 앞서 언급한 *The Balance of Payments of the Petroleum Industry*가 아직까지는 이 현상을 통계적으로 상세히 분석한 유일한 연구라고 나는 생각한다. 석유가 미국의 국제수지에 기여한 바는 매우 커서 이 보고서의 사본이 미국의 모든 상원의원과 하원의원의 책상 위에 올라갔으며, 결과적으로 석유산업은 린든 존슨 대통령의 '자발적' 국제수지 관리를 면제받았다. 미국의 해외 석유 투자는 18달 만에 한 푼도 남김없이 미국 경제로 되돌아온다는 것이 이유였다.

15 나는 다음 책의 서문에서 그러한 조세회피처의 발전을 추적했다. R. T. Naylor, *Hot Money and the Politics of Debt*, 3rd ed. (Montreal: 2004), pp. x-xxxiii. 나의 책에 다시 실었다. *Finance Capitalism and its Discontents: Interviews and Speeches,*

2003~2012 (Dresden: 2012).

16 Vincent Bevins, *The Jakarta Method: Washington's Anticommunist Crusade and the Mass Murder Program that Shaped Our World* (New York: 2020). 이 책은 미국 중앙정보국 공작원들이 "학살자들에게 실제 공산당원과 공산당원으로 의심된 자들의 명부를 제공했다"고 밝히고 있다. "미국 관료들은 미국 석유 시설의 보호와 인도네시아 공산당의 제거를 군사 지원의 조건으로 내걸었다." 죽임을 당한 사람의 수는 50만 명에서 200~300만 명까지 다양하게 추정된다.

17 *The Economy of the U.S.S.R. A study undertaken to a request by the Houston Summit* (Washington: 1990), by the IMF and World Bank, the Organization for Economic Cooperation and Development (OECD) and the European Bank for Reconstruction and Development (EBRD). 상세한 내용은 11장을 볼 것.

18 Quoted in Media Benjamin and Nicolas J. S. Davies, "Will Michele Flournoy Be the Angel of Death for the American Empire", *Counterpunch*, September 24, 2020.

19 2020년 10월 13일 현대 국제정치의 혼란의 원인에 관한 발다이 클럽 연설. 라브로프는 이렇게 덧붙였다. "현대의 본질은 좀 더 민주적이고 다극적인 국제 질서의 형성이라는 객관적인 과정이다. 그것은 길고 고된 과정이다. 아마도 한 시대 전체가 걸릴 것이다." "만일 유럽연합이 오만하게도 절대적 우위를 인식한 채 러시아가 '평소와 같은 사업'은 더는 없을 것임을 이해해야 한다고 선언한다면, 러시아는 그러한 조건이라면 유럽연합과의 사업 자체가 있을 수 없음을 알아야 할 것이라고 말하겠다. (…) 따라서 우리는 한동안 저들과의 대화를 중단해야 할지도 모른다."

CHAPTER 04   경제적 지대, 가치 없는 가격

1 상세한 내용은 나의 논문을 볼 것. "How the Organization of Labor Shaped Civilization's Takeoff" in Piotr Steinkeller and Michael Hudson (eds.), *Labor in the Ancient World*(Dresden: 2015), pp. 649~664. 토지는 단순히 개인이 취하여 독점하고 경작자들에게 사용의 대가로 토지 지대를 납부하게 한 것이 아니다. 왕궁은 노동력과 곡물 지대를 종종 잃었다. 상고시대 사회에서 그런 일이 벌어지면 주민이 빠르게 사라졌다. 돈은 처음에는 토지 보유와 관련된 의무

의 대가로 왕궁과 사원에 지불하는 것을 가리키기 위한 수단으로 발전했다. 오스트리아 학파 이론과 기타 개인주의적 이론은 이렇게 큰 제도를 고려하지 않는다. 그래서 토지와 그 지대가 애초에 어떻게 공공재가 되었는지를 보지 못한다.

2 그러한 왕의 사면은 기원전 1000년대 초까지 기록으로 남아 있다. 나는 그러한 왕의 포고문을 다음 책에 제시했다. *"(…) and forgive them their debts": Credit and Redemption From Bronze Age Finance to the Jubilee Year* (Dresden: 2018). 다음도 볼 것. Michael Hudson and Marc Van De Mieroop (eds.), *Debt and Economic Renewal in the Ancient Near East* (Bethesda: 2002).

3 Adam Smith, *Wealth of Nations*, Book I, Ch. 6 §8, and Ch. §55. 애덤 스미스는 이렇게 덧붙인다. 토지 소유권의 특권은 "모든 가정 중에서도 가장 불합리한 가장 위에 서 있다. 연이은 세대의 모든 인간은 땅에 대해 동등한 권리를 갖고 있지 않으며 (…) 현재 세대의 재산은 (…) 500년 전에 (…) 죽은 자들의 환상에 따라 관리해야 한다는 가정이다." 500년 전에 죽은 자들이란 노르만 정복자들을 말한다(Book Ⅲ, Ch. 2 §6).

4 12세기에 서양 경제가 (대체로 십자군이 콘스탄티노폴리스를 약탈했을 때 빼앗은 금전 덕분에) 서서히 회복 국면에 들어갔을 때, 기독교의 법률은 고리대금을 금지했지만 은행에 한 나라나 하나의 통화에서 다른 나라나 다른 통화로 송금을 대행하는 대가로 환전 수수료를 받을 수 있는 길을 열어놓았다. 따라서 은행가 계급의 이익은 국제 무역을 늘리고, 더불어 공업국 영국과 영국 산업가들에게 원료를 공급하는 나라들 사이의 생산 특화를 증진하는 데 있었다.

5 Ricardo, *Essay on the Influence of a Law Price of Corn on the Profits of Stock* (London: 1815), p. 21. 과연 도시 상인들은 대체로 자신의 부를 토지 재산에 투자하기를 기대했으며(로마의 상인들이 그러했듯이), 리카도 자신은 1914년 가족의 터전으로 갯컴 파크를 매입했다.

6 수많은 작가들이 이미 이 이론의 기본적인 요소들을 설명했다. 그러한 저술들은 마르크스 사후 카를 카우츠키가 그의 노트를 바탕으로 편집한 《잉여가치론》 2권(모스크바: 1968)에서 검토하고 있다. 세 권짜리 그 연구는 마르크스가 고전경제학의 지대 이론과 착취 이론을 바탕으로 노동가치설을 다듬었음을 보여준다. 따라서 그 연구는 그에 상응하는 세 권짜리 《자본론》을 보완하

는 글이다.

7 Ricardo, *Principles of Political Economy and Taxation*, 3rd ed. (London: 1821), p. 67. 그는 이렇게 덧붙인다(pp. 412~13): "농업의 개선은 (…) 각 (토지)에서 얻는 원료의 양을 늘리지만, 이전에 토양의 원래의 지력과 파괴할 수 없는 지력 사이에 존재한 상대적 비율을 교란하지 못할 것이다."

8 Ricardo, *Principle*, 3rd ed., p. 71. 애덤 스미스는 토지를 독점권이라고 말했다. 데이비드 뷰캐넌도 마찬가지다. David Buchanan, *Observations on the Subjects Treated of in Dr. Smith's Wealth of Nations* (Edinburgh: 1817), pp. 34 and 37. 로빈슨은 토지 지대를 독점 '상품'이라고 강조했는데, 이는 모든 토지는 다 귀하다는 사실을 반영한다. Joan Robinson, *The Accumulation of Capital* (London: 1956), pp. 289~293. 톰프슨도 이 점을 지적했다. Thomas Perronet Thompson, *The True Theory of Rent, in Opposition to Mr. Ricardo* (London: 1826), p. 6.

9 Smith, *Wealth of Nations*, Book III, Ch. 1.

10 Fred Harrison, *Ricardo's Law* (London: 2006), p. 83, and Don Riley, *Taken for a Ride: Trains, Taxpayers and the Treasury* (Lonon: 2001).

11 *Absentee Ownership and Business Enterprise in Recent Times* (New York: 1923), pp. 142ff. 나는 다음에서 이에 관해 논의했다. "Veblen's Institutionalist Elaboration of Rent Theory", in Michael Hudson and Ahmet Öncü (eds.), *Absentee Ownership and its Discontents: Critical essays on the Legacy of Thorstein Veblen* (Dresden: 2016). 베블런의 요점은 이러한 시설 개선이 공공의 비용으로 이루어져 대다수 도시와 주에서 지역 정치를 지배하는 부동산 개발자에게 이롭다는 것이다.

12 Joseph E. Stiglitz, "The Theory of Local Public Goods", in Martin S. Feldstein and R. P. Inman (eds.), *The Economics of Public Services* (London: 1977), pp. 274~333.

13 Ricardo, *Principles*, 3rd ed., Ch.6: "On Profits", pp. 120f., cited in Marx, *Theories of Surplus Value*, Vol. II, p. 544.

14 *Principles*, 3rd ed., p. 123. 리카도는 이렇게 덧붙인다. "이러한 가격 상황이 영구적인 현상이 되기 한참 전에, 축적의 동기는 이미 사라질 것이다. 축적한

재산으로 생산성을 얻어내려는 목적이 아니라면 아무도 축적하지 않을 것이고 (…) 따라서 그러한 가격 상황은 결코 나타날 수 없을 것이다. 농부와 제조업자는 이윤 없이는 살 수 없다. 노동자가 임금 없이 살 수 없는 것과 마찬가지다. 이들의 축적 동기는 이윤이 감소할 때마다 줄어들 것이고, 이윤이 너무 낮아서 수고에 대한, 자본을 생산적으로 사용하면서 불가피하게 맞닥뜨릴 수밖에 없는 위험에 대한 적절한 보상이 없을 정도이면 완전히 사라질 것이다."

15 Richard Cobden: Corn Bill, Burdens on Land (House of Commons Debate, 14 March 1842, vol 61 cc519~581).

16 cited in Karl Williams, "Sun Yat Sen and Georgism", at https://www.prosper. org.au/geoists-in-history/sun-yat-sen-and-georgism/, and Qing, *From Allies to Enemies: Visions of Modernity, Identity and U.S.-China Diplomacy, 1945~1960* (Cambridge, MA: 2007), p. 19. 다음도 볼 것. Michael Silagi, "Land Reform in Kiaochow, China: From 1898-1914 the Menace of Disastrous Land Speculation was Averted by Taxation", *American Journal of Economics and Sociology* 43 (1984), pp. 167~177. 칭다오는 오늘날 칭다오맥주가 도입한 독일 맥주 제조 방식으로 유명하다.

17 마르크스는 그러한 분석을《자본론》1권에 제시했으며, 2권과 3권에서는 선배 학자들이 이미 검토하고 분석한 경제적 지대 개념과 복리 개념을 논한다. 그는 이러한 전산업사회 제도가 산업자본주의에서 어떻게 살아남았는지, 어떻게 비용 축소와 경제적 합리화라는 자본주의의 기본적 논리보다 하위의 개념이 되었는지에 초점을 맞추었다.

18 나는 이에 관해 다음에서 설명했다. "Simon Patten on Public Infrastructure and Economic Rent Capture", *American Journal of Economics and Sociology* 70 (October 2011), pp. 873~903.

CHAPTER 05 지대의 금융화와 부채 디플레이션

1 Annucal Chart, Federal Reserve Board, Balance Sheet of U.S. Households, Line 50: Homeowners equity. 2007년 부실 주택담보대출이 절정에 달한 뒤, 부채 비율은 처음으로 50퍼센트를 넘었다. 미국의 주택 보유 비율은 2008년

69퍼센트에 이르렀으나, 2016년 오바마 행정부 시절 부실 주택담보대출의 희생자들에 대해 압류를 개시한 뒤 63.4퍼센트로 하락했다. 한편 살아남은 주택 소유주들은 담보대출 제공자들이 재산 평가액의 대부분을 소유함으로써 점차 자기 집의 더 적은 부분만 '소유'했다.

2   Marx, *Theories of Surplus Value* (Moscow: 1971), p. 486.

3   나는 *Killing the Host* (Dresden: 2015) 7장에서 19세기 독일과 중부 유럽의 산업 금융 성공을 영미의 상업 금융의 근시안적 시각과 비교했다. 제1차 세계대전에서 독일이 패배하며 영미 형태가 아무런 도전을 받지 않고 전 세계로 확산되었다.

4   *Killing the Host*, Ch. 9.

5   *Killing the Host*, Ch. 8, and William Lazonick, "Profits Without Prosperity", *Harvard Business Review*, September 2014.

6   72의 법칙은 이자율로 원금이 두 배가 되는 시간을 빠르게 계산하는 방법이다. 72를 이자율로 나누면 투자액이나 부채가 두 배가 되는 데 걸리는 시간, 즉 최초 원금만큼의 액수가 늘어나는 데 걸리는 배가시간이 나온다. *Killing the Host*, Ch. 4: The All-Devouring "Magic of Compound Interest".

7   Marx, *Capital*, Vol. Ⅲ (Chicago: 1909), p. 699. 나는 다음에서 마르크스의 논의를 개관했다. "Creating Wealth' through Debt: The West's Finance-Capitalist Road", *World Review of Political Economy*, Vo. 10, No. 2 (Summer 2019).

8   Marx, *Capital*, Vol. Ⅲ, p. 461.

9   Marx, *Capital*, Vol. Ⅲ, p. 547.

10   Marx, *Capital*, Vol. Ⅲ, p. 551.

11   어빙 피셔("The Debt-Deflation Theory of the Great Depression", *Econometrica*, 1933)는 파산과 채무 불이행이 어떻게 은행 신용을, 투자하고 새로운 노동자를 고용할 경제의 능력을 지워 없앴는지 설명했다.

12   Marx, *Capital*, Vol. Ⅲ, p. 552.

13   Marx, *Capital*, Vol. Ⅲ. 미국에서 허구 자본이라는 용어는 비용 가격 없는 불로소득, 주로 토지 지대와 독점 지대의 자본화한 가치를 뜻하는 말로 널리 통용되었다. 헨리 조지가 《노동의 조건The Condition of Labor》(1891)에서 그 용어를 사용하여 "진정한 자본화한 독점인 허구 자본"을 지칭했다.

14 마르크스는 이렇게 쓴다(*Capital*, Vol. Ⅲ, p. 716). "고리대금과 상업은 다양한 생산양식을 착취한다. 생산양식을 만들어내는 것이 아니라 밖에서부터 생산양식을 공격한다."

15 Marx, *Capital*, Vol. Ⅲ, p. 699.

16 Smith, *Wealth of Nations*, Book I, Ch. 11.

CHAPTER 06　　　　　　　　　　　　　　　　보호무역, 우리는 맞고 너희는 틀렸다

1 나는 다음에서 미국 학파에 관해 설명했다. *America's Protectionist Takeoff, 1815-1914: The Neglected American School of Political Economy* (Dresden: 2010). 다음도 볼 것. Michael Hudson, *Trade, Development and Foreign Debt* (new ed., Dresden: 2010; Chinese translation, Beijing: 2012).

2 Edward Standwood, *American Tariff Controversies in the Nineteenth Century* (Boston: 1903), Vol, p. 13. cited in Hudson, *Trade, Development and Foreign Debt*, p. 38.

3 Witt Bowden, *The Industrial History of the United States* (New York: 1930), pp. 99ff. 다음도 볼 것. James E. Thorold Rogers, *The Industrial and Commercial History of England* (London: 1892), 특히 Part Ⅱ, ch. x ("국내 거래와 국제적 경쟁")을 볼 것.

4 Marx, *Capital: A Critical Analysis of Capitalist Production* (1867), Ch. 31: "Genesis of the Industrial Capitalist (London: 1987)", p. 782. https://www.marxists.org/archive/marx/works/1867-c1/ch31.htm. 다음도 볼 것. Marx, *On the Question of Free Trade*(1888), and *Capital*, Vol. Ⅲ (Chicago: 1909), pp. 391ff.

5 〈여호수아〉 9장 21절. "Now therefore you are cursed, and some of you shall never be anything but servants, cutters of wood and drawers of water for the house of my God."

6 Bernard Semmel, *The Rise of Free Trade Imperialism: Classical Political Economy, the Empire of Free Trade and Imperialism, 1750~1850* (New York: 1970).

7 나는 공공 기간시설 투자를 옹호하는 사이먼 패튼의 논지를 검토했다. "Simon Patten on Public Infrastructure and Economic Rent Capture", *American Journal of Economics and Sociology* 70 (October 2011), pp. 873~903. 사이먼 패튼은 워튼

스쿨 최초의 경제학 교수였다.

8 나의 글을 볼 것. "Obsolescent Factors in the International Economy", *Review of Social Economics*, March 1972.

9 Jacob Schoenhof, *Wages and Trade in Manufacturing Industries in America and Europe* (New York: 1884), p. 19. 다음도 볼 것. Schoenhof, *The Economy of High Wages* (New York: 1892), p. 385.

10 Jacob Schoenhof, *Economy of High Wages*, p. 39.

11 Eli Heckscher, "The Effect of Foreign Trade on the Distribution of Income (1919)", translated in ellis and Metzler eds., *Readings in the Theory of International Trade* (Philadelphia: 1949), p. 274, 강조는 원문. 다음도 볼 것. Bertil Ohlin, *Interregional and International Trade* (Cambridge: 1935), pp. 20, 22, and 24~29, 강조는 원문. 폴 새뮤얼슨은 훗날 신성시되는 '요소가격 균등화 정리factor-price equalization theorem'에서 부존생산요소 접근법을 수학적으로 표현했다. *Economics. An Introductory Analysis*, 7th ed. (New York: 1967), pp. 672 and 648.

12 자유무역 이론가들은 이렇게 인정함으로써 그 논리의 약점을 회피하려 한다. 이 가설적 모델에서 원료와 자본재 같은 공통 상품이 세계적으로 단일한 가격에 거래되지 않는다면, 무역을 통해 절대적으로 균등한 소득까지는 아니겠지만 소득 구조의 유사성(다시 말해 동일한 평균적 임금 대 이윤 비율)이 나타날 것으로 예상된다는 것이다.

13 John Melmer, "Russia is now the big cheese", *Dances with Bears*, September 22, 2020. http://johnhelmer.net/russia-is-now-the-big-cheese/.

14 Marx to Engels, November 20, 1867, in *Marx and Engels on Britain* (Moscow: 1962), p. 544.

15 James Kynge, "China braced for lose-lose scenario in US Election", *Financial Times*, October 15, 2020.

16 Center for Security and Emerging Technology. https://cset.georgetown.eud/wp-content/uploards/t0235_Qiushi_Xi_economy_EN-1.pdf.

17 Clyde V. Prestowitz, Jr., "Blow Up the Global Trading System", *Washington Monthly*, March 24, 2021. 글쓴이의 제안이 위선적임은 그가 사이먼 패튼이 공공 기간시설과 그것과 연관된 지원의 장점을 '제4의 생산요소'라고 가르친

워튼 스쿨에서 경영학 석사 학위를 취득했다는 사실로 잘 알 수 있다.

CHAPTER 07 　　　　　　　　　　　　　　식량과 석유, 광업, 천연자원의 지대

1　1959년 발트 해에서 흐로닝언 가스전이 개발된 뒤 네덜란드 제조업 부문의 쇠락을 설명하고자 1997년 11월 《이코노미스트》가 만들어낸 용어다. 석유 경제는 오늘날의 세계에서 '이중경제', 즉 부유한 지대 추출 부문과 후진적인 국내 경제의 병존을 보여주는 주된 사례다. 광물 자원이 풍부한 경제가 그 뒤를 잇는다.

2　아메리카 원주민은 노예가 되느니 차라리 이주하거나 싸우다 죽기를 선택했다. 미국 북서부에서 영국의 토지 회사들은 광대한 토지를 매입하여 가축을 방목해 정착민 농부들에 피해를 입혔다. 1876년 몬태나의 파우더 강 전투 Battle of Powder River가 잘 보여주듯이 가족농과 거대한 가축 농장을 지닌 부재지주 사이의 싸움은 반백 년 동안 지속되었다. 오늘날에도 브라질과 라틴 아메리카 곳곳에서 비슷한 충돌이 벌어진다. 벌목 회사와 농업기업은 미국이 원주민과 이들을 내몬 자영농들을 다룬 것처럼 원주민을 다루고 있다.

3　*Report of the Commissioner of Patents for the year 1852, Part Ⅱ : Agriculture* (Washington: 1853), p. 4. 나는 다음에서 이 문헌을 요약했다. "Political Origins of the Department of Agriculture: Soil chemistry and International Trade Theory, 1840~1862", in *America's Protectionist Takeoff, 1815-1914: The Neglected American School of Political Economy* (Dresden: 2010).

4　Justus von Liebig, "Familiar Letters on Chemistry", in *Complete Works on Chemistry* (trans. Lyon Playfair, Philadelphia: 1843), p. 32.

5　"Statistics and Progress of Agriculture in the United States for the year 1849", in *Report of the Commissioner of Patents for the year 1849, Part Ⅱ : Agriculture* (Washington: 1850), p. 25. In "Progress of Agriculture in the United States", in the above-cited *Patent Office Report* for 1852, p. 7. 리는 토양에서 소실된 무기질의 잠재적 가치가 연간 3억 달러에 달할 것으로 계산했다. 다시 말하면 에이커당 3달러, 또는 작물 판매가의 대략 17퍼센트에서 20퍼센트다. "이러한 평가의 의미는 작물이 앗아간 성분들 즉 칼리, 탄산나트륨, 석회, 마그네시아, 염소, 인산과 황산, 암모니아의 완전한 복원을 에이커당 3달러의 비용으

로 빠르게 끝낼 수 없다는 것이다."

6 1849 *Patent Office Report*, p. 15.

7 Paul W. Gates, *Agriculture in the Civil War* (New York: 1965), pp. 263f. "1861년 남부 주들이 연방에서 탈퇴함으로써 농업과 서부 개발에 영향을 미치는 중요한 법률의 채택을 오랫동안 방해한 보수적 요인이 제거되었다. 의회는 재빨리 무상 토지 정책의 홈스테드 법Homestead Act과 태평양으로 연결되는 철도의 건설에 많은 자금을 보조한 태평양철도법Pacific Railroad Act, 농업부 신설법과 국영은행법National Bank Act, 모릴 법Morrill Act을 연이어 통과시켰다. 전부 소수 파벌의 능란한 정치가 뒷받침했다."

8 "Corporate Control of Agriculture", Farmaid (n.d.). https://www.farmaid.org/issues/corporate-power/corporate-power-in-ag/.

9 Mighty Earth, "Cargill: The worst company in the world (2019)". https://stories.mightyearth.org/cargill-worst-company-in-the-world/.

10 Felicity Lawrence, "Argentina accuses world's largest grain traders of huge tax evasion", *The Guardian*, June 1, 2011.

11 Anis Chowdhury, "Is Development for the World Bank Mainly Doing Business", *Naked Capitalism*, November 15, 2020 (originally published at the Inter-Press Service). 다음 오클랜드 연구소의 보고서도 볼 것. "Calling on the World Bankt to End eht Enabling the Business of Agriculture(EBA)", January 18, 2017. http://www.oaklandinstitute.org/calling-world-bank-end-enabling-business-agriculture.

12 이는 트럼프가 오랫동안 간직한 태도였다. 그는 2013년 1월 23일 트위터에 이런 글을 올렸다. "나는 우리가 석유 없이 이라크를 떠났다는 사실을 지금도 여전히 믿을 수 없다." 2016년 9월 7일 대통령 선거운동 중에 그는 〈투데이 쇼Today Show〉 앵커 맷 라우어에게 이렇게 말했다. "만일 우리가 빠져나올 거라면 석유를 가져와야 한다. (…) 이런 말이 있지 않은가. '승자에게는 전리품이 떨어진다.' 거기에 승자는 없었다. 내 말을 믿어라. 승자는 없었다. 그러나 나는 언제나 이렇게 말했다. 석유를 가져와라." Bess Levin, "Trump Twice floated Plundering Iraq's Oil to its Prime Minister", *Vanity Fair*, November 26, 2018.

13 David Brennan, "Trump Says U.S. Troops Stayed in Syira 'Because I Kept the Oil'", *Newsweek*, January 15, 2020.

14 Elian Peltier and Anatoly Kurmanaev, "Nicolás Maduro Can't Sell Venezuelan Gold at Bank of England, Court Rules", *The New York Times*, July 2, 2020. 기사는 이렇게 덧붙인다. "영국 관료들은 거듭 미국 편에 서서 베네수엘라를 겨냥한 고통스러운 경제 제재를 유지했다. 트럼프 대통령의 국가안보 보좌관이었던 존 볼턴John Bolton은 (…) 2019년 당시 영국 외교부 장관이었던 제러미 헌트Jeremy Hunt가 예를 들어 베네수엘라의 정권이 금을 팔아 생명을 연장할 수 없도록 영국은행에 보관된 그 나라의 예치금을 동결하는 것같이 자신들이 취할 수 있는 조치로 협력할 수 있어서 얼마나 기뻐했는지 자세히 설명했다."

15 Andreas Kluth, "Nord Stream 2 Could Sever Transatlantic Ties", *Bloomberg*, July 3, 2020.

16 www.rt.com, August 11, 2020, from *Johnson's Russia List*, August 11, 2020, #8.

17 Brett Forrest, "Biden Administration Reviews Nord Stream 2 Gas Pipeline", *Wall Street Journal*. 트럼프 행정부의 임기가 끝난 후 노르트스트림 2의 이야기와 미국의 유럽 통제 목적, 2022년 2월 우크라이나에서 신냉전이 극적으로 고조된 것에 관한 논의는 다음의 내 글을 볼 것. "America's real adversaries are its European and other allies", February 8, 2022, and "America Defeats Germany for the Third Time in a Century", February 28, 2022. 각각 다음에서 볼 수 있다. https://michael-hudson.com/2022/02/anericas-real-adversaries-are-its-european-and-other-allies/, https://michael-hudson.com/2022/02/america-defeats-germany-for-the-third-time-in-a-century/.

18 광업 회사들은 케빈 러드Kevin Rudd 정부의 한층 더 강력한 자원초과이득세 RSPT, Resource Super Profits Tax 법안에 반대하는 선전전에 약 2000만 달러를 썼다. 노동당 출신 총리 줄리아 길라드 정부가 입법한 광물자원 지대세는 자원초과 이득세의 약화된 형태로 광산 회사들과의 밀실 타협의 결과물이었다.

19 Ambrose Evans-Pritchard, "World faces hi-tech crunch as China eyes ban on rare metal exports", *The Telegraph*, August 24, 2009, "고열에서 자석의 힘을 높여주는 네오디뮴 하드디스크 드라이브와 풍력발전 터빈, 하이브리드 자동차

의 전기 모터에 매우 중요한 요소로 아직 대체할 것을 찾지 못했다. 도요타의
프리우스에는 한 대당 25파운드의 희토류 금속이 들어간다. 세륨과 란타넘
은 디젤 엔진의 촉매변환기에 쓰인다." 테르븀은 유로퓸과 이트륨과 함께 와
트랑이 낮은 전구의 생산에 필요하다.

20 Javier Blas, "Commodities: In their element", *Financial Times*, January 29, 2010.

21 전형적인 공해세는 배기가스에 과세한 '피구세Pigovian tax'다. 영국 경제학
자 아서 세실 피구Arthur Cecil Pigou의 이름을 딴 것으로, 그는《복지의 경제학
The Economics of Welfare》(London: 1920)에서 자신이 제안한 세금에 관해 설
명했다. 이것이 오랫동안 진보적인 이론이었다. W. J. Baumol, "On Taxation
and the Control of Externalities", *American Economic Review* 62 (1972), pp.
307~322.

22 Sit Tsui, Erebus Wong, Lau Kin Chi and Wen Tiejun, "The Rhetoric and
Reality of the Trans-Pacific Partnership: A View from China", *Monthly Review*
(2016).

23 Glen Newey, "Investors v. States", London Review of Books blog, April 29,
2016. http://www.lrb.co.uk/blog/2016/04/29/glen-newey/investors-v-
states/. 이 글에 따르면, "투자자·국가분쟁해결제도 양자 협정은 1950년대
말부터 있었지만, 투자자·국가분쟁해결제도 소송은 지난 20년간 급격하게
증가했다. 한 주에 한 번꼴로 소송이 접수되고 있다". 그리고 일반적으로 각
소송 사건에 정부가 부담하는 액수는 800만 달러다.

24 Chris Hamby, "The Court that Rules the World", Buzzfeed.com, August 28,
2016.

25 David Pilling and Shawn Donnan, "Ocean's Twelve", *Financial Times*, Sep-
tember 23, 2013.

26 "A Corporate Trojan Horse: Critics Decry Secretive TPP Trade Deal as a
Threat to Democracy", *Democracy Now!*. April 15, 2015, citing cases reviewed
on www.isdscorporateattacks.org.

27 David Swanson, "TTP: The Terrible Plutocratic Plan", *Counterpunch*, July 22,
2013.

28 Raquel Paricio and Esther Vazquez, "Susan George on TTIP and new Euro-

pean movements", Defend Democracy, May 4, 2016. 수전 조지는 이렇게 덧
붙였다. "국민에게, 개개인에게 직접적인 귀결은 우리가 수입하는 식량이 화
학적 처리를 거쳤을 가능성, 유전자 조작 식품일 가능성, 아무런 성분 표시도
없을 가능성이 농후하다는 것이다. 우리가 먹는 식량에 정확히 무엇이 들었
는지 알 수 없을 것이다. 구매한 닭고기가 염소鹽素에 젖어 자란 닭일 수 있으
며, 먹는 소고기는 성장호르몬을 먹고 자란 소일 수 있으며, 식물의 유전자와
동물의 유전자를 혼합하여 만들었는데 성분표시도 없는 생합성 음식을 우리
는 섭취할 수 있다."

29 Yves Smith, "Thoughts about the Trans-Pacific Partnership", *Naked Capitalism*,
March 27, 2015. 이브 스미스는 투자자·국가분쟁해결제도 중재위원단이 "분
쟁의 당사자이고 독단적임이 드러났다"고 덧붙인다. "상소할 수 있는 이유는
제한되어 있고 너무 전문적이다."

30 *Deutsche Welle*. https://www.dw.com/en/asia-pacific-nations-sign-worlds-
biggest-free-trade-agreement/a-55604659.

31 Gideon Rachman, "Biden's Flawed Plan for World Leadership", *Financial
Times*, November 17, 2020.

CHAPTER 08　　　　　　　　그들은 어떻게 정치를 사회주의로부터 멀어지게 했나

1 "Axios on HBO", May 10, 2021. https://www.youtube.com/watch?v=G9I3cg
FmvⅡ.

2 마이클 크래니시Michael Kranish는 2020년에 나온 오바마의 회고록《약속의 땅
A Promised Land》을 평하면서 그의 '현시유지에 대한 존중'은 상당하여 대통
령은 "은행 간부들을 기소하는 데까지 형법의 개념을 확대하려면" "사회 질
서에 폭력을 가해야 할 것"이라고 걱정했다. *Washington Post*, November 13,
2020. 오바마 대통령과 법무부가 기소를 거부한 것은 연방준비위원회와 재
무부뿐 아니라 정부의 행정부처까지 포함하는 월스트리트의 규제기구 장
악이 지대 추구와 완전한 사기와 금융 범죄 사이의 구분을 얼마나 철저하게
지워버렸는지 보여준다. 다음도 볼 것. David Sirota, "Can Joe Biden Succeed
Where Barack Obama Failed?" *Newsweek*, January 18, 20121.

3 Thomas Carlyle, *Past and Present* (London: 1950 (1843)), pp. 189f. cited in

Rajani K. Kanth, *Political Economy and Laissez-Faire: Economics and Ideology in the Ricardian Era* (Totawa, NJ: 1986), p. 16.

4 Friedrich Engels, *The Condition of the Working Class in England* (1845), in Marx-Engels, Collected Works, Vol. 4 (London: 1975), p. 564.

5 Marx, *The Poverty of Philosophy* 2.4 (1847), available at www.marxists.org. 프랑스 아나키스트 프루동은 "재산은 도둑질한 것이다"라는 구호를 만들어냈고 이상주의적인 협동조합 운동을 옹호했다.

6 파리 코뮌에 관한 레닌의 설명. (April 1911), www.marxists.org, from *The Militant*, March 19, 1932, originally published in *Rabochaya Gazeta*, No. 4-5, April 28 (15), 1911.

7 Marx to John Swinton, June 20, 1881, from *Letters: Marx-Engels Correspondence 1881*, www.marxists.org. 나는 토지세에 관한 마르크스의 견해와 헨리 조지에 대한 다른 비판을 다음에서 논의했다. "Henry George's Political Critics", *American Journal of Economics and Sociology* 67 (January 2008), pp. 1~46. 헨리 조지에 관한 마르크스의 평가를 전부 보려면 다음을 참조할 것. Hal Draper, *Marx-Engels Cyclopedia* (New York: 1985), *The Marx-Engels Glossary* (New York: 986), p. 78, *The Marx-Engels Register* (New York: 1985), p. 104, *The Marx-Engels Chronicle* (New York: 1985), pp. 217 (#23), 218 (#31), 220 (#61), 228 (#19), 229 (#27) and 245 (#47). 1881년 6월 2일 마르크스는 헨리 조지를 "만병통치약 장수"라고 했고, 12월 15일에는 헨리 조지가 아일랜드와 잉글랜드의 강연 여행에서 "사기꾼"으로 조롱을 받았다고 썼다.

8 Arthur Lewis, *Ten Blind Leaders of the Blind* (Chicago: 1910), pp. 39f. 이 책도 마르크스에 협조한 시카고의 출판인 찰스 커가 발행했다.

9 Charles Albro Barker, *Henry George* (Oxford: 1955), p. 533.

10 *Socialism vs. Single Tax. A Verbatim Report of a Debate held at Twelfth Street, Turner Hall, Chicago, December 20th, 1905* (Chicago: 1905). 이 논쟁도 커가 책으로 발행했다.

11 나는 그 학교 교사 여럿을 개인적으로 만나 이런 말을 들었다. 1940년대에 연방수사국 요원들이 학생의 상당수를 차지했는데, 학교 안에서 활동하는 독일 첩자들을 추적하기 위해 들어왔다는 것이다. 학교의 전직 교장 에드 돗슨

Ed Dodson은 내게 교감이 나치 독일의 첩자였다고 말했다.

12 Frank Chodorov, "Education for a Free Society", *Scribner's Commentator*, February 1941, pp. 36~37. 초도로프는 1937년 미국의 제2차 세계대전 참전에 반대했다가 쫓겨났다. 1930년대 헨리 조지의 주요 추종자인 기자 앨버트 제이 녹Albert Jay Nock은 반유대주의 때문에 환영받지 못하는 사람이 되었다. 1990년대에 그 학교는 아인 랜드의 '객관주의Objectivism'를 숭배하는 자들을 배출하는 집단이 되었다. 헨리 조지의 글을 출판한 샬켄박 재단은 루트비히 폰 미제스와 제임스 M. 뷰캐넌의 추종자들이 이끌었다. 기업에 우호적인 그 원리의 배경에 관해서는 다음을 볼 것. Kenneth C. Wenzer, "The Degeneration of the Georgist Movement: From a Philosophy of Freedom to a Nicke and Dime Scrambe", in *The Forgotten Legacy of Henry George* (Waterbury, CT: 2000), pp. 46~91.

13 Leon Trotsky, *Stalin* (London: 2016) (expanded from the 1946 Harpers ed.), pp. 236, 258, 290. 트로츠키는 처음에는 이 책을 레닌의 전기로 기획하여 썼으나 하퍼스의 출간 제의에 따라 스탈린의 전기로 바꾸었다.

14 Trotsky, Stalin, pp. 214 and 289.

15 나는 《숙주를 죽이다》에서 이를 기생충이 숙주의 두뇌를 탈취한다는 은유로 표현했다. 그리하여 숙주는 기생충이(이 경우에는 지대 수취자) 공짜 점심을 얻어가는 착취적 침입자가 아니라 산업자본주의라는 몸의 일부라고 착각한다.

16 제임스 M. 뷰캐넌의 이론이 코크 형제와 자유지상주의 홍보 재단들의 후원을 받은 것에 관한 검토는 다음을 볼 것. Nancy Maclean, *Democracy in Chains: The Deep History of the Radical Right's Stealth Plan for America* (New York: 2017). 그러한 편협한 '자유시장' 시각을 정당화하는 정치는 다음에 설명되어 있다. Avner Offer and Gabriel Södenberg, *The Nobel Factor: The Prize in Economics, Social Democracy, and the Market Turn* (Princeton: 2016). 두 사람은 하이에크의 학문적 견해와 정부 규제를 '예종에 이르는 길'로 공격한 그의 방식이, 대처의 영국 공공 부문 해체의 경제적 근거가 어떻게 노벨상 하나만으로 구원을 받았는지 설명한다.

17 John Bates Clark, *The Distribution of Wealth* (New York: 1899), p. v.

1 Milton Firedman, "A Friedman Doctrine: The Social Responsibility of Business is to Increase its Profits", *The New York Times Magazine*, September 13, 1970. "(기업 경영자의) 행위가 그의 '사회적 책임'을 따르느라 주주에게 돌아갈 수익을 줄인다면, 그는 그들의 돈을 허비하는 것이다. 그의 행위가 고객이 치러야 할 가격을 올린다면, 그는 고객의 돈을 허비하는 것이다. 그의 행위가 몇몇 고용인의 임금을 낮춘다면, 그는 그들의 돈을 허비하는 것이다." 허먼 칸의 아내 제인 칸Jane Kahn은 내게 이렇게 말했다. 고아들을 도와줘야 하냐고 프리드먼에게 물었더니 이렇게 대답했다는 것이다. "당신은 왜 고아의 생산에 보조금을 지급하고 싶은가?" 모든 가격 상승은 더 많이 생산하게 하는 '장려금incentive'이라고, 모든 세금은 억제 요인disincentive이라고 주장된다.

2 널리 알려진 훌륭한 설명은 다음을 볼 것. Maurice Wormser, *Frankenstein, Incorporated* (New York: 1931).

3 Jamie Smyth, "Iron magnate rails at Australia's Covid Relief", *Financial Times*, November 24, 2020. 기사는 이렇게 덧붙인다. "철광석 가격의 급증 덕에 그녀의 수익은 전년 대비 55퍼센트 증가한 40억 7000만 오스트레일리아 달러에 이르렀다. 이에 2020년에는 재산이 210억 달러로 증가했는데, 기후변화 회의론을 조장하는 두뇌집단으로 그녀의 우파 단체인 홍보연구소를 통해 오스트레일리아 노동당의 광업세를 성공적으로 삭감한 덕분이다."

4 Christopher Leonard, "Charles Koch's Big Bet on Barrett", *The New York Times*, October 12, 2020. 그는 '티 파티Tea Party' 운동의 공화당 정치인들과 제임스 M. 뷰캐넌의 주된 지지자였다.

5 Jefferson to William Branch Giles, December 26, 1825. https://founders.arhcives.gov/documents/jefferson/98-01-02-5771.

6 Conor Dougherty, "California Tax Revolt Faces a Retreat, 40 Years Later", *The New York Times*, October 28, 2020.

7 "Some of the Voices of Hate", *Life Magazine*, March 6, 1939.

8 Bertolt Brecht, *Journals, 1934~1955* (London: 2016), p. 387 (for March 16, 1948), quoted in Gabriel Rockhill, "Liberalism and Fascism: Partners in Crime", *Counterpunch,* October 14, 2020.

9 Jomo Kwame Sundaram and Anis Chowdhury, "World Bank urges Governments to Guarantee Private Profits", November 23, 2020. https://www.ksjomo.org/post/world-bank-urges-governments-to-guarantee-private-profits.

10 "The promise of the Multinational Corporation", *Fortune Magazine*, June, 1967, p. 80.

11 Matt Stoller, "'Free Trade' Pacts Were Always About Weakening Nation-states to Promote Rule by Multinationals", repr. *Naked Capitalism*, February 21 2014, https://www.nakedcapitalism.com/2014/02/matt-stoller-free-trade-never-trade-eroding-nation-states-advance-rule-multinationals-stealth-colonialism.html. citing the Congressional Record transcript of the July 20, 1967 hearing on "The Future of U.S. Foreign Trade Policy", available at http://obamatrade.com/wp-content/uploads/1067-NAFTA-discussion.pdf, pp. 272~273. 맷 스톨러는 케네디 라운드에서 무역 장벽 완화를 압박하는 것은 (2016년 환태평양경제동반자협정과 범대서양무역투자동반자협정은 그 연장선상에 있다) 자유무역에 관한 것이라기보다 볼이 의회에서 '인류의 이익'이라고 말한 것을 위해 기업이 자원을 관리할 수 있도록 세계를 재조직하는 일이었다고 요점을 짚었다.

12 The Onion, https://www.theoinion.com/cost-of-living-now-outweighs-benefits-1819567799.

13 A Dangerous Moment for the Democratic Party-Matt Taibbi, the Analysis. news, November 10, 2020. https://theanalysis.news/interviews/a-dangerous-moment-for-the-democratic-party-matt-taibbi/.

CHAPTER 10　　　　　　　　　　　　　　달러 헤게모니, '종이 금'을 만드는 특권

1 이 장은 나의 책을 요약한 것이다. *Super Imperialism: The Economic Stra-tegy of American Empire* ((1972), new ed., Dresden: 2021).

2 Raymond Moley, *After Seven Years* (New York: 1939), pp. 96~100, and *The First New Deal* (New York: 1966), pp. 52ff.

3 Robert Skidelsky, *John Maynard Keynes, Vol. III : Fighting for Freedom, 1937~1946*

(New York: 2001), pp. 99 and 102f.

4   Hal Lary and Associates, *The United States in the World Economy* (U.S. Department of Commerce, Economic Series No. 23, Washington, D.C.: 1943), p. 12. 영국은 자신들이 무기대여협정 이전에 미국에서 쓴 엄청난 지출액을 회수할 수 있도록 무기대여법이 소급하여 적용되어야 한다고 요구했다. 그 요청은 거부되었다. 그날 이전에 영국이 군사적 지원과 경제적 지원으로 받은 큰 액수는 빚으로 남았다.

5   Richard N. Gardner, *Sterling-Dollar Diplomacy* (Oxford, 1956), p. 57. 영연방 국가들 간 비교적 낮은 관세를 부과하는 영국제국특혜, 즉 '제국특혜관세' 제도는 1932년 오타와 회의에서 연합국 간 채무 문제의 혼란에 직면하여 영국제국 내부의 지불 안정성을 어느 정도 유지하기 위해 만들어졌다.

6   Arthur D. Gayer, "Economic Aspects of Lend-Lease", in Jacob Viner et al., *The United States in a Multinational Economy* (New York: 1945), p. 140, referring to *Additional Report of the Special Committee Investigating the National Defense Program*, Senate Report No. 10, Pt. 12, 78th Cong., 1st Sess. (Washington, D.C.: 1943), pp. 13f.

7   Skidelsky, *Keynes*, pp. 130f.

8   U.S. Department of State, "Secretary Antony J. Blinken, National Security Advisor Jake Sullivan, Chinese Director of the Office of the Central Commission for Foreign Affairs Yang Jiechi And Chinese State Councilor Wang Yi At the Top of Their Meeting", March 18, 2021. https://hk.usconsulate.gov/n-202131801/.

9   Russian Ministry of Foreign Affairs, "Foreign Minister Sergey Lavrov's Interview given to Channel One's Bolshaya Igra (Great Game) talk show, Moscow, April 1, 2021", Johnson's Russia List, April 2, 2021, #20, from https://www.mid.ru/en/press_service/minister_speeches/-/asset_publisher/7OvQR5KJWVmR/content/id/4662534.

10 Lactantius, *Divine Institutes* 5.6:7~9 (1964: 72).

1   Niccolo Machiavelli, *The Prince* (1532). 〈Chapter 5: 병합되기 전에 자신들의 법에 따라 살았던 도시나 공국을 지배하는 방법에 관하여〉.

2   Neera Tanden, "Should Libya pay us back?" memo to Faiz Shakir, Peter Juul, Benjamin Armbruster and NSIP Core, October 21, 2011. 샤키르는 훌륭하게도 이렇게 되받았다. "만일 침략으로 돈을 벌 수 있다고 생각한다면 우리는 그렇게 할 것인가? 내 생각에 이는 우리의 외교 정책에 중대한 정책/메시지/도덕적 문제다."

3   Zbigniew Brzezinski, *The Grand Chessboard: American Primacy and its Geostrategic Imperatives* (New York: 1997), p. 40. 다음도 볼 것. Pepe Escobar, "For Leviathan, It's So Cold in Alaska", Unz.com, March 18, 2012.

4   Brzezinski, ibid., p. 55.

5   가장 철저한 분석은 다음을 볼 것. Peter Reddaway and Dmitri Glinski, *The Tragedy of Russia's Reforms: Market Bolshevism Against Democracy* (Washington, D.C.: 2001).

6   나는 다음에서 이에 관해 다루었다. "How Neoliberal Tax and Financial Policy Improverishes Russia – Needlessly", *Mir Peremen* (The World of Transformation), 2012 (3), pp. 49~64. (in Russian). *МИР ПЕРЕМЕН* 3/2012 (ISSN 2073-3038), *Неолиберальная налоговая и финансовая политика приводит к обнищанию россии*, pp. 49~64.

7   Jonny Tickle, "Would life be better if Gorbachev's Perestroika reform never happened? Almost half of today's Russians sya yes, reveals new poll", www.rt.com, November 3, 2020, from *Jonson's Russia List*, November 4, 2020, #15.

8   Reddaway and Glinsky, *The Tragedy of Russia's Reforms*, p. 179.

9   Kevin Murphy, "Stephen F. Cohen Helped Us Understand the Russian Revolution and Nikolai Bukharin", *Jacobin*, December 5, 2020. 그는 이렇게 덧붙인다. "1990년대 말 총리 예브게니 프리마코프가 국가 규제와 적자 예산을 실행하려는 움직임을 보이자, 국제통화기금은 금융 지원을 거부했다가 그가 겨우 여덟 달 동안 재직한 후 돌연 쫓겨난 후에 재개했다."

10   루시 코미사르는 현재 블로그에서 미국의 브라우더와 마그니츠키에 대한 지

지를 설명하고 있다. https://www.thekomisarscoop.com/.

11 Clyde Prestowitz, "Blow Up the Global Trading System", *Washington Monthly*, March 24, 2021.

12 나의 글을 볼 것. "China in Thirty Years", in *China in the Next Thirty Years* (Beijing: 2011), pp. 2~29.

13 Brzezinski, "Towards a Global Realignment", *The American Interest*, April 17, 2016. 이에 관한 논의는 다음을 볼 것. Mike Whitney, "The Broken Checkboard: Brzezinski Gives Up on Empire", *Counterpunch*, August 25, 2016.

14 미국의 경험을 모방하려는 의식적인 시도는 없었다. 실제로 미국의 도약기에 대한 언급은 서구의 경제사 교재에서 볼 수 없다. 현재의 대세인 신자유주의와는 대조적으로 보호무역주의적이고 대체로 국가가 지도한 시기였기 때문이다. 나는 그러한 경제학 이론을 다음에서 설명했다. *America's Protectionist Takeoff, 1815-1914: The Neglected American School of Political Economy* (Dresden: 2010).

15 Foreign Minister Sergey Lavrov, remarks at the general meeting of the Russian International Affairs Council, Moscow, December 8, 2020. https://www.mid.ru/en/press_service/minister_speeches/-/asset_publisher/7OvQR5KJWVmR/content/id/4470074.

16 Henry M. Paulson Jr., "China Wants to Be the World's Banker", *Wall street Journal*, December 10, 2020.

17 Herodotus 5.92. 아리스토텔레스는(*Politics* 3.1284a26~33 and 5.1311a) 두 사람의 역할을 바꾸어 페리안드로스가 트라시불로스에게 조언했다고 말한다.

18 Michael Psellus, *Chronographia* I.29, translated by E.R.A. Sawter as *Fourteen Byzantine Rulers: The Chronographia of Michael Psellus* (London: 1966), p. 43. '부당하게'라는 낱말은 분명히 프셀로스가 끼어 넣은 것으로 그의 가치판단을 드러낸다.

19 Caitlin Johnstone, "If Biden Wins, Russiagate will Magically Morph into Chinagate", *Caitlin's Newsletter*, October 26, 2020, quoting Michael Parenti, *Superpatriotism* (2004). https://caitlinjohnstone.substack.com/p/if-biden-wins-russiagate-will-magically.

20 Foreign Minister Sergey Lavrov's remarks at the meeting of the UN Security
Council, "Maintenance of international peace and security: Upholding
multilateralism and the United Nations-centered international system", held
via videoconference, Moscow, May 7, 2021, Russian Ministry of Foreign
Affairs, *Johnson's Russian List,* May 9, 2021, #24. 라브로프는 이렇게 덧붙였다.
"그런데 우리가 국가들 내부의 민주주의뿐 아니라 국제무대의 민주주의에
대해서도 현재 상태가 어떤지 토의하자고 제안하자마자 그들은 대화에 관심
을 잃었다." https://www.mid.ru/en/press_service/minister_speeches/-/asset_
publisher/7OvQR5K-JWVmR/content/id/4721942.

CHAPTER 12   가치와 지대, 의제자본의 고전적 개념 부활

1 레비 연구소의 파블리나 체르네바는 2008년 이후 국내총생산의 증가는 거의
전부 상위 부자 5퍼센트에서만 발생했음을 보여준다. 나머지 95퍼센트의 국
내총생산은 감소했다. http://www.levyinstitute.org/publications/inequality-
update-who-gains-when-income-gorws. 다음도 볼 것. Chuck Collins,
"U.S. Billionaire Wealth Surges Past $1 Trillion Since Beginning of Pandemic",
Institute for Policy Studies, December 9, 2020. https://ips-dc.org/u-s-
billionaire-wealth-surges-past-1-trillion-since-beginning-of-pandemic/.

2 Source: Board of Governors of the Federal Reserve System, "Distribution
of Household Wealth in the U.S. since 1989". https://www.federalreserve.
gov/releases/z1/dataviz/distribute/chart/#quarter:125;series:Corporate%20
equities%20and%20mutual%20shares;demographic:networth;populations:1,3,
5,7;units:levels.

3 Smith, *Wealth of Nations,* Part Ⅲ, ch. 11, "On the Rent of Land", conclusion of
the chapter.

4 Quoted in Allan Sloan and Cezary Podkul, "How the Federal Reserve Is
Increasing Wealth Inequality", *Propublica,* April 27, 2021. https://www.
propublica.org/article/how-the-federal-reserve-is-increasing-wealth-
inequality.

5 Source: Board of Governors of the Federal Reserve System, "Distribution of

Household Wealth in the U.S. since 1989", Corporate equities and mutual fund shares by wealth percentile group. https://www.federalreserve.gov/releases/z1/datavis/dfa/distribute/chart/#quarter:123;series:Corporate%20equities%20and%20mutual%20fund%20shares;demographic:networth;population:1,3,5,7;units:levels;range:1989.3,2020.4.

6 Steven Zarlenga의 *The Lost Science of Money*(2002)는 그러한 비난을 역사적으로 상세하게 논박한다.

7 과거에 돈에 쪼들리는 도시는 긴급지역화폐를 사용하려 했다. 1920년대 독일의 노트겔트Notgeld(긴급화폐) 같은 것이다. 긴급화폐는 지역 정부가 세금과 기타 공공 서비스 비용으로 받아들이는 한 지역에서 수용되었다. 문제는 그 긴급화폐가 세금 납부나 현지에서 제공되는 상품과 서비스에 그것을 쓸 수 있는 상점주나 기타 사업가를 제외하면 거의 받아들여지지 않는다는 데 있다.

8 Rick Perlstein, "On Privatization's Cutting Edge", *The Nation*, September 5, 2013. http://www.thenation.com/blog/176043/privatizations-cutting-edge#.

9 William Mallett, "Indiana Toll Road Bankruptcy Chills Climate for Public-Private Partnerships", National Council for Public-Private-Partnerships, 29 September 2014, http://www.ncppp.org/wp-content/uploads/2013/02/CRS-Insights-, quoted in Ellen Brown, *Banking for the People: Democratizing Money in the Digital Age* (Democracy Collaborative, Washington, DC: 2019), p. 282.

10 Wen Tiejun, *Ten Crises–The Political Economy of China's Development (1949~2020)* (London: 2021), Chapter 5. 그는 이렇게 쓴다. "2019년 31개 성과 자치구 중에서 8개만 지출 대비 세입의 비율이 50퍼센트를 넘었다."

11 예를 들어 사우스다코타 주의 느슨한 은행법에 관해서는 다음을 볼 것. Ann Suyllivan and National Journal, "How Citibank Made South Dakota the Top State in the U.S. for Business", *The Atlantic*, July 10, 2013.

CHAPTER 13   과두집단을 제어할 만큼 강한 정부와의 전쟁

1 George Soros, "BlackRock's China Blunder", *Wall Street Journal*, September 7, 2021.

2   David E. Sanger, Catie Edmondson, David McCabe and Thomas Kaplan, "Senate Poised to Pass Huge Industrial Policy Bill to Counter China", *The New York Times*, June 7, 2021.

3   Ivan Timofeev, "Disconnecting From SWIFT? No, We Did Not Hear About It", *Valdai Discussion Club*, April 30, 2021, in *Johnson's Russia List*, May 5, 2021. 다음도 볼 것. Gabriel Gavin, "'Vicious sanctions are hurting Russia, but Moscow has Plan to ditch US dollar & axe dependency on West,' Foreign Ministry tells RT", www.rt.com, May 3, 2021, in *Johnson's Russia List*, April 4, 2021, #17.

4   Foreign Minister Sergey Lavrov's opening remarks at the 28th Assembly of the Council on Foreign and Defence Policy, Moscow, December 10, 2020. https://www.mid.ru/en/foreign_policy/news/-/asset_publisher/cKNonkJE02Bw/content/id/4478752.

5   Chris Hedges, "The Unraveling of the American Empire", *Consortium News*, April 19, 2021.

6   Werner Sombart, *Der Bourgeois* (Munich and Leipzig: 1913).

7   미국의 민주당은 오늘날 그 계급의 표를 구하느라 노동계급의 표를 얻어야 할 필요성을 공공연히 무시하는 지경에 이르렀다. 뉴욕 주 상원의원 척 슈머는 이렇게 말했다. "민주당이 서부 펜실베이니아에서 육체노동자의 지지를 잃었기 때문에 필라델피아 교외에서 두 명의 온건한 공화당 후보가 당선될 것이다." 중간계급 주부들이 지대 수취자 부를 통해 사회의 상층으로 올라가기를 열망한다는 뜻으로 말한 것이다.

8   John Dewey, "The Need for a New Party (1931)", reprinted in Dewey, *The Later Works, 1925~1953* (Carbondale, Illinois: 1985), p. 163, cited in Jake Johnson, "Dewey was Right: American Politics is Merely the Shadow Cast by Big Business", *Common Dreams*, July 21, 2016.

9   "Blinken urges investment at home compete with China", Yahoo News, August 9, 2021. https://sg.news.yahoo.com/blinken-ureges-investment-home-compete-194036906.html. "블링컨은 미국이 기간시설에 13위에 올라 있다는 세계경제포럼의 연구를 인용했고, 중국이 연구개발에 세 배나 많은

자금을 썼고 지금도 더 많이 투자하고 있다고 말했다."

10 Xi Jinping, "To Firmly Drive Common Prosperity (translated by Adam Ni)", published in *Qiushi*, available at https://www.neican.org/p/to-firmly-drive-common-prosperity.

11 President Vladimir Putin's remarks at the plenary session of the 18th Annual Meeting of the Valdai Discussion Club in Sochi, October 22, 2021: "Global Shake-Up in the 21st Century: The Individual, Values, and the State". https://valdaiclub.com/events/posts/articles/vladimir-putin-meets-with-members-of-thd-valdai-discussion-club-trascript-of-the-18th-plenary-session/.

12 시진핑은 자기 나라가 실로 역사상 모든 나라가 다루어야만 했던, 안정을 해칠 가능성이 있는 가장 중요한 동력을 강조하면서 글을 맺었다. "우리는 주택의 공급과 지원의 체계를 개선해야 하고, 주택은 투기의 대상이 아니라 거주용이라는 점을 분명하게 밝혀야 한다."

13 2022년 2월 우크라이나에서 시작된 전쟁은 탈달러화와 세계의 균열 과정의 속도를 급격하게 높여, 사람들의 예상보다 훨씬 더 빠르게 새로운 세계 질서의 탄생을 재촉하고 있다. 이 일련의 사건에 관해 내가 일찍 쓴 글로는 다음을 볼 것. "America's real adversaries are its European and other allies", February 8, 2022, "America Defeats Germany for the Third Time in a Century", February 28, 2022, and "The American Empire self-destructs. But nobody thought it would happen this fast", March 6, 2022. https://michael-hudson.com/2022/02/americas-real-adversaries-are-its-european-and-other-allies/, https://michael-hudson.com/2022/02/america-defeats-germany-for-the-thhird-time-in-a-century/, https://michael-hudson.com/2022/02/the-american-empire-self-destructs/.

찾아보기

마이클 허드슨 　　　　　　　　　　　　　　　　　Michael Hudson

고전학파 계보를 잇는 경제학자로서 대출, 모기지, 이자, 대외부채 등 부채 관련 연구에 집중해왔다. 경제학 교과서에 없는 답을 찾기 위해 수십 년간 월스트리트에서 직접 일해온 현장 경험과 서양 경제사에 대한 폭넓은 연구를 바탕으로 현실에 대응하는 경제 이론을 펼친다. 특히 경제적 지대는 가치 없는 가격이라는, 따라서 경제적으로 필수적인 생산 비용이 없는 소득이라는 고전파 정치경제학의 개념을 되살려 2008년 미국 내 악성 주택담보대출 위기와 금융 붕괴를 경고하고, 그 여파로 부채 인플레이션이 오는 금융 과잉 현상을 예측해 주목받았다.

시카고대학교와 뉴욕대학교를 졸업하고 체이스맨해튼은행에서 국제수지 경영학자로서 근무했다. 뉴스쿨 오브 소셜 리서치의 경제학 조교수로 있었으며, 각종 정부 기관 및 비정부 기관에서 경제 컨설턴트로 일했다. 현재 미국 미주리-캔자스시티대학교 경제학 명예 교수, 레비경제연구소 바트칼리지 연구원이며, 역사 잡지 《래팜스 쿼털리Lapham's Quarterly》의 편집진으로 활동하고 있다. 하버드대학교의 피바디 고고학·민족학 박물관과 공동으로 청동기 시대의 근동의 경제사를 창안했고, 지난 5000년에 걸쳐 정치적·사회적 배경 속에서 발생한 여러 경제의 변화를 추적하는 장기경제동향연구소의 설립자이며, 지금은 연구소 소장으로 있다. 중국 우한 화중과학기술대학교의 명예교수이며 베이징대학교 마르크스연구소의 교수로 활동하고 있다. 블로그 '네이키드 캐피털리즘Naked Capitalism', 온라인 잡지 《카운터펀치Counterpunch》의 정기 기고자이며, 주간 경제 및 금융 뉴스 팟캐스트인 LEFT OUT에서 '허드슨 보고서' 코너를 운영 중이다.

지은 책으로는 금본위제 폐지가 어떻게 미국의 해외 군비 지출 능력을 오히려 강화시켰는지 처음으로 설명한 《슈퍼 제국주의, 미국 제국의 경제 전략Super Imperialism: The Economic Strategy of American Empire》, 국제 무역 이론의 역사를 비판적으로 고찰한 《무역, 개발, 외채Trade, Development and Foreign Debt》, 금융에 기생하는 이들과 부채 속박이 세계 경제를 파괴하는 현상을 고발하는 《숙주를 죽이다 Killing the Host》 등이 있다.

그의 대표작 《문명의 운명》은 민주주의 정치가 결국 어떻게 임금생활자 전체의 이익이 아닌 지대 수취자 계급에 합류하려는 중간계급의 이익을 조장하는지 설명한다. 과두집단은 중간계급의 열망에 편승해 지대 수취자의 부동산 소득과 금융 소득에 과세하거나 이를 제한하려는 정책에 반대하면서 자신들의 경제력을 이용해 사회민주당과 노동당을 정치적 동맹자로 끌어들인다. 그 결과, 경제 계획과 조세 정책은 정부의 손을 떠나 월스트리트와 런던 등의 금융 중심지로 이전 및 집중되고, 다른 나라들을 미국 등 서구의 경제적 위성국가로 전락시킨다.

인류는 현재 두 가지 갈림길에 놓여 있다. 1퍼센트 부자들만을 위한 금융자본주의의 길을 계속 갈 것인가, 아니면 99퍼센트 시민들의 삶 향상을 위한 산업자본주의로 나아갈 것인가. 어느 쪽을 선택할지에 따라 인류의 경제적 삶의 미래는 극명하게 갈릴 것이다.

이 책은 오늘날 글로벌 경제를 진단하고 향후 전망에 대해 논의한 저자의 강연을 도서화한 것이다. 중국 전구대학교全球大學校의 요청으로 시작된 10회 강연은 첫 회부터 19만 명이 시청했으며, 회당 평균 3만 명이 시청했다.

옮긴이 **조행복**

서울대학교 대학원 서양사학과를 졸업하고 같은 학과 박사 과정을 수료했다. 토니 주트, 티머시 스나이더, 브루스 커밍스, 존 키건, 애덤 투즈 등 걸출한 역사가들의 현대사 저술을 한국어로 옮겼다. 옮긴 책으로 《대격변》《전후 유럽》《블랙 어스》《브루스 커밍스의 한국전쟁》《폭정》《나폴레옹》《20세기를 생각한다》《재평가》《세계 전쟁사 사전》《1차세계대전사》《독재자들》등이 있다.

문명의 운명

1판 1쇄 찍음 2023년 6월 15일
1판 1쇄 펴냄 2023년 6월 30일

지은이   마이클 허드슨
옮긴이   조행복
펴낸이   김정호

책임편집   이지은
디자인   구삼삼공일오 디자인

펴낸곳   아카넷
출판등록   2000년 1월 24일(제406-2000-000012호)
주소   경기도 파주시 회동길 445-3 2층
전화   031-955-9512(편집) 031-955-9514(주문)
팩스   031-955-9519
홈페이지   www.acanet.co.kr
블로그   blog.naver.com/acanet2001
페이스북   facebook.com/acanet2015

ISBN 978-89-5733-878-0 03300